本书受中央财经大学"211工程"(第三期)和北京财经研究基地资助

公共预算管理

(第二版)

王雍君 编著

经济科学出版社

图书在版编目（CIP）数据

公共预算管理/王雍君编著.—2版.—北京：
经济科学出版社，2010.5
（公共管理学科系列教材）
ISBN 978-7-5058-9202-6

Ⅰ.①公… Ⅱ.①王… Ⅲ.①国家预算-财政
管理-高等学校-教材 Ⅳ.①F810.3

中国版本图书馆CIP数据核字（2010）第053862号

责任编辑：卢元孝
责任校对：徐领柱
版式设计：代小卫
技术编辑：潘泽新

公共预算管理
（第二版）
王雍君　编著
经济科学出版社出版、发行　新华书店经销
社址：北京市海淀区阜成路甲28号　邮编：100142
总编部电话：88191217　发行部电话：88191540
网址：www.esp.com.cn
电子邮件：esp@esp.com.cn
北京汉德鼎印刷厂印刷
华丰装订厂装订
787×1092　16开　30.75印张　530000字
2002年9月第1版
2010年5月第2版　2010年5月第1次印刷
印数：0001—6000册
ISBN 978-7-5058-9202-6　定价：56.00元
（图书出现印装问题，本社负责调换）
（版权所有　翻印必究）

《公共管理学科系列教材》
编辑委员会

主　编
高培勇　中国人民大学教授
　　　　教育部高等学校公共管理类学科教学指导委员会委员

编　委　（按姓氏笔画排列）
马海涛　中央财经大学教授
马敬仁　深圳大学教授
　　　　教育部高等学校公共管理类学科教学指导委员会委员
王俊豪　浙江财经学院教授
　　　　教育部高等学校公共管理类学科教学指导委员会委员
计金标　中央财经大学教授
　　　　教育部高等学校公共管理类学科教学指导委员会委员
邓大松　武汉大学教授
　　　　教育部高等学校公共管理类学科教学指导委员会副主任委员
尹庆双　西南财经大学教授
　　　　教育部高等学校公共管理类学科教学指导委员会委员
丛树海　上海财经大学教授
　　　　教育部高等学校公共管理类学科教学指导委员会委员
李成智　北京航空航天大学教授
　　　　教育部高等学校公共管理类学科教学指导委员会委员

曲福田　南京农业大学教授
　　　　教育部高等学校公共管理类学科教学指导委员会副主任委员
曲德森　首都经济贸易大学教授
　　　　教育部高等学校公共管理类学科教学指导委员会委员
杨灿明　中南财经政法大学教授
　　　　教育部高等学校公共管理类学科教学指导委员会委员
张凤荣　中国农业大学教授
　　　　教育部高等学校公共管理类学科教学指导委员会委员
武彦民　天津财经学院教授
周　鸿　西南师范大学教授
　　　　教育部高等学校公共管理类学科教学指导委员会委员
郑功成　中国人民大学教授
　　　　教育部高等学校公共管理类学科教学指导委员会委员
耿庆茹　西安交通大学教授
　　　　教育部高等学校公共管理类学科教学指导委员会委员
黄　崴　华南师范大学教授
　　　　教育部高等学校公共管理类学科教学指导委员会委员
崔运武　云南大学教授
　　　　教育部高等学校公共管理类学科教学指导委员会委员
寇铁军　东北财经大学教授
董克用　中国人民大学教授
　　　　教育部高等学校公共管理类学科教学指导委员会副主任委员
鞠晓峰　哈尔滨工业大学教授
　　　　教育部高等学校公共管理类学科教学指导委员会委员

《公共管理学科系列教材》
总　　序

一

经济科学出版社邀我出面组织编写一套公共管理学科领域的系列教材。经与有关同志商议，大家颇有信心和兴趣。于是，欣然接受了这一不算轻松的任务。

二

说起来，我们之所以乐于承担这套系列教材的编写任务，是颇有些缘由的。

1996年和1998年，教育部先后调整了研究生和本科生专业目录。其中的一个重大变化，就是管理学从经济学中分离出来，成为一个独立的学科门类。并且，在管理学门类项下，公共管理单设，同工商管理、农林经济管理等并列作为一级学科而存在。可以说，中国的公共管理学科，就是从那时起真正步入蓬勃发展轨道的。

管理学和经济学相分离，特别是公共管理作为一级学科单设之后，相关学科的学科建设与发展问题也随之提上了议事日程。

1999年秋天，中国国际税收研究会在深圳市举行年会。会议间隙，我同一道赴会的王传纶教授讨论财政学科的建设与发展方向问题。王传纶教授告诉我，可以从经济学和管理学互相交融的线索上做些事情。此后不久，我即到英国卡迪夫大学商学院做访问学者。利用这个机会，我旁听了卡迪夫大学商学院的公共管理类课程，查阅了卡迪夫大学图书馆几乎所有的公共管理类书籍，也通过卡迪夫大学图书馆从大英图书馆等处调阅了不少相关的文献。从这些课程、书籍和相关文献中，我看到了公共管理和公共财政之间的相通之处，亦感受到了将管理学和经济学分析范式共同引入政府治理领域的挑战性。事实上，支撑公共管理学科的理论基础就是经济学和管理学的复合物。① 进一步说，在当今的世界上，按照政府部门实质上是一个特殊的产业部门（即所谓"产业型政府"）的理解，有关公共管理的全部事项，说到底，就是生产或提供公共物品或服务。通过公共财政收支所折射、所反映的，正是公共管理领域的核心内容——围绕政府为生产或提供公共物品或服务而筹集财源、而拨付经费的活动。公共部门管理，或者说，"公共物品或服务业"的管理，既需要经济学——特别是其中的财政学——的思维，也需要管理学的理念。

　　一旦将财政学科融入于公共管理学科，在公共管理和公共财政互相交融的大棋局中探询财政学科以及公共管理学科的建设与发展道路，许多在过去看得不那么清楚、心中不那么有底的事情，似乎一下子看得清楚了，心中也变得有底了。其实，公共管理本来就是一门建立在多个学科基础之上、由多个视角进入的综合性的边缘学科。美国路易斯安纳州立大学公共管理学教授托马斯·D·林奇博士所开出的有关公共管理学覆盖内容的清单——"公共管理学 = 政治学 + 经济学 + 会计学 + 行为科学 + 财务学 +……"，② 便是对公共管理学科内涵与外延的一个极好概括。所以，公共管理学科领域的耕耘者确实需要一个广阔的多学科、多视角的知识背景。财政学科也好，其他别的什么相关学科也罢，亦确实需要融入于公共管理学科，在多学科、多视角的交融之中确立学科建设和发展的方向。我想，这正是我们进行研究生和本科生专业目录调整的目的所在，这也正是我们下大气力建设和发展中国的公共管理学科的目的所在。

　　基于这样的认识，出于如此的判断，我们对公共管理学科的兴趣日渐浓厚了，我们投入于公共管理领域的精力越来越多了。而且，随着时

---

① 参见欧文·E·休思：《公共管理导论》，中国人民大学出版社2001年版。
② 参见托马斯·D·林奇：《美国公共预算》，中国财政经济出版社2002年版。

间的推移，研究的深入，以至于萌发了一种念头：编写一套适合中国高等学校公共管理类专业教学和政府部门公务员培训需要的系列教材。

也可以说，这就是我们接受这一任务的背景。

三

追根寻源，作为一门独立的学科，公共管理学诞生于20世纪初期，至今已有近百年的历史。但是，在中国，前面已经述及，无论从哪方面讲，公共管理学都属于一门新兴的学科。从20世纪80年代部分高等学校开设行政管理学专业，到此后陆续设立劳动和社会保障、土地资源管理、公共事业管理等专业，再到1996年和1998年研究生和本科生专业目录调整进而形成一个独立的公共管理学科，加总求和，不过二十多年的时间。引进和发展的历史既短，对于它的研究自然是不很充分的。具体到高等教育领域，无论专业设置、课程安排、教材建设，都尚处在探索过程之中。探索中的中国公共管理教育，固然要立足于中国的国情背景，但也有一个学习、借鉴国外思想成果和实践经验的任务。因此，编写公共管理学科领域的教材，首先要做的一件事，就是要尽可能地将国外使用多年且较为成熟的教材收入视野。在广泛汲取营养的基础上，按照中国人的思维习惯，结合中国的具体实践，给予中国化的阐释。

公共管理学科覆盖的范围极为宽广。从大的方面说，它包括公共行政管理、公共政策管理、国民经济管理、财政税收管理、土地资源管理、教育管理、城市与规划管理、劳动和社会保障管理、外交政策与管理、科技管理、非营利组织管理、国防与国家安全管理以及电子政务管理等十几个专业方向。而且，这些专业方向所涉及的课程，可区分为基础课、专业基础课、专业方向课和选修课等几个类别，每个类别又分别由几门或多门课程所组成。如此宽广的专业方向和如此众多的课程门数，所需要的教材编写量当然不会是一个小数。就我们的人力资源和中国公共管理学科的发展现状而论，一次性地组织编写所有的教材，既不可能，也不必要。现实的选择只能是："循序渐进，拾遗补阙。"所谓循序渐进，就是有选择、有重点地确定选题，分期分批地组织编写。所谓拾遗补阙，就是根据现时教学的状况，缺少什么教材，编写什么教材；什么教材急需，先着手编写什么教材。

我们相信，循着这样的路子走下去，一套既立足于中国国情，又可同国际接轨，准确反映公共管理领域理论与实践的最新动态，并且，以前沿性、启发性、权威性和实用性为基本特色的公共管理学科系列教材，将会展现在我们的面前。

四

这套教材，主要是为高等学校公共管理类专业的教学和政府部门公务员培训的需要而编写的。高等学校的教师和学生以及政府部门工作人员，是这套系列教材的主要读者群。

作为主编，我最希望看到的社会效果是：这套系列教材能对中国公共管理学科的发展有所推进，能对中国高等学校公共管理类专业的教学有所贡献，能对中国政府部门公务员队伍的建设有所裨益。

这是我本人、编委会成员以及所有编写人员的目标。我们朝着这些目标努力了，但是否做到了，则要留待广大的读者朋友去评判了。

编写公共管理学科教材，本来就是一件新鲜事物。编写建立在规范化的课程体系基础上的公共管理学科系列教材，难度就更大了。我们深知，这一批以及今后陆续出版的系列教材，肯定存在着这样或那样的不足之处，还需在使用过程中不断充实、完善。期望读者朋友喜欢这套系列教材，更期望读者朋友帮助我们编好这套系列教材。

高培勇

2002 年 7 月于第一批《公共管理学科系列教材》发排之际

前言与修订说明

随着民主政治的发展以及政府作用与公共开支规模的扩大，公共预算在经济、社会和政治生活中已变得越来越重要，并因此吸引了比过去任何一个时期都多得多的注意力。在我们所面对的现实世界中，几乎没有哪个领域像公共预算那样涉及如此广泛的利害关系，让如此众多的参与者直接或间接地卷入其中。这些参与者有国家角色和非国家角色，前者主要是立法机关和政府行政部门，后者则包括服务供应商（包括政府雇员）、政府证券投资者和评级机构、媒体、政府预算与财务分析研究者、非政府组织、公民社会组织以及公众（选民/纳税人）。

然而，对于许多人而言，公共预算管理还是个陌生的领域，甚至修习过公共财政学的学员也是如此。本书的适用范围主要就是这些高校本科生和研究生，此外，专业研究人员和政府预算管理人员也可参考。

在我们身处的预算时代里，公共预算历来是经济学、管理学和政治学（以及其他人文社会科学）的交汇点。本书的主题是作为管理学视角的公共预算。传统上，它所关注的是公共支出的法定控制以及通过预算贯彻公共政策，但从20世纪80年代开始，日益与公共财务管理（组织内部）以及针对公众与利益相关者的服务交付绩效（公共管理的核心）融合起来。公共财务管理、公共支出管理和公共管理是和公共预算相关的三个核心领域。公共财务管理的焦点是政府会计、财务报告、政府账目、现金管理（重点是现金余额集中化管理和剩余现金投资）、预算实施计划、现金计划、预算实施中的资金拨付和财政审计等。公共支出管理旨在促进财政纪律与总量控制、基于政策优先性（反映配置效率和公平）的资源配置以及运营绩效。公共（部门）管理的范围更为宽泛，但重点是组织外部的公众与利益相关者的服务交付绩效。"公共预算管理"贴切地反映了这三个管理领域与公共预算的关系。一般地讲，公共预算涉及的是重大决策，这是政治家和高层管理者实施的行为，而公共财政管理（重心是公共支出管理）涉及遵循和执行预算决策的具体工作，主要由较低层次的公共组织来完成。①

本书第1章讨论了预算管理的一般性问题，其余内容构筑了四个模块：
- 预算准备——第2~4章；
- 预算执行——第5~7章；
- 预算管理的技术（信息）支持——第8~9章；
- 预算管理改革——第10~14章。

本书的主题覆盖公共预算与公共管理的诸多领域，但未涉及作为经济学分支的理论领域。本书也未过多地涉及公共预算的政治层面。这并不意味政治因素在预算与公共财政管理领域中无关紧要。相反，现代民主政治要求国家对直接或间接地从其人民中获取的资源，应以最密切地反映其人民偏好的方式加以使用。建立什么样的制度安排和实施机制以揭示人民的偏好，实现政治受托责任，一直是政治学的核心。然而，如何发展政治层面的制度安排和实施机制以负起"拿人钱财、替人消灾"之责任，已经超出了本书的分析范围。考虑到在促进民主政体的这项根本任务方面，良好的预算管理扮演着关键性的角色，因此本书关注的是在预算管理领域中如何达成有效的安排，促进公共财政的受托责任、透明度、可预见性和参与，进而惠及民众和促进社会经济的健康发展。

预算制度、过程、文件和管理系统因国家而异，但本书并未过多涉及特定国家（包括中国）的预算管理。主要的考虑是，无论从理论还是从实务的层面上讲，过多地将特定国家的预算管理与改革问题引入其中，会妨碍本书最重要的目标：将国际上较为成熟的或流行的预算管理理念、制度、技术和方法进行提炼，使读者能与作者共同分享公共预算管理领域真正有价值的知识，以此增进对现实世界中公共预算管理的理

---

① B. J. 理德、约翰·W. 斯韦恩：《公共财政管理》，中国财政经济出版社2001年版。

解，并使自己尽量如同一个合格的公共管理者那样去思考公共预算管理。

本书第一版得到读者的厚爱，这是笔者的莫大荣耀。尽管如此，以现在的眼光看，第一版仍有许多不尽如人意之处，有些章节过于单薄，许多细节未论述到位。最近10年全球范围内公共预算改革的深入推动以及相关研究的进展，更使笔者深感有必要作较大幅度的修订。修订后的第二版保留了第一版的基本框架，但作了一系列的结构性调整。主要的修订有两个方面：一是丰富和充实了原版框架下的相关内容；二是新增了"中期预算框架与基线筹划"（第13章）和"预算过程的公民参与"（第14章）。这使本书的字数约增加了2/5。

由于国内目前公共预算管理文献尚少，本书的写作参阅了大量的外文文献，尤其是20世纪80年代以来的相关文献。细心的读者会发现本书的若干特色之处。对公共预算管理缺乏了解的读者也许会感觉到，理解书中的许多概念和思想并非易事。对此，作者能够提出的一个忠告就是反复阅读本书及相关文献，相信每一次努力都会有所收获。另外，本书的差错和不成熟之处在所难免，读者提出的任何意见和建议都将受到善待。

本书的构思和撰写由笔者一人完成，与此相关的所有责任亦由笔者一人承担。笔者感谢经济科学出版社卢元孝先生提出的修订建议以及为本书出版所作的相关工作，也感谢本书的所有读者与我一起分享预算管理领域的专业知识（有兴趣的读者可使用以下方式与笔者联系：wangbo92@163.com/13901074838）。

作者

2010年2月

目 录

第1章 概 论 /1

1.1 预算系统的构成要素 ·· 1
   1.1.1 预算过程 ·· 2
   1.1.2 预算制度 ·· 2
   1.1.3 预算文件 ·· 3
   1.1.4 时间跨度 ·· 4
   1.1.5 分类系统 ·· 5
   1.1.6 预算方法 ·· 5
   1.1.7 会计与报告 ·· 6
   1.1.8 预算参与者 ·· 6
1.2 预算的功能与作用 ·· 7
   1.2.1 预算的功能 ·· 7
   1.2.2 预算的作用 ·· 9
1.3 预算管理：理念、意义与要求 ······································ 11
   1.3.1 预算管理理念的发展 ···································· 11
   1.3.2 从预算管理到公共管理 ·································· 12
   1.3.3 预算管理与公共利益 ···································· 13
   1.3.4 什么是好的预算管理 ···································· 16
   1.3.5 遵循善治原则 ·· 16
   1.3.6 预算的全面性 ·· 19
1.4 预算管理的关键目标和一般目标 ···································· 21
   1.4.1 预算管理的关键目标 ···································· 22
   1.4.2 预算管理的一般目标 ···································· 23

1.5 预算周期 ··· 25
   1.5.1 预算的准备 ·· 25
   1.5.2 预算执行 ·· 28
   1.5.3 技术与工具 ·· 31
1.6 加强和改进预算管理 ··· 34
   1.6.1 预算管理与绩效导向 ·· 35
   1.6.2 引入市场力量 ·· 36
   1.6.3 改革的战略 ·· 36
结语 ··· 37
本章要点 ··· 38
关键概念 ··· 40
复习思考题 ··· 40
参考文献 ··· 41

第 2 章 预算原则与范围 /42

2.1 预算的一般原则 ·· 42
   2.1.1 法定授权 ·· 42
   2.1.2 预算的全面性 ·· 45
   2.1.3 年度基础 ·· 48
   2.1.4 法定程序 ·· 49
   2.1.5 未来导向 ·· 50
   2.1.6 预算透明度 ·· 51
   2.1.7 绩效导向 ·· 52
2.2 准财政活动 ·· 54
   2.2.1 将准财政活动融入预算过程 ····································· 54
   2.2.2 准财政活动的参与者 ·· 55
   2.2.3 税收支出、政府贷款和贷款担保 ····························· 56
   2.2.4 管理准财政活动 ·· 57
2.3 政府负债和资产 ·· 59
   2.3.1 政府负债 ·· 60
   2.3.2 财务资产 ·· 61
结语 ··· 62

本章要点 ……………………………………………………………… 62
关键概念 ……………………………………………………………… 63
复习思考题 …………………………………………………………… 64
参考文献 ……………………………………………………………… 64

第3章 预算方法与预算分类 /66

3.1 预算方法 ………………………………………………………… 66
   3.1.1 法定授权与预算拨款 ……………………………………… 66
   3.1.2 预算的基础 ………………………………………………… 69
   3.1.3 投入导向的预算 …………………………………………… 69
   3.1.4 绩效导向预算 ……………………………………………… 70
   3.1.5 其他绩效导向的管理方法 ………………………………… 74
3.2 预算分类 ………………………………………………………… 77
   3.2.1 收入分类 …………………………………………………… 77
   3.2.2 支出分类 …………………………………………………… 82
3.3 对支出分类的进一步讨论 ……………………………………… 85
   3.3.1 三大数据信息系统 ………………………………………… 85
   3.3.2 预算分类与基于报告目的的分类 ………………………… 85
   3.3.3 联合国政府功能分类（COFOG）………………………… 87
   3.3.4 GFS 经济分类 ……………………………………………… 88
   3.3.5 条目/投入分类 ……………………………………………… 90
   3.3.6 管理分类 …………………………………………………… 91
   3.3.7 规划分类 …………………………………………………… 91
   3.3.8 产出预算体系中的支出分类 ……………………………… 93
   3.3.9 实施问题 …………………………………………………… 93
结语 …………………………………………………………………… 96
本章要点 ……………………………………………………………… 96
关键概念 ……………………………………………………………… 98
复习思考题 …………………………………………………………… 98
参考文献 ……………………………………………………………… 99

第4章 预算准备 /100

4.1 预算准备的基本要求 …………………………………………… 100
　4.1.1 应满足的前提条件 …………………………………………… 100
　4.1.2 解决两个层次的问题 ………………………………………… 103
4.2 预算准备过程的主要工作 ……………………………………… 104
　4.2.1 宏观经济筹划与中期预算框架 ……………………………… 105
　4.2.2 财政政策报告书 ……………………………………………… 105
　4.2.3 准备和确定年度预算限额 …………………………………… 106
4.3 对中期预算框架的进一步讨论 ………………………………… 108
　4.3.1 中期预算框架的特征与作用 ………………………………… 109
　4.3.2 中期预算框架的准备 ………………………………………… 111
4.4 宏观经济/政策框架 ……………………………………………… 111
　4.4.1 宏观经济框架 ………………………………………………… 112
　4.4.2 对影响预算的经济条件做出假设 …………………………… 113
　4.4.3 税收与支出政策及其变化效应 ……………………………… 113
　4.4.4 中期预算框架的运作流程 …………………………………… 114
4.5 预算申报与预算审查 …………………………………………… 117
　4.5.1 预算申报 ……………………………………………………… 117
　4.5.2 向立法机关呈报预算 ………………………………………… 119
　4.5.3 立法机关对预算的审查 ……………………………………… 120
　4.5.4 若干发达国家的案例 ………………………………………… 122
结语 …………………………………………………………………… 122
本章要点 ……………………………………………………………… 123
关键概念 ……………………………………………………………… 124
复习思考题 …………………………………………………………… 125
参考文献 ……………………………………………………………… 125

第5章 预算执行 /126

5.1 预算执行的目标与控制 ………………………………………… 126
　5.1.1 预算执行的基本要求 ………………………………………… 127
　5.1.2 投入控制与产出控制 ………………………………………… 127

5.1.3　过度开支与支出低估 ………………………………… 129
5.2　支出周期与合规性控制 ………………………………………… 130
　　5.2.1　分配拨款与拨付资金 …………………………………… 131
　　5.2.2　预算承诺 ………………………………………………… 131
　　5.2.3　取得——核实 …………………………………………… 134
　　5.2.4　付款 ……………………………………………………… 134
　　5.2.5　支出周期各阶段的合规性控制 ………………………… 135
　　5.2.6　职责分工 ………………………………………………… 136
5.3　资金拨付与现金管理 …………………………………………… 138
　　5.3.1　日常现金配给 …………………………………………… 138
　　5.3.2　预算实施计划和现金计划 ……………………………… 139
　　5.3.3　应计预算下的资金拨付 ………………………………… 140
　　5.3.4　付款与会计控制 ………………………………………… 141
　　5.3.5　其他事前的外部控制 …………………………………… 143
5.4　拨款管理与预算会计 …………………………………………… 144
　　5.4.1　拨款的年度性质 ………………………………………… 145
　　5.4.2　预算科目间的资源转移 ………………………………… 145
　　5.4.3　拨款的追踪与预算会计 ………………………………… 146
　　5.4.4　现代技术在预算会计系统中的应用 …………………… 149
　　5.4.5　对承诺的监督 …………………………………………… 150
　　5.4.6　管理拖欠和应付款 ……………………………………… 151
5.5　预算实施问题 …………………………………………………… 153
　　5.5.1　定期审查预算实施 ……………………………………… 153
　　5.5.2　年内预算修订 …………………………………………… 154
　　5.5.3　人员支出的管理 ………………………………………… 155
　　5.5.4　政府采购支出的管理 …………………………………… 157
结语 ……………………………………………………………………… 159
本章要点 ………………………………………………………………… 160
关键概念 ………………………………………………………………… 161
复习思考题 ……………………………………………………………… 161
参考文献 ………………………………………………………………… 162

第6章 国库的功能与运作 /163

- 6.1 国库功能与现金管理 163
  - 6.1.1 妥善管理财务资源 164
  - 6.1.2 现金管理与国库单一账户 165
  - 6.1.3 财务计划和现金流量预测 171
  - 6.1.4 日常现金运作和短期债券 174
  - 6.1.5 国库总分类账 175
  - 6.1.6 国库编制的财务报告 177
- 6.2 若干国家的国库制度 177
  - 6.2.1 法国的国库管理制度 178
  - 6.2.2 日本的国库制度 179
  - 6.2.3 巴西的国库制度 180
- 6.3 中国国库制度的改革 181
  - 6.3.1 分散收付的国库制度 181
  - 6.3.2 集中性的国库制度 182
  - 6.3.3 改革方案 183
  - 6.3.4 资金管理和付款方式的变化 185
  - 6.3.5 收付程序 186
  - 6.3.6 国库支付执行机构 188
  - 6.3.7 评述与未来改革 189
- 结语 192
- 本章要点 193
- 关键概念 194
- 复习思考题 194
- 参考文献 194

第7章 预算执行的控制、评估与审计 /196

- 7.1 预算控制模式 196
  - 7.1.1 外部控制的特征与局限性 196
  - 7.1.2 从外部控制到内部控制 200
  - 7.1.3 产出控制 202

7.2 预算评估 ·· 202
   7.2.1 预算评估的目的与意义 ·· 203
   7.2.2 有效评估的前提条件 ··· 204
   7.2.3 发达国家的预算评估 ··· 205
   7.2.4 预算评估：澳大利亚的案例 ······································ 206
   7.2.5 美国联邦政府的规划评估 ·· 209
7.3 审计 ··· 212
   7.3.1 审计的意义与分类 ·· 213
   7.3.2 内部审计与外部审计 ··· 214
   7.3.3 从合规性审计到绩效审计 ·· 216
   7.3.4 机构管理者与审计相关的职责 ··································· 218
结语 ··· 219
本章要点 ·· 220
关键概念 ·· 221
复习思考题 ··· 221
参考文献 ·· 221

第 8 章 政府会计 /222

8.1 政府会计系统的构成与功能 ··· 222
   8.1.1 财务会计：公共部门与私人部门比较 ························· 223
   8.1.2 会计基础 ·· 225
   8.1.3 预算会计：定义与解释 ··· 228
   8.1.4 预算会计与财务会计：要素比较 ······························· 232
   8.1.5 记录和监督承诺 ··· 234
   8.1.6 会计系统与预算系统的关系 ····································· 236
   8.1.7 成本会计在公共部门的应用 ····································· 237
8.2 从现金会计到应计会计 ·· 241
   8.2.1 收入确认与计量 ··· 241
   8.2.2 关于费用与支出 ··· 242
   8.2.3 养老金负债 ··· 243
   8.2.4 成本计量 ·· 243
   8.2.5 绩效导向与政府会计改革 ·· 244

8.2.6 成本、费用与绩效 …… 245
8.2.7 现金会计对成本与绩效信息的歪曲 …… 246
8.2.8 配比问题 …… 247
8.2.9 现金会计的其他弱点 …… 249
8.3 政府会计的变革 …… 251
　8.3.1 政府会计变革：概况 …… 251
　8.3.2 预算会计的常见弱点 …… 252
　8.3.3 好的政府会计应具备的最低要求 …… 253
　8.3.4 引入应计会计：谨慎从事 …… 254
结语 …… 255
本章要点 …… 255
关键概念 …… 256
复习思考题 …… 257
参考文献 …… 257

第9章 政府报告 /259

9.1 政府报告：基本问题 …… 259
　9.1.1 政府报告的使用者 …… 260
　9.1.2 政府报告的目标 …… 261
　9.1.3 政府报告的原则 …… 262
9.2 政府财务报告 …… 263
　9.2.1 政府财务报告：含义与特征 …… 263
　9.2.2 政府财务报告的作用 …… 266
　9.2.3 政府财务报告的分类与报表类别 …… 268
　9.2.4 政府财务报告的主体 …… 271
　9.2.5 政府财务报告的最低报告要求 …… 272
　9.2.6 一般政府合并的财务状况报告 …… 274
　9.2.7 应计会计下的政府财务报告 …… 275
　9.2.8 财政报告 …… 276
　9.2.9 部门报告 …… 277
结语 …… 278
本章要点 …… 279

关键概念 …………………………………………………………… 280
复习思考题 ………………………………………………………… 280
参考文献 …………………………………………………………… 280

第10章 在预算管理中融入绩效导向 /282

10.1 与绩效相关的术语 ………………………………………… 283
　10.1.1 公共部门与私人部门中的绩效计量 ………………… 283
　10.1.2 绩效的主观性与客观性 ……………………………… 285
　10.1.3 绩效的相对性 ………………………………………… 286
　10.1.4 绩效计量、绩效评估与绩效预算 …………………… 286
　10.1.5 目标并非量化 ………………………………………… 287
10.2 绩效信息与公共管理 ……………………………………… 288
　10.2.1 从追求合规到关注结果 ……………………………… 289
　10.2.2 作为规划管理的工具 ………………………………… 290
　10.2.3 作为受托责任的工具 ………………………………… 290
　10.2.4 作为报告的工具 ……………………………………… 291
　10.2.5 融入绩效信息的管理改革 …………………………… 292
　10.2.6 需要应计会计和成本系统 …………………………… 293
10.3 绩效标尺与绩效基准 ……………………………………… 294
　10.3.1 非组合绩效标尺 ……………………………………… 294
　10.3.2 区分投入、产出与成果 ……………………………… 299
　10.3.3 绩效的质量属性 ……………………………………… 301
　10.3.4 可计量性、相关性与可解释性 ……………………… 302
　10.3.5 组合式绩效标尺 ……………………………………… 305
　10.3.6 数据可得性 …………………………………………… 306
　10.3.7 良好绩效标尺的CREAM标准 ……………………… 307
　10.3.8 绩效计量对行为的影响 ……………………………… 308
　10.3.9 绩效基准 ……………………………………………… 309
10.4 规划层次上的绩效信息 …………………………………… 310
　10.4.1 政策/战略向规划目标的转换 ………………………… 311
　10.4.2 开发对决策有用的绩效信息 ………………………… 312
　结语 ………………………………………………………… 313

本章要点 ··· 314
关键概念 ··· 316
复习思考题 ··· 316
参考文献 ··· 316

第11章 公共预算改革 /318

11.1 早期和中期的预算改革 ··· 318
11.1.1 美国早期的预算改革 ·· 319
11.1.2 20世纪50年代的规划预算 ································ 321
11.1.3 计划—规划—预算体制（PPBS） ························ 322
11.1.4 零基预算 ·· 324
11.1.5 中期改革与近期改革的关系 ································ 325

11.2 近期预算管理改革 ··· 328
11.2.1 改革背景 ·· 329
11.2.2 近期改革的理念 ·· 331
11.2.3 为确保财政责任创造制度条件 ····························· 335
11.2.4 转向中期预算框架 ··· 337
11.2.5 采纳新型的自上而下的预算程序 ························· 339
11.2.6 放松投入控制 ·· 341
11.2.7 建立基于结果的受托责任体制 ····························· 342
11.2.8 应计会计与应计预算 ·· 343

11.3 从投入预算到产出预算 ··· 344
11.3.1 关于投入（条目）预算 ······································ 344
11.3.2 产出预算：绩效预算的现代形式 ·························· 349
11.3.3 引入产出预算的条件 ·· 350

结语 ··· 351
本章要点 ··· 352
关键概念 ··· 353
复习思考题 ··· 353
参考文献 ··· 354

第12章 管理财政风险 /356

- 12.1 管理财政风险：目的与意义 ············· 356
  - 12.1.1 风险来源与风险管理 ············· 356
  - 12.1.2 财政风险与财政危机 ············· 358
  - 12.1.3 强化财政风险管理 ··············· 359
  - 12.1.4 管理财政风险的要点 ············· 361
- 12.2 财政风险的鉴别和报告 ················· 361
  - 12.2.1 财政风险的来源 ················· 362
  - 12.2.2 财政风险的分类 ················· 362
  - 12.2.3 财政风险的报告 ················· 364
  - 12.2.4 政府或有负债的报告 ············· 366
- 12.3 管理财政风险：策略与监控 ············· 369
  - 12.3.1 转移、消减和承担风险 ··········· 369
  - 12.3.2 在预算中建立或有储备 ··········· 370
  - 12.3.3 量化风险：损失频繁与损失严重性 ··· 371
  - 12.3.4 确定风险管理重点与优先性排序 ··· 372
  - 12.3.5 监控地方财政风险 ··············· 374
  - 12.3.6 地方财政风险预警：美国与哥伦比亚案例 ··· 375
- 结语 ····································· 378
- 本章要点 ································· 378
- 关键概念 ································· 379
- 复习思考题 ······························· 379
- 参考文献 ································· 379

第13章 中期预算框架与基线筹划 /381

- 13.1 中期预算框架 ························· 381
  - 13.1.1 定义与构成 ····················· 382
  - 13.1.2 运作流程 ······················· 384
  - 13.1.3 发达国家引入 MTBF 的改革 ······· 388
  - 13.1.4 发展中国家和转轨国家的 MTBF ···· 391
  - 13.1.5 应汲取的经验教训 ··············· 393

13.2 从基数法到基线筹划 ·············· 398
13.2.1 基线筹划兴起的背景 ·············· 398
13.2.2 基线筹划的理论基础 ·············· 402
13.2.3 基线筹划与基数法：解释和比较 ·············· 403
13.2.4 引入基线筹划：意义与必要性 ·············· 406
结语 ·············· 411
本章要点 ·············· 412
关键概念 ·············· 413
复习思考题 ·············· 414
参考文献 ·············· 414

第14章 预算过程的公民参与 /416

14.1 预算过程的公民参与：意义与机制 ·············· 416
14.1.1 作为强化受托责任的工具 ·············· 417
14.1.2 把地方民众带入发展进程 ·············· 420
14.1.3 作为地方民主的催化剂 ·············· 422
14.1.4 预算参与的各种机制 ·············· 423
14.1.5 正式和非正式治理结构中的公民参与 ·············· 425
14.2 指向公民参与的制度设计与预算改革 ·············· 427
14.2.1 话语权表达和回应机制 ·············· 427
14.2.2 指向公民参与的预算改革 ·············· 429
14.2.3 预算过程的公民参与：制度设计 ·············· 431
14.2.4 赋权公民：预算提案与记录 ·············· 433
14.2.5 融入结果链 ·············· 435
14.2.6 结果导向的预算报告制式 ·············· 437
14.2.7 结果导向的管理与评估（ROME） ·············· 438
14.3 参与式预算 ·············· 440
14.3.1 运作流程与步骤 ·············· 441
14.3.2 预算程序的代表性与治理能力 ·············· 443
14.3.3 成功实施参与式预算的条件 ·············· 444
结语 ·············· 445
本章要点 ·············· 447

关键概念 ··· 447
复习思考题 ··· 448
参考文献 ··· 448

参考文献 ··· 450
部分专业术语索引（中英文对照） ··· 458

图 表 目 录

图目

图 3.1　支出分类间的关系 ··· 95
图 4.1　中期预算框架（MTBF）的运作流程 ······························ 115
图 5.1　支出周期及其组成阶段 ·· 135
图 7.1　绩效评估的基本框架 ··· 209
图 7.2　绩效审计的常规流程 ··· 217
图 7.3　绩效审计的基本框架 ··· 218
图 8.1　费用在产出间与成果间的分配 ······································· 246
图 9.1　包含基金财务的美国联邦政府财务报告：1999～2002 ········ 269
图 10.1　非组合式绩效标尺及其相互关系 ·································· 298
图 10.2　规划绩效的关键方面 ·· 313
图 12.1　量化财政风险：严重性与频率 ······································ 372
图 12.2　损失频率/严重性矩阵 ·· 373
图 13.1　中期预算框架的运作流程 ·· 385
图 13.2　中期预算框架的基本结构 ·· 389
图 13.3　基线筹划与财政空间 ·· 406
图 13.4　中国公共预算规模的扩展：1999～2008 ························ 409
图 14.1　预算过程的结果链 ··· 435
图 14.2　参与式预算流程 ·· 442

表目

表 1.1　预算管理的目标 ··· 24
表 3.1　支出按 COFOG 功能划分的可能类别 ······························ 87
表 3.2　支出按 GFS 的经济分类 ··· 88

表 4.1	预算过程的管理框架	103
表 7.1	美国联邦机构的"三色绩效评价"系统	210
表 7.2	应用"三色系统"对联邦政府部门进行的绩效评价	211
表 8.1	预算会计在管理阶段的交易记录规则	231
表 8.2	预算要素与财务要素的比较	232
表 8.3	现金会计与应计会计的比较：解释性例子	247
表 10.1	绩效标尺：解释性例子	299
表 11.1	投入、产出和过程计量	325
表 11.2	新西兰的产出预算：解释性例子	349
表 12.1	或有负债报告：新西兰	368
表 12.2	财政风险管理优先性排序	372
表 12.3	美国俄州地方财政危机测试表	376
表 12.4	地方财政风险预警：交通信号灯系统	377
表 13.1	2009财政年度英国中期预算框架下的预算前报告	401
表 13.2	英国的经济预测概要：2007～2011	408
表 13.3	条目预算：解释性例子	410
表 14.1	包含公民预算提案的预算报告制式：解释性例子	434
表 14.2	结果导向的预算报告制式：解释性例子	438
表 14.3	结果导向的管理与评估：应用于教育的解释性例子	439

第1章 概 论

预算过程是政府运作的核心。在现代社会中，政府主要通过公共预算发挥作用。通过公共预算分配稀缺公共资源以促进政府完成政策目标，构成公共治理最正式、最基本、最频繁的治理程序。在公共财政意义上，政府的政策目标可概括为预算管理的三个关键目标和两个一般目标。三个关键目标依次是：财政纪律与总量控制、基于政策优先性的资源配置和提高服务交付的效率。任何公共预算系统都具有这三个基本维度。[①] 不言而喻，对这些关键目标的追求必须置于公共预算管理的两个基本（一般性）目标——合规性与财政风险控制——基础之上。本章围绕上述关键目标和一般目标，讨论六个重点问题：

- 预算系统的构成要素
- 预算的功能与作用
- 预算管理的理念和原则
- 预算管理的关键目标和一般目标
- 预算周期
- 加强和改进预算管理

1.1 预算系统的构成要素

预算是财政计划、控制和公共实体评估程序的一个基本组成部分。本质上讲，预算是分配资源以实现公共实体目标的工具，也是用于促进计划制定

---

① 作为一个逻辑严密的线索，不同的预算制度与预算改革路径可以从中区分开来。例如在预算改革中，有些国家更强调总量控制和财政纪律，有些更强调优先性配置，有些更强化运营绩效。

与实施的管理工具和控制资金以确保实现预定目标的工具。预算作为一个极为重要和复杂的系统，包括了许多构成要素，其中最基本的有预算过程、预算制度、预算文件、时间跨度、分类系统、预算方法、会计与报告和预算参与者。

1.1.1　预算过程

在实务操作上，公共预算表现为一个周而复始的循环过程：始于预算准备，终于预算评估与审计，期间依次经历预算审查与辩论、预算执行与控制两个阶段。每个国家的预算程序并不相同，但通常都覆盖这四个彼此相连的阶段（程序），可以依次界定为：

- 行政计划阶段（executive planning stage），涉及行政部门制定预算草案；
- 法定审批阶段（legislative approval stage），立法机关在此阶段对行政部门提交的预算草案进行审查和批准，使其具有合法性（法定授权）；
- 行政实施阶段，即由行政部门执行和实施预算；
- 基于法定授权的评估、检查和审计——事后的受托责任（accountability）阶段。①

预算过程（budget process）和预算程序（budget procedure）是两个相关但含义不同的概念。预算程序是按照一定标准对预算过程所作的阶段划分，通常因预算制度而异。预算制度将预算过程区分为不同步骤从而形成特定的预算程序，决定谁在某个步骤的什么时候做什么，以及如何处理各阶段的信息流量。预算程序极端重要，它决定了公共资源如何配置、预算参与者如何互动（最终化解、达成共识）以及最终的财政结果（fiscal results）。②

1.1.2　预算制度

预算系统最重要的元素（核心部分）是预算制度。预算制度可以定义为在行政与立法框架下，用以规范（governing）预算过程的正式和非正式的规则

---

① 公共预算的首要目的是促进公共部门的受托责任。受托责任的含义十分丰富，基本含义是公共部门应就其资源获取、使用和使用结果的合规性和绩效向公众和其他利益相关者承担责任。

② 财政成果通常区分为三个层次的目标：财政纪律与总量控制、基于政策优先性的资源配置以及服务交付效率。

和原则的集合。广义的预算制度还包括受规划与原则约束的预算程序和相应的实施机制。从根本上讲，预算制度基本功能是妥善处理公共财政的两个基本问题：委托代理关系（principal-agent relationship）和共用池（the common pool）问题。

委托代理关系的基本层次发生在政府与公民（纳税人/选民）之间：在民主社会中，公民作为委托人，需要通过社会契约和其他机制约束作为代理人的政府向其负责，然而，代理人具有与委托人不同的动机和利益，因而往往在公款获取和使用方面产生腐败、浪费、低效率问题。共用池问题出现在许多场合（自然界尤其常见），其实质是资源提取者没有承担其行为的全部后果（社会成本），因而导致资源过度提取、滥用并最终破坏可持续性。公共预算可以看做一个典型的、开放性的资源共用池：没有任何资源提取者（预算单位）和支出受益者承担这些资源的全部成本，这些成本的绝大部分被转嫁给所有纳税人，进而导致过度开支、赤字和债务并威胁公共预算的可承受性和可持续性。有效的预算制度在控制委托代理问题和共用池问题的负面后果方面起着关键性作用。

1.1.3 预算文件

预算准备和编制过程涉及大量的文件，包括指导行政部门编制预算的预算指南、宏观经济展望、财政政策报告和提交立法机关审查的预算草案。预算文件（budget document）的格式应该能清晰地说明提议的资源分配的基本根据所在。经立法机关表决通过的预算文件具有法律效力（通常称为年度预算法），其主要目的在于说明立法机关为政府活动提供的收入和（尤其是）支出授权与拨款。结构良好、清晰有序的预算文件不仅表达政府活动和支出的法定目的与意图，也是一份政策宣言和施政纲领。此外，预算文件的质量在政治民主方面也深具意义。低质量的预算文件使公民甚至立法机关难以有效监督预算执行，预算执行中的民主受托责任因而依赖于最初的（the initial）预算文件的质量。

预算文件是政府与公民（以及其他外部人士和组织）沟通的桥梁，也是公民观察政府的主要窗口。随着规模扩展、目标多元化和内部结构的日益复杂，现代社会中的"政府"在概念上更加难以界定，公民对政府中谁应对什么负责，或者甚至对政府从整体上应对什么行为负责，难以形成清晰的认知，公民和政府之间的常规联系也变得更加困难。一份清晰有序、公开透明、亲善公民的预算文件将充当公民的向导，帮助他们理解政府行为的范围和特征，并因此为那些疏远了的公民提供他们急需的与政府紧密相连的意识。预算文件在展现政府政治抱负、治国理念与智慧以及促进政府对公民的受托责任方面，也扮演重要角色。

1.1.4 时间跨度

基于立法机关建立法定控制的要求，预算在传统上是年度性的。年度预算必须得到立法机关的批准，才具有合法性和被执行。然而，对于促进政策目标的要求而言，年度预算通常是不充分的。为此，目前许多国家（发达国家和一部分发展中国家）已经制定中期基础预算——通常称为中期支出框架（MTEF），这是预算作为管理工具的要求而非法定（法律和立法机关）的要求。MTEF 本质上是一个将详细的中期预算估计与政府现行（财政）政策联结起来的一个约束性程序，这一程序要求以基线（baseline）分离和评估现行政策与新的政策提议的未来成本，并要求预算申请者以成果为基础证明其支出合理性。从形式上看，中期基础预算表现为与年度预算相一致的中期预算文件（documents），包括三个核心要素：

- 当前支出水平；
- 假设未来提供同样服务需要增加的支出；
- 假如改变服务水平（比如师生比变动）或质量需增加的支出。

其中前两个要素通常被描述为继续执行"现行政策"需要的支出，第三个要素被描述为假如采纳"新的政策"需要增加的支出。MTEF 并非对年度预算的替代，而是要求在中期（大多为本财政年度之后的 3~5 年）基础上准备和制定年度预算。实践证明，如果能与一个 MTEF 相联系，年度预算大多数是成功的。MTEF 包含对公共组织的目标、政策和优先事项的阐述，以及旨在实现目标的战略和计划的资源框架（收入预测及限额）的说明。通常，这些目标不可能在一年之内实现。因此，有必要提前制订计划以确保资源能得到最佳使用。

目前，发达国家在 MTEF 下准备年度预算已经制度化了。此外，至少 9 个非洲国家加纳、几内亚、肯尼亚、马拉维、莫桑比克、卢旺达、南非、坦桑尼亚和乌干达和其他一部分发展中国家也引入了 MTEF。从发展趋势看，引入

MTEF 的国家还将继续增加。然而，由于各种原因，发展中国家和经济转轨国家引入 MTEF 的成功案例尚不多见。

1.1.5 分类系统

预算系统需要不同的分类以满足控制、管理、分析和其他目的。

最常见的是功能（function）分类（例如教育和医疗卫生支出）和经济分类（例如经常性支出和资本支出、购买性支出和转移支付）。功能类别以下最常见的是按资源投入类别或客体（objective）的分类，例如工资、办公费用和利息支出等。这种旨在满足控制目的分类称为条目（line-item）分类，通常作为功能类别。

现代预算的一个重要特征是在功能或次级功能（the second function）类别下引入规划（program）分类，例如教育（功能类别）分为初等教育、中等教育和基础教育（次级功能），初等教育（以及次级功能类别）再按规划分为师资培训和校舍建设等。"功能规划"的分类系统是绩效导向预算方法的基础。规划分类的显著优势在于能够告诉我们花钱"干了些什么事"以及"结果如何"，这是绩效管理的基础。

1.1.6 预算方法

预算资源的分配和使用如果只是与投入（资源本身）相联系，称为投入导向（input-orientation）预算方法，由此制定的预算称为投入预算或条目（line-item budgeting），它是传统预算的典型特点。与之相对称的是绩效导向（performance-orientation）预算方法，即预算资源的分配与结果计量的绩效标尺（产出与成果）相联系，由此制定的预算称为绩效预算。

根据制定预算的资源基础的不同，预算方法也可以区分为增量预算法（基数预算法）和零基预算法。前者在制定预算时不考虑以前年度的支出"基数"，只是就预算年度新增加的资源部分制定预算（保留基数）；零基预算法则要求对两者一并进行考虑，也就是在假设基数为零的基础上重新制定预算。零基预算十分复杂，工作量非常大。

预算方法的第三个重要类别是基线预算（基线筹划），包括线下预算法与线上预算法。前者在"假如维持现行政策和支出项目不变"的基础上制定预算，后者在"假如颁布和实施新的政策或现行政策"的基础上制定预算。基数预算对于强化支出控制、财政纪律和优化预算资源配置极端重要。20 世纪 80 年代以来，发达国家和许多发展中国家与部分转轨国家引入了在 MTBF 下准备年度预算的体制，基线筹划（baseline projections）作为支持这一体制运作的技术基础随之被广为采用，并逐步取代了陈旧过时的基数法（base approach）。目前在采用 MTBF 的国家中，使用基线筹划技术预测政策提议对预算的影响，已然成为预算部门最重要的任务。

1.1.7 会计与报告

会计与报告既是预算系统、也是财务管理系统中的重要元素。预算与财务的区别在于，预算是前瞻性（未来导向）的，财务则是回顾性（历史导向）的。然而，在过去 20 多年中，发达国家的预算制定已经更密切地融入其他方面的财务管理过程，包括会计系统和政府财务报告。

基于有效监控预算执行的目的，虽然各国政府会计系统存在许多差异，但都应有一个核心的功能，即能够在支出周期（expenditure cycle）的每个阶段——从承诺（例如签订合同）、核实（verification）到付款——都追踪财政交易，以及追踪各项拨款之间或预算条目（budget items）的资源流动。这一旨在追踪预算拨款和拨款使用的会计方法通常称为预算会计（budgetary accounting）。它与现金基础（cash basis）会计一并使用，后者只是在付出或收到现金时才进行记录。20 世纪 90 年代以来，作为推动绩效导向预算和公共管理改革的重要组成部分，多数发达国家和部分发展中国家引入了应计基础会计（accrual basis accounting），财务报告（包括预算执行报告）甚至预算也按应计会计基础编制。还有些国家引入了成本会计以帮助公共部门进行活动成本核算（activity-based costing）。

1.1.8 预算参与者

预算过程涉及众多（所有社会成员与群体）参与者，他们在预算过程中扮演不同角色。其中最重要的直接参与者有两大类：核心部门（center of government）和支出机构。

核心部门包括立法机关、政府内阁、总统办公室和财政部等。他们协调政策制定，裁决在预算准备过程中出现的任何冲突，以及实施支出控制。立法机关在审查和批准预算中扮演着关键性角色，因而需要有充足的能力、资源和权威。财政部门为预算准备确定指导方针、审查预算申请，确保预算准备过程的协调，以及预算同政策、预算同宏观经济目标之间的一致性。简单地讲，核心部门的基本角色就是支出控制者。

支出机构负责根据政策导向和政府确定的财务（预算）限额，准备自己的部门规划和预算。支出机构与核心部门的角色本质上冲突的：前者申请和使用资源，后者则对其进行支出控制。传统预算程序中，控制与被控制、强化控制与逃避控制永远存在冲突。事实上，预算过程就像一场每天都上演的猫鼠游戏，一个每天都发生的、看不见硝烟的战场。

1.2 预算的功能与作用

1.2.1 预算的功能

一般而言，公共预算有三个功能：计划功能、管理功能和控制功能。

公共预算的计划功能强调预算资源在互相竞争的公共规划（public programs）间的分配，这大致相当于经济效率中的配置效率概念。配置效率要求在既定的预算资源总量约束和技术约束下将预算资源配置到最具价值的地方。预算的计划功能本质上是一个政治运作问题，它比管理功能和控制功能更加密集地触及政治过程的核心，因而主要在政府的最高层次上（立法机关、内阁、财政部等核心部门）完成。

相对于以预算资源在公共规划（比如儿童保健规划与妇女产前护理规划）间分配为中心的计划功能而言，预算的管理功能强调的是预算资源在每个公共规划内部的分配、使用和使用结果。这些结果可以用两个关键指标来计量：产出（output）和成果（outcome）。产出指公共服务本身，通常可以用数量、价格和成本三个维度加以计量。成果是指与政策目标相联系的度量。如果把预算资源本身看做投入（input）——例如在儿童保健规划上投入1 000万元，那么，产出就是这些投入得到的直接结果，比如在此规划下接受疫苗注射的儿童数量，成果则是受这些产出影响的、反映政策目标实现程度指标，比如儿童体能提高的百分比、疾病治愈率或发病率下降百分比。投入—产出—成果构成一个完整的链条。在理想的情况下，三者之间的关联度越强，越有利于带来令人满意的绩效（performance）。绩效是个很广义的概念，但其基本含义是指与结果（results）相连的产出，尤其是成果。

传统预算（投入预算或条目预算）关注的是投入，忽视产出和成果，区别于具有更多"现代"特征的绩效预算（performance budgeting）。产出和成果正是绩效预算所关注的两个主要成分。投入预算（控制型预算）与绩效预算是两类基本的预算模式。

通过影响预算资源在公共规划内部之间的再分配，例如如何在儿童保健规划的三项主要活动——开发儿童营养品、开发儿童保健品以及注射疫苗——之间合理配置资源，预算的管理功能可以影响配置效率；通过改进管理和提高生产技术，管理功能可以影响技术效率或运营效率（投入产出关系）。

公共预算的第三个基本功能控制功能强调对公共资源的支出进行法律、行政和其他方面的限制，这也通常被认为是政府履行对纳税人受托责任的机制。控制功能是公共预算最基本的功能。预算的本意就是要控制政府的支出，使其实际的开支水平、结构和实施支出的行为被约束在预算和法律的框架内。在政治民主和法治社会中，除非获得法律（立法机关批准的预算本身就是法律）的明确授权，否则，政府既不能从纳税人那里拿钱（征税），也不能实施任何支出，任何超越预算授权的开支都是违规的。预算的控制功能是确保政府的财政活动——重心是公共支出——遵守法律约束所绝对不可或缺的。事实上，在政治民主政体中，预算是议会控制政府最重要的工具，这是约束政府的宪政功能（宪政最基本也是最重要的功能）在公共预算上的直接反映。

当然，约束政府和控制开支并不是宪政（以宪法为中心治理国家的一整套制度安排）和公共预算的唯一目的。过于严格的约束以及过于强大的控制功能，会妨碍现代政府制定和实施公共政策以应对挑战（追求政治与社会经济目标）的能力。因此，现代宪政发展的一项重要任务就是既要确保政府处于公民控制之下，又要留给政府足够的"自由裁量"空间以确保其成为能动进取和积极作为的政府。与此相适应，相对于控制功能而言，计划功能和管理功能的相对重要性提高了，绩效（产出与成果）在预算过程中受到更多的关注，投入控制相对削弱了——支出部门和机构在预算资源（投入）组合和使用方面被赋予了更多的自主权。尽管如此，预算的控制功能仍然是最基础的功能，在发展中国家和经济转轨国家尤其如此。没有在控制功能方面建立起牢固的规则、程序和实施机制，预算的计划功能和管理功能也不太可能正常运转，正如在预算过程中充满违规和腐败的情况下，转向绩效导向的预算改革注定不会成功一样。由于这些基本的理由，当代中国建设预算国家的历史性任务，首先需要从强化预算的控制功能切入，然后依次过渡到强化预算的计划功能和管理功能。这个战略次序大体上相当于从主要追求合规性目标转换到主要追求绩效目标的过程。这也是发达国家从20世纪50年代以来，政府预算变革的主要方向。

1.2.2 预算的作用

现代社会在预算事务上投入那么多时间、资源和精力，无非是期待政府借助预算来发挥至关紧要的作用。概括起来，这些作用主要有八个方面。

1. 建立目标和优先性

预算过程涉及许多技术方法的应用，但预算主要不是一个技术工具，而是最重要的政策工具。在一个十分复杂、充满不确定性并且资源有限的世界里，通过预算为国家建立目标并设定其优先性极端重要。政策目标可以是定量的，例如提高国民的识字率；也可以是定性的，例如纠正市场失灵。有些政策目标可以通过管制、贷款担保，或其他干预方法达成，并不需要直接或立即的支出达成。然而，大部分政策目标需要财务资源，预算是这些财务资源最重要的来源。特别重要的是，预算的全面性（comprehensiveness）或统一性（unity）是预算优先性的前提条件。一个具有可信度的优先性确定程序要求所有支出都合并到预算中，预算的全面性或统一性也许是优先性方面最重要的制度安排。

2. 联结目标与活动

政府的政策目标是抽象的和高度概括性，它需要通过与目标密切相连的一系列活动（activities）相联系，才可能转换为实际行动并产生有意义的结果。

3. 管理经济

现代政府的基本经济职能是稳定（宏观经济）、配置（核心是提供公共产品）和再分配。公共预算与三者紧密相连，并且强有力地影响这些职能。

4. 促进受托责任（accountability）

在政治民主社会里，政府得自人民的资源，应按人民的意愿使用，并产生人们期望的结果。为了确保政府为人民服务，人民将权力和责任一并授予政府。理论上，政府权力的合法性来自受托责任。为促进合法性和政府的可信性，政府必须就其资源来源、使用和使用结果向人民承担受托责任。公共预算作为一个阐明政府法定义务和责任的工具，在促进政府向人民履行受托责任方面发挥着关键性作用。

5. 控制公共资源的使用

受托责任与控制（以及报告）机制紧密相连。受托责任要求政府对公共资源的使用必须处于立法机关（代表公民）的控制之下。在政治民主下法治社会里，没有来自公民（通过立法机关）的授权，政府不仅不能从公民那里拿钱（征税），也不能实施任何公共支出。

6. 促进效率与有效性

要确保政府对公共资源的使用产生有意义（满足公民偏好与需求）的结果，效率（efficiency）和有效性（effectiveness）必须得到保证。效率不仅包括配置效率，也包括反映投入产出关系的运营（生产）效率。有效性反映以既定成本达成政策目标的程度。

7. 社会规划与改革

许多与公民社会权利相关的改革，例如教育、医疗卫生和社会保障体制的改革，如果没有预算和预算变革的支持，很难成功。

8. 保持程序的可管理性

程序对于确保政府正常运转至关紧要。预算本身就是在一套严格界定的程序下年复一年、日复一日完成运作的。这套程序复杂而且重要，现代社会大部分（所有需要花钱的）公共政策（需要花钱的）都是在此程序上制定和推动的，而且构成一个社会最重要的那些元素——公民、立法机关、行政部门、支出申请者和使用者、政治家、官员、公共服务供应者等——都以某种方式参与到预算程序中，或与预算程序存在直接或间接的关联。

1.3 预算管理：理念、意义与要求

早期的预算被看做是控制的工具，稍后从强调控制支出转向管理政府活动，这是通过把预算作为计划工具来预测多年期规划支出实现的。20世纪90年代开始强调预算作为政策工具，并强调遵守善治（good governance）的所有基本原则：透明度、受托责任、预见性和参与。

1.3.1 预算管理理念的发展

公共预算的产生与立法机关对支出控制的要求密切相关。在英国等老牌资本主义国家中，立法机关经过与君主政体的长期较量最终控制了税收。在取得课税、修改税法和批准税收提案的权力之后，立法机关把注意力转向支出控制，结果，立法机关要求每年提送预算报告，包括支出说明书和岁入说明书，这可以看做是现代预算的起源。

与早期预算相比，现代预算具有如下特征：（1）统一性，即要求包括政府的一切事物；（2）年度性，即基于立法的目的，政府每年都要向立法机关呈递预算；（3）明确性，即应让公众及其代表能理解并审查其内容；（4）公开性，即要求预算成为公开文件，其内容能被全社会了解；（5）实务性，即要求预算适合于作为政府内部的管理工具。[①]

从不同的角度，可以形成预算管理的不同理念。从立法机关的角度讲，预算是表述立法机关意向的工具，这意味着预算要明确地表述政府活动的范围和目的，并且确保对公共开支进行有效的控制。

从促进现代政府的经济职能角度看，预算是促进政府三个基本经济职能——经济稳定、资源配置和再分配——的工具。在配置功能中，政府预算将财政资金在相互竞争的各项需求之间进行分配，并根据目标的重要性确定资金分配的优先顺序。经由预算的资金配置功能，政府得以向公众提供诸如国防、法律、教育和其他各种形式的公共服务。就再分配功能中，政府预算的实施可以促进不同人群之间的利益分配更为合理，更符合社会上大多数人的意愿。鉴于所有的政府公共政策必须通过预算来体现，政府预算代表了公共政策的实质

---

① A.普雷姆詹德：《预算经济学》，中国财政经济出版社1989年版，第42页。

含义，对政府施政的绩效有深远影响。

预算还是公共管理的工具。好的政策依赖好的预算管理。在旨在促进政策目标的整个资金流动过程中，预算管理起着关键作用。早期的预算管理更多地强调合规性（compliance），对公共资金使用所产生的结果（例如效率）未给予充分关注。第二次世界大战后的主题则从"合规"转向"明智"，后者要求经批准的预算得到有效而经济的执行，用较少的成本完成满意的工作。20世纪50年代美国率先采用的绩效预算（又称规划预算）强调成本计量，从注重投入转向注重产出，并试图计量政府机构的生产率。80年代追求效率有更多的动力，人们认为政府必须如同一个公司那样行事，确定财政资源使用的效率与产生的成果。现代预算管理方法认为，片面强调合规的传统预算理念已不适应环境变化的要求，赋予支出机构管理灵活性对于有效地利用资源、达成既定目标非常重要。

1.3.2　从预算管理到公共管理

在每个社会中，国家在两个层面上同其人民建立起基本的财政联系：（1）以适当的方式从经济中征集公共资源——例如税收和公债；（2）有效地分配和使用公共资源。政府预算管理面对的就是公共资源的"获取和使用"问题。获取和使用公共资源正是公共组织（包括政府）区别于非公共组织的基本特征，也是公共组织开展活动、履行职责、实践使命的前提和基础。正是在这个意义上，预算管理构成了现代公共管理的核心和关键。没有良好的预算管理，就不可能有良好的公共管理。

预算管理在本质上是工具性的（instrumental）。在现代社会中，预算是政府最重要的政策文件——实现政策目标最重要的工具。预算不仅是政府的财务计划，更是一个将人民的意愿和资源转化为政府政策行动、促进政策目标实现的强力工具。预算管理与政策密切相关，但它不同于政策。政策高于预算，但又必须受预算约束。预算是实现政策——核心是财政政策——的工具。财政政策涉及的是"需要做什么"，预算管理涉及的是"需要怎样做"，两者之间存在着基本的差别。此外，在需要实施机制、技术、技能和数据要求方面，好的政策与好的预算管理之间也存在着很大差异。[①]

[①] Salvatore Schiavo-Campo and Daniel Tommasi. 1999. *Managing Government Expenditure.* Published by the Asian Development Bank, p. 2.

1.3.3 预算管理与公共利益

好的预算管理可以带来公共利益，主要表现在四个方面。

1. 弥补法治的不足

法治代表社会成员普遍认可的一系列强制性规则及其实施机制，当它延伸至预算管理领域时，即表现一整套正式的程序性规则，公共资源在这套程序性规则的支配下运作。在现代社会中，缺乏法治的代价是巨大的，但法治并不是万能的。虽然人们经常把一些发展中国家中长期未能得到妥善解决的重大社会、经济和政治问题同缺乏法治联系在一起，但即使在那些法治相对健全和完善的发达国家中，人们仍然可以发现许多问题同样难以得到解决，其中也包括公共资源分配中的低效率问题。因此可以认为，法治基础上的预算程序和规则并不是确保预算过程取得效率的充分条件。

为什么会如此？一个重要的原因是许多法律落后于现实世界的变化，因为法律并不总是随着环境和形势的变化而调整，这种调整通常是滞后的；另一个原因是法律强调服从，而实现预算资源的营运效率需要赋予支出管理者以必要的灵活性和某种程度上的自主性。当法律对某些规定不明确时，或者资源分配的某些方面根本没有法律规范时，或者当这样的规范不必要或不可行时，在预算管理系统中发展必要的灵活性和自主性，对于促进预算资源的运作效率尤其重要。

2. 改善信息

要想促进有效率的预算资源分配和使用，一个基本的前提条件就是充分揭示和准确了解公民偏好（民意），以便优先将预算资源配置于那些偏好最强的项目和用途上。为此，理想的情形就是让公众在完整的信息下进行"公共选择"，并把这些选择转化为政府适当的政策目标，据此配置公共资源。一般地讲，政治民主制度从两个方面推进了公共选择。首先，政治民主赋予公众对公共部门信息的充分的"知情权"，据此做出最有利于自己的选择；其次，让公众充分了解信息（知情权）是为了让他们做出正确的选择，而政治民主确保公众对选择具有"决策权"——有权做出最有利于自己的选择，让公民了解公共信息就是为了让他们做出正确的选择。

在政治民主政体下，公民进行公共选择所需要的财政信息，需要一个良好的预算管理系统才可能产生并得到妥善管理。从某种意义上讲，所谓管理其实就是对信息的管理，即对信息的产生、加工、传输、应用和处理进行的管理，预算管理也不例外。高质量的公共选择高度依赖于良好的预算信息。在这里，问题的关键不在于信息的数量，而是信息的内容和形式应是相关的和易于理解，并且有适当的渠道让公民关注和获取信息。通过改善信息管理，通过以适当的、可以理解的方式向公众披露相关的和充分的信息，预算管理系统可以帮助公众做出更好的公共选择，进而增进效率和福利。

3. 强化财政责任

良好的预算管理通过强化财政责任而有助于增进公共利益。在支出管理中，"财政责任"是个极为重要的概念，其含义是讲支出管理者和决策者需要对其所从事或参与的财政活动的后果承担责任，至于具体应承担哪些责任则是一个有争议的问题，概括起来可以分为三个方面。

第一个方面涉及改进社会（公共）选择。预算管理有助于改进政治过程中的社会选择。社会选择也称为"公共选择"或集体选择，是指在政治程序中政治家、官僚、利益集团与民众共同参与的对公共产品的选择或者偏好表达，每一方都倾向于选择那些最能满足其偏好的公共产品（支出）和税收组合。公共选择是政府预算过程的本质，人们对政府预算的选择过程本质上就是对公共产品的偏好表达与选择的过程。从配置效率的角度讲，公共选择要求按照消费者偏好（民意）配置财政资源。由于单个消费者偏好是大不相同的，确保预算效率的前提条件就是需要将大量众多的、分散的个体偏好转化为某种"社会偏好"，这方面存在极大的困难。民意表达的不明确（经常出现的情形）也会妨碍进行有效的公共选择。此外，符合民意的公共支出计划也未必与维持宏观经济稳定所需要的支出计划相一致。在这种情况下，良好的预算管理通过发展出社会据以进行选择的适当标准（包括成本效益分析、支出归宿和绩效基准）、程序和信息，承担起帮助改进公共选择的责任。

第二个方面是提高公民对于公共产品的"满意度"。政府的本质是向公众提供公共产品。国防、治安、法律服务，货币稳定和好的政策乃至好的政府都是公共产品（public goods），因为每个人都能从中受益而不至于妨碍他人。与私人产品相比，公共产品的一个关键性特征是消费者无法行使"退出权"，无论你是否愿意，无论你是否满意，你都不得不消费它们，并且不得不为它们付费（纳税），即使"以脚投票"——迁出那些不能提供令人满意的公共服务/税收组合的辖区——也无法完全逃避。正因为无法行使（完全的）退出权，确保消费者（纳税人或选民）在政治程序中行使"发言权"就显得尤其重要。这意味着，当公众对政府提供的公共产品数量、质量或其组合不满意时，政府（通过预算管理）必须承担起改善公共产品供应的责任。

第三个方面是指在不同的等级中，个人和组织对被指定的工作负责，例如行政部门对立法机关负责、行政部门内部中部长对总理负责、支出单位内部管理者对具体的工作负责等等。良好的预算管理有助于发展明确的工作责任，从而帮助管理者和决策者增进预算效率和公共利益。

4. 减少腐败

在预算管理的支出方面通常有三种形式的腐败。

第一种是为个人目的而挪用或滥用公款。从任何观点看，它都是违法的，是要受到处罚的。公款私用由来已久，在每个国家都存在，当然程度和范围各不相同。公众私用与公务员的角色大相径庭，因为公务员在各个方面代表国家，而且个人的身份与国家公务员的身份已经没有多大的区别。由于政府资产缺乏一个完整的清单，政府官员的特权也没有明确，故很少受到处罚。

第二种腐败是由某个机构的公务员利用拨款的权力谋取私利。虽然拨付款项是这个官员的职责，但他利用了其手中的职权（因为服务款的稀缺）向当事人榨取钱财。

第三种腐败是政府官员改变支出的政策、法律，或者按照个人或特定团体的利益解释法律，这种改变和解释不是因为合理的需要，而是某些人的特定需要。这是非常严重和普遍的一种腐败。①

在政府预算管理的其他领域——例如税收和负债领域，腐败现象也由来已久。在发展中国家和转轨国家中，一个常见的例子就是税收征管中税务人员与纳税人之间的共谋（collusion），收入管理的核心中心任务之一就是防范这种行为，更一般地讲，收入管理应以最大限度地减少纳税人和税务官员的共谋机会的方式进行。②

---

① A. 普雷姆詹德：《公共支出管理》，中国金融出版社 1995 年版，第 185～186 页。
② The Fiscal Affairs Department of IMF. 1998. *Manual of Fiscal Transparency*. No. 52. This manual can be accessed through web of http：//www.imf.org.

1.3.4 什么是好的预算管理

国际货币基金组织财政事务部在 1998 年发布的《财政透明度示范章程——原则宣言》中，确认了良好财政管理的三个关键方面：财政透明度、政府活动的效率和公共财政的健全性，并且指出这三个方面需要区别开来。[1] 考虑到预算管理可以看做是"财政管理"这一术语的同义语，这三个标准作为衡量"什么是好的预算管理"同样是很贴切的，它们共同构成有效预算管理的基础。其中，财政透明度强调对政府预算和预算外活动进行全面的、可靠的和及时的报告，确保向公众和资本市场提供关于政府结构和融资方面的全面信息，使其能够对财政政策的健全性（soundness）做出可靠评估。

政府活动的效率——更一般的术语是绩效——意味着在预算管理中应强化绩效导向。其理论基础是，政府不仅应该对公共资源的使用负责，同时也应该对这些资源使用所产生的结果负责。当然，绩效是个含义极为丰富的概述，而且是相对的概念（参见1.4）。

财政健全性要求财政政策是可持续的，并且财政风险应该得到良好的管理。一般地讲，如果政府的资产足以清偿中长期政府债务，则公共财政就是可持续的，相反则是不可持续的。如果政府参与了大量高交易成本的活动，很可能威胁到公共财政的可持续性。因此，确保公共财政的可持续性要求妥善地进行风险管理。财政风险管理的基本目标是控制财政损失。

好的预算管理应充分考虑本国经济、社会、管理和实施能力的现实。如同其他领域一样，预算管理中采用的方法、技术、制度安排和实施机制，也必须具有适合性。这意味着，其他国家的经验可资借鉴但不能简单地照搬，任何源于异域的预算管理改革与创新必须根据本国的具体情况作细致的分析，尤其是可应用性方面的分析。

1.3.5 遵循善治原则

善治的基本原则提供了判断预算管理质量的理论标准。经济学家很早就

---

[1] The Fiscal Affairs Department of IMF. 1998. *Manual of Fiscal Transparency*. No. 52. This manual can be accessed through web of http：//www.imf.org.

认识了治理与经济发展之间的联系，但真正将治理问题融入系统的制度建设并使之取得进展，包括在预算管理中引入与治理相关的制度安排和实施机制，则始于20世纪80年代。在经历1997年亚洲金融危机之后，人们清醒地认识到基本公共部门和公司治理的脆弱性是引发危机的重要结构性原因之一。目前许多发达国家尤其是经济合作与发展组织（OECD）成员国正致力推动的核心工作就是促进良好的公共治理（public governance），健全的政府预算管理是建设良好公共治理的基石，"健全的预算和会计实务对于一国经济增长有深远的影响，同时也是良好的治理结构的关键因素"[①]。

公共治理指的是公共部门治理，即公共部门行使权力、制定和执行政策所依赖的制度环境和机制，包括如何做出决策、行使权力以及使政治家和管理者保持责任感的途径。有效的公共部门治理并没有统一的模式和结构，但普遍认为好的治理依赖于四个支柱：受托责任、透明度、可预见性和参与。[②]

1. 受托责任

受托责任要求公共官员具有胜任其活动的能力。从预算管理角度讲，受托责任无论对于公共资源的使用，还是对于使用公共资源所产生的结果，都是必不可少的。一般地讲，有效的受托责任有两个核心成分：责任性（answerability）及后果（consequences）。这里涉及两个要点。首先，责任性要求核心的预算官员和各部门人员定期地对两个相互关联的问题做出反应：钱去了哪里？取得了什么成效？其次，公共资源的使用有可预见的和有意义的结果——例如投入教育的公共资源是否和在何种程度上增加了知识（如降低文盲率）和收入水平。基于良好的公共治理及其在预算管理中的应用，人们必须持有这样的观点：没有结果的受托责任仅仅是空洞的和形式上的。在强调向支出机构分权的预算管理系统中，特别需要加强外部受托责任，以此确保服务质量不会因此而下降。

由于预算管理系统必须对公款的使用和结果负责，预算管理中的受托责任机制包括两个层面：内部受托责任（internal accountability）和外部受托责任（external accountability）。相对于各部门就其提供的服务向公众负责而言，预

---

① Alex Matheson（OECD公共管理服务部）："更好的公共部门治理：西方国家预算及会计改革的基本理论"，2001年政府预算与政府会计国际研讨会（北京）会议论文。

② Salvatore Schiavo-Campo and Daniel Tommasi. 1999. *Managing Government Expenditure*. Published by the Asian Development Bank, p. 9.

算人员对于其上级——确切地讲是对于"上面的"预算管理活动（如政策咨询、宏观经济预测等），应承担更强有力的内部受托责任。当然，外部受托责任——就资源使用结果向公众负责——也是必不可少的。特别是随着信息和通讯技术的飞速进步，以更低的成本从服务使用者和公众那里获取大量信息反馈成为可能，从而有助于改进效率和公共服务交付的有效性。

信息与通讯技术在改进政府受托责任、透明度和参与方面，在改进公共部门营运效率有和有效性方面，在扩展公共服务的方法与途径方式，在向公众传播信息、从与预算有利害关系者及服务用户反馈信息方面，都提供了极大的潜力。更一般地讲，信息与通讯技术的革命性变化已经体现在政府预算管理的每个领域，它对公共部门的影响是巨大的，虽然这一影响仍处于初始阶段。

2. 透明度

透明度要求能以较低的成本获得相关信息，包括与预算管理相关的所有财政信息。根据一些经济学家（Kopits and Craig, 1998）的解释，财政透明度意指向公众公开政府结构与职能、财政政策取向、公共部门账目和财政筹划（fiscal projections）。① 在这里，"公众"被定义为包括所有与制定和实施财政政策有某种利害关系的个人和组织。财政透明度强调受托责任和增加与维持不可持续政策相关联的政治风险，因此它能够加强可信性，其利益反映为较低的借贷成本以及信息灵通的公众对健康的宏观经济政策更强有力的支持；相反，财政管理不透明将破坏稳定，导致无效率和加剧不公平。因此，财政透明度是良好的治理的关键方面，而良好的公共治理对于实现宏观经济稳定和高质量增长至关紧要。

财政和财务信息的透明度对于行政、立法部门和公众而言是必需品。作为基本要求，它不仅意味着必须提供信息，而且这些信息必须是"相关的"和"可理解的"。向公众倾倒大量粗糙的"预算原料"对改进财政透明度不会起任何作用。国际货币基金组织于1998年发布了《财政透明度优化策略章程——原则宣言》，强调了明确财政角色（fiscal role）和财政责任的重要性，对公众的信息受托责任，公开预算准备、执行和报告，以及对财政预测、信息

---

① Kopits, George and Joh Craig. 1998. Transparency in Government Operations. IMF Occasional Paper No. 158. Washington: International Monetary Fund.

和账户的独立审查。虽然并非所有这些规定都要应用于所有国家,但其原则对于发达国家、发展中国家和转轨国家都具有可应用性。

3. 预见性

预见性来源于法律和规章的清晰性、预先可知以及统一和有效地实施。在政府部门和支出机构准备预算时,可预见性显得尤其重要。在缺乏可预见性的情况下,由于未来可得的公共资源流量具有高度的不确定性,支出部门和机构几乎不可能编制和呈递高质量的预算。财务资源缺乏预见性将破坏资源分配的战略优先性,使公共官员难以对服务供应做出规划。政府支出总量及其构成的预见性,也是引导私人部门制定生产、营销和投资决策的路标。

4. 参与

在相关文献中,参与被看做一种发言权机制,强调通过参与加强受托责任。这类文献强调在治理过程中加强边缘化群体(marginal people)能力的方法。① 健全的预算管理需要有公共雇员、公民和其他利益相关者的适当参与。监管支出机构的营运效率和服务质量、从公共产品消费者那里反馈信息,都需要有参与。一般地讲,对预算过程的参与需要政府提供可靠的财政信息,以及对政府活动的详细而真实的检查。

在善治的上述"四个支柱"(基本原则)中,没有哪一个能够单独成立,每一个都是达到其他三个的工具,并且所有四个共同构成实现健康的经济发展的工具。例如,如果没有可靠的财务信息,预算过程的受托责任机制就是空中楼阁;如果没有可预见的结果,受托责任是无意义的。进一步讲,所有的受托责任都必须联系到绩效——对绩效负责。

1.3.6 预算的全面性

遵循善治原则的预算管理直接或间接地指向预算的全面性。一个具有可信度的优先性确定程序要求所有支出都合并到预算中。排除某些开支类别(例如预算外资金)将削弱决策制定者实现战略成果的能力。因此,预算的全面

---

① Matthew Andrews. 2005. Voice Mechanism and Local Government Fiscal Outcomes: How Civic Pressure and Participation Influence Public Accountability? In *Public Expenditure Analysis*, ed. Anwar Shah. Washington, D. C.: World Bank, p. 221.

性或统一性也许是优先性方面最重要的制度安排。①

与预算全面性相关的三个基本问题分别是：预算的范围、预算的内容和收支对应关系。

1. 预算的范围

预算的范围取决于"政府"的范围。按照现代预算管理理念，预算应全面反映政府活动的范围与方向。政府是公共部门的核心部分。公共部门包括政府以及所有由其控制的实体——例如国有企业和非营利机构——组成。每个政府层次及受其控制的实体都应有自己的预算。基于受托责任和财务控制的目的，在预算系统中应报告合并的、反映政府及其控制实体的财务活动。

本书指的"公共预算"覆盖的范围对应的是"一般政府"（general government）。按照联合国在其国民收入核算账户（SNA）中的定义，一般政府的范围包括：

- 中央、州或地方政府的所有单元（units）；
- 每个政府级别上的所有社会保障基金；
- 受政府单元控制并且由其提供融资的所有非市场的、非营利的机构。

据此，一般政府中并不包括公共公司，即便这类公司的股权完全由政府单元拥有也是如此。一般政府也不包括由政府单元拥有和控制的准公司（quasi-corporation）。但是，由政府单元拥有的非公司制企业并非准公司，因而必须包括在一般政府中。

2. 预算内容

预算的内容应是全面的，应包括所有的政府收入和支出，无论这些收支的性质和来源情况如何。据此，预算外资金、特别账户（例如基金预算）和源于外部融资（如接受外援）的支出，应与政府的直接支出一样纳入预算管理，一视同仁地接受审计和其他形式的监督与检查。税式支出——通过税收优惠措施放弃的收入——也应如此。

更一般地讲，所有产生即期或未来财政影响、或者引发财政风险的政府政策承诺和决策——例如政府的贷款担保，都应通过预算管理系统予以披露并如同政府的直接支出一样接受检查和监督。

---

① Ed. Campos, Sanjay Pradban. 1996. Budgetary Institutions and Expenditure Outcomes——Binding Governments to Fiscal Performance. The World Bank, Policy Research Department, *Public Economics Division*. September.

3. 收支对应关系

根据收支对应关系，预算方法可以区分为两大类：统收统支和专款专用。在统收统支模式中，特定收入与支出并没有一一对应的关系，也就是说，任何一项特定的收入并未被指明特定的用途。相比之下，专款专用作为预算中一种指定用途的安排，指的是一项特定的收入预先即被指定特定用途。如果预算管理系统允许大量的专款专用，预算的全面性将受到不利影响。

专款专用方法长期以来在许多国家都很流行，这部分地反映了这些国家的预算程序并不能有规律地将资金拨向高收益的活动。例如就公路部门而言，养路在许多国家是一个典型的高收益但资金得不到保证的项目，缺乏资金使道路养护工作无法进行，而专款专用可以保证急需的道路养护有可靠的资金来源。

然而，专款专用通常被认为削弱预算程序调配资金的能力。在预算程序运转正常的情况下，财政资金将会流向高经济效益的项目或国家重点项目，因此应该避免使用专款专用。[①]另外，如果在支付者与受益者之间存在直接的对应联系，专款专用安排可能会改进公共服务交付的效率。如果没有这种联系，它们就应该避免。需要牢记，任何形式的专款专用安排都不应损害预算过程的支出控制和资源配置效率，而且应如同政府的其他支出一样遵循与正式预算程序类似的监督和检查。

预算内容中的所有成分，包括一般意义上（直接）的政府开支、专款专用的支出、预算外资金等，应按遵循相同的支出分类体系和其他方面的规划，它们的交易也应以总量（gross terms）方式计量，不能从中抵减收入或支出。举例而言，假如对国有企业上缴政府的税利为 1 000 万元，政府提供给这些企业的亏损补贴为 1 200 万元，在会计记录和报告中，不能将两者相抵减——从而只反映 200 万元的政府亏损补贴。

1.4 预算管理的关键目标和一般目标

经济政策的基本目标可界定为增长、平等和稳定。增长意味着把蛋糕做大，平等意味着把蛋糕的分配更多地照顾到弱势群体（穷人），稳定则意味着

---

① 世界银行：《1994 年世界发展报告》，中国财政经济出版社 1995 年版，第 50 页。

这两件事情都应该是可持续的。经济增长为消除贫困提供了资源（从而促进了平等目标），如果没有促进宏观经济稳定和社会平等的政策，经济增长就是不可持续的。这些目标之间可能产生冲突，因而需要一个健全的解决方案，以使三者都能够在一个统一的预算管理框架下加以考虑。这一框架应致力追求三个关键的公共支出管理目标和两个一般目标。

1.4.1 预算管理的关键目标

从预算作为最重要的政策文件出发，预算管理应同时追求经济政策的三大目标。其中，经济和金融稳定要求在预算管理中贯彻财政纪律，严格控制财政总量——核心是支出总额；经济增长和平等要求公共资源在部门（sectors）间和规划（programs）间进行战略层次上的良好分配以获得配置效率。三大目标都要求在微观层面的实践中，各支出部门/机构对自己获得的公共资源实施良好的营运管理以获得营运效率。[1]

这样，经济政策在传统上的三项一般性目标就转化为良好的预算管理的三个关键目标：

- 财政纪律与总量控制；
- 基于政策优先性的资源配置；
- 营运管理与运作效率。

与这三大关键目标相对应，任何预算系统都需要解决三个关键问题：建立总额财政（预算限额）制度以约束财政总量，在政府核心层（例如内阁、立法机关和财政部）基于政策优先性的资源配置，以及在支出机构/规划层次上确保公共资源的有效营运。如何解决这些问题正是一种预算管理系统区别于其他预算管理系统的差异所在，研究表明，不同预算管理系统的制度性特征对于政府财政管理的成果具有重要影响。[2]

财政纪律（fiscal discipline）和总量控制是所有预算制度的首要任务。因为如果允许总量向上浮动到足以满足所有支出需求的话，那就预算就没有存在

---

[1] 营运效率（operational efficiency）相当于微观经济学的生产效率概率：厂商以最低的成本生产既定的产出。简言之，营运效率反映的是投入（资源）与使用这些投入生产的产出之间的对比关系。

[2] Ed. Campos, Sanjay Pradban. 1996. *Budgetary Institutions and Expenditure Outcomes-Binding Governments to Fiscal Performance*. Public Economics Division of Policy Research Department of The World Bank, working paper, No. 1646, September.

的必要了。另一方面，缺乏财政纪律和总量控制导致的过度开支、赤字和债务，将威胁可持续性从而最终导致基本的生存危机。在这里，财政纪律涉及的基本理念是可承受性（affordability），后者意味着可维持的预算和实际支出和收入，公共债务总量的确定也是基于财务上的可持续性及其与短期与长期经济目标间的一致性。① 总额财政纪律不仅要求遵守立法机关通过的预算决议，还意味着在预算执行期间内抵御不断增加支出的压力。配置有效不仅意味着政府引导资源增量转向新的更高优先级用途，还意味着将资金从低价值的用途转向高价值用途的意向和程序。运营效率要求推动支出机构提高服务交付的生产率，从而降低政府购买货物和服务的成本。②

1.4.2 预算管理的一般目标

除以上目标外，关注适当程序以确保合规性（compliance）以及管理财政风险，也是预算管理的基本要求，因为风险和合规存在于预算过程的每个环节，严重的违规和高风险可能对一个公共组织（包括政府）的预算造成重大的负面影响。合规性意味着预算管理过程的所有参与者，包括行政部门、财政部门、支出部门和支出机构中的决策者与管理者，必须严格遵从与政府预算相关的法律与其他相关的规范。

在传统预算管理中，合规性是最为重要的目标，现代预算管理由于更加强调预算过程的绩效导向，合规性的重要性有所下降。虽然如此，合规性是每个预算管理系统都需要的。在许多发展中国家和转轨国家，预算管理系统中的绩效导向相对较弱，违反规则的现象比比皆是，过多的自由裁量常常使法律和法规流于形式。在这种情况下，在预算管理系统贯彻和培养"顺应规则"的文化是极为重要的目标，在这个目标难以实现时，其他目标都会受到连累而难以有效地实现。

任何组织（个人）都会面临风险。风险可以定义为损失和收益的不确定性，因此风险可以是消极的也可以是积极的，但一般地讲，风险控制主要针对消极的而不是积极的风险，也就是那些可能造成损失的风险。在许多发展中国

---

① Anwar Shah, Local Budgeting. 2007. Public Sector Governance and Accounting Series. The International Bank for Reconstruction and Developing/The World Bank. Washington, D. C., p. 3.
② Allen Schick. 2001. The Changing Role of the Central Budget Office. *OECD Journal on Budgeting*. p. 14.

家和转轨国家，经济、金融和社会政治领域中的风险都有最终集中导向政府的趋势，由此削弱了财政的可持续性、政府的施政能力和可信度。

当政府面临严重的财政风险时，唯一有效的办法就是对财政风险进行及时而全面的管理。风险管理的目标是控制风险损失，通常有三种方法：转移风险、消除或减少风险、承担风险。如果不打算承担风险，那么政府可以转移风险，也就是把风险转移给市场或第三方，例如出售经营不善的国有企业；也可以消除或减少风险，例如拒绝提供贷款担保，或者对提供担保规定严格的条件并且定期实施严格检查。在有些情况下，政府可能有充分的理由承担风险，这时就需要进行风险融资，并且在预算中建立风险储备，以便在一旦发生风险损失时补偿风险损失。

在任何情况下，主要的财政风险都需要予以确认、评估和报告。风险应尽可能量化。确认风险包括确认风险的来源、性质和类别，评估风险要求对风险的严重性和频率进行计量，确认和评估的结果应予公布，尤其需要在年度预算中提供一份财政风险报告书。风险报告书中应确认主要的财政风险类别，包括政府的或有负债（不确定性负债）。

至此，预算管理主要的五个目标可概括如下（见表 1.1）：

表 1.1　　　　　　　　　　预算管理的目标

目标	相应的收入功能	相应的支出功能	相应的组织层次
财政纪律与总量控制	可靠的预测	支出控制	核心部门
资源分配与配置效率	税收公平与归宿	支出规划	部门之间
营运管理与营运效率	收入管理	支出管理	部门内部
适当程序（合规性）	收入管理	支出管理	部门内部
控制财政风险损失	风险管理	风险管理	各个层次

预算管理的目标并非总是一致的，在不同的国家中，各自的重要性也并不完全相同。传统的预算管理强调遵循正式（法定）程序性规则，至于遵循这些正式的程序性规则能够产生有效率的预算结果，并不是一个值得关注的大问题。进一步讲，按照预算管理的传统理念，只要公共资源的分配和营运按照正式的程序规则进行，即使没有效率，也是容许的。

确实，合规性是每个预算管理系统所必不可少的，传统预算管理对合规性的强调也是相当自然的。由于预算过程涉及大量的参与者——主要是立法部门和行政部门，各自的职责、动机、行为模式各不相同，因此必须设置标准化（规范）的预算程序，形成标准规范，否则就是产生混乱并削弱预算效率——包括配置效率和运作效率。目前在多数发展中国家和转轨国家，通过确保预算过程的合规性来有效地控制支出总量，仍是预算管理诸目标中最紧要的目标。另一方面，自20世纪80年代以来，在许多发达国家中，在绩效导向的名义下，效率目标在预算管理诸目标中被提到一个前所未有的高度，为了强化绩效导向的预算管理，以新西兰、英国、澳大利亚等为代表的发达国家，甚至将传统的、现金制基础上的投入预算管理模式，系统地改造为权责发生制基础上的产出预算模式，作为促进更为良好的公共管理的诸多努力中的一个重要组成部分。

1.5 预算周期

预算过程周而复始，从预算准备到预算执行，再到预算评估、审计和报告，构成一个完整的预算周期。预算准备是指从政府核心层（例如内阁）发出预算编制批示，到向立法机关呈递预算的过程。预算由立法机关审批，即成为一个法律性文件而进入执行阶段。

1.5.1 预算的准备

预算准备系指立法机关审查预算之前行政部门准备预算的过程。预算准备过程主要包括六个阶段：（1）准备宏观经济筹划（框架）；（2）准备一份预算指南（budget circular），以便将支出限额通知各部门，并为各部门编制部门预算（sector budget）提供指导方针；（3）申请预算的部门根据这些指导方针，准备和提出自己的预算申请（budget proposals）；（4）在支出部门与财政部之间进行预算谈判；（5）由内阁或其他核心机构最终形成预算草案；（6）向立法机关呈递预算。

预算准备面对的中心任务就是促进预算管理的关键目标，为此，预算准备过程应致力于：

- 确保预算适合宏观经济政策和资源约束的要求；
- 资源分配应遵循政府政策；

- 为良好的营运管理创造条件；
- 对财政风险予以明确的考虑。

为此，以下几项行动或安排是关键性的。

1. 确保预算与政策的联结

预算总量（典型的是支出和收入总量）和预算资源在部门或规划间的分配，从理论上讲应充分反映人民/纳税人的偏好。但是，由于种种原因，即使在一个政治民主高度发达的背景下，预算总量及其分配都难以充分地反映民意。因此，在现实生活中，预算直接依据的是作为民意（偏好）的一种次优性替代机制——政府政策。正是由于预算资源只能直接以政府政策为导向，在预算管理系统中建立"预算与政策相联结"的机制，就显得极为紧要，尤其是政府政策能够（近似）反映民意的情况下。

制定健全的政策、确保预算/政策联结的机制包括：(1) 在政府内部建立和完善制定政策的机制与程序；(2) 政府决策部门更好地与公众沟通；(3) 为依法检查政策和预算提供充足的手段；(4) 系统地审查一项政策承诺的资源含义——例如实施和完成该项政策承诺将需要花费多少资源；(5) 界定和加强立法机关在预算问题上的权力；(6) 强化预算的权威性并坚定（但不失灵活）地执行预算。

2. 依据宏观经济筹划准备预算

公共财政对于宏观经济具有重要影响，宏观经济的运行反过来也会影响到政府的财政收支及其变动。经济学家们主要从两个方面揭示了公共财政的宏观经济效应：财政收支对国内信贷和货币创造产生的影响（货币性影响），以及财政收支对社会总需求从而国民收入产生的影响（凯恩斯主义式的影响）。无论从哪个方面看，当宏观经济出现失衡时，对政府收支进行调整以促进宏观经济稳定非常重要。财政政策的稳定功能需要通过政府预算管理来实现。正是在这一意义上，预算管理需要有宏观经济筹划。

原则上，当宏观经济出现失衡时，调整汇率不失为一种可供选择的政策手段。但从20世纪90年代初以来，经济学家们发现，汇率的过度波动具有很高的经济成本，这一发现降低了政府以汇率调整（通常是使通货贬值）作为经济和金融调整的重要性。正如在布雷顿森林体系下的情形一样，近年来国际货币基金组织已经重新把汇率作为一个名义的"锚"，并且将调整相应地转向财政一边，从而增强了财政政策、预算管理及其在宏观经济筹划中的重要性。

由于公共财政与宏观经济的相互作用，在预算管理中需要有宏观经济筹划，它是预算准备过程的起点。虽然各国发展宏观经济筹划的能力并不相同，但每个国家都应在自己的宏观经济筹划中，基于现实的假设，既不高估收入，也不低估必需的支出，以此构造预算准备的框架。为明确地约束政府的财政行为（过度支出）确保政府对公众的受托责任，预算总量（尤其是支出）应以"亲善用户"（user-friendly）的方式公布。

在宏观经济筹划的基础上，通常需要一份中期（或多年期）滚动的支出规划——有时称为中期支出框架（MTEF），主要是用于促进年度预算限额的准备和确定，同时也有助于增强部门管理的可预见性和公共支出的效率。完整意义上的 MTEF 是包括所有部门的一份正式而详细的财政计划，通常覆盖未来 3~5 年（包括当前预算年度在内）。为避免产生问题，MTEF 应是指示性的（而不是强制性的），但在第一个规划年度必须与预算完全一致。此外，MTEF 必须根据中期（或多年期）宏观经济框架构造，包括按功能和按大的经济类别（如工资、其他商品与服务、转移支付、利息和投资）分类得出的支出总额估计数。特别需要注意的是，MTEF 的准备过程应类似于预算准备的过程（上述六个阶段），尤其需要根据年度支出限额加以构造。

3. 严格和预先公布的预算限额

支出使用者通常力图扩大自己的预算申请，缺乏节约公共资源的动机。如果没有强有力的约束，支出机构的预算申请和实际支出总和，几乎总是超过并最终破坏政府的财政供给能力和经济的承受能力，在公共财政领域中形成所谓"公共悲剧"（共用池问题）。因此，在预算准备的早期阶段即建立和公布严格的预算限额——核心是支出限额——极为重要。此外，在预算约束软化的情况下，支出部门/机构间过度的讨价还价以及逃避预算选择的行为，将严重削弱预算过程的配置效率和运作效率。

4. 界定主要参与者的职责

在预算准备过程中，涉及不同参与者的责任必须清楚地界定，主要包括：

● 政府核心部门（center of government）——例如内阁或总统办公室——协调政策制定，裁决在预算准备过程中出现的任何冲突；

● 财政部为预算准备确定指导方针、审查预算申请，确保预算准备过程的协调，以及预算同政策、预算同宏观经济目标之间的一致性；

- 支出部门和机构负责根据政策导向和政府确定的财务（预算）限额，准备自己的部门规划和预算。

尤其需要注意的是，立法机关在审查和批准预算中扮演着关键性角色，因而需要有充足的能力、资源和权威。

1.5.2 预算执行

立法机关审批预算后，年度预算即作为一个法律文件而进入执行阶段，这是预算周期的第二个阶段。预算执行的基本任务在于确保预算执行的结果能够同预算的初衷相一致。在预算反映政府政策意图的情况下，预算执行的好坏更关系到能否确保政策目标和公共利益的实现。在实践中，精心准备的预算可能会糟糕地执行，这不仅会造成前功尽弃，而且将使预算的结果同预算的初衷大相径庭。

另一方面，预算执行不应简单地遵循初始的预算。在预算执行过程中，经常会有出乎意料的干扰因素导致收支的变动，这就需要对原来的预算作必要的调整（需要遵循法定程序）。无论如何，预算执行应致力于促进预算管理的所有关键性目标：支出控制、配置效率、营运效率、合规性以及管理财政风险。

1. 确保合规与有效的支出控制

确保支出得到有效控制是所有预算管理系统都关注的重要目标，也是合规性的一项基本要求。在发展中国家和转轨国家中，由于法治不健全和其他原因，支出控制更是一项艰巨而复杂的任务。在公共支出得不到有效控制的情况下，预算管理的其他目标是难以达到的。正因为如此，在发达国家预算管理的早期阶段，通过确保对法律的遵从实现支出控制是最为核心的目标。

为了确保支出控制，好的预算执行系统应有以下成分：

- 一个完善的预算/拨款会计（budgetary/appropriation accounting）系统；
- 在支出周期的每个阶段实施有效的控制；
- 一个用以管理多年期合约和后续承诺（forward commitment）的系统；[1]

---

[1] 后续承诺指在当前预算中已经安排、但支出将发生在未来年度的支出承诺。资本性支出通常需要跨越若干年度，因为只要现有项目未被废止，后续支出将不可避免。

- 一个有效的人事管理系统，包括人员定额；
- 适当的和透明的竞争性的政府采购程序以及管理采购和合同的系统。

预算/拨款会计涉及的是政府会计。各国的政府会计存在许多差异，但都应有一个核心的功能，即能够在支出周期的每个阶段——从做出承诺（例如签订合同）、核实（verification）到付款——都追踪财政交易，以及追踪各项拨款之间或预算条目的资源流动。

上面提到的后续承诺在本书中是个经常被提到的重要术语。政府已经做出的承诺——无论是合同意义上的承诺还是政策意义上的承诺，在未来年度中如果需要继续履行，则必须在预算中需要继续安排资金，这样的承诺被称为"后续承诺"。这是一个相对于在预算年度中"新承诺"——如引入一项新政策——的概念。后续承诺的开支通常是整个预算开支占的主要部分。一般地讲，凡是那些需要跨年度履行的支付义务，例如大中型投资、社会保障义务等，都属于后续承诺。

2. 从外部控制到内部控制

传统预算管理强调对预算执行过程的"外部控制"，现代预算管理强调将预算资源的管理责任下放到部门层次，形成"内部控制模式"。在此模式中，各支出部门或部长在部门内部进行资源再分配方面被赋予广泛的自主权，以决定资源在各计划、项目或活动间的配置。从外部控制模式向内部控制模式的转轨反映这样一种认识，即要想获得预算过程的配置效率，中央控制者必须想方设法让支出部门愿意合作，而强迫它们进行资源再分配并不是一种好办法。

注意到对两种控制模式的差异是重要的。首先是对信息的需求不同。在外部控制模式中，支出控制者依赖大量的自下而上的信息流动，因为它们需要大量有关支出的信息据以做出资源分配决策，而在内部控制模式中，由于部门和机构层次上的资源分配权力被移交级部门或机构的负责人，因此不需要大量的这种自下而上的信息流动，但部门或机构负责人仍然需要获取大量的"现场信息"。其次，在内部控制模式中，支出控制者与机构者之间的角色冲突被大大淡化，使决策者得以将主要精力集中于重大的政策问题，而不是应付在细节问题上与支出者之间的冲突。最后，内部控制模式能够更好地激发支出部门和机构负责人的资源再分配动力，而不是向支出控制者索取更多的追加支出。

由于以上差异，与传统的外部控制模式相比，内部控制模式能够更好地在部门内部实现"预算与政策"的结合,从而有助于改进预算过程的配置效率。然而,从外部控制模式转向内部控制模式需要具备一定的条件,其中最重要的一点是在长期的外部控制实践中,支出机构已经惯于严格遵守正式的预算规则。如果支出机构和部门一如过去那样,总是力图通过破坏预算规则和预算实施过程去获取追加的资源,那么,外部控制向内部控制模式过渡的条件就尚未成熟,这样,部门内部中财政资源的再分配权力就不能轻易下放到部门内部。

3. 现金管理与国库功能

国库的一个核心功能是现金管理。现金管理的目的在于控制支出总量,有效实施预算,降低政府借款成本,提高政府存款和金融投资的回报率。为了实现这些功能,需要做到以下三条:

(1) 通过国库单一账户(the treasury single account,TSA)对现金余额实施集中化管理

在预算执行过程中,每时每刻都需要有现金以满足每个支出机构的现金付款,流入的现金应该足以支付必要的现金付款。当现金流入不足时,就会出现财政(支出)拖欠问题,影响预算执行,因此,保持必要的现金余额非常重要。为确保有效的支出和现金控制,现金余额应在集中的基础上实行集中化管理,这一机制的核心就是国库单一账户,原则上,政府(而不是支出单位)所有的收入和付款交易(例如采购办公用品)都通过这些账户进行。在此阶段中,政府会计应按照统一的政府收支分类记录财政交易。

(2) 良好的现金计划

现金计划对于预算执行非常重要,它应包括:①按季度滚动的年度预算实施计划;②在年度预算实施计划内的月度现金计划和借款计划;③每周审查月度现金计划。为准备月度现金计划,需要监督承诺以避免拖欠发生或者其他付款迟延。承诺(commitments)指政府、支出部门/机构做出的已经导致财政义务发生并且需要在未来某个时候履行的决策或决定。承诺如同政府直接支出一样,应接受同样的检查和管理程序。

(3) 应预先建立借款和投资标准

投资标准表明政府、部门或机构在什么情况下可以进行投资,在什么情况下不允许进行投资。借款是许多公共投资规划的重要融资来源。借款计划必须公之于众。中央以下政府的借款必须加以管制,而且应与全面的财政收支总量限额相一致。这一考虑的出发点在于，如果没有这一措施，支出控制就是一个难以实现的目标。

1.5.3 技术与工具

良好的预算执行依赖于一系列技术和工具的支持，主要包括政府会计、政府报告、财政审计、预算（执行）评估以及多年期展望——中期支出框架。

1. 政府会计

政府会计是预算管理的基础性工具，良好的会计和报告系统对于预算管理、受托责任和制定政策极为重要。根据会计基础①（accountability basis）的不同，政府会计系统可分为四个类别：

（1）现金基础会计

现金基础会计亦称现收现付制会计，以现金的实际收付时间作为确认、记录和报告交易的基础。它适合于处理实际发生现金流量的交易。如果现金流量并未实际发生，则不予记录。在强调控制（现金式）支出的预算管理系统中，现金会计是相当合适的。但是，许多时候并不是所有的支出都属于付现支出——支付现金的支出，典型如支出承诺和财政欠款——如拖欠公务员工资，它们都属于非付现支出。由于非付现交易在许多国家非常普遍并且具有宏观经济影响，在采用现金会计的预算管理系统中，需要一个适当的辅助系统用以记录承诺和报告欠款，以及其他形式的非现金交易。如果拥有这样一个辅助系统，现金会计就能更好地满足公共支出控制的要求。

（2）修正现金会计

在现金会计基础上，追加一个确认年末付款的额外期间——比如在本财政年度结束后的10天内。举例来说，本应在财政年度末发生的一笔支付，如果实际支付发生于下一个财政年度的第一个周一，那么仍确认为本财政年度的财政交易事项。如果采用纯粹的现金会计，这笔交易将不在本财政年度内确认和记录。修正的现金会带来一些麻烦和风险（例如诱发操纵交易时间的机会主义行为），因此通常应予避免。

---

① 会计基础决定了一笔交易在何时进行会计记录。两个基本的会计基础分别是现金基础和权责基础，后者通常也称为应计基础（accrual basis）。

(3) 修正应计会计

应计制亦称权责制，系以取得收入的权利、承担支付义务所发生的时间作为确认、记录和报告交易的基础。修正应计制除了处理现金交易外，还可处理负债和财务资产——能够直接用来清偿政府债务的资产，它为记录负债和支出提供了一个完整的框架，因此比现金制适应范围更加广泛。

(4) 完全应计会计

现代公司（企业）会计采用的就是完全应计制。在政府预算管理系统中采用的完全应计制会计与此非常相似，它除了可以处理现金交易外，也可以处理全部的负债和资产，尤其是可以提供关于政府活动（财政交易）的完整的成本/费用和绩效信息，从而为评估公共部门活动的完全成本和绩效提供了一个适当的框架。但是，应计制政府会计有严格（大量）的数据、技术、技能以及管理要求，这使它不太适合很多国家，如果过早或不适当地引入，将会影响政府会计系统的可靠性。

目前大部分国家仍然采用传统的现金制（或修正现金制）政府会计，但也有越来越多的国家自20世纪80年代以来在预算管理系统中引入了应计会计，有些国家——例如新西兰、英国和澳大利亚——则走得更远，不仅提供应计基础政府报告——包括财政报告（fiscal reporting）和财务报告（financial reporting），而且将现金制预算/拨款转变为应计预算/拨款。当然，政府预算管理系统中的现金制与应计制各有利弊，它们的相对优劣仍是一个广有争议的问题。

为确保良好的预算执行，无论会计基础为何，政府会计系统都应具备以下特征：[①]

- 有确保系统记录交易的程序、足够的安全以及与银行报告的充分可比；
- 所有收入和支出都应根据相同的方法记录，包括预算外资金、自治机构以及由援助融资的支出；
- 支出按功能和经济性质分类；
- 清晰而良好的会计程序；
- 定期编制报告书；
- 在支出周期的每个阶段追踪拨款使用的会计系统——通常称为预算会计（budgetary accounting）；

---

① Salvatore Schiavo-Campo and Daniel Tommasi. 1999. *Managing Government Expenditure*. Published by the Asian Development Bank, p. 22.

- 良好的透明度；
- 便于对会计数据的保留、存取并确保安全。

2. 政府报告

报告系统必须设计成能够满足不同用户的需要，包括立法机关、公众、预算管理者、政策制定者等等。作为最低要求，政府报告应该：
- 对所有的政府拨款情况和条目（line-items）[①] 的管理情况进行报告；
- 报告受托责任，即对立法机关就预算资源的使用及其结果进行报告；
- 提供财务信息，包括合并的一般政府财务状况、欠款、债务、或有负债以及贷款；
- 对预算政策进行评估。

3. 财政审计

任何控制系统——包括外部控制和内部控制系统——都不可能绝对不发生舞弊、人为差错、无效率和滥用，但精心设计的控制系统能够深测到重大的违规/违法行为，良好的内部审计和外部审计就是这样的系统。

(1) 内部审计

在内部控制系统中，内部审计是一个非常重要的组成部分，它代表高层管理者实施审计，测试内部控制的有效性，帮助管理者评估风险和发展更具成本有效的控制系统。

(2) 外部审计

对政府的外部审计典型地由某个独立的组织——通常称为高级审计机构（SAI）——实施，该机构通常向立法机关和/或公众，以及被审计实体报告其审计结果。在发达国家中，SAI 实施好几类审计，包括事前审计、合规性审计、财务审计以及效率审计。各国的审计重点并不相同，这取决于它们所处的特定环境。但一般地讲，在转向效率审计或规划审计（program audit）之前，财务审计和合规性审计（compliance audit）必须已经建立于坚实的基础之上。

为确保外部审计的可信度，SAI 及其职员应与被审计的政府单位保持独立性，并且能够以不受约束的方法获得信息。在许多发达国家中，这种独立性典型地包含于与创建 SAI 有关的法律条款中，SAI 必须保持这种独立性。

---

① 条目系指按支出对象（客体）或具体用途建立支出类别，例如工资、办公、差旅、利息等。

与此同时，外部审计的有效性还取决于它同立法机关、政府和被审计实体保持保持职业性的和合作性的关系。此外，SAI 的职员必须具有审计工作所需要的专业技能。

4. 预算评估

对预算执行结果进行评估是现代预算管理中的一个关键性步骤。评估结果产生大量有价值的信息，尤其是关于特定规划的成本与效益信息，这些信息可以帮助决策者做出更好的资源分配决策，考虑废止那些没有起码资格的规划，减少或终止那些低效益支出机构的开支，重新界定政策目标或规划目标的优先顺序，以便把预算资源转移到更有价值的用途上。

通过公布评估结果并将评估结果与预先规定基准的绩效或产出指标进行比较，公众可以更好地判断公共部门的运作效率，从而激励或公共部门努力提高运作效率，或者对公共部门施加增进效率的压力。此外，评估结果还可以作为立法机关和审计机关的重要参考资料，进而促使支出管理者更好地达到立法机关和审计机关的要求，从而间接地帮助提高预算过程的配置效率和营运效率。

预算评估通常采取规划（program evaluation）评估的形式，目的在于确认和计量政府政策与规划所产生的效应。规划评估需要大量数据和专业技能。如同效率审计一样，规划评估所采用的方法和技巧也必须具有成本有效性——能以尽可能低的成本实施评估。

5. 多年期展望

正如前面强调指出的，多年期展望对于良好的预算非常重要。有许多不同的方法引入这类多年期展望，经常被提及且应用最多的方法是中期支出框架，这是一个包含所有政府开支的政府整体的支出规划，并有严格的数据和实施要求。

1.6　加强和改进预算管理

取得良好的绩效是所有预算管理系统的基本目标，本章前面讨论的预算管理的所有五个关键目标均可总合为绩效目标。许多国家的预算管理绩效不佳，需要改革以加强绩效。

1.6.1 预算管理与绩效导向

绩效是个相对的概念,可以根据努力和/或结果来定义和计量。其中,"努力"可以用投入概念测度,投入越多说明努力程度越大,也可以采用过程(process)指标计量,客户满意度就是经常使用的过程指标,然而,计量绩效的更好概念是结果指标——主要包括产出和成果。概括地讲,绩效可能与以下因素相联系:

- 投入。指生产一项服务所使用的资源(如医生),相应的标准是经济性,即在适当的时间内以最低的成本取得适当的投入。
- 产出。指所生产的服务本身(如接受免疫者人数),相应的衡量标尺是效率,即以最低的投入取得既定产出,或以既定的投入得到最多的产出。
- 成果。指生产服务所要实现的目的——如较低的疾病率,相应的衡量标尺是有效性,即产出实现政策目标的程度。
- 过程。指投入被取得、产出被生产、或者成果被实现的方式。

有些政府活动贴近消费者(用户)——称为下游性活动。在此类活动中,产出与成果的连接是直接的,例如公立医院直接向病人提供服务(产出),从而直接导致疾病率的下降(成果)。但是,在上游性活动(例如医学研究)中,绩效计量要模糊得多。

在任何情况下,服务质量都需要有明确的监督,否则,使用量化的绩效指标可能反而有损服务质量。不存在一个(套)放之四海而皆准的绩效标尺(指标)。作为一般规则,所采用的绩效标尺的合适性取决于服务的性质,以及该国所处的特定(人文和经济环境)。另一个通用的一般规则是,只要计量绩效被证明是适当的并且具有成本有效性,那么,绩效计量就应该将投入、产出、成本、过程、成本有效性这些标尺综合起来,用以评估绩效并应用于特定活动、部门和国家。

好的绩效指标有助于加强预算管理的经济性、效率和有效性,但前提是这些指标必须满足"CREAM"标准:它们应是清晰的(clear)、相关的(relevant)、充分的(adqeate)和可监督的(monitorable)。如果这些要求任何一个不被满足,绩效计量就不会有用。如果指标是有用的,下一个问题就是确定适当的基准——例如要求疾病率下降10%。这方面的通用规则是,所建立的基准应是挑战性的但经过努力又是可以实现的。

1.6.2 引入市场力量

在公共部门中引入市场力量,在许多方面是合适的。一种典型的方式是合同外包——在私人部门实施以前由政府承担的活动,也就是将政府服务的交付(delivery)——而不是融资(financing)——转给私人部门承担。合同外包是预算管理系统中绩效导向的逻辑延伸,直接服务于营运管理目标——提高支出机构的运作效率,这主要是从两个方面实现的。首先,合同外包直接提高了交付被外包服务的效率;其次,通过将私人部门的成本或政府提供同类服务的成本相比较,政府将感受到来自市场和公众降低服务成本、提高服务效率的压力,这是一种市场测试效应(marketing-testing effects)。

1.6.3 改革的战略

在过去数十年中,许多发展中国家在其预算管理系统中引入了源于异域的创新,但取得的成效有限。表面上看,这些国家的政府预算管理系统在每个方面和环节都是强有力的和连贯的,然而低效率和腐败仍随处可见,许多公共服务质量低劣甚至根本无法得到。为什么会这样?一种解释是其预算过程中的制度特性。[1]

制度可以理解为一整套正式的和非正式的规则。发展中国家在其预算管理系统中引入的许多技术性"改进"之所以会失败,是因为这些改进与非正式的规则和激励相冲突。一个例子是,一方面引入发达国家经常采用的经济和财政预测技术,另一方面预测过程却被人为地精心操纵,从而在预算中普遍存在着高估收入和低估支出的倾向。这种系统性的倾向多半源于非正式激励的推动而不是源于预测技术的缺陷。

另一个例子也颇能说明问题。对公共项目进行成本—效益分析的技术发达国家已相当成熟,但许多发展中国家引入这一创制所产生的结果却往往并不尽如人意。原因在哪里?不难推测,成本—效益分析产生的支出优先性排序,将直接与那些习惯于根据"关系密切度"分配公共资源的官员或决策者的利益产生

---

[1] Schiavo-Campo, Salvatore. 1994. Institutional Change and the Public Sector in Transitional Economic. Dicussion Paper No. 243. Wahshington: World Bank.

冲突，也就是说，在特定制度背景中，非正式的规则推动决策者或管理者利用手中的权力去帮助自己的"关系户"，由此产生了一个缺乏效率的系统。

非常明显，在政府预算管理中存在重大漏洞的国家，改革预算管理是一项非常紧迫的任务。另一方面，必须有精心设计的改革战略才能取得成功。一般来说，这一战略包括：

- 在未对可能产生的影响和可应用性做深入细致的分析前，永远不要轻易将源于异域的预算改革引入一个不同的社会和经济背景中；
- 在条件不成熟时，不要轻易放弃本国的预算管理系统中那些基础性的成分——例如长期采用的现金制政府会计，即使这些基础性的成分存有明显的缺陷；
- 永远不要期望通过一项或几项快捷的技术性方案——例如信息和通讯技术——去解决复杂和长期性的预算管理问题，虽然这些技术在它所能够解决的问题上非常有用；
- 在预算管理改革中鼓励和支持地方政府的改革创新，并提供必要的帮助和专家咨询意见，但不要过多地干预。

结语

- 本质上讲，预算是分配资源以实现公共实体目标的工具，也是用于促进计划制定与实施的管理工具和控制资金以确保实现预定目标的工具。预算作为一个极为重要和复杂的系统，包括了许多构成要素，其中最基本的要素包括预算过程、预算制度、预算文件、时间跨度、分类系统、预算方法、会计与报告和预算参与者。
- 预算制度是预算系统最重要的构成要素，可定义为在行政与立法框架下，用以规范预算过程的正式和非正式的规则和原则的集合。广义的预算制度还包括受规划与原则约束的预算程序和相应的实施机制。从根本上讲，预算制度基本功能是妥善处理公共财政的两个基本问题：委托代理关系和共用池问题。
- 预算管理是预算决策与公共支出管理的结合。预算主要解决"需要干什么"的问题，管理主要解决"需要怎样去干"的问题。预算既是政策的工具，又是管理的工具，还是用来确保行政系统就其资源使用与结果向立法机关承担责任的工具。预算管理是公共管理的核心和关键，好的预算管理对公共利益有重要的促进作用。预算管理在许多方面都具有国家规定性，需要结合特定国家的经济、社会、管理和实施能力的现实。

- 预算管理应致力于实现五个主要的目标：总量控制、基于政策优先性的资源配置、营运效率、合规性和风险控制。良好的公共治理对于促进预算管理的目标和确保成功至关重要。
- 考虑到财政政策与宏观经济之间的相互影响，好的预算管理要求有良好的宏观经济筹划，以此构造预算准备过程的框架，并在预算过程的早期阶段即确立严格的预算限额，使各部门和机构在限额内准备自己的预算。此外，预算应是全面性的，应致力于确保预算与到此为止的联结。

预算执行并不是简单地遵循预算，而是应致力于促进预算管理的所有关键性目标，这意味着需要在执行阶段对预算作必要的调整。

良好的预算执行依赖于一系列技术和工具的支持，包括政府会计、政府报告、财政审计、预算（执行）评估以及中期支出框架。

- 发展中国家在其预算管理系统中引入的许多技术性"改进"之所以会失败，是因为这些改进与非正式的规则和激励相冲突。所以，在预算管理系统中引入源于他国的创新时，必须十分谨慎。

本章要点

- 公共预算有三个功能：计划功能、管理功能和控制功能，其作用覆盖八个方面：建立目标和优先性、联结目标与活动、管理经济、促进受托责任、控制公共资源使用、促进效率与有效性、社会规划与改革以及保持程序的可管理性。
- 中期支出框架是一个将详细的中期预算估计与政府现行（财政）政策联结起来的一个约束性程序，这一程序要求以基线（baseline）分离和评估现行政策与新的政策提议的未来成本，并要求预算申请者以成果为基础证明其支出合理性。
- 现代预算一般有五个特征：统一性、年度性、明确性、公开性和实务性。预算的目的在于促进特定的政策目标。现代预算有三大基本功能：资金配置、经济稳定和再分配功能。早期的预算管理更多地强调合规性，现代预算管理更多地强调资源使用的结果和管理灵活性。
- 预算管理在本质上是工具性的。预算不仅是政府的财务计划和政府最重要的政策文件，更是一个将人民的意愿和资源转化为政府政策行动、促进政策目标实现的强力工具。在民主与法治社会中，预算是反映公共选择的一面财务镜。
- 好的预算管理关键标志是透明度、政府活动的效率和健全性，它从弥补法治之不足、改善信息、强化财政责任和减少腐败四个方面，对公共利益的发展起着重要的促进作用。
- 从一般意义上讲，经济政策的关键性目标可定位于增长、平等和稳定，据此可导出预算管理的三个关键性目标：总量控制、基于政策优先性的资源配置和营运效率。此外，合规性和风险控制在预算过程的每个阶段都是需要的，因此也构成预算管理的目标。

现代预算管理强调将公共治理的理念引入预算管理中。受托责任、透明度、可预见性和参与是良好公共治理的四个支柱，对确保预算管理目标的实现至关紧要。

- 公共财政对于宏观经济具有重要影响，宏观经济的运行反过来也会影响到政府的财政收支及其变动。因此，在预算管理中需要有宏观经济筹划，它是预算准备过程的起点。
- 预算过程周而复始，从预算准备到预算执行，再到预算评估、审计和报告，构成一个完整的预算周期。
- 预算准备过程主要包括六个阶段：（1）准备宏观经济筹划（框架）；（2）准备一份预算指示（circular），以便将支出限额通知各部门，并为各部门编制部门预算提供指导方针；（3）申请预算的部门根据这些指导方针，准备和提出自己的预算申请；（4）在支出部门与财政部之间进行预算谈判；（5）由内阁或其他核心机构最终形成预算草案；（6）向立法机关呈递预算。
- 在预算准备阶段的中心工作是确保预算的全面性、预算与政策的联结、依据宏观经济筹划构造预算、建立严格的预算限额以及清楚地界定主要参与者的职责。
- 为了确保支出控制，好的预算执行系统应有以下成分：一个完善的预算/拨款会计系统；在支出周期的每个阶段实施有效的控制；一个用以管理多年期合约和后续承诺的系统；一个包括人员定额的有效的人事管理系统；适当、透明的竞争性政府采购程序以及管理采购和合同系统。
- 传统预算管理强调对预算执行过程的外部控制，现代预算管理强调将预算资源的管理责任下放到部门层次，形成内部控制模式。
- 有效的支出控制还需要有良好的国库系统。国库的一个核心功能是现金管理。现金管理的目的在于控制支出总量，有效实施预算，降低政府借款的成本，提高政府存款和金融投资的回报率。

● 承诺（commitments）指政府、支出部门/机构做出的已经导致财政义务发生并且需要在未来某个时候履行的决策或决定。承诺如同政府直接支出一样，应接受同样的检查和管理程序。

● 良好的预算管理必须有强力的信息系统——包括政府会计与报告系统——的支持。政府会计是预算管理的基础性工具，良好的会计和报告系统对预算管理、受托责任和制定政策极为重要。报告系统必须设计成能够满足不同用户的需要，包括立法机关、公众、预算管理者、政策制定者等。此外，良好的财政审计与预算评估也是非常重要的。

● 绩效是所有预算管理系统的基本目标。投入、产出、成果、过程以及经济性、效率和有效性都是计量绩效的指标。在任何情况下，服务质量都需要有明确的监督。好的绩效指标有助于加强预算管理的经济性、效率和有效性，但前提是这些指标必须满足"CREAM"标准。

关键概念

公共预算 预算制度 受托责任 财政透明度 公共治理 预见性 宏观经济规划 中期支出框架 应计会计 现金会计 预算限额 内部控制 外部控制 后续承诺 一般政府承诺 预算全面性 财政纪律 运营效率 绩效 投入 产出 成果 预算准备 支出周期 会计基础 基数法 基线筹划 宏观经济筹划

复习思考题

1. 解释公共预算的计划功能、管理功能与控制功能。
2. 如何理解公共预算的作用？
3. 为什么说良好的公共管理有助于增进公共利益？
4. 中期支出框架在哪些方面弥补了年度预算的弱点？
5. 预算管理与公共治理的关系是什么？
6. 外部控制与内部控制有界限在哪里？从外部控制转向内部控制需要具备哪些条件？
7. 预算管理的关键目标有哪些？它们之间的关系是什么？
8. 为什么预算限额是重要的？好的预算限额应具备哪些特征？
9. 政府预算管理的会计基础可区分为哪四个类别？各类别间的界限在哪里？
10. 计量绩效可使用哪些标尺？计量绩效的一般规则是什么？
11. 为何说预算管理改革要取得成功相当困难？
12. 什么是绩效指标的"CREAM"标准？

参考文献

1. A. 普雷姆詹德（A. Premchand）:《预算经济学》,中国财政经济出版社1989年版。
2. 乔纳森·卡恩著,叶娟丽译:《预算民主——美国的国家建设和公民权（1890~1928）》,世纪出版集团格致出版社、上海人民出版社2008年版。
3. Allen Schick. 2002. Does Budgeting Have a Future? *OECD Journal on Budgeting*. Vol. 2, No. 2.
4. Allen Schick. 2001. The Changing Role of the Central Budget Office. *OECD Journal on Budgeting*.
5. Allen Schick. 1966. The Road to PPB: The Stages of Budget Reform. *Public Administration Review* 26 (December): 243-258.
6. Anwar Shah. 2007. Local Budgeting. Public Sector Governance and Accounting Series. Overview. The International Bank for Reconstruction and Developing/The World Bank. Washington, D. C..
7. David Nice. 2002. Public Budgeting, Wadsworth Group, Thomson Learning.
8. Ed. Campos, Sanjay Pradban. 1996. Budgetary Institutions and Expenditure Outcomes-Binding Governments to Fiscal Performance. The World Bank, Policy Research Department, Public Economics Division, September.
9. IFAC Public Sector Committee. 2001. Governance in the Public Sector: A Governing Body Perspective. *International Public Sector Study*. August, Study 13, Issued by The International Federation of Accountants.
10. IMF (The Fiscal Affairs Department). 1998. Manual of Fiscal Transparency, No. 52. This manual can be accessed through web of http: //www. imf. org.
11. Jurgen von Hagen. 2007. Budgeting Institutions for Better Fiscal Performance. Edited By Anwar Shar, *Budgeting and Budgetary Institutions*, overview. The International Bank for Reconstruction and Development/The World Bank, Washington, D. C..
12. Kahn, Jonathan. 1997. *Budgeting Democracy*. Ithaca, NY: Cornell University Press.
13. Matthew Andrews and Anwar Shah. 2005. Toward Citizen-Centered Local-Level Budget in Developing Countries. In *Public Expenditure Analysis*, ed. Anwar Shah. Washington, D. C.: World Bank. pp. 183-216.
14. Matthew Andrews. 2005. Voice Mechanism and Local Government Fiscal Outcomes: How Civic Pressure and Participation Influence Public Accountability? In *Public Expenditure Analysis*, ed. Anwar Shah. Washington, D. C.: World Bank.
15. Thurmaier, Kurt and James Gosling. 1997. The Shifting Roles of Budget Offices in the Midwest: Gosling Revisited. *Public Budgeting and Finance* 17 (4): 48-70.

第 2 章 预算原则与范围

现代预算一般应遵循法定授权、全面性、年度性、未来导向、法定程序（合法性）、透明度和绩效导向原则。实践这些原则对预算文件的内容与类别、准财政活动以及和财政风险管理提出了一系列具体要求。本章讨论的重点问题如下：

- 预算原则
- 预算文件的内容和类别
- 准财政活动
- 政府负债、或有负债及财务资产
- 税式支出和政府贷款

2.1 预算的一般原则

预算制度和预算实践需要遵循一系列原则。在现代预算发展的 200 多年历史中，不同的预算原则确立起来。基于法定控制的要求，早期人们强调预算的法定授权、年度性原则和法定程序原则。这些传统原则在现代社会仍然深具意义，但现代预算已经超越这些原则，强调全面性、未来导向、透明度和绩效导向原则。

2.1.1 法定授权

公共财政的核心是一些人（政府）花其他人（公民）的钱。在现代民主政体和法治社会中，政府的一切活动，包括征集收入和实施开支，都必须在法律框架下进行。就公共财政事务而言，这意味着，没有代表公众的立法机关的明确批准，政府不得从公众那里拿钱，也不能有任何支出。这就是预算的法定授权原则。据此，预算应该是社会经济和社会选择的财务镜子，因而也是国家治理结构中非常核心的部分。预算不只是技术文件，也应反映善治的所有成分。①

预算（法定）授权的两个基本方面分别是收入（以及债务）授权和支出授权，两者对于指导公共预算管理和财政政策至关紧要。获得授权是任何政府的一个不可避免的必要的做法。任何关于代议制政府的理论，如果没有它就是不完善的。在税收结构既定的前提下，支出授权构成预算授权的重心，它在很大程度上限定了政府行政部门活动的范围和方向。支出授权的两个基本维度分别是规划（活动）授权和财务授权。在公共预算管理中，规划（programs）通常特指旨在促进同一目标的若干相关活动的集合。儿童保健规划就是如此：可以通过建立儿童保健中心、开发儿童营养品、开发儿童药品等活动，来达成共同的目标——提高儿童体能。从技术层面讲，这些活动应被精心选择，以确保以较低的成本获得较多的产出（效率）并最终达成既定目标（成本有效性）。然而，首先要考虑的是政府行政部门执行的所有规划必须获得立法机关的授权。这就是支出授权中的规划授权。一般而言，政府干预经济的广泛类型中的每一种类型都要求特定的规划，并且每个规划需要一个法定要求。在具有发达市场经济体制的民主国家里，政府干预经济的法定要求通常具体化：首先是宪法、然后是许多具体解释宪法基本原则的法律和法规（laws and regulations）。因此，宪法、法律和法规确定游戏规则，一方面引导个人和企业的行为，另一方面引导公共部门的行为。②

支出授权的财务方面确定执行这些规划可以合法开支的公款。授权行政部门执行某个特定规划，同时也意味着需要提供相应的资金。虽然如此，授权行政部门执行某些规划（或活动）和为此提供财务授权，仍然需要清楚地区分开来。有些规划（例如社会保障规划）可以由年度预算（法案）之外的其他特定法律提供授权，但为这些规划提供资金的授权通常应在预算程序中制定和实施。另外，许多国家通过特定基金（例如道路建设基金）或其他专款专用

---

① Salvatore Schiavo-Campo. 2007. The Budget and Its Coverage. Edited by Anwar Shar, *Budgeting and Budgetary Institutions*. The International Bank for Reconstruction and Development/The World Bank, Washington, D. C., pp. 53 – 55.

② Vito Tanzi. 2000. The Role of the State and the Quality of the Public Sector. Working Paper of International Monetary Fund; WP/00/36.

安排为特定规划提供资金。在这种情况下，确定专款专用安排遵循法定授权原则至关紧要。基于法定授权原则，行政部门执行的规划，无论是否通过年度预算提供资金，都应获得代表公民的立法机关的明确批准。专款专用安排亦应遵循类似年度预算程序的审查和监督。另外，正如第一章阐明的那样，专款专用安排通常只是在成本与受益具有清晰对应关系的情况下才是适当的。①

　　预算授权是核心部门（立法机关和财政部等）建立和实施预算控制的先决条件。年度预算法案作为一种控制机制，基本特征在于通过授权使用公款来实现控制目的。根据授权安排，公款的动用必须处于立法机关的授权和监控之下。在实务上，这通常意味着国库单一账户（TSA）的资金动用必须得到立法机关的批准。预算授权是立法机关有效控制支出、防止滥用与挪用公款的制度保障，但为使其有效，立法机关必须有足够的能力追踪和监控预算授权的执行情况。从技术上讲，保障这种能力要求采用基于支出周期的预算会计方法，确保会计上有能力对支出周期各个阶段的交易进行记录。② 此外，考虑到现实世界的复杂性，总会存在一部分未经立法机关在年度预算中提供授权的活动和收支，为此，预算法应规定政府和预算单位必须报告任何未经授权的开支情况并做出说明。

　　多数发达国家的预算授权需按照组织、功能、规划以及经济性质单独制定。OECD 成员国目前都有某种形式上的预算授权制度，即由预算授权部门（通常是国会）授权支出部门在规定的限额内开支公款的权力，支出机构使用这种权力实施支出，财政部则签发支票使支出机构得以根据授权进行开支。预算授权也是政府部门承包项目、签署合同以及支付工资等的法律依据。授权须以法律形式做出。

　　在 OECD 成员国中，美国的预算授权制度相当典型，它包括拨付经费、贷款权力、立约权力以及补偿收入的支出权力四种类型。一般地讲，这些预算授权限制了支出总量，各支出部门可以比预算授权花得少，但不能花费超过预算授权的资金，授权通常只是在规定的时间内才有效，通常并非适用 1 年而是 5 年，有一些会适应 10 年。国会在制定联邦计划和设立联邦机构以及为它们提供资金时采取两种不同的步骤。一个是制定授权法案，为联邦机构和计划的运

---

　　① 这意味着受益数量可以被准确计量（例如用水表计量用水量），具体受益者可以被直接鉴别出来。

　　② 支出周期始于立法机关的预算授权与拨款，依次经历支出部门与机构的支出承诺、商品与服务交付的核实阶段，终于支出部门与机构对供应商的款项支付。

转奠定法律基础；另一个是拨款法案，使联邦机构能够实施其活动所需的支出。立法工作一直是分两个步骤进行的，即按先授权后拨款的顺序立法。授权安排可以规定一个机构在完成它所承担的责任时必须做什么以及不应做什么。它还可以详细规定该机构的组织结构和运作程序，以及禁止未经授权的拨款。根据规则，在众议院对大多数拨款议案进行讨论前，开支必须获得法律的授权。

授权法案一般由两个主要部分组成：（1）实体性法案，用以确定一项规划并对执行规划的条件和期限做出规定，包括建立联邦机构、确定机构的职责和职能；（2）拨款授权，旨在根据众议院和参议院的规则授予国会以拨出资金的权力。前者针对联邦机构的，目的在于为国会对支出机构实施控制奠定基础。拨款授权是对国会而言的。在联邦活动的许多领域，授权法案具有的永久性质使国会可以不用每年都去考虑新的立法。当然，即使授权是永久性的，国会也可以在这个问题上制定新的立法。

虽然实体性法案几乎都是永久性的，但"授权拨款"常常适用于特定的财政年度。可以分为三类：（1）永久性授权（没有时限），很少规定具体的金额，在国会对它们做出修改前一直有效；（2）年度授权的期限为一年，一般会确定具体金额；（3）多年期授权，有效期一般为2~5年，到期后一定要延长。根据规则，拨款额不一定非要与授权拨款额相等，既可相等也可以小于授权拨款额。

与实体性授权法案不同，拨款法案是由国会通过的法律，授权联邦机构为指定的目的承担责任并从财政部拨付款项。国会的拨款权源于联邦宪法。该宪法规定："不得从国库抽取任何资金，除非是法律规定的拨款。"一个机构的开支不能超过它的立法拨款额，并且只能按照国会规定的用途和确定的条件来动用可以得到的资金。在当代，拨款还可以被视为一种授权，那就是各机构利用这些资金来实施国会要求进行的活动。

2.1.2 预算的全面性

理想的情况下，预算应全面反映政府活动的范围与方向。这是基于如下认识：如果有大量开支（例如税收支出和导致未来财政义务的其他政策承诺）未纳入预算框架中，那么，要想有效地控制开支、在各项规划/部门间有效地配置预算资源、实现良好的营运管理、确保合规性（遵从法律）以及管理财政风险和控制损失,即使是可能的也是极为困难的。这意味着,对于实现预算管理的所有关键目标而言,预算的全面性是一个基本的前提条件。明显的是,预算文件不应隐藏政府支出,或者容许政府将这些支出用于个人而非国家目的,也不能允许行政部门的预算申请(budget proposal)偏离或没有表述为立法机关授权的目的。[①] 如果只是包括一部分收入和支出,政府预算就不可能反映社会的偏好和选择,不可能融入善治的原则。在这种情况下,立法机关审查和批准的只是支出所支持的一部分活动。其他支出信息的缺乏会导致行政部门滥用权力,并为腐败和大范围窃取公共资源提供广阔机会。[②]

当某些政府活动和收支既不遵循正式(年度)预算程序,也不在预算文件和报告中披露时,预算的全面性就被违背,形成消失的预算(disappeared budgets)。如果公共财政资源竞争性要求之间的所有冲突都能够在预算程序中得到解决,那么预算制度就是有效的,但有四类常见的偏离损害预算程序的功能:使用预算外资金(extra-budgetary funds,EBFs)为政府活动融资、非决策活动(non-decisions)、强制性支出法案、准财政活动和政府或有负债。[③] 非预算决策指包含于预算之内的支出是在预算程序之外决定的,而不是预算决策的结果。典型的例子是某些受到指数化保护的支出类别——在发达国家中主要表现为法律永久固定下来的社会福利与保障支出(公民权益类支出)。强制性支出法案又称法定支出。许多类别的支出受特定的、非财务法案的约束,预算变成了对这些法案所创立的强制性支出的概括。

理想的情况下,政府活动的范围应在预算范围中得到准确反映,但这并非意味着预算的范围越宽越好。有些活动明显地属于私人领域,由公款予以资助缺乏起码的和适当的理由;有些活动则明显地需要政府承担。政府活动的边界也不是越狭窄越好。政府必须承担其适当的职能并致力促进人民建立政府的那些根本目的和目标。政府该做但未做(不作为)表明政府职能的缺位,在预算方面反映为预算的范围过于狭窄。因此,预算的范围必须适当(无论从哪

---

① Jurgen von Hagen. 2007. Budgeting Institutions for Better Fiscal Performance. Anwar Shar (edited). *Budgeting and Budgetary Institutions*, overview, The International Bank for Reconstruction and Development/The World Bank, Washington, D. C., p. 31.

② Salvatore Schiavo-Campo. 2007. The Budget and Its Coverage. Edited by Anwar Shar, *Budgeting and Budgetary Institutions*. The International Bank for Reconstruction and Development/The World Bank, Washington, D. C., pp. 55-56.

③ Jurgen von Hagen. 2005. Budgeting Institutions and Public spending. Edited by Anwar Shah, *Fiscal Management*. The International Bank for Reconstruction and Development/The World Bank, Washington, D. C., p. 13.

个角度定义），既不是越宽越好，也不是越狭窄越好，预算的适当范围因而构成了预算全面性的前提条件：预算的全面性是相对于适当的预算范围而言的。撇开预算的范围，预算的全面性没有任何意义。

基于全面性原则，年度预算应充分反映本级和次级政府合并的财务状况。为此，预算文件除了提供本级政府的直接收支和预算外活动收支信息外，还应尽可能包括次级（本级以下）政府的相应信息，并合并这些信息。在实践中，各国预算文件包括的内容往往存在差异，但一般地讲，为确保预算的全面性和透明度，预算文件应覆盖四个方面的内容：财政政策目标、宏观经济筹划、预算的政策基础、可确认的主要财政风险。与此相适应，除了正式的年度预算文件（由立法机关进行年度审批）外，其他应随同年度预算文件呈递立法机关审查的预算文件至少应包括：

- 1份全面、可靠和量化的中期宏观经济框架报告。

该报告应是一份完整的反映中期宏观经济预测和财政预测的报告。报告应包括关键性的预测假设。全面、可靠和量化的宏观经济框架是制定预算的起点和重要依据，它提供了预算编制所依据的宏观经济预测，包括预测基于的经济假设。评估预算的合理性要求报告预测假设，以及其他对预算估计（编制）具有重要影响的关键参数（例如有效税率）。

- 1份财政政策目标报告。

预算准备的各个阶段都受到财政政策目标的影响。财政政策的制定建立在如下假设的基础上：政府财政的结构方面，包括税收制度、税收的转嫁与归宿、预算的编制、执行以及资金管理，都得到了确认和详细阐明。[①] 政策报告应包括政策目标的优先性和当前财政政策的未来影响，政策报告书以对财政总额（尤其是收支总额）的中期预测为基础。

- 1份财政可持续性的量化评估报告。

评估报告反映中长期财政运行的可持续性。如果公共债务超过了政府在中长期中清偿债务的能力，财政政策就是不可持续的，这通常意味着需要改变当前的政策。

- 1份可确认的主要财政风险报告（包括披露预测假设及其变化的财政含义、或有负债以及其他主要的财政风险来源）。

- 1份中央银行、公共金融机构和非金融公共企业的准财政活动报告。

---

① A. 普雷姆詹德：《预算经济学》，中国财政经济出版社1989年版，第14页。

- 1份税收支出报告。
- 1份关于所采用的会计标准报告。
- 关于政府负债和财务资产报告。

此外，每年应至少一次向立法机关呈递一份能够清楚地表明公共资金已经如何被使用的审计报告。

财政政策报告书和中期宏观经济框架共同构成中期支出框架（MTEF）的重要内容。此外，MTEF还包括财政总量预测、支出部门和机构在预算年度以后的支出估计数，以及具有硬约束力的部门和机构的预算拨款数等。作为目标的财政支出水平必须严格地与中期宏观经济框架（规划）相一致。

目前许多国家正致力于扩展预算范围。OECD的许多成员国已经将预算的范围扩大到包括税收支出和贷款担保，这些内容要么在提交的预算文件中加以反映，要么在议会要求的其他预算报告中，例如德国每两年一次发布的"补贴报告"。有些国家（例如新西兰）更是将财政风险的控制纳入预算过程，在预算报告中对或有债务加以反映，或有债务是指当特殊事件发生时政府可能面对的债务，并考虑到所有可能影响国家财政收入情况的发生。

预算的范围还与时间维度相连。覆盖的时间框架以及预算文件中披露的数据涉及多少个年份。预算最低限度的时间框架是一年。有些国家也披露多年（预算年度之后3~5年甚至10年）的收入与支出筹划，以反映变化趋势。预算应包括当前年度的收支概算，使决策做出者能够对当前年度的预算和提议的预算进行比较。由于当前年度数据只是概算（estimates），因此，预算需要包括上一个预算年度的实际数。

2.1.3 年度基础

年度基础原则要求预算以预算年度为基础逐年准备、呈递（立法机关）、审查和执行。在现代预算制度确立的早期，年度预算的编制起源于立法机关的要求。在近代英法等国，代表新兴资产阶级利益的议会（立法机关）经过与君主政体的长期斗争，最终取得了控制课税权和批准税收提案的权力，作为对国王财政权进行限制的工具。自此以后，立法机关对公共财政事务的注意力便转向支出控制上，进而要求政府每年提交预算报告，并经议会审批后方可实施。

因此，对于立法目的、也仅仅是对于立法目的而言，预算必须是年度性的。这种按年度编制与审议预算的做法,一直被各国采用并延续下来。

既然政府预算按年度编制,必然涉及预算年度问题。预算年度又称财政年度,系指政府财政收支的有效起讫期限。在期限之内,政府财政收支才被认为具有合法性。如果某个财政年度已经开始但预算尚未得到立法机关批准,许多国家规定,在此期间政府的财政支出需要经过特别的法律程序,才能获得合法性。

虽然有些国家在编制一年期预算的同时,也编制多年期预算,但只是一年期预算才需要提交立法机关审批。根据起讫时间的不同,预算年度区分为历年制和跨历年制。历年制预算年度从公历1月1日起至12月31日止,大多数国家都采用这种预算年度;跨历年制预算年度跨越了两个日历年度(总时仍是一年),大致可分为以下三种:

- 从当年4月1日起至次年的3月31日止,英国、加拿大和日本等国采用;
- 从当年7月1日起至次年6月30日止,瑞典、澳大利亚等国采用;
- 从当年10月1日起至次年9月30日止,以美国为代表。

设立财政年度的理由主要有两个。首先是明确立法责任。立法机关是按年度来审核政府预算的,而政府的财政收支只有经由立法机关的审核并获批准后,才具有法律效力。从立法角度讲,政府收支的合法性(法律效力)需要有一个时间界限,并不是在任何时候都有效。所有的法律莫不如此。其次是出于统计的需要。如果忽视时间因素,所有的统计数据就没有实际意义,也没有可比性。

2.1.4 法定程序

预算的合法性原则要求政府预算管理的各个环节都必须遵循法定程序,经立法机关批准,受立法机关约束,立法机关也只有依据预算才可调度资金。经法定程序审批后的政府预算,即成为具有法律效力的文件,行政部门必须无条件执行,不得随意更改。如遇特殊情况需要调整原定预算,同样必须遵循法定程序,不得在法律之外调整或变更预算。

合法性原则涉及在立法机关批准预算之前,政府预算执行所采用的程序。在许多情况下,预算在财政年度开始后尚未经立法机关批准,此期间政府的开支所需要的资金,美国规定由立法机关临时解决,英国则通过"暂准拨款"临时解决，一般可批准所需资金的1/4；在荷兰、葡萄牙和拉丁美洲国家，预算批准期间，行政部门可以开支，但是每月金额不得超过上年同期水平。

从纳税人的角度讲，预算必须经立法机关审议通过的法定程序具有重要意义，它的理论基础是，纳税人已经授权政府按其意愿使用其提供的资源，政府不能随意变更。因此，合法性原则可以看做是"政府必须对纳税人负责"的理念在法律领域中的延伸。

2.1.5 未来导向

预算从定义上看就是与未来相关的。现代预算管理理论认为，年度预算将关注的问题放在过于短促的时间内，限制了政府对未来的更为长远的考虑。概括起来，年度预算的弱点可描述为："短视，因为只审视下一年度的支出；过度支出，因为来年的巨额支出被隐藏起来；保守，因为增量变动（太小）并未展现巨大的未来图景；狭隘，因为对规划只作孤立的审查，而未对其预期收益与成本进行比较。"[①]

年度预算的另一个主要缺陷就是忽略潜在的财政风险。许多当前的政策或政府承诺隐含着导致未来开支或损失剧增的财政风险，但在年度预算框架下，由于这些开支不能在预算中体现出来，从而忽略了这些可能造成高昂代价的潜在风险，而一旦注意到这一点时已经为时太晚，从而无法促使决策者在早期阶段就鉴别风险，并采取相应的措施以防患于未然。相比之下，多年期预算的一个突出优点在于把注意力导向当前政策的长期可持续性，使人们在早期阶段就能鉴别和暴露那些不利的支出趋势，这样便于早做打算、及时阻止、减缓这些支出或为其筹资。

在"为将来而预算"的理念支配下，多数OECD成员国已采用了包括当前预算年度在内的未来3~5年的多年期预算框架，以弥补年度预算的不足。与年度预算不同，多年期预算框架并不是一个法定的多年期预算资金分配方案，其作用只是在于为未来若干年提供了一个支出导向或目标。推动这一变革的动力在于，由于它们已被公开，如果不遵守的话，政府将受到来自于公众和

[①] Aaron Wildavsky. 1993. *National Budgeting for Economic and Monetary Union.* Leiden, the Netherlands: Nijhoff, p. 317.

金融市场的压力。多年期预算框架对于地方预算也是适当的。一般地讲，预算过程是年度性的以维持控制，但应采纳多年期预算框架以促进计划，乃是现代地方预算体制设计的基本原则之一。①

2.1.6 预算透明度

透明度原则指政府预算应该成为对全社会的公开性文件，其内容能为全社会所了解。透明度意味着政策意图、程式和实施的公开性，它是构成良好治理的关键因素；缺乏透明度将产生腐败、管理混乱和其他问题，进而影响到公众对政府体制的信心。透明度要求能以较低的成本获得相关信息，包括与预算管理相关的所有财政信息。根据一些经济学家（Kopits and Craig，1998）的解释，财政透明度意指向公众公开政府结构与职能、财政政策取向、公共部门账目和财政筹划（fiscal projections）。在这里，"公众"被定义为包括所有与制定和实施财政政策有某种利害关系的个人和组织。②透明度还要求预算易于为公众及其代表所理解和审查其内容。政府年度预算通常根据不同的审查要求，可按经济用途分类、按功能分类或按部门分类。有些国家（如美国）还要求在部门分类之下附列"预算附件"。信息透明度对于受托责任和民主治理至关紧要。它要求公共组织与公民的沟通、地方绩效评估以及财政管理任务中的公民参与。③

目前发达国家的预算透明度已经取得相当进展。很多政府现在已经采用电子形式编制预算并且将关键文件通过互联网向外传播。大多数信息都是公开的，最新的信息也可以轻松获得。随着互联网的普及化，那些从前能够掩盖的问题现在已变得公开了。政府将会更加公开化预算也会更加透明化。一些关键的步骤使机构的要求、基线预测、提议政策的变化、支出项目、预算假设和其他相关信息公布在网上，并且再作些改进，使读者能够在留言板上提交自己的

---

① John L. Mikesell. 2007. Fiscal Administration in Local Government: An Overview. Edited by Anwar Shah, *Local Budgeting*. The International Bank for Reconstruction and Development/The World Bank, Washington, D. C., p. 28.

② Kopits, George and Joh Craig. 1998. Transparency in Government Operations, IMF Occasional Paper No. 158. Washington: International Monetary Fund.

③ John L. Mikesell. 2007. Fiscal Administration in Local Government: An Overview. Edited by Anwar Shah, *Local Budgeting*. The International Bank for Reconstruction and Development/The World Bank, Washington, D. C., p. 45.

意见。① 在美国，每年向公众公布的政府预算除了基本的预算文件外，还有若干个预算附件，包括预算文件的附录和分析预测方面的内容。在附件中，财政部将每个部门的预算详细列出，如部门分类中列有"立法机关"（一级分类），其下再列有"参议院"、"众议院"、"国会图书馆"等（二级分类），之后再做进一步细分。如在参议院下再分为"对遗孀与子女的支付"、"对副总统和参议员车马费补助"、"对临时听证会费用的补充"、"对门卫的支出"等，这些属于第三级（明细）分类。此外，公布的预算资料还列有对立法机关批准的附注，如在众议院临时听证会支付款项后，就列有某年某月某日第几届国会通过的若干号法案批准拨款多少、当时支付多少、现在支付多少的说明与附注。美国关于透明性原则和明确性原则的立法，也是常被援引的例子。1967年美国颁布实施了《信息自由法》（Freedom of Information Act），1976年又颁布实施了《阳光下的联邦政府法》（The Federal Government in the Sunshin Act），要求政府将政策公开，将政府预算和财政支出项目与金额公开，以利于新闻、舆论和民众的监督。《信息自由法》是美国当代行政法中有关公民知情权的一项重要法律制度，是关于政府信息公开性问题的一部具有广泛代表性和示范意义的法律。②

透明度原则受到国际机构的高度重视。国际货币基金组织1998年公布了《财政透明度优化策略章程——原则和宣言》，建议各国在自愿的基础上致力于实现财政透明的一般要求和最低要求。目前OECD也正致力于推动透明的或公开的财政过程。考虑到预算是政府最重要的政策文件，财政透明要求以及时、系统的方式对所有相关的财政信息——包括预算信息——进行充分披露。为此，OECD基于对所有成员国的预算实践的观察，向各国推荐了一套预算透明的最佳实践丛书，并列出了制定和实施预算方案的系统步骤，以促进更高的透明度。

2.1.7 绩效导向

绩效导向的理论基础是，公共机构不仅应就其公共资源的使用承担责任，同时也应就这些资源使用所产生的结果——产出和成果——承担责任。没有关

---

① Allen Schick. 2002. Does Budgeting Have a Future? *OECD Journal on Budgeting*. Vol. 2, No. 2, p. 29.
② 周健：《信息自由法与政府信息公开化》，载《情报理论与实践》2001年第5期。

于正在生产什么（产出）、花费的成本多少（投入）以及获得什么（成果）的信息，就不可能在公共部门内做出有效率的资源分配。绩效导向的目的包括对受托责任要求、改善服务提供、降低成本并最大化产出以及提高实体的生产率做出反映。[①] 各种绩效导向方法通常都要求计量绩效指标。绩效指标需要在时间约束下以确定的目标来进行量化。即使衡量质量可能存在困难，绩效指标也应努力反映质量和数量两方面的信息，特别是关于成果的信息。此外，绩效指标要有一个比较基础。最有用的比较基础是：

- 与以前年度的比较；
- 与类似实体的比较；
- 实际与目标的比较。

预算中的绩效导向有许多具体方法，并且有很长的历史。在发达国家，长期占正统地位的理性预算决策理论（rational budgeting theory）是一种典型的规范性理论（normative theory），它主张政府在预算决策过程中应该通过按部就班的思维计算，考虑各施政方案的绩效（效能与效率），做出理性的抉择，对有限资源做出最有效的配置。这一理论主导了世界各国、特别是美国过去数十年的预算改革，如美国20世纪50年代的绩效预算，60年代的计划—规划—预算体制（PPBS），以及70年代的零基预算。

20世纪80年代以来，以理性预算决策理论指导而进行的大规模预算改革已不多见。该时期各级政府大多根据过去经验及现状，参考各种理性预算制度的利弊得失，针对其预算进行修正调整，以增加预算决策过程中的理性成分。例如，在美国，部分州除按照传统方式以支出项目（line-item）编制预算外，另外还增加了以施政方案为单位的预算编制，以显示各方案的成本开支。另外，有些州开始有系统地收集资料，建立各种量化的产出指标和成果指标，以期衡量各施政方案的效率与效能。这些努力，都是希望以施政方案为单位，具体衡量各方案的投入与产出，以便根据成本与效益之间的比较，建立起以绩效为基础的预算制度，使政府预算除了具备传统的控制功能外，更增进其管理与计划的功能。

在绩效导向的各种具体方法中，绩效预算是走得最远的一种方法。广义的绩效预算是指能提供关于"机构已经做了什么并且希望用给他们的钱做什么"

[①] IFAC Public Sector Committee. 2001. Governance in the Public Sector: A Governing Body Perspective. *International Public Sector Study*. August, Study 13, Issued by the International Federation of Accountants. Chapter 8, p. 53.

信息的任何预算；如果进行严格的定义，绩效预算仅指那种将资源的每个增量都与产出或其他结果的增量明确联系起来的预算。[①] 当前 OECD 成员国公共管理改革的一项主要课题，就是将预算的重点从投入转向产出，从而促成为了更大的管理自主性和灵活性。在绩效预算中，产出和成果是绩效的核心指标。在这方面，首先是新西兰，随后是澳大利亚和英国等国家走在了其他所有国家的前列，这些国家已经用产出预算取代了传统的投入预算，从而促成了预算编制和管理模式的重大变革。

如同其他绩效导向方法一样，采纳绩效预算需要采用绩效指标计量绩效信息。除了单一绩效指标（投入、产出、成果与过程指标）外，复合绩效指标通常包括以四个：

- 经济性：在适当的时间和地点，以可能的最低的成本获得适当数量和质量的财务资源、人力资源和物质资源。
- 效率：指资源的使用要在既定资源投入下产出最大，或者在既定数量和质量的产出下投入最小。
- 有效性：设定的成绩或预先确定的成果、目标或其他规划、操作、活动或程序的预期效果的实现程度。
- 适当性：目标、规划、操作、活动或程序是否满足了消费者的真实需求。

2.2 准财政活动

预算全面性、透明度和其他预算管理的一般原则都要求确认、计量和报告公共部门的准财政活动。

2.2.1 将准财政活动融入预算过程

发展中国家和转轨国家存在着大量的"准财政活动"，这些活动具有预算（财务）含义，但通常未在预算文件中报告，这就使得预算不能全面反映政府活动的全面图像。在这些国家中，"重建预算"的一项重要任务就是确保预算的全面性——核心是将主要的准财政活动纳入到预算管理中，并确保必要的透

[①] Schick, Allen. 2003. The Performance State: Reflection on an Idea Whose Time Has Come but Whose Implementation Has Not. *OECD Journal on Budgeting* 3 (2): 71–104, p. 100.

明度。国际货币基金组织在 1998 年发布的《财政透明度示范章程——原则宣言》中,确认预算外活动应作为预算过程的一部分,如同正式的财政活动一样受制于政府检查和优先性排序——预算管理的第二个关键目标要求这种优先排序。

准财政业务大多不属于一般政府的业务范围,因此它们在财政文献中没有受到广泛的重视,但它们与政府机构从事的正式财政业务十分相似,而且从事这些活动的机构——例如中央银行——从中取得收入来源。与正式的财政活动不同,准财政业务通常没有看得见的货币流动。

因此,理论上讲,在预算管理中对正式的货币业务与准财政业务的分账处理有一定困难。虽然如此,这些活动代表了政府公共政策的一部分,如果它们不列入预算,就少报了政府支出和财政赤字的规模。以此而言,"中央银行作为一个财政机构,其范围比历史上所实行的范围大得多",它的两个主要结果是造成了中央银行亏损以及减少透明度。①

主要的准财政活动主要有三类参与者:中央银行、公共金融机构和非金融公共企业。此外,一般政府也参与准财政活动——典型地是税收支出和贷款担保。

2.2.2 准财政活动的参与者

在发展中国家和转轨国家,中央银行、公共金融机构和非金融公共企业是准财政活动的主要参与者。中央银行的主要责任是促进货币稳定目标,但目前越来越多的国家正日益赋予中央银行以尽可能多的管理自主性,以确保其适当的受托责任。

在许多国家,中央银行法强调中央银行运作的独立性,并且禁止或限制为政府的财政赤字提供直接融资。但即使在开放市场的经济体中,中央银行购买政府证券仍是可能的,或以其他方式(例如要求证券的使用满足储备要求)影响这些证券的需求。

许多发展中国家和转轨国家中,中央银行的大量活动具有准财政活动的性质,例如补贴性贷款(以低于市场利率提供贷款)或直接信贷、多重汇率和进口储备。这些活动反映了政府对法定的公共政策目标的追求,因而全面评估

---

① A. 普雷姆詹德:《公共支出管理》,中国金融出版社 1995 年版,第 155 页。

财政状况时必须加以考虑。国际货币基金组织在其规定的关于财政透明度的最低标准中,也要求对中央银行的重要准财政活动加以确认和报告。

除中央银行外,许多国家建立了其他公共金融机构(PFIs)——典型的是国有政策性银行国有商业银行,它们向政府指定的产业和项目提供具有准财政性质的援助,例如以低于市场利率提供贷款。非金融公共企业(NFPEs)也参与了大量的准财政活动,例如政府要求国家控制的电力公司以低于成本的价格,向乡村提供电力和其他非商业性公共服务。在某些情况下,非金融公共企业(尤其是那些垄断性企业)也会向消费者收取过高的价格从而获得超额利润,转移给其他企业或政府预算。这种做法混淆了政府的财政责任和非财务公共企业的商业角色,并且使确保管理者对其绩效完全负责变得更加困难。如同针对中央银行和PFIs的准财政活动一样,国际货币基金组织关于财政透明度的最低标准,亦要求NFPEs所从事的重要准财政活动应予以确认和报告。

2.2.3 税收支出、政府贷款和贷款担保

政府贷款的公共政策意图及其财政影响仍然是需要注意的。在实践中,政府贷款、担保和准财政业务是有多种考虑的,这三者已成为政府财政管理的重要因素,它们极大地影响着政府财政的地位和纳税人未来的负担。

税收支出包括税基豁免、从总所得中减除折旧、源于税收负债减除的税收信贷、降低税率以及纳税迟延(tax deferral)——如加速折旧。在实践中,税收支出并不需要由立法机关进行年度审批,一旦实施就不再受制于如同实际支出那样的审查。税收支出是作为公共政策手段使用的,目的在于促进特定的公共政策目标;此外,税收支出与准财政活动之间具有可替代性。鉴于此,税收支出从性质上讲亦属于准财政活动。

许多国家的政府或政府机构还为第三方(多为国家企业)提供贷款担保,同样属于准财政活动。财政担保虽然由来已久,但它对赤字和长期严重的财政不平衡产生的严重影响,直到20世纪80年代早期才为人们所认识。担保在原借款者身上的失败,还本付息不得不由政府承担,对一个时期的预算造成严重压力。

政府贷款,通常与税收支出一起,作为政府直接支出的替代。政府贷款的一种隐含形式是,政府拥有的专门为支持政府政策目标而筹资的金融机构的提供贷款,此类业务通常不包括在预算中。政府贷款与直接支出的区别在于,前

者是可以（至少从原则上看可以）收回，因而通常不被包括在中长期支出规划中。从经济学意义上讲，对财政稳定政策的分析必须反映政府收支的全貌。政府贷款可以作为反周期的重要工具，在经济衰退时期可以有效地加以利用，而且，当正常的经济活动开始启动时，贷款量可以相应地减少。但是，在经济衰退时这种办法必须特别注意不能与货币政策相矛盾。

广义地讲，政府贷款对经济的影响与直接支出是一致的，而且两者都通过税收融资，但后者的影响更为广泛。由于贷款一般都与减少支出或者增加税收相联系，政府贷款对经济的预期影响可能被其他方面抵消。这样，在分析财政政策的宏观经济影响时，通常需要在支出中加上一个净贷款，以便能够对政府预算对经济产生的所有影响做出全面评估。①

2.2.4 管理准财政活动

当规模相当大时，准财政活动及其所产生的直接或隐含的公共资源流量（收入和支出）将直接或间接地影响到预算管理的所有五个关键目标（第1章），并降低财政透明度。以中央银行的准财政活动为例，它们所产生的公共资源性质的流量在政府预算文件中极少具有透明性，因为：

- 即使所有的准财政活动的影响直接反映为中央银行的利润或亏损账户，并且全部利润都转移给中央政府，这些财政活动也只是在一个净值基础（net-basis）上进行报告，很少能够得到总的流量方面的信息。
- 中央银行利润转移给政府的比率典型地低于100%，因为有些利润被留给中央银行作为储备；进一步讲，中央银行在取得利润后，往往需要一个时滞才会将利润的一部分转移给中央政府。② 在此情况下，准财政活动的成本只是部分地体现在中央政府预算中。
- 在有些情况下，中央银行深入卷入了导致损失的准财政活动，但中央银行损失并未作为中央政府支出加以报告。
- 有些准财政活动的效应并未直接反映在中央银行利润和亏损账户中。例如，补贴性贷款会导致高估中央银行资产价值而不是减少其营运盈余。中央银行的再贴现利率如果低于市场利率，也应视为准财政活动。另外，中央银行

---

① A. 普雷姆詹德：《公共支出管理》，中国金融出版社1995年版，第149页。
② 在某些情况下，中央银行法可能做出这样的规定：一旦储备达到某个确定标准，所有利润都应转移给中央政府。

的或有负债（比如汇率担保）规模可能相当大，但并未作为支出加以记录，除非需要实际支付。

主要由于中央银行和其他非政府机构所从事的准财政活动的性质，以及这些活动在财政意义上所具有的重要性，这类活动在评估财政状况时必须加以考虑。更重要的是，为确保预算的全面性和促进预算管理的关键目标，所有主要的准财政活动应纳入预算系统管理，措施包括三个方面。

1. 年度预算文件中应包括1份准财政活动报告书

国际货币基金组织在1998年发布的财政透明度手册中，作为最低标准要求预算文件应包括1份关于中央银行、PFIs和非金融公共企业重要的准财政活动的报告书。报告书应由核心的预算部门编制，而需要的信息由从事这些活动的非政府机构提供，所包含的信息至少应能满足对每类重要准财政活动的财政重要性进行评估的要求。比如，贷款担保的报告应包括金额和贷款期限，补贴性贷款的报告应包括金融、期限和利率，非金融公共企业提供的消费者补贴的报告，至少应包括实际价格和完全成本价格的差值。

2. 量化准财政活动

报告准财政活动要求对单项的准财政活动进行量化，虽然这并不容易。比如，中央银行的汇率担保应包括未清偿担保的价值，以及按目标汇率计算成本将是多少。其次，也应说明用来计算财政成本的基础是什么。当然，最理想的管理办法是直接通过预算补贴为准财政活动融资，这将在事实上通过将其合并到预算中而消除准财政活动。

事实上已经有些国家在预算中报告和计量准财政活动。阿根廷的预算法要求报告合并的预算，例如1994~1995年间银行部门重建的一段插曲中，中央银行向私人银行提供贷款，因而作为准财政活动加以报告并包括在中央政府支出中。

下面是量化准财政活动的两个例子：

- 由PFIs提供的补贴性贷款：某家国有银行提供一笔价值1 000万美元、利率为5%的贷款，相关的市场利率为15%~20%，后者依承受的风险的特定因素而定。

在此例中，报告书中应予计量和报告的准财政活动的成本（年度补贴），应取估计数为100万美元至150万美元的平均值，即125万美元。

- 多重汇率：中央银行为矿产品出口提供高估的1美元兑换2.75单位当

地货币单位 LCU 的担保，同时为一食品厂的进口原料提供按 2 单位 LCU 换 1 美元的担保，中间汇率是 3 单位 LCU 兑换 1 美元。

在此例中，中央银行的多重汇率担保相当于对矿产品出口征税而对食品进口补贴。如果矿产品出口总价值 30 亿美元，食品进口总价值 3 亿美元，应予估计和报告的准财政活动效应为：

对矿产品出口的准财政税（quasi-fiscal）=(3-2.75)×30 亿=7.5 亿（LCU）
对食品进口的准财政补贴=(3-2)×3 亿=3 亿（LCU）
中央银行净获益为两者差值，即 4.5 亿 LCU。

3. 年度预算文件中应包括 1 份税收支出报告书

作为最低标准，国际货币基金组织要求在政府的预算文件中，应包括 1 份主要的中央政府税收支出的报告书，以及对每个类别的简要解释，以使对其公平性和财政重要性能够做出最低限度的评估。报告书应提供税收支出的精确定义、报告的范围、应用税收支出的政府层级。理想的做法是报告每类税收支出的财政成本的大致估计数。虽然在估计税收支出的成本方面存在严重困难，但报告大致成本并应用于帮助对税收支出实施独立检查，仍有助于大大加强财政管理的透明性。

目前许多 OECD 成员国定期公布关于税收支出的估计数。比如 1974 年美国国会通过的《预算和扣款控制法案》（CBICA）要求估算税收支出，并区分为个人与公司部门两部分。

计量和报告税式支出可以帮助决策者考虑和处理以下政策问题：
- 直接提供补助是否更好？
- 受益者分布是否加大了分配差距？
- 是否需要考虑新的税收支出建议？

2.3 政府负债和资产

为确保预算的全面性和透明度，政府应定期公布其债务和财务资产的信息，以便更好地评估为其活动进行融资的能力和应予清偿的债务，并且估算满足所有现行承诺所需要的未来岁入数量。监督公共债务和财务资产规模与结构的变化特别重要，因为他们是评估财政政策稳定性的基础。理想的做法是，除了报告财务资产外，政府亦应报告所持有的非财务资产（实物资产）的及其利用情况，这有助于评估管理工作中的政府绩效，有助于及时明显在未来某个时候维护和更新这些资产的要求，同时这也将有助于形成一份全面的政府资产负债平衡表，后者是全面而准确地评估公共财政的可持续性和健全性的基础。

2.3.1 政府负债

政府负债包括确定性负债和或有负债。两者的区别在于，确定性负债无论在什么情况下，政府都必须承担偿付义务。相比之下，或有负债（contingent liabilities）是一种不确定性负债——是否最终构成政府的负债只能由未来特定事项的发生或不发生予以证实。或有负债的一个典型例子是政府提供的贷款担保。当违约事件发生时，贷款担保就成为政府的确定性负债；如果到期时没有发生违约事件，贷款担保就不成为政府负债从而不必由政府清偿。一般地讲，预算的全面性要求在预算文件中对政府的全部负债进行报告，包括报告确定性负债和或有负债。

按照国际货币基金组织关于财政透明的要求，中央政府的全部负债均应报告，包括：

- 证券（如国库券）和政府贷款；
- 负债规模和前期报告的债务数据（基于比较的目的）；
- 负债的分类和定义应与国际标准（如 GFS 手册和 OECD，1988）相一致；
- 按到期日区分为短期（低于 12 个月）、中期或长期负债；
- 按照居住地区分国内和国外负债；
- 负债发行标价的货币；
- 债务持有者和/或债务工具的种类；
- 任何债务拖欠；
- 拖欠的债务本金和利息应区别开来。

最低标准要求债务规模和结构应按年报告，时间滞后不超过 6 个月。具有重要政策意义的债务应按季度报告。中央政府的负债应在中央政府预算文件和最终账户（决算）中加以报告。最佳策略是至少在季度基础上报告，同时也涉及报告待清偿的负债项目，包括预定利率和中长期负债的分期偿付。这类信息应在未来的四个季度中按季提供,以及此后按年度提供。预定偿付的短期债务也应在季度基础上报告。

作为财政透明度最低标准要求,年度预算文件应包括一份关于主要的中央政府或有负债的报告书。这些或有负债应作为更为广泛的财政风险评估的一部分加以报告。报告或有负债和财政风险要求发展基础性的组织体系,用以记录、报告和分析引起这些风险的活动。手册只是建议政府应做出向公众报告风险的承诺,而并未试图精确地定义如何发展报告的机制。风险报告书应反映每类或有负债的性质及其受益人。

最优策略包括在预算文件中提供一份关于每类或有负债预计成本的估计(只要技术上可能就应做出这样的估计),同时应提供如何得到这些估计(估计的基础)的信息。另外,尚未清偿的或有负债存量和透明度,也应在可能导致支出的那一年的预算中适当地体现出来。

2.3.2 财务资产

政府本期和前期报告中的所有财务资产都应在本年度的预算报告中反映,报告中应清楚地说明对资产估价所采用的会计政策。

财务资产是指政府可用来清偿债务或者承诺,或者为未来活动融资的那些资产。应予报告的财务资产包括现金和现金等价物,其他货币资产如黄金和投资,以及贷款和预付款(advance)。现金等价物包括银行部门为维持和管理政府账户所要求的最低存款要求(demand deposits),以及短期的、随时可转换为现金的高流动性投资。财务资产应分类报告,如投资应区分为直接上市证券、对私人公司的股本投资和资产(portfolio)投资,以及对国际机构的投资。可收回的贷款和预付款应按短期(如农业贷款、工业贷款和住宅贷款)分类反映,而在部门内部则应按贷款项目反映。

基于财政政策的目的,中央银行持有的外汇储备不应作为中央政府财务资产报告书中的内容报告。这些储备用以偿付进口和外汇市场投资。当然,外汇储备应作为其他方面的透明度要求(例如金融和统计要求)加以报告,通常由中央银行报告。

财务资产的任何特定属性(如对其使用的约束),应作为备忘项目注示。任何不被报告的财务资产应作为附注反映。财务资产的报告期应与债务的报告期相一致。

结语

- 好的预算应遵循七项一般原则：法定授权、全面性、年度性、未来导向、法定程序、透明度和绩效导向。全面性原则要求在预算文件（报告）中应包括准财政活动。在那些存在大量准财政活动的国家，"重建预算"的一项重要任务就是确保预算的全面性——核心是计量和报告主要的准财政活动，确保这些活动及其融资获得法定授权，并接受类似正常预算程序的审查和监督。
- 在实践中，偏离预算全面性原则的四种典型情形：使用预算外资金为政府活动融资、非预算决策活动、强制性支出法案以及准财政活动。非预算决策活动系指由预算资助的活动或事项是在预算过程之外决定的，预算只是记录这些决策的财务结果。
- 为确保预算的全面性和透明度，政府应定期公布其债务和财务资产的信息，以便更好地评估为其活动进行融资的能力和应予清偿的债务，并且估算满足所有现行承诺所需要的未来岁入数量。理想的做法是，除了报告财务资产外，政府亦应报告所持有的非财务资产（实物资产）的及其利用情况。
- 为确保预算的全面性和透明度，预算文件应覆盖四个方面的内容：财政政策目标、宏观经济筹划、预算的政策基础、可确认的主要财政风险。

本章要点

- 预算应该是社会经济和社会选择的财务镜子，因而也是国家治理结构中非常核心的部分。预算不只是技术文件，也应反映善治的所有成分。
- 好的预算应遵循七项一般原则。首要的是法定授权原则。据此，政府行政部门既不能从公民那里拿钱，也不能实施任何支出，除非获得代表公民的立法机关的明确批准。
- 全面性要求预算能够充分反映本级和次级政府合并的财务状况，为此，预算文件应包括1份全面、可靠和量化的中期宏观经济框架报告，1份财政政策目标报告，1份财政可持续性的量化评估报告，1份可确认的主要财政风险报告，1份中央银行、公共金融机构和非金融公共企业的准财政活动报告，1份税收支出报告，1份关于所采用的会计标准报告，关于政府负债和财务资产报告。此外，每年应至少一次向立法机关呈递一份能够清楚地表明公共资金已经如何被使用的审计报告。
- 预算的年度性要求政府预算按年度编制并按年度向立法机关报告。预算年度又称财政年度,系指政府预算的有效起讫期限。
- 预算应是未来导向的,这意味着需要有多年期预算。多数 OECD 成员国已采用了 3~5 年甚至更长时间的多年期预算框架,以弥补年度预算的不足。
- 预算的合法性原则要求政府预算管理的各个环节都必须遵循法定程序,经立法机关批准,受立法机关约束,立法机关也只有依据预算才可调度资金。
- 透明度原则指政府预算应该成为对全社会的公开性文件,其内容能为全社会所了解。国际货币基金组织在 1998 年公布了《财政透明度优化策略章程——原则和宣言》,建议各国在自愿的基础上致力于实现财政透明的一般要求和最低要求。
- 绩效导向原则要求在预算管理中改进和加强绩效。绩效预算是绩效导向的一种方法,还有其他实现绩效导向的方法。
- 发展中国家和转轨国家存在着大量的"准财政活动"。主要的准财政活动主要有三类参与者:中央银行、公共金融机构和非金融公共企业,此外,一般政府也参与准财政活动——典型地是税收支出和贷款担保。当规模相当大时,准财政活动及其所产生的直接或隐含的公共资源流量(收入和支出)将直接或间接地影响到预算管理的所有五个关键目标(第 1 章),而且其财政透明度非常弱。为此,所有主要的准财政活动应纳入预算系统管理,年度预算文件应有 1 份准财政活动报告,对准财政活动要予以量化,此外,年度预算文件还应单有 1 份税式支出报告书。
- 预算文件中对政府的全部负债都应进行报告,包括报告确定性负债和或有负债,其中,或有负债应作为更为广泛的财政风险评估的一部分加以报告。报告或有负债和财政风险要求发展基础性的组织体系,用以记录、报告和分析引起这些风险的活动。此外,政府本期和前期报告中的所有财务资产都应在本年度的预算报告中反映,报告中应清楚地说明对资产估价所采用的会计政策。

关键概念

准财政活动 财务资产 财政可持续性 或有负债 税收支出 财政年度 预算全面性 法定授权 规划 绩效导向 预算范围 效率 有效性 经济性 适当性 产出 成果 绩效预算 非预算决策 强调性支出 预算透明度

复习思考题

1. 好的预算应遵循哪些一般原则？其含义是什么？
2. 如何理解预算的法定授权原则？
3. 预算为何应该是未来导向的？中期支出（多年期预算）框架如何弥补了年度预算的弱点？
4. 主要的准财政活动有哪些？有哪些理由说明它们应该在预算系统中报告和管理？
5. 预算为何应是绩效导向的？
6. 偏离预算全面性的典型情形有哪些？
7. 什么是绩效预算？为何说绩效预算是各种绩效导向方法中的"极端"方法？
8. 怎样理解预算透明度？确保预算透明的意义何在？
9. 为确保预算全面性和透明度，除了正式的年度预算文件（由立法机关进行年度审批）外，其他应随同年度预算文件呈递立法机关审查的预算文件至少应包括哪些？

参考文献

1. A. 普雷姆詹德：《公共支出管理》，中国金融出版社 1995 年版。
2. Aaron Wildawsky. 1993. National Budgeting for Economic and Monetary Union. Leiden, the Netheralands: Nijhoff.
3. Allen Schick. 2003. The Performance State: Reflection on an Idea Whose Time Has Come but Whose Implementation Has Not. *OECD Journal on Budgeting* 3 (2): 71-104.
4. Allen Schick. 2002. Does Budgeting Have a Future? *OECD Journal on Budgeting*. Vol. 2, No. 2.
5. IFAC Public Sector Committee. 2001. Governance in the Public Sector: A Governing Body Perspective, International Public Sector Study. August, Study 13, Issued by The International Federation of Accountants.
6. John L. Mikesell. 2007. Fiscal Administration in Local Government: An Overview. Edited by Anwar Shah, *Local Budgeting*. The International Bank for Reconstruction and Development/The World Bank, Washington, D. C..
7. Jurgen von Hagen. 2007. Budgeting Institutions for Better Fiscal Performance. Anwar Shar (edited), *Budgeting and Budgetary Institutions*, overview, The International Bank for Reconstruction and Development/The World Bank, Washington, D. C..
8. Jurgen von Hagen. 2005. Budgeting Institutions and Public Spending. Edited by Anwar Shah, *Fiscal Management*. The International Bank for Reconstruction and Development/The World Bank, Washington, D. C..

9. Kopits, George and Joh Craig. 1998. Transparency in Government Operations, IMF Occasional Paper, No. 158. Washington: International Monetary Fund.

10. Salvatore Schiavo-Campo. 2007. The Budget and Its Coverage. Edited by Anwar Shar, *Budgeting and Budgetary Institutions*. The International Bank for Reconstruction and Development/The World Bank, Washington, D. C..

11. Vito Tanzi. 2000. The Role of the State and the Quality of the Public Sector. Working Paper of International Monetary Fund: WP/00/36.

第3章 预算方法与预算分类

好的预算方法与预算分类是好的预算准备和编制过程的关键成分。其中,预算方法主要涉及预算拨款的法律基础、预算的会计基础以及合规性/绩效三个问题,预算分类主要涉及支出分类及其与政府报告之间的关系。在预算分类的基础上,支出部门、机构和政府整体应按要求向立法机关申报预算。本章探讨的重点问题如下:

- 预算方法
- 预算分类
- 支出分类

3.1 预算方法

具有不同文化(尤其是管理文化)背景的国家,通常有不同的预算方法。预算方法主要涉及三个问题:(1)预算拨款的法律基础是什么?(2)预算编制和拨款的会计基础(现金制、应计制或其他)是什么?(3)预算应追求合规还是(一并)追求绩效?

3.1.1 法定授权与预算拨款

在民主政体中,所有的政府开支都应以某些法定授权——法律批准的支出授权——为基础,这些授权政府开支公款的法律称为授权法(authorizing legislations)。[①]

---

① 在发达国家中,美国的预算授权制度有特殊之处。在美国,"授权"这一术语指的是用来确定某项规划并为其提供拨款的某项普通法(a general law),而不是指任何特定的支出授权。

在多数情况下，拨款都有特定的时间限制并且是特定的（不同类别的支出应获得不同的授权），通常只是在一个财政年度内才有效。与年度性拨款相对应的是通过年度拨款法实施的年度性授权。

与年度性授权相对应的是"永久性授权"，最典型的是权益性开支——如社会保障、债务清偿或者司法系统开支——的授权。这类授权并不通过年度拨款法实施，而是通过专门的、并且持续有效的法律（如社会保障法）进行的，此类授权下的拨款称为未清偿拨款（standing appropriations）。

任何情况下都必须在取得法定授权后，才可进行预算拨款。在现代民主与法治社会中，预算授权作为一种预算控制（核心是支出控制）机制而发挥作用。OECD成员国目前都有某种形式上的预算授权制度，即由预算授权部门（通常是国会）授权支出部门在规定的限额内进行开支的权力，支出机构使用这种权力实施支出，财政部则签发支票使支出机构能够根据授权进行开支。预算授权也是政府部门承包项目、签署合同以及支付工资等的法律依据。

应注意的是，预算授权与特定财政年度的支出是不同的。预算授权允许一个机构履行支出义务和进行实际支付，但它本身不等于支出。这是因为预算授权在不同时间内是变化的，因而每一年度的预算支出典型地包括以前年度的预算授权确定的实际支出，以及专门为本财政年度确定的预算授权。可以举一个美国联邦预算背景下的例子：假设某年度的预算总支出为20 000亿美元，其中比如30%即6 000亿美元是上年度未支出的预算授权数，其余部分是该年度新的预算授权建议数；然而，这些新的预算授权建议数中，可能有比如1/3的部分将在未来年度开支出去。因此，每个财政年度的联邦预算、每个规划或功能都包括两类数据：实际支出数（outlays or actual spending）以及新制定的预算授权数，后者的一部分在当年另一部分则在未来年度花出去。

拨款指立法机关根据法律为某个特定目的（如提供消防服务）或某个政府单位在特定期间内确定可以开支的法定数额。拨款通常是在现金基础上进行的，也就是说，一笔诸如1 000万元的拨款指的是现金形式的拨款；然而，拨款也可以是非现金基础的拨款，这类拨款包括义务基础（obligation basis）和应计基础（accrual basis）的拨款。在这里，义务是指公共实体做出支出承诺（例如签署合同和发出采购订单）形成的支出责任。应计基础也称为权责（发生制）基础。在义务基础下，"预算拨款"对应的是一笔因支出承诺形成的支出义务；在应计基础下，"预算拨款"对应的是"费用"（expense），包括资产的减少（折旧和摊销）和负债的增加，而不仅是现金费用。

由于授权须以法律形式做出，拨款也应在法律基础上进行，通常分为三类：现金基础的拨款、义务基础的拨款和应计基础的拨款。

现金基础的拨款方法应用最为广泛，通常是授权在一个财政年度内开支现金。原则上，所开支的现金限额不得超过拨款，但有时也有例外。在个别国家（比如美国），个别项目的拨款授权也可能会超过1年。现金拨款的突出特点是，拨款数、承诺数和付款数在各个财政年度都相等。

义务基础的拨款实际上是一种拨款承诺，即做出按这些授权支付现金的承诺，并有预先设定的时间限制（通常不限于1年）。时间过期后，授权即失效。这类拨款通常适用于特定的项目，美国和菲律宾都有这类拨款。这类拨款的突出特点是，在做出承诺的第一个财政年度，承诺数和拨款数是相同的，但所有财政年度的付款（实际支付款项）数少于承诺数和拨款数。

应计基础的拨款指拨款以某个部门或机构营运的完全成本（full costs）、负债的增加或资产的减少（会计上称为"费用"）为基础。完全成本是指某一期间商品与劳务的消耗（而不是获取）。因此，对某项特定规划而言，实际得到的拨款指是指该项规划的完全成本，而完全成本中包括了实物资产的折旧、存货和负债的变动。完全成本是在应计制会计的基础上计量的。目前，那些已经实行应计预算（即权责发生制预算）的国家（如新西兰和英国），已经采用这种拨款方式（以及其他拨款方式）。应计拨款的突出特点是，某项特定规划的拨款数，要大于某个财政年度的承诺数，两者的差额为折旧和其他非付现费用，同时由于时滞因素，实际付款数通常低于承诺数。

除以上三种形式外，有些国家还设有永久拨款/授权，主要适用于清偿债务。在有些国家，基于宪法的理由，法官的薪水是永久拨款并且无须法律批准。由于这些支出具有法律强制性并且是反复发生的，预算年度中产生的这些相关支出的估计数通常在预算中反映，并且各年的拨款数和付款数是相等的。

为促进公共部门之间的竞争与工作效率，理想的做法是把经费划拨给资金的实际使用者，而不是服务的提供者，例如，培训费应拨给接受培训的部门，而不是培训中心。类似的思路也适用于执行政策的拨款，如给学生提供奖学金以保证其获得接受教育的机会，而不是把经费直接拨给学校，然而许多国家在实践中并不如此行事。

3.1.2 预算的基础

根据实施拨款的上述基础不同，预算模式可区分为现金预算、义务基础的预算和应计基础的预算三大类。

现金预算（cash budgets）的特点是拨款在现金基础上进行。因此，拨款即决定了现金付款和年度承诺的限额，也就是说，财政支出义务是在一个特定的财政年度中被满足的。现金预算可以很好地满足合规性和支出控制的需要，因为承诺与付款是由国会通过授权进行控制的。在现金预算下，与宏观经济目标相适应的财政支出或赤字总额直接与拨款相联系。

在义务基础的预算模式下，拨款决定了现金和承诺限额（limits）。因此，这一预算模式需要有年度现金计划。

在应计基础预算模式下，拨款以应计会计为基础，但现金付款和承诺不能由应计拨款加以控制，因而需要采用额外的机制用来控制现金开支。就拨款而言，现金预算和应计预算的差异主要体现在养老金、支出机构的营运成本以及（如在新西兰）其他项目——如国家资产（国家公园、高速公路以及国会建筑物）的购置。至于利息，现金制拨款与应计拨款并无明显差异。

实施应计预算的目的在于促进政府绩效。由于在预算系统中引入了完全成本概念，支出机构有较强的激励去评估自己的营运成本。此外，在预算中提供关于负债或利息补贴的应计信息有助于增强财政透明性和改进政策制定。虽然具有这些优点，发展中国家和转轨国家中引入这一复杂的预算模式可能会引发一些严重的问题，因此需要三思而行。一般地讲，这些国家应该致力于巩固和完善其现金预算，改进追踪拨款使用的会计系统，同时也可逐步引入绩效导向的某些成分，但并不需要改变拨款的性质。

3.1.3 投入导向的预算

传统预算模式的主要目的在于使预算成为财务合规的工具，因此也可称为合规性预算，其背后隐含的思想是，政府只需对公共资源的获取和使用——而不是对资源使用的结果——负责。因此，确保公款按照法律法规所规定的用途去使用，成为预算追求的中心目标，"顺从规则"、"不要违规"成为基本的预算理念。现金预算正好能够满足这一目的。在现金预算中，支出按照组织和分门别类、互不交叉的投入条目——编列预算，据以控制资源的使用。在某些国家中，以这种方式准备的预算通常是非常详细的，包括了数以千计的条目。

传统的条目预算目前仍在多数国家采用，它与投入导向相联系，预算编制和准备过程中需要遵循详细的事前控制和/或严格的拨款规则，包括限制（甚至禁止）在条目间的资源转移——通俗地说就是"打酱油的钱不能用来买醋"。当然，这些限制的范围与程度因国家而异。一般地讲，人们对"过于详尽和严格"的条目预算的批评有正当理由，但这不意味着条目预算已不合时宜了。任何预算系统都需要以确保基本的财务合规性作为底线，条目预算对于这一目的而言是适当的。

概括起来，传统的条目预算有以下几个典型的特征：
- 投入导向——预算中反映的是投入而不结果（如产出）信息；
- 现金预算——各条目的支出和拨款采取现金形式；
- 条目分类——预算中列示的支出都是某项投入而不是某项规划（包含各项活动）的支出；
- 合规性预算——预算准备和拨款遵循严格的前事控制。

对传统条目预算的主要批评是，只过问资源的使用，而不过问资源使用的结果（绩效），因为它并不关注政府目标（objectives）、政府目标与预算间的联系、产出（服务交付），不寻求在投入与产出间建立最有效的联系，等等。因此，从 20 世纪 50 年代早期开始，工业化国家和一些发展中国家尝试采用各种绩效预算改革来解决这些问题。一般认为，与所付出的成本相比，早期这些改革的效果令人失望，在个别情况下甚至适得其反。[①]

3.1.4 绩效导向预算

与传统预算不同，现代预算管理强调绩效导向，其背后的理念是，政府和公共机构不仅应对资源的使用负责，而且应对资源使用产生的绩效（典型地是产出和成果）负责。需要注意的是，不要把作为预算管理的最高目标——加强绩效导向同作为特定预算模式的"绩效预算"相混淆。绩效导向可以通过许多适当的方式去培育，而在绩效预算中，预算反映的是支出的目的（pur-

---

① Salvatore Schiavo-Campo and Daniel Tommasi. 1999. *Managing Government Expenditure*. Published by the Asian Development Bank, p. 62.

poses），为此目的所做的"规划"（programs）的成本，以及在每项规划下采取的措施和产生的结果。从20世纪50年代开始，各种版本的绩效导向预算被开发出来，大体上经历了四个阶段：50年代的规划预算、60年代的计划—规划—预算、70年代的零基预算以及90年代以来的产出—成果预算。

1. **规划预算**

绩效预算有两个主要特征。首先，政府活动被划分为广泛的功能、规划、活动和成本因素。每项"功能"（如农业）对应着一项含义广泛的政府目标（如促进农业发展），一项特定功能下的"规划"指的是满足同一特定目标（如发展谷物生产）而开展的一系列"活动"，后者是某项规划细分而来的、具有同质性的类别（如灌溉）。在绩效预算系统中，在每项特定的规划下需要界定和区别各种"活动"。某个机构在某项规划下的营运是否可以当做一项"活动"看待，其标准就是在某个营运层次（level）上，绩效指标（indicators）是否可以被详细制定出来，并且可以进行有效的成本计量。如果可以，则构成一项活动。每个预算年度都需要确认每项规划及其所属各项活动的目的所在。第二个特征是计量和报告绩效与成本。在20世纪50年代，一项核心的工作就是要建立关于绩效和成本标准，以此作为参照系，与实际取得的绩效和成本进行比较。

在胡佛委员会（Hoove Commission）的建议下，美国于1949年首次在大范围内采用了正式绩效预算模式——当时称为规划预算（program budgeting），其重点是计量完全成本、评估工作量（workload）和单位成本。1951年美国联邦预算文件中包含了由预算账户反映的规划（program）或活动，以及关于规划和绩效的描述性报告书，后者包含有在应计会计基础上计算出来的关于工作量和成本的信息。美国的经历是失败的因而很快就放弃了。原因在于，功能、规划和活动与政府管理结构（部门、部门下属机构或次级机构）是可比的，但在预算的功能结构与政府的组织结构之间并不存在系统的对应关系。规划预算的主要问题就在于规划结构和组织结构之间缺乏联系、操作的复杂性以及责任不明。尽管如此，吸取某些教训（尤其是成本效益分析的思想以及要求确定支出的目的）在后来被证明是有用的，因而被吸收到20世纪90年代的预算改革中。

在20世纪80年代"新公共管理"（NPM）出现之前，1954年菲律宾遵循美国的经验引入了一份绩效预算。在1956财政年度中，12个政府机构采纳

"绩效预算"模式，传统预算中详细条目被放弃了，支出按规划与方案（programs and projects）列示于预算中。部分地由于需要加强支出控制，部分地由于绩效预算本身固有的复杂性，这一模式后来演化为一种更为详细的模式。最近的趋势是要求每个支出部门及其下属机构在其预算中列示资本性支出、经常性支出（current expenditures）和绩效指标方面的基本信息，预算准备强调的是规划而不是条目。然而，预算决策制定过程中的这些变化更多的是名义上的而不是实质性的。

2. 计划—规划—预算

美国从20世纪60年代开始采用了所谓计划—规划—预算体制（PPBS）。到1964年，80%的联邦机构在其预算申请中提供成本信息。从1965年开始，各部门和机构在预算准备中，要求按照规定考虑支出的质量（定性）方面。PPBS旨在确保特定的预算投入与使用这些投入意欲达成的目标之间，以及在规划与活动之间建立更好的联系。计划阶段的主要工作是通过系统的分析来确定意欲达到的目标，并确认相关的解决方案；规划阶段审查和比较在计划阶段确认的解决方案，然后，一系列的活动被总合到被批准的多年期规划中。在最终的预算阶段，再把这些规划转换成年度预算。

实践证明，PPBS被是很难实施的，这不仅因为可以预见到的官僚主义的阻力，也因为对政府目标和活动进行完美的和理性的规划是难以实现的。另外，这一方法模糊了部长责任并且妨碍受托责任。在20世纪60年代和70年代，许多发达国对规划预算和类似PPBS方法作了多次尝试，但未久就被放弃了。①

3. 零基预算

20世纪70年代末，美国引入了零基预算（ZBB），作为对纯粹增量预算缺陷的校正措施。在纯粹ZBB体系中，每年对所有规划进行评估，并且支出机构必须能够证明这些规划是正当的。其背后的思想是，资源被批准用于某项规划这一事实，并不意味着这一规划必须继续下去。

事实上，通过专注于详细检查少量规划，零基预算是可行的。但是，要求每年在准备年度预算中对每个支出类别都采用这一方法是不可行的。无论如

---

① 目前美国国防部还在使用PPBS方法，但这种方法至今仍有争议。

何，美国国会最终决定只审查传统预算的呈递，同时把复杂的 ZBB 文件搁置一旁。

在发展中国家，引入规划—绩效预算的尝试可以追溯到 20 世纪 80 年代，并且常常受到国际援助者的鼓动和国际顾问们的热情赞同，但这些国家很少从此前数十年的经历中吸取教训。在亚洲，除了菲律宾的上述经历外，印度、马来西亚和新加坡也有过实施规划—绩效预算的经历，结果各不相同，但都与 60 年代中 PPBS 最初的勃勃雄心相距甚远。非洲和拉丁美洲的经历同样不佳，亚洲和太平洋地区的经历也是如此。普遍存在的问题是，虽有定性的规划目标，但 PPBS "既未在预算辩论中发挥任何作用，也没有在监督各项规划的资金使用中起到任何作用"[1]。结果，在引入规划预算的发展中国家中，与最初的设计相比，其作用极大地弱化了。当然，从积极面看，某些国家的经历有助于改进预算的编制与呈报，在某种意义上也强化了对预算官员的绩效导向。

4. 产出—成果预算

新西兰（以及某种程度上在某些太平洋岛国）等国家已经采纳了产出预算，其他一些国家（例如澳大利亚）则采用了侧重成果的预算。产出—成果预算代表了绩效预算方法的顶峰，但这一复杂的系统存在着巨大的数据需求和方法上的困难，并需要具备极高的实施与监管能力。

产出—成果预算以委托代理范式为基础，部长被视为委托者，执行机构被视为代理者。例如，警察局与局长签订的任务合同中，规定警察局提供某种水平的警察服务、监押、社区安全服务规划、道路安全等，但并不在合同中承诺较低的犯罪率，因为犯罪率受到许多无法由他们控制的因素的影响。

在新西兰，单个机构（如财政部）可能拥有多达 150 项之多的产出。预算拨款根据被定义的产出类别分类。产出类别是具有某种共性的产出集合，它们或多或少地类似于在其他国家可以见到的次级规划（subprogram）或活动，拨款管理规则（如管制不同产出类别间的资源转移的规则）也在这一层次上建立起来。预算中大约有 500~700 项拨款（产出类别），之所以需要如此多的类别，部分原因在于需要确保资金被用于特定活动上，而不是用在其他的管理费用方面。

---

[1] Petrei, Humberto. 1998. *Budget and Control: Reforming the Public Sector in Latin America*. Washington: Johns Hopkins University Press for Inter-American Development Bank.

假如为某项产出规定的拨款是 100 万元，这 100 万元是如何得出的呢？这取决于该项产出归入什么类别。如果归入 C 类，那么这 100 万元指的就是该项产出价格（output prices），而不是投入价格；如果归入其他类别（A 或 B），那么这 100 万元就是指投入成本——生产该项产出所消耗的资源——的基础上确定的。在后一种情况下，产出预算实际上并不完全遵循产出导向。

实施产出预算所需要的管理、交易和数据需求是巨大的，并且包括一个应计制预算、完全成本计量、部长与管理者之间的合同谈判，以及对资源使用结果——包括产出质量——的密切监督。迄今为止，实施产出预算而在效率方面带来大量积极成果的证据并不多，即使在产出预算最早和发展最为迅速的新西兰也是如此。目前在多数发达国家中，财政部已经在认真考虑引进产出预算，但反对的声音也不少。至于发展中国家，国际共识是，产出预算方法在整体上是不适合的，虽然有少数例外。

3.1.5 其他绩效导向的管理方法

绩效导向预算可以看做是绩效导向方法在预算领域中的应用。除了预算领域，公共管理的其他方面也可以采用特定方法改进绩效，包括加强支出机构运营管理的自主性、绩效计量与评估、改革组织架构与受托责任框架。

1. 加强支出机构运营管理的自主性

20 世纪 90 年代以来，有些国家如澳大利亚、瑞典和新加坡已经引入了整块（block）式拨款，将一次总付（a lump sum）的资金分配给部门或机构，由其自主决定用来有效地提供服务的所需要的最佳组合。这种内部控制模式要求立法机关清楚界定政策目标，而且在预算执行中不应被支出机构的管理灵活性所改变。例如，如果任由支出机构将基础教育拨款和高等教育拨款合并起来，或者允许在这两者间进行无限制的资源转移，都是有疑问的。当然，过于详尽的条目分类和严格的事前管制规则，同样将导致无效率。不仅如此，过于严格的管制意味着支出部门与机构的管理权限被压缩到一个狭窄的范围内，从而不会产生相对于管理自主性模式的任何优势。

原则上讲，在预算管理中加强灵活性是必要的。部分原因在于支出机构拥有相对于支出控制者的信息优势，例如更清楚地知道如何才能更有效地向客户提供服务。但是,管理灵活性与硬财务约束必须一并实施。在缺乏硬财务约束的情况下,转向管理自主性(内部控制)难以达到预期目的。管理自主性下放的适当程度,主要取决于各国的具体情况,尤其是政府体制的健全性以及受托责任体制。

在许多发展中国家和转轨国家,由于责任机制弱化和其他原因,下放管理自主权很容易导致更多的冗员、更少的维护性支出(如维护基础设施开支),或为腐败提供新的可能性,因而不规定预算资金的具体用途以便在各个条目(例如工资支出和采购支出)之间消除分隔的做法,可能并不会产生期待的结果。进一步讲,在源于法律、法规的正式规则得不到严格遵守、违规现象盛行的情况下,在预算执行中对特定条目进行细致的监督也是非常必要的。

有些发展中国家也已经纳了一个渐进方法来为支出管理者引入灵活性,并使之与某种预先商定的目标和绩效相联系。在预算执行过程中,需要对预先设定的绩效与目标进行监督和评估,并与实际水平进行比较。对于那些确实需要使其预算体系更有灵活性和效率、支出控制脆弱而腐败盛行的发展中国家,与引入一个通常具有较高风险的预算模式(例如产出预算体制)相比,通过适当增强支出部门与机构的管理自主性很可能是一个更可取的办法。

2. 绩效计量与评估

许多国家已经开发了绩效计量系统,强调的重点是3Es:经济性(economy)、效率(efficiency)和有效性(effectiveness)。经济性指在适当的时间和最低的成本下得到适当数量和质量的财务、人力与实物资源。通过计量投入并将投入的实际水平与规定的标准进行对比,可对经济性进行评估。

效率指产出和用来生产这些产出的资源之间的对比关系,通常以"单位产出的成本"进行计量。有效性指规划(programs)达到预期目标或者成果的程度。作为一般规则,绩效的计量需要将投入、产出、成果和过程指标综合起来,而且采用这些指标应充分考虑到特定国家在相关期间内的特定部门的具体情况。

从预算的观点看,发展更强有力的绩效导向要求:
- 赋予管理者更多的管理责任和自主性;
- 发展可行的绩效指标、标准和成本计量系统;
- 在交付服务的公共机构中实施应计制会计;
- 在适当的层次(如某个机构或某个规划)上构造部门预算(ministries'

budget）以便建立绩效指标。

应指出的是，加强绩效导向并不必然要求预算模式作重大变动，例如从投入预算转向绩效导向的预算——其极端形式是产出—成果预算。两类预算模式之间存在第一个关键性差异是，投入预算模式下，绩效与预算（拨款）间的联系是间接的并且往往是推测性的，而在绩效导向预算模式下，这种联系是直接的和自动的。另一个关键性差异是，投入预算模式下，预算管理强调事后评估，而在绩效导向预算模式强调的是对绩效指标（indicators）的使用。当然，两类预算模式之间也有一定的联系，在绩效导向预算模式下，在投入预算中作为预算指标的投入仍是重要的。

考虑到政府管理能力的局限，这种源于发达国家的事后评估更适合于发展中国家。由于在概念上没能把作为目标的绩效导向，同作为加强绩效导向手段之一的绩效预算区别开来，一些发展中国家代价高昂地引入了绩效预算（甚至产出预算），但却没能对绩效导向本身产生任何积极的影响。对于多数发展中国家而言，由于引入绩效预算的条件并不具备，某种形式的线性预算（以及实施预算和控制支出所需要的现金计划）应继续保留。

3. 改革组织架构与受托责任框架

有些发达国家（例如新西兰和英国）已经采纳了将服务交付和管理任务从政府机构中分离出来的组织模式。模式要求界定运营功能（如支付养老金支票），并将运营任务赋予某个与政府机构相分离的实体。委托者（部长或较高层政府机构）负责政策制定，受托者（独立于政府机构的实体）负责执行规划并向客户交付服务。委托者与受托者之间通过签订合同，确保员工和管理人员也能对绩效负责。[①]

理论上，这一方法可以改进服务交付的效率。然而引入这一方法需要谨慎，特别是在发展中国家和转轨国家。一个风险是分离的实体（托管者）可以很容易地演变为掌握大量预算外基金的准政府机构，从透明度的观点看，这些机构的预算实际上是一种消失的预算。机构改革是否真的需要分离托管者（mandates）也令人怀疑。最后，随着政策制定日益从规划和服务的交付实体中分离出来，将健全的政策制定与有效的政策实施分隔开来也是有风险的。

---

① Codd, Michael. 1996. Better Government Through Redrawing of Boundaries and Functions. In Patrick Weller and Glyn Davis, eds. *New Ideas, Bitter Government*. Australia: St. Leonards.

总体而言，发达国家在机构和受托责任方面采取的强化绩效导向的方法，是否或何种程度上可以应用于发展中国家和转轨国家，取决于每个国家的经济、文化背景和公共部门的管理能力。目前很多 OECD 成员国已经扩展了公共部门的受托责任框架：从合规性扩展到运营（服务交付）的效率和经济性方面，以及在某种程度上扩展到成果（有效性）方面。

3.2 预算分类

所有科学研究高度依赖于正确和良好的分类，预算管理也是如此。作为预算管理中技术性很强的成分，预算分类直接关系到立法机关的预算授权、拨款、预算执行监控以及事后的评估、报告与审计。良好的预算分类需要满足一系列要求，特别是合规性控制、绩效导向、宏观经济和政府职能分析以及有效的政策实施。预算分类主要考虑的问题应是更好地理解政府和立法机关的意图和目的，而不仅仅是提供政府打算干什么的信息。为此，预算科目必须联系每个支出部门来设计，因为每个部门每个类别的支出最终都必须记录在特定的预算科目中。然而，好的预算分类应该统筹兼顾，不仅要满足立法机关的要求，也要满足决策的需要。分类的标准应该始终如一，连贯一致，以使支出机构在执行任务时能够有一致的理解。分类必须易于管理，详略得当。而且，在同时追求多个目标的情况下，任何单一的预算分类方法都不能成功地适用于各种目标，因而应该采用补充分类法或辅助分类法去处理较次要的目标。

3.2.1 收入分类

在许多国家中，收入通常分为具有强制性的税收和非税收入（主要是服务收费）两大类。但是，还应有其他分类标准。一般地讲，收入应该根据法律基础分类（如所得税），也可根据负责征收的行政机构分类。此外，还可以考虑按经济效应或税负归宿情况分类。收入分类也有一些困难的问题，例如资本收入、外援收入如何分类？公共企业/机构的营利性活动应该在净值（收支差额）基础还是在（收入/支出）总量基础上反映？

联合国国民收入和生产核算账户把收入划分为直接税、间接税、财产收入、规费和其他有关类别。这里涉及的是按税负归宿分类。它明确地假定：直接税由个人负担，不能向前转嫁。但是，目前对税负归宿与转嫁问题认识是不明确的。所以，实际上许多国家与国际组织详列收入项目，而不是简单地遵循联合国分类法。美国、英国和发展中国家的实践说明，详列收入项目比按直接税与间接税的分类方法更可取。

好的收入分类应具备以下几个要点：①
- 按照税收特征或法律基础分类。

联合国1958年出版的《政治事务的经济和功能分类手册》，也是按照税收特征而不是税收归宿分类的，此外也列示资本收入（包括固定资产销售）。这一分类提供了大量可供分析与管理的细节。合理分类应该具有唯一性（只应唯一地归属于某一类别），但有些收入具有多种特征，因而可划归几种类别。

- 反映各项收入来源的重要性。
- 按课税基础（例如所得、财产）而不是负责征收的行政机构。

收入分类的主要问题之一是国有企业收入应采用总值法还是净值法计量。总值法说明企业提供的服务总值，净值法则缩小了具有重要经济意义的因素，低估预算相对于国民经济的总规模。但是，总值法也会高估收入，因为并非所有收入最终都作为政府的收入。

外援可能更复杂，因为有些是以实物提供的。另外，实物（如粮食）援助采用输出国价格还是输入国价格或者国际市场价格计算？使用何种汇率？外援既包括贷款也包括赠款，但通常只记录赠款。

国际上最著名的收入分类是由IMF（国际货币基金组织）在其于1986年发布的《政府财政统计手册》（GFS手册）中建立的预算分类系统。② GFS手册把财政收入分为税收收入和非税收入，所有税种划分为经常性收入。经常性非税收入按其性质分类，如财产收入、销售收益、收费和罚没收入。资本性收入包括各种固定资产的变卖收入，以及非政府部门的资本性赠款。具体包括（举例）：

- 一级分类：收入+赠与
- 二级分类：总收入＝经常性收入+资本性收入
- 三级分类：经常性收入＝税收收入+非税收入；资本性收入＝固定资

---

① A.普雷姆詹德：《预算经济学》，中国财政经济出版社1989年版，第274页。
② 国际货币基金组织（1986）：《政府财政统计手册》，中国金融出版社1993年版。

产销售+储备的销售+土地和无形资产销售+……

中国现行的政府预算分类和预算科目的基本框架，是在新中国成立初期为适应计划经济体制下财政预算管理的需要建立起来的。随着改革开放的深入和社会主义市场经济体制的逐步确立，这种分类模式已不能全面准确反映政府收支活动，不能满足决策者、管理者和经济分析者对财政预算管理信息的需求，越来越不适应改进和加强财政预算管理的需要，也越来越不适应与国际接轨的需要。

中国传统的预算分类系统的缺陷主要体现在支出分类上。按照国际通行做法，基本的支出分类包括部门（组织或管理）分类、功能分类和经济分类，而中国传统分类将三种不同的分类混杂在一起：类、款、项科目有的按部门分类、有的按功能分类、有的按经济（性质）分类。不仅如此，同一功能的支出往往多处分散反映，比如教育支出，除在"教育事业费"中反映外，还在"基本建设支出"、"科技三项费用"、"行政管理费"以及基金支出科目中反映。由于这种分类在体系、结构与相应预算科目的设置上，都与国际通行做法有较大差别，给国际比较和近年来财政领域日益增多的对外交流带来不便。

财政部在2000年8月份发布的《政府收支分类改革方案》征求意见稿中，借鉴国际通行做法并结合我国实际情况，提出了新的收支分类办法。新的政府收支分类体系包括部门分类、功能分类和经济分类三部分，分别解决"谁"、"干什么"和"如何使用"的问题。这次改革的主要内容是：

● 改革后的政府收支分类体系由"部门分类"、"功能分类"、"经济分类"三部分构成，预算科目也相应地划分为"一般预算收支科目"、"基金预算收支科目"和"债务预算收支科目"。

● 改变现行收支分类只包括预算内收支的做法，将分类范围扩展到包括预算内收支、预算外收支及行政事业单位自收自支在内的全部政府收支方面，收支分类的名称也由原来的"政府预算收支科目"改为"政府收支分类"。

● 按照政府机构和预算管理层次的不同，对部门进行分类并相应设置编码。这一分类旨在明确资金管理责任的承担者，解决"谁"的问题（谁的支出责任）。各部门按立法机关、司法机关、行政机关、军队（含武警）、社会团体、事业单位、企业等顺序分类。在此分类中，一级中央预算包括全国人大、全国政协、最高人民法院、最高人民检察院、国务院办公厅、国家发展和改革委员会、财政部、中国人民银行、科技部、教育部、农业部、劳动和社会保障部等共计155个单位。

部门下属单位的分类，按照下管一级的原则，由上级部门确定。地方政府的部门分类，参照中央部门分类方法，由地方政府财政部门确定。

- 根据政府职能进行功能分类，反映政府一般公共服务、公共安全、教育、社会保障、医疗卫生、环境保护、政府经济事务等职能，体现政府一定时期内的方针政策、支出结构和资金使用方向。

- 按照政府收支的经济性质设置政府收入的经济分类，以及政府支出的经济分类。其中，收入经济分类全面反映政府税收收入、社会保障缴款、非税收入、转移和赠与收入、贷款回收本金和产权出售收入、债务收入等不同性质的收入；支出经济分类全面反映政府经常性支出、资本性支出、贷款转贷和产权参股及债务本金偿还等支出，并将各类支出充分细化，详细反映政府的预算资源投资情况。

在收入分类方面，原来的收入分类范围狭窄，只考虑了预算内收支；同时采用了按部门、种类、企业类型简单罗列的办法，没有统一的标准。新的分类将所有政府收入统一按经济性质进行划分，层次分明，概念清晰，标准统一，既便于征收管理，也便于集中收付的国库制度运作、统计分析和国际比较。

根据经济性质的不同，新的分类将政府收入分为6类：

- 税收收入。包括商品与劳务税、个人所得税、企业所得税、国际贸易和交易税、其他税收5款。

- 社会保障缴款。分设个人缴纳部分、单位缴纳部分、其他社会保障缴款这3款。

- 非税收入。分设财产收入、贷款利息收入、行政性收费、事业性收费、罚没收入、专项收入及附加、资本性收入和其他非税收入，共8款。

- 转移及赠与收入。分设经常性转移和赠与收入，资本性转移与赠与收入2款。

- 贷款回收本金和产权出售收入。分设国债转贷、国外借款转贷、国外贷款及产权出售4款。

- 债务收入。分设国内债务、国外债务2款。

需要说明的是，按国际惯例，凡具有税收性质的收入，如社会保障缴款、邮电附加费、电力建设基金等应列为税收收入。但考虑到我国长期以来人们对税收概念理解上的习惯，新的分类仍将社会保障缴款单独列为一类，同时将那些具有税收性质的收费和基金，暂时列作"非税收入"。将来随着税费改革的深化，可作相应调整。

为完整、准确地反映政府收支活动，进一步规范预算管理、强化预算监督，财政部于 2006 年推动了近期最大规模的预算分类改革，并决定自 2007 年 1 月 1 日起全面实施。改革后的政府收支分类体系由"收入分类"、"支出功能分类"、"支出经济分类"三部分构成。收入分类主要反映政府收入的来源和性质。根据目前我国政府收入构成情况，结合国际通行的分类方法，将政府收入分为类、款、项、目 4 级。其中，类级收入科目包括 6 类，每个类级科目又包括若干款级科目，具体情况如下：

- 税收收入。分设 20 款：增值税、消费税、营业税、企业所得税、企业所得税退税、个人所得税、资源税、固定资产投资方向调节税、城市维护建设税、房产税、印花税、城镇土地使用税、土地增值税、车船税、船舶吨税、车辆购置税、关税、耕地占用税、契税、其他税收收入。
- 社会保险基金收入。分设 6 款：基本养老保险基金收入、失业保险基金收入、基本医疗保险基金收入、工伤保险基金收入、生育保险基金收入、其他社会保险基金收入。
- 非税收入。分设 8 款：政府性基金收入、专项收入、彩票资金收入、行政事业性收费收入、罚没收入、国有资本经营收入、国有资源（资产）有偿使用收入、其他收入。
- 贷款转贷回收本金收入。分设 4 款：国内贷款回收本金收入、国外贷款回收本金收入、国内转贷回收本金收入、国外转贷回收本金收入。
- 债务收入。分设 2 款：国内债务收入、国外债务收入。
- 转移性收入。分设 9 款：返还性收入、财力性转移支付收入、专项转移支付收入、政府性基金转移收入、彩票公益金转移收入、预算外转移收入、单位间转移收入、上年结余收入、调入资金。

以上分类的主要问题之一是将债务和贷款视为"收入"。这种处理方法明显地与国际惯例不符，也混淆了"收入"与"融资"的界限。在公司财务报告中，"收入"作为损益表的要素，债务和贷款作为资产负债表（平衡表）的要素，界限非常分明。这一点对于政府而言并无特别的不同。无论如何，债务和贷款应作为融资处理，并在分类系统中作为独立于"收入分类"和"支出分类"的"融资"单独列示。

3.2.2 支出分类

预算分类的重点是支出分类。国际社会和许多国家为改善预算支出分类做出了长期不懈的努力，其动力来自美国早期实行规划预算体制提供的经验。传统支出分类是"分项列举法"：按照组织结构（支出部门）和支出对象（object），即投入分类或条目分类，主要目的是满足向立法机关申报预算以获得资金（拨款）的要求，并为支出控制提供基础。

对传统预算分类的主要突破，发生在20世纪40年代末和50年代初（50年代美国按功能和规划分类）实施绩效预算的时期，这是美国第一届胡佛委员会建议的结果。胡佛委员会的建议是，预算分类的改革，应该通过把政府事务分成"功能"、"规划"和"活动"三类来实现，预算编制应作为审查绩效的基础。1950年美国国会通过了《预算和会计程序法》，对建立在政府的活动和功能基础上的联邦预算作了详细规定。由此产生的绩效预算要求对各个部门的任务和工作计划提供描述性说明；对规划则以生产能力、工作量记录、预计的目标或成果形式进行计量。这样做的目的，在于把预算检查的注意力从投入方面转向绩效导向方面来。

《预算和会计程序法》为实施以政府的功能和活动为基础的预算作了准备。需要申请的预算资金，必须按规划和按标的（object）分类以及按资金来源确定。按标的分类（如工资）只作为第二级分类。但在当时的绩效预算模式下，预算分类应该基于规划的特征和目标，还是基于传统的组织结构，并不明确。1955年第二届胡佛委员会重申，向立法机关呈递的预算要以功能、规划和活动基础分类，并建议采取措施使"组织结构、预算分类和会计制度"相一致，20世纪60年代对此又作了进一步修改。

对预算作为促进政策手段的强调和重视，促使各国因地制宜地使用功能分类。如果预算分类可用作政策制定的可靠工具，那么它应该能够指明达到的目的、财政负担的归宿以及政府支出的效益。1958年联合国出版的《政府事务的经济和功能分类手册》就是基于这一认识的产物，它把政府功能分为五大类：一般服务、国防、社会和居民服务、经济服务以及未分配支出；同时提供了另一种经济分类，与功能分类相协调而为决策目的服务。该手册还对传统预算的不足之处作了明确的阐述。

鉴于按功能与规划分类不能满足日益增长的预算管理的需要，20世纪60

年代对预算分类作了进一步改进。人们认为预算为了实现计划目标,应该计量货币成本,应该提供制定政策所需要的资料,建立联系绩效来计量成本的信息系统,以便进行成本—效益分析。人们认识到,新的预算分类应该考虑政府活动的特点,因而应该不同于政府的组织结构。此外,规划分类应该能为评估支出机构的政策提供一个适当的框架,并且应由各支出机构负责制定自己的规划,以便在规划与组织结构之间建立必要的联系。

基于以上认识,联合国《按规划和绩效编制预算手册》(1965年6月)和《国民收入和生产核算账户体系》(1968)阐述了全面改进预算分类的重要性。前者概括了美国的绩效预算制度和计划—规划—预算(PPBS)关于预算分类的观点,后者的视野更宽,把支出分成9类:一般公共事业、国防、教育、健康、社会保障和福利服务、住宅和居民服务、其他居民和社会服务、经济服务、其他目的。为了更好地计量成本,这9个类别再细分为与规划相对应的类目。

目前各国普遍的做法是,支出分类基本上按功能(functions)、规划(programs)、活动(activities)和成本要素作系统划分,以满足不同目的和需求。功能分类是最主要的分类,旨在明确地揭示政府服务的功能领域。一项服务可能由几个机构管理,因此功能分类必须由管理分类来弥补,因为各项功能(如提供教育服务的功能)必须指明特定机构的管理责任。理想的情况是机构和功能保持一致,但实际上十分困难。因此,功能分类方法并不是政府改组机构的依据,但它必须与现行机构相适应。

还有一些功能,如公债,不适合按机构分类,所以仍应被当做独立的功能。功能细分成规划,例如教育(功能)需要有许多规划来实施,包括建造校舍、培训教师、编写教材等。规划应该适应成本—效益分析、账户编列(设计预算科目)和成本核算。在建立规划时面临的一个问题是,规划是基于机构(从而区别于政府)还是基于优先顺序以适合成本—效益分析。在实践中,规划主要考虑机构来划分,必要时再为成本—效益分析制定独立而具体的规划。

规划再分成具有同质性的活动类目,各个活动类目进一步分为对应于传统投入预算模式下各个条目的成本要素。这样,预算结构与政府组织形式即可达到和谐一致,[①] 也就是有如下对应关系:功能→部或署,规划→局或理事会,活动→业务机构(处室)。这一分类取消了经常性预算和资本预算的分类,能

[①] A. 普雷姆詹德:《预算经济学》,中国财政经济出版社1989年版,第290页。

同时满足受托责任要求、规划要求以及营运与管理要求（规划和成本要素）。功能如基本建设，规划如住宅与非住宅建设，活动如办公建筑、教育建筑、公共卫生建筑，成本要素如工资、设备与原料成本、土地、维持、交通运输成本等，形成一个等级序列。

按功能分类强调预算的规划、活动和政策要求，而强调预算对经济的影响要求按经济分类。传统的条目预算通过规定支出的用途，提供了经济分类的核心成分。联合国1958年出版的《政府事务的经济和功能分类手册》推动了这项工作，国际货币基金组织（IMF）的《政府财政统计手册》进一步改进了这项工作。多数国家的政府预算都有经济分类，虽然详细程度不同。20世纪70年代由于对经济影响的估计越来越重要，许多国家在其主要预算文件中采用了支出的经济分类。

除了按以上标准分类外，支出分类还应考虑其他标准，以满足特定需求。分析财政赤字弥补的来源或方法，要求支出按融资来源分类。赤字融资的详细来源，通常只限于列示以前年度的资料，对于未来年度，预算中通常列示的是国内外借款总额。

应注意的是对预算分类的分析，并不能充分度量社会效益与社会成本，因为分类问题关注的是资源使用而不是成本—效益。

中国财政部制定的《2007年政府收支分类科目》根据政府职能活动和开支的具体用途，设置政府支出功能分类科目和支出经济分类科目。其中，支出功能分类设类、款、项三级。类级科目共17类：一般公共服务、外交、国防、公共安全、教育、科学技术、文化体育与传媒、社会保障和就业、社会保险基金支出、医疗卫生、环境保护、城乡社区事务、农林水事务、交通运输、工业商业金融等事务、其他支出、转移性支出。支出经济分类设类、款两级，类级科目共12类：工资福利支出、商品和服务支出、对个人和家庭的补助、对企事业单位的补贴、转移性支出、赠与、债务利息支出、债务还本支出、基本建设支出、其他资本性支出、贷款转贷及产权参股、其他支出。此外，考虑到我国目前预算管理的实际情况，《2007年政府收支分类科目》分设了"一般预算收支科目"、"基金预算收支科目"和"债务预算收支科目"，并规定各级财政、税务和国库部门可参照上述科目口径，分别编报一般预算收支、基金预算收支、债务预算收支情况，组织预算执行。

3.3 对支出分类的进一步讨论

预算支出分类系统既重要又复杂，涉及许多具体问题，包括与数据信息系统的衔接、预算分类与基于报告目的分类的关系、国际上主要的分类系统、不同预算分类间的关系等。

3.3.1 三大数据信息系统

世界各国出于经济和财政管理、实施经济政策和进行经济分析的需要，通常需要建立三套数据信息系统：
- 国民账户（又称国民收入核算）体系（SNA）；
- 政府管理账户（预算科目）体系——主要服务于预算管理；
- 政府财政统计系统——比如著名的 GFS（国际货币基金组织政府财政统计分类体系）。

政府收支分类是财政统计的基础。政府财政统计记录的是政府的财政交易——税收、举债、支出、转移支付和贷款，并非实物和人力交易。政府财政统计作为三大数据信息体系之一，一方面依赖于政府管理账户——政府各支出机构为管理和核算的目的而设置的政府账户（相当于中国的预算科目），另一方面也为国民账户提供有关政府的生产、收入、消费、资本积累和融资方面的数据。此外，国民账户体系也要求对政府各部门之间的交易进行描述。

除了以上一般要求外，政府财政统计主要遵循国民账户的惯例和分类方法，两者相同之处在于都计量"本期发生的"。不同之处在于计量的内容不同：政府财政统计计量的是政府本期发生的财政交易，其核心内容是政府的收入和支出；国民账户计量的是所有本期发生的生产、收入、消费、资本积累和融资，无论它们属于本期支付、过去支付（资本货物）还是将来支付。

3.3.2 预算分类与基于报告目的的分类

各国对"公共支出"的定义并不相同，作为国际标准，最好遵循国际货币基金组织《政府财政统计手册》的定义，同时按国际标准分类进行报告。

必须注意的是，国际货币基金组织关于政府财政统计（GFS）的分类，仅仅基于报告的目的，并不倾向于作为编制政府预算或者作为政府账户（预算科目）的分类。另外，GFS专注于按经济分类和功能类别进行报告，而预算分类是制定政策、预算管理和会计核算的工具。① 正如前述，基于报告目的的分类（统计分类）依赖于预算分类，因此，良好的预算分类能够对基于报告的分类起到重要的支持性作用；另一方面，预算分类并不同于基于报告目的的分类。

根据制定政策、报告和预算管理的不同需要，支出应作如下分类：
- 功能分类——服务于历史分析和制定政策；
- 组织分类——服务于受托责任（确保组织对资源使用及其结果负责）；
- 经济分类——服务于统计目的（GFS）和对支出条目与合规性的控制及经济分析；
- 按规划和活动分类——服务于加强绩效方面的受托责任；
- 融资分类——按融资来源分类。

预算分类的核心是支出分类。支出必须基于不同目的进行分类，包括：准备报告以满足报告使用者——如政策制定者、公众和预算管理者——的需要，预算制度与执行，预算会计（budgetary accounting），以及向立法机构呈递预算。

一个适当的支出分类体系既可为政策决策的制定、又可为受托责任提供良好的框架。国际上最著名的支出分类系统是联合国的政府功能分类（classification of the functions of the government, COFOG），以及国际货币基金组织建立的政府财政统计分类。此外，其他分类（稍后讨论）也是需要的。

支出分类对于以下几方面特别重要：
- 政策制定；
- 确认各部门间资源分配；
- 确认政府活动和评估绩效的层次；
- 确保在合规性、政策和绩效方面建立强有力的受托责任；
- 经济分析；
- 日常预算管理。

---

① 关于预算/账目分类与GFS报告分类差异问题的详细讨论可参见：Allan William. 1998. *Budget Structure and the Changing Role of the Government*. New York：United Nations.

3.3.3 联合国政府功能分类（COFOG）

功能分类并不对应于政府组织结构，如教育部、社会保障部等。功能分类在分析部门间资源分配时十分重要。功能分类要求便于用来分析政府支出的历史情况，以及对不同财政年度的数据进行比较分析。COFOG 是在国民账户核算体系（SNA）和 GFS 手册中确立的（参见表 3.1）。

表 3.1　支出按 COFOG 功能划分的可能类别

编码	项目
	核心公共服务和公共秩序
1	一般公共服务
2	警察秩序和安全事务
3	防务
	社会服务
4	教育事务和服务
4.1	学前和基础教育
4.2	中等教育
4.3	高等教育
4.3~4.6	其他
5	保健事务与服务
5.1	医院
5.2	诊所和个体从业者
5.3~5.6	其他
6	社会保障与福利
7	住宅、供水和卫生
8	文化和娱乐
	经济事务
9	燃料和能源事务
10	农业、森林和渔猎
11	矿产开采与建设
12	交通和通讯
12.1	道路
12.2~12.6 与 12.8	其他交通

编码	项目
12.7	通讯
13	其他经济事务与服务
14	未包括于一级分类中的支出
NC	利息
NC	政府间转移

注：NC 表示"未包括"。

由表 3.1 可知，COFOG 有 14 个一级分类（major group），在一级分类下设有 61 个二级分类（group）和 127 个三级分类（subgroup）。COFOG 在发展中国家广泛采用——至少是 14 个一级分类。然而，工业化国家通常有自己的功能分类，大多限于 10~15 个功能，有些国家更多一些。

COFOG 分类具有明显的优点，尤其是有助于促进对政府开支的国际比较。许多国家有自己的功能（和规划）分类，但自己的分类应与按 COFOG 分类系统提供的报告相兼容。每个国家都应提供按功能类别反映支出的公共报告（public reports），这些报告并不需要十分详细，但至少应使政府支出按类似于 COFOG 的 14 个一级分类列示。

3.3.4 GFS 经济分类

国际通行的政府支出经济分类，最典型的就是由国际货币基金组织（IMF）制定和倡导的 GFS 经济分类系统（见表 3.2）。

表 3.2　　　　　　支出按 GFS 的经济分类

商品与服务支出
　工资与薪水
　雇员养老金
其他商品与服务
补贴
经常性转移支付
　利息
　　国内

续表

对外
资本性支出
资本支出
资本转移
贷款减还款
贷款
贷款偿还
资产销售
其他

IMF 在其经修订的 1986 年版《政府财政统计手册》（以下简称《手册》）中，对此作了详细的说明。IMF 政府财政统计手册的数据体系遵循三个指导原则：

● 按政府部门、机构（单位）的职能进行分类，它们主要通过非市场性服务和转移收入执行公共政策，收入主要来自对经济中其他部门的强制征款。

● 对一定时期内与其他经济部门之间发生的政府收支总流量进行计量。

● 按收支流动的反方向对这些支付进行分类：商品与服务、无有、外部对政府的其他债务和政府对外部的债务。（"无有"代表一种特定类别的财政交易，在此交易中，付出货币并未得到相应的等价物。典型的"无有"交易是政府对个人单方面的、无偿的转移）

《手册》以基本的财政分析目标作为编辑政府活动数据的指导思想，为此首先对政府的范围加以界定，在此基础上按照经济特性、用途和财政影响对财政收支进行详细分类。《手册》指出，对政府活动分类有多种方法，其任务是确认政府各类业务的共性，把主要项目内的大量个别交易和计划归类为具有相对共性的大类，以便说明政府收入、赠与、支出、贷款减还款、融资和债务的性质、构成以及对经济的影响。

预算需要进行经济分类。作为国际标准，各国的经济分类应完全与 GFS 相一致。在投入预算模式下，条目分类或多或少带有经济分类的特征，但许多国家需要修订以使其与 GFS 经济分类兼容。

虽然 GFS 对总流量设有备忘项目，但基于 GFS 的报告通常使用净值（net）概念，如"贷款减还款"、"公共企业的净盈余或赤字"。在前一个例子中，贷款和还款都是总流量概念，但两者相抵减后只是个净值概念；在后一个例子中，收入和费用都是总流量概念，但两者相抵减得出的差额——净盈余或赤字——是个净值概念。净额（net items）对于宏观经济分析的目的来说是充分的，但对于预算编制和管理的目的来说是不充分的——两者都要求按总流量概念确认和计量。因此，在政府会计中记录的必须是总流量。①

应注意的是，传统的条目分类以及 GFS 系统下的经济分类关注的是支出，而在应计预算体制下，预算中反映的是费用而不是现金支出。因此，经济分类必须有费用分类（如实物资产折旧和跨年度负债）加以补充。②

3.3.5 条目/投入分类

基于预算管理、控制和监督的目的，传统（投入）预算主要采用条目分类（也就是投入分类），如不同类别的人员支出、旅游费用和打印费。

1. 与 GFS 经济分类相兼容

作为最低要求，条目分类至少应与 GFS 下的经济分类相兼容。如表 3.2 所示，条目分类与 GFS 的经济分类兼容的一个例子是"贷款减还款"下的细项。对于商品与服务也是如此。许多发展中国家对建设性支出（development expenditure）的条目分类并不合乎 GFS 经济分类标准。有些国家甚至所有的建设性支出都被归类为"资本性支出"，尽管建设性预算包含了经常性支出，另外，经常性预算通常也包含了某些资本性支出。

因此，在这些国家中，需要有一种同时覆盖经常性支出和建设性支出的一致性的经济分类。这一分类的次级类别要么归入经常性预算要么归入建设性预算。两类预算都至少有适合 GFS 的基本经济分类。

资本性支出应严格地根据 SNA（国民收入核算系统）标准加以定义。SNA 定义的资本性支出并不完全对应于一国通常对资本性支出的定义，这就要求在该国的定义中产生一个能符合 SNA 定义的资本性支出类别。

---

① Allan, William. 1998. Budget Structure and the Changing Role of the Government. New York: United Nations.

② 比如新西兰在其外部报告中采用的投入（不包括转移支付和资本占用费用）分类项目有：(1) 营运费用；(2) 人员费用（不含养老金）；(3) 养老金费用；(4) 未备基金养老金负债的变动；(5) 实物资产折旧；(6) 国家高速公路的折旧；(7) 租赁成本；(8) 资产销售损失；(9) 融资成本；(10) 负债的净外汇增益（反映汇率变动）；(11) 资产的净外汇损失。

2. 管理和控制含义

条目分类通常与严格的事前控制相联系。在投入预算下，预算编制专注于投入以及严格的拨款管理规则（如关于线性项目间资源转移的规则）削弱了预算的实质意义。然而，这一问题的存在，并不足以说明需要放弃投入分类，因为任何管理系统都要求对投入实施严密的监管。财政部长不需要检查——比如说在纸张供应和其他供应之间的——支出配置，但支出单位需要这样做。

在许多国家，对某些会引起拖欠风险的支出（如公务员工资）需要加强监管。另外，在某些国家，在建立保护某些预算项目（如公共机构水电费）或限制其他支出类别（如国外旅游费）的规则时，必须考虑这样的问题：保护或限制确实是必需的，但并非是永久性的，因此在某一年中要求这样做（合规性）可能在下一年中就不需要这样。

对于支出控制目的而言，有时某些条目分类（也就是投入分类）过于详尽然而又不充分。解决的办法并不是增加条目的数量，而是对一些特定的投入项目作必要的合并。

3.3.6 管理分类

为清楚地确认公共支出管理责任和对预算进行日常管理，必须有按政府组织进行的管理分类（administrative classification）。从明确资金使用的管理责任出发，必须确定每个部门及其下属支出机构的支出。管理分类应根据不同层次的受托责任加以整合，例如对立法机构负责的实体的支出、在预算准备中由财政部管辖的支出单位的支出，等等。

在某些国家，支出预算由各支出机构提出但并非都在同一层次上，比如人员支出可能在部门层次上提出，而其他经常性支出可能由部门下属的较低层次的机构提出。这种办法适合于管理和控制，但会妨碍对不同部门与机构的营运成本的评估。

3.3.7 规划分类

"规划"是追求相同目标的一系列活动的集合。相对于COFOG（联合国政府功能分类）而言，支出按规划分类应考虑国家政策目标或管理情况。

一些发展中国家已经建立了规划层次的支出分类，作为实施 PPBS 的一部分。规划可能产生于一个支出部门或跨部门，前者更适合于受托责任的要求。为建立这些规划，需要采用目标——规划链（the chin of objective-program），也就是说，需要清楚地界定政策目标，根据目标确定规划，规划应明确地与目标联系起来。然而在实践中，规划往往只是某个组织或 COFOG 中一个次级功能的同义语，或者只是单个投资计划的集合，而一年一度的预算仍以传统的方式——按投入分类——呈报。

在准备一份规划分类时，可能产生的主要问题是目标雄心勃勃但无法实现，以及在现有分类基础上加进一个无用的类别。规划层的分类有不同的目的——从发展绩效导向的预算方法到增加预算的可读性（readability）。在后一情形下，COFOG 分类可作为一个规划分类，前提是这一分类与本国的其他分类一并采用。

受托责任的要求意味着活动和规划的设定应能够满足政府组织结构的需要。也就是，每项规划（以及该项规划下的活动）最好都能对应于某个特定政府组织进行管理，但实际上并非一一对应的关系。许多规划是由多个机构、甚至多个部门进行管理的。这两者之间存在矛盾。例如该项规划所需预算究竟由谁提出？该项规划的预算在各机构/部门间如何分配？在美国早期实施规划预算的经历中，如何调和规划分类下的政府组织结构是讨论规划预算的要点，同时也部分地解释了规划预算失败的原因。

在通常情况下，规划应在支出部门（line ministry）的层次上确定，才可在大多数情况下对应于该支出部门下属的主要次级机构。活动或者次级规划应以最简便的方式加以界定以利于建立绩效指标。活动层次的支出分类不能从顶端建立，必须在相关的支出部门和机构层次上进行，然后与财政部门一同讨论。

涉及部门间的规划虽然并不鲜见，但不必为有限数量的部门间规划而重新整合整个预算分类体系。预算中包括的反映哪些活动系部门间规划的表格，对于讨论制定和实施规划而言已经足够充分。

有些国家在预算中由支出部门附加了范围广泛的规划，并伴随有叙述性的少量绩效标尺。尽管有时被称为规划预算，这一方法非常不同于正式的规划预算体制，它更为简单，但能够在审查预算和加强绩效中发挥积极作用。

除以上分类外，在发展中国家中，支出还必须基于融资来源分类，如国内来源、统一基金、贷款与拨款，此外还有预算外资金。其他特定的分类对于管理预算也是必要的。例如，立法机关通常要求呈报各地区的支出。这一问题取决于各国的具体情况，但在分析预算分类系统时必须牢记。一个良好的预算管理信息系统，必须能够整理出在设计这一系统时并未针对的那些支出类别。

3.3.8 产出预算体系中的支出分类

产出预算需要把与产出相联结的拨款与其他拨款区分开来。在新西兰的 20 世纪 90 年代实施的产出预算模式中，拨款被区分为 7 类：
- 产出类——如政策咨询、合同管理、警察与监管服务；
- 受益类——如失业、国内目的与奖学金；
- 借贷费用——如利息费用其他融资成本；
- 其他费用——如重建成本、诉讼费用、固定资产销售损失和海外发展援助；
- 资本盈余（contributions）和某个部门为扩大产出能力或改进效率而增加的投资；
- 购买和建设类——如州高速公路、国家公园、立法机构建筑物、资本资产；
- 偿付债务。

现金制适合于确认和计量受益类和资本盈余，借贷费用适合于在应计下确认和计量，但利息费用的计量和报告在多数实施现金会计的国家也是可行的。与其他类别相比，产出类拨款只是在应计基础上确认和计量才是适当的。

3.3.9 实施问题

在实务上，预算分类的应用面临一系列问题，主要包括支出分类在预算管理上引发的问题，按 COFOG 报告和编码问题，以及管理和制度方面的约束。

1. 支出分类与预算管理

从预算管理的观点看，与支出分类相关的问题主要有：
- 通过预算会计来追踪拨款的使用，设计和记录预算科目（账簿），将财政交易编码，等等。有必要定义一个支出分类使之至少包含管理类别，可能的话应在活动层次上按照支出单位增加一个次级分类，融资来源分类（包括预算外等），以及经济—条目分类（the economic-object classification）。

● 向立法机关申报预算。为此有必要定义"拨款"——例如某个部门的预算或某个部门内部某项规划的预算。在申报预算时，每个预算项目的预算都应按适当的类别申报。

● 管理预算。为对预算进行管理，需要确定预算条目间资源转移的层次规则（level rules），比如在条目层次上、经济类别上或规划层次上，以及对预算执行过程实施控制，等等。预算分类的变动必须相应地检查拨款管理规则是否需要相应变动，以及分类变动对预算管理产生的影响。

2. 按COFOG报告和编码

预算分类系统改革通常需要变更在日常管理中使用的编码。基于报告的目的，按各个标准进行的分类中，每个类别（项目）都需要进行编码。相应地，用于记录交易的编码系统需要妥善管理，虽然这并不容易，以致许多国家的支出分类系统改革变得徘徊不前。实际上，这些困难并不是不可避免的。

图3.1显示了基于报告目的和基于预算管理目的所需要的不同支出分类方法，以及各种分类间的相互关系。基于管理目的而给出的活动分类、条目分类及其他分类间的连线，表明了各支出分类系统中存在最低限度的共同点。预算的日常管理中使用的编码系统必须确认这些最低限度的共同点，但并不需要描述其全部属性。

图3.1表明，活动可以被联结到组织机构、功能和规划上，但不需要联结到所有类别上，比如不需联结到按融资来源分类的类别上，因此，在对预算进行的日常管理中，为了在规划层次或按COFOG分类呈报支出，为每项交易建立起管理编码、在支出单位或活动层次上建立起活动编码，以及按条目和融资来源建立编码，并通过这些编码来记录交易，已经相当充分了。

在许多国家，等级式的预算编码系统被用于对预算进行的日常管理中，等级序列是部门→理事会→支出单位→对象（object）→预算编码（包括管理编码和条目编码）。在电脑化环境中，等级式编码并不非常有用。在建立预算数据基础时，信息学专家的首要任务就是详细说明等级式编码以便制定表格，并把它们联结起来。每个表格都只对应于预算分类体系中的一种分类，不同的表格和不同的分类系统应有不同的编码。

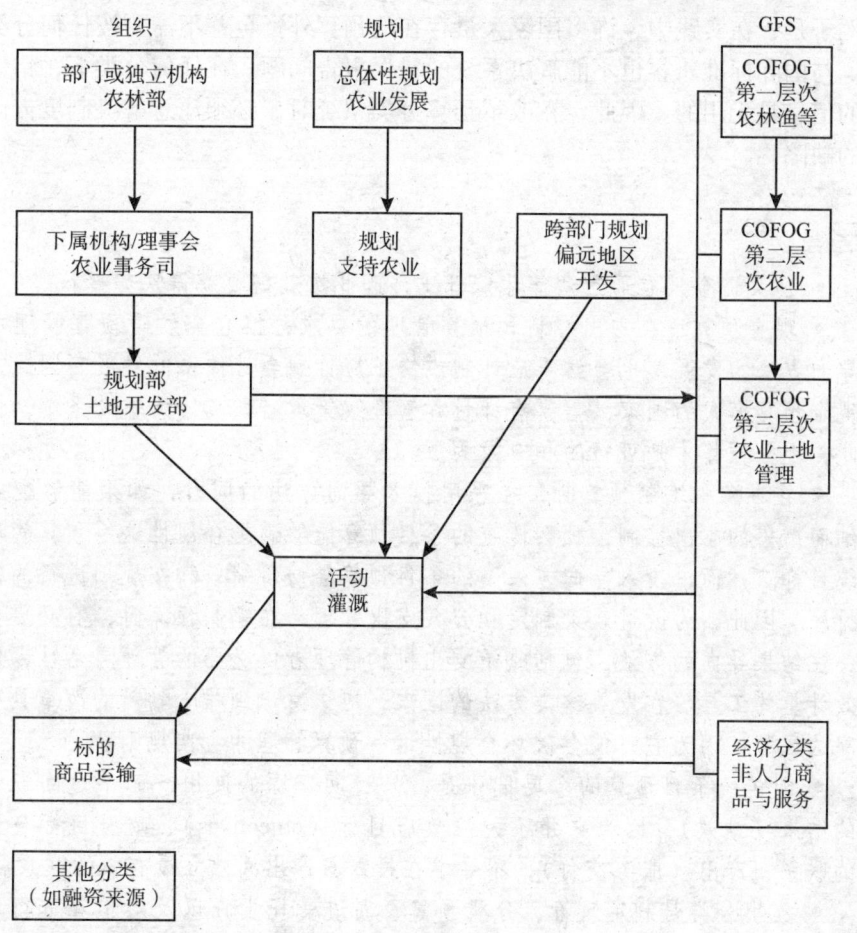

图 3.1 支出分类间的关系

3. 管理和制度问题

支出分类首先需要有良好的管理和制度约束。注意力首先应集中于预算科目的组织和政府财政管理信息系统（GFMIS）的建设，包括对债务管理机构如何记录债务进行详细检查。另外，设计糟糕的信息系统也会构成对改进支出分类的障碍。审查目前财务软件的应用情况也是非常必要的。软件的应用和开发不应只是与现有分类相兼容，而应与未来可能发生的分类变动相兼容。

改革支出分类并不能解决由不良的制度安排带来的低效率问题。一个典型的例子是，在实践中，许多国家大量存在的预算外资金并不需要按任何分类呈报。与国际标准兼容也不能解决系统的错误报告问题。在任何分类下，错误呈报的信息是无用的。因此，在改革预算分类系统时，必须注意解决制度方面存在的缺陷。

结语

- 公共资金只有通过法律才能开支，因此拨款需要获得法律授权。
- 现金预算适合支出控制和预算管理的要求，但它会妨碍预算管理中绩效导向方法的发展，也会妨碍应计制或修正应计制会计体系的发展。因此，采用现金预算模式的国家，需要有计量和管理政策承诺和负债的辅助系统，惟其如此，现金预算才是可行的和有效的。
- 在准备和编制预算时，在采用投入导向方法的同时，如果能够配合以详细而严格的支出控制，那么传统的条目预算能够满足合规性这一预算管理的传统目标。然而，投入导向方法下的条目预算会妨碍绩效和按规划进行的优先性排序。因此，为改进政策制定和公共支出管理，在编制预算时，有必要更多地关注结果导向的方法，包括赋予支出机构管理者以必要的管理灵活性，发展绩效计量的工具。在发展这类方法的国家，应该意识到雄心勃勃的改革具有相当高的风险，因为它可能会破坏合规性这一预算管理的古典规则。
- 对传统条目预算的主要批评是，只过问资源的使用，而不过问资源使用的结果（绩效），因为它并不关注政府目标（objectives）、政府目标与预算间的联系、产出（服务交付），不寻求在投入与产出间建立最有效的联系。
- 支出分类是制定政策、分析预算、促进受托责任以及对预算进行日常管理的工具。所有的政府支出都应该按相同的标准分类。支出分类必须能够与按国际标准（GFS）进行报告这一基本要求相兼容。但应注意的是，GFS 关注的是便于按经济和功能类别进行报告，不应把它同预算管理所使用的某项特定的支出分类相混淆。
- 向立法机关申报的预算必须清楚地反映规划管理的责任以及在规划和/或部门之间的政策选择。

本章要点

- 在民主政体中，所有的政府开支都应以某些法定授权为基础。授权可分为年度性授权和永久性授权，它们作为一种预算控制（核心是支出控制）

机制而发挥作用。预算授权也是政府部门承包项目、签署合同以及支付工资等的法律依据。

- 拨款系指通过法律由立法机关为某个特定目的（如提供消防服务）或某个政府单位在特定期间内可以开支的法定数额。任何情况下都必须在取得法定授权后，才可进行预算拨款。

由于授权须以法律形式做出，拨款也应在法律基础上进行，通常分为三类：现金基础的拨款、义务基础的拨款和应计基础的拨款。此外，有些国家还设有永久拨款，主要适用于清偿债务。根据实施拨款的上述基础不同，预算模式可区分为现金预算、义务基础的预算和应计基础的预算三大类。目前有些发达国家采用了应计制预算，对营运的拨款覆盖到完全成本，包括折旧。应计制基础能够为支出机构提供一个改进绩效的框架。然而，它的实施需要非常严格的条件，并且由于现金付款和承诺不能由应计拨款加以控制，因而需要有对现金开支进行控制的辅助机制。发展中国家和转轨国家放弃现金预算未必合适。

- 传统预算方法是投入导向预算法，主要目的在于让预算成为财务合规的一个工具，现金基础上的条目预算正好满足这一要求。其背后隐含的思想是，政府只需对公共资源的使用而不是对资源使用的结果负责。

- 与传统预算不同，现代预算管理强调绩效导向，其背后的理念是，政府和公共机构不仅应对资源的使用负责，而且应对资源使用产生的结果——典型的是产出和成果——负责。实施绩效预算或其他正式的结果导向的预算，增强营运管理的自主性，计量和改进绩效，以及改进公共组织的受托责任框架，都是加强绩效（结果）导向的方法。

- 实施产出预算所需要的管理、交易和数据需求是巨大的，并且包括一个应计制预算、完全成本计量、部长与管理者之间的合同谈判，以及对资源使用结果——包括产出质量——的密切监督。对发展中国家的国际共识是，产出预算方法在整体上是不适合的，虽然少数例外是可以想象的。

- 一个适当的支出分类体系既可为政策决策的制定、又可为受托责任提供良好的框架。

- 预算分类主要考虑的问题是更好地理解政府和立法机关的意图和目的，而不仅仅是提供政府打算干什么的资料。为此，预算科目必须联系每个支出部门来设计；分类的标准应该始终如一，连贯一致；分类必须易于管理，详略得当；应该采用补充分类法或辅助分类法去处理较次要的目标。

一般地讲，收入应该根据法律基础或税收特征分类，还可以考虑按经济效应或税负归宿情况分类。

预算分类的核心是支出分类。分类系统应包括：功能分类，旨在进行政策分析、统计和国际比较；经济分类和线项分类，旨在进行经济分析以及最终进行管理控制；管理分类，旨在管理受托责任和预算。预算管理所需要的任何其他分类，如融资（来源）分类以及最终的规划与活动分类，目的在于进行政策分析和评估绩效。规划和活动层次的分类应与政府组织结构结合起来，便于确认一项特定的规划和活动归属哪个特定层级的组织，以此建立受托责任。

关键概念

预算拨款　预算授权　功能分类　经济分类　条目分类　管理分类　规划　拨款　现金预算　应计基础预算　条目预算　规划分类　授权性法律　未清偿拨款　产出—成果预算　效率　有效性　经济性　成果　合规性　现金基础拨款　义务基础拨款　应计基础拨款　规划预算　计划—规划—预算　零基预算　绩效导向　绩效预算

复习思考题

1. 在规划预算或计划—规划—预算（PPBS）体制中，"功能"、"规划"和"活动"的含义是什么？三者间的关系如何？
2. 条目（投入）预算与产出—成果预算的差异和共性是什么？
3. 预算拨款的法律基础是什么？
4. 条目预算的特征和优缺点是什么？
5. 什么是好的预算分类？它与基于报告目的的政府财政统计系统的关系是什么？
6. 中国财政部建立并于2007年实施的政府收支分类系统中，收入分类和支出分类（按功能与经济性质分类）包括哪些主要的类级和款级科目？
7. 应计基础预算的特征和主要优点是什么？
8. 什么是预算管理的投入导向方法和绩效导向方法？两者在受托责任方面有什么不同？
9. 预算分类与基于报告目的的分类有何不同？
10. 联合国支出功能分类系统中的主要类别有哪些？
11. 国际货币基金组织关于支出经济分类中的主要类别有哪些？
12. 适当的支出分类为何十分重要？
13. 预算授权与预算拨款的关系是什么？

参考文献

1. Allan, William. 1998. Budget Structure and the Changing Role of the Government. New York: United Nations.

2. Codd, Michael. 1996. Better Government Through Redrawing of Boundaries and Functions. In Patrick Weller and Glyn Davis, eds. *New Ideas, Bitter Government*. Australia: St. Leonards.

3. Petrei, Humberto. 1998. *Budget and Control: Reforming the Public Sector in Latin America*. Washington: Johns Hopkins University Press for Inter-American Development Bank.

4. Salvatore Schiavo-Campo and Daniel Tommasi. 1999. *Managing Government Expenditure*. Published by the Asian Development Bank.

第 4 章 预算准备

好的预算制定可能执行不良,但不良的预算制定也不能执行良好。因此,首要的是好的预算准备。为保证预算资金分配与宏观经济保持一致,预算准备过程应依次包括如下成分:基于宏观经济预测与政府政策及其变动,预测未来多年期的收入与支出;在预算过程的起始阶段确定支出总水平的上限,以及根据政策重点确定部门支出上限,据此编制预算。此外,财政部门应参与到影响预算的每一个政策提议的审核程序中,无论该项预算提议是在预算编制时提出,还是在预算执行中提出。本章探讨的与此相关的重点问题包括:

- 预算准备的基本要求
- 预算准备过程的主要工作
- 中期预算框架(MTBF)
- 预算申报与预算审查

4.1 预算准备的基本要求

预算过程始于预算准备。作为预算过程的第一阶段,预算准备涉及大量主要由政府行政部门主导的大量工作,包括收入与支出预测、宏观经济政策筹划、预算限制的制定与颁布和将预算草案呈递立法机关审查。预算准备的质量在很大程度上决定了预算过程的质量和最终的财政成果,因此必须满足一系列的基本要求。

4.1.1 应满足的前提条件

要想通过公共预算达成意欲的成果,技术上的健全性和政治方向的公正必不可少。因此,预算准备过程必须满足三个前提:采纳中期展望[1]、早做决策

---

[1] 中期展望又称中期预算框架(MTBF)或中期支出框架(MTEF)。"中期"通常指包括本预算年度在内的未来 3~5 年。

和建立硬约束。①

1. 采纳中期展望

为使预算成为政府财务管理的有效工具，第一步是必须建立预算的可信度。为此，支出规划必须处于资源承受能力之内。因此，预算准备和起点必须是好的收入估计（预测），这是中期预算框架（MTBF）的核心成分之一。

除了预测（包括经济预测和财政预测）外，MTBF还为在预算与政策之间建立联系提供了理想的工具。为实现政府目标，预算体制必须在政府政策和资源配置之间建立强有力的联结。由于大部分政策在短期内不能被执行完毕，准备年度预算的程序必须置于一个未来数年的框架下。未来具有内在不确定性。未来期间越长，政策相关性与确定性之间的平衡越是需要关注。极端地说，如果按月度制定预算，预算的不确定性限制到最低程度，但月度预算与政策工具之间几乎无关。另一个极端是，如果以10年或更长时间制定预算，倒是可以为政策提供广阔背景，但同时也带来巨大的不确定性。因此，预算的中期展望通常不应超过预算年度后的4年。

即使没有采纳正式的中期预算框架，年度预算的以下三个主要支出类别也应建立在中期展望的基础上：资本支出的未来（后续）成本，这类支出在许多发展中国家和转轨国家总支出中占很高份额；权益性支出（例如养老金和转移支付）的资金需求，即使这方面的政府政策保持不变，由于其他因素（例如通货膨胀率和人口老龄化）的变化，其支出水平也可能变化；导致未来支出需求的或有事项（contingencies），例如政府的贷款担保。

概括起来，年度预算之所以需要在中期时间框架的基础上准备，两个主要理由如下：

（1）支持政策与支出优先性调整。在预算制定时，多数支出承诺已经做出。工资、偿债和养老金等不能在短期内变化。其他项目只是边际调整。发展中国家，这些财务上的边际变化一般不超过总支出的5%。因此，支出优先性的任何调整要想取得成功，必须至少有数年的时间跨度。假如政府需要持续加强技术教育，这项政策的支出含义极其重要，但年度预算中可能形成盲点，无法看清这项政策的支出含义：边际变化如此之小。正因为预算中的自由裁量部

---

① Salvatore Schiavo-Campo. 2007. Budget Preparation and Approval. Edited By Anwar Shar, *Budgeting and Budgetary Institutions*. The International Bank for Reconstruction and Development/The World Bank, Washington, D. C., p. 236.

分（discretionary portion）很小，所以中期展望特别重要。另外，在缺乏中期框架下，支出调整倾向于削减短期内易削减的类别，但易削减的活动（例如资本支出）往往更重要。在年度预算下，许多国家的资本支出典型地被当做最后考虑的剩余物。

（2）支持政策可持续性评估。缺乏中期框架使和当前政策的未来成本不能在预算文件中展现出来，这会妨碍评估当前政策的成本有效性，以及决定哪一项政策更具有优先性。采纳在中期框架下准备年度预算的体制，要求将预算资源分配的基础转向政策审查和评估上来。

2. 早做决策

由于需要将有限的资源在无限的选择（需求）之间进行分配，预算过程的冲突不可避免，预算决策因而充满艰难。在现实中，做预算其实就是承担艰难选择（entail hard choices）：在资源约束以及相互冲突的偏好和需求之间做出困难的选择。在许多国家，政治干预、信息缺乏和管理能力脆弱，经常导致把艰难决策推移到预算执行中。但这种逃避而不是面对冲突的态度和做法，往往使预算决策变得更为艰难，并且导致缺乏效率的预算程序。

3. 需要硬约束

自上而下建立支出限额和支出约束，这是引导支出机构在程序早期面对硬约束的最有效的方法，有助于促进它们将"希望"心理转向面对硬约束。建立和尽早公布并严格实施作为硬约束的预算限额（核心是支出限额），对于确保财政可持续性和避免脆弱性（vulnerability）也至关重要。财政可持续性要求在达成政府政策目标的预算资源需求与资源可得性之间建立平衡。资源需求不可以超过特定时间内预算资源总量的可得性。衡量财政可持续性指标包括债务比率（债务/GDP）、税收比率（税收收入/GDP）和未备基金的社会保障负债。原则上，赤字应在应计会计基础上计算以更好地评估债务及其对财政可持续性的影响。财政脆弱性反映政府在财务上承受内部或外部冲击的能力。脆弱性评估对于那些受益于短期资本流以及大规模的贷款担保的国家尤其必要。在多数发展中国家和转轨国家，这些担保没有得到特别审查。评估脆弱性要求评估基本赤字（不包含债务和债务利息的赤字），但更要重视的未来财务义务和或有负债的评估。

4.1.2 解决两个层次的问题

任何预算管理系统都需要解决三个基本问题,即控制支出总量、确定战略层次的资源分配以及确保营运效率。与此相对应,完整的预算过程通常包括三个层次:宏观政策、战略选择和预算执行。这三个层次各有特定任务和管理机构,构成预算过程的管理框架(见表4.1)。

表 4.1　　　　　　　　　　预算过程的管理框架

预算准备层次	任务	主要职责机构
1. 宏观政策	确定作为预算导向的国家政策目标并确保满足支付要求所需要的现金	国家经济政策顾问、财政部
2. 战略选择	执行国家战略目标并加强财政纪律	内阁、财政部、管理和预算办公室、支出机构
3. 预算执行	批准对商品、服务拨款等的支付	支出机构

大体上,预算准备过程主要涉及前面两个层次:宏观政策和战略选择。至于第三个层次,涉及的是预算过程的执行阶段。

1. 宏观政策

预算是政府用以促进其社会经济政策目标(战略目标)的最基本和最重要的工具,因此,为预算确定政策导向(以及评估资源可得性)是预算准备过程的起点。接下来需要在平衡资源需求与资源可得性的基础上建立预算限额,并尽早公布以利支出部门与机构制定预算申请。预算限额包括支出、赤字、债务和收入总量以及按功能、经济性质、规划和组织类别分类的部门支出限额,它们与其他宏观经济总量——经济增长率、就业率、通货膨胀率以及国际收支——相互作用,进而影响宏观经济的内部平衡和外部平衡。因此,确保预算总量与宏观经济稳定相适应非常重要。

在美国的预算系统中,确定支出限额被当做一项"由上至下的预算编制目标",这些限额必须由法律确立,而且国会与总统最终必须就预算中设定的支出限额达成一致意见。大多数的支出限额通常在若干年中有效。在确定支出限额过程中,总统的管理与预算办公室(OMB)、财政部以及国会都会参与进来。

按照现代的预算理念，宏观政策与预算的联结应是直接的和高度相关的，否则会产生很大的问题。在美国的体制中，政府主要依据宏观经济政策决定最高支出限额，因此，不正确地理解宏观经济政策将会使预算准备过程的一切都失去意义。需要强调的一点是，国家的宏观政策并不确定各政府部门（例如卫生部、教育部、安全部等）之间的战略性资源分配，这是由第二个层次（战略选择）完成的。

2. 战略选择

这一层次的主要工作是由下而上的预算编制，即支出机构编制并提出预算申请。预算申请依据的是国家需求、政策分析、成本—收益分析、规划评估、绩效标准以及政治上的考虑。预算管理中的核心部门（如财政部）将对支出机构进行初始的预算分配，向支出机构提供有关预算申请方面的技术指导，并为政治决策者提供备选的预算方案。

4.2 预算准备过程的主要工作

公共预算管理应致力促进三个关键目标——与财政纪律相联结的总量控制、资源在部门/规划间的有效配置、良好的营运管理，以及作为一般目标的财务合规（遵从）和控制财政风险。为此，预算准备过程从准备宏观经济筹划开始，到向立法机关呈递预算止，大体上应包括六个阶段：（1）准备宏观经济筹划（框架）；（2）准备一份预算指南，以便将支出限额通知各部门，并为各部门编制部门预算提供指导方针；（3）申请预算的部门根据这些指导方针，准备和提出自己的预算申请；（4）在支出部门与财政部门之间进行预算谈判；（5）由内阁或其他核心机构最终形成预算草案；（6）向立法机关呈递预算。在整个预算准备过程中，最重要的工作是制定中期预算框架（MTBF），包括准备和确定宏观经济筹划、财政政策报告、年度预算限额、各部门在预算限额的基础上准备本部门的预算。中期预算框架的主要作用在于促进年度预算限额的准备和确定，后者与财政政策报告、宏观经济与财政预测一道，共同构成中（长）期预算框架的核心成分。

4.2.1 宏观经济筹划与中期预算框架

预算准备的出发点是中期宏观经济筹划，其核心内容是中期宏观经济预测和财政预测。虽然各国发展宏观经济筹划的能力并不相同，但每个国家都应在自己的宏观经济筹划中，基于现实的假设，既不高估收入，也不低估必需的支出，以此构造预算准备的框架。

在宏观经济筹划的基础上，通常需要一份中期（或多年期）滚动的中期支出框架（MTEF），主要是用于促进年度预算限额的准备和确定，同时也有助于增强部门管理的可预见性和公共支出的效率。为明确地约束政府的财政行为（过度支出），确保政府对公众的受托责任，预算总量（尤其是支出）应以亲善用户的方式公布。

MTEF 是包括所有部门的 1 份正式而详细的支出筹划。为避免产生问题，中期支出框架应是指示性的（而不是强制性的），但在第一个规划年度必须与年度预算完全一致。此外，MTEF 必须根据中期（或多年期）宏观经济框架构造，包括按功能和按大的经济类别（如工资、其他商品与服务、转移支付、利息和投资）分类得出的支出总额估计数。特别需要注意的是，MTEF 的准备过程应与前述的预算准备过程的六个阶段相一致，尤其需要根据年度支出限额加以构造。

4.2.2 财政政策报告书

在年度预算的准备中，提供 1 份清晰的关于财政（和经济）政策的报告书是非常重要的。在几乎所有国家中，年度预算中都列示有对未来 1 年中政府财政收支和债务数据方面的信息，但同样重要的是需要制定 1 份清晰的政策报告书，阐明政府所关注的更为广泛的财政政策目标及其优先性、当前财政政策对未来年份的含义（影响），以及中长期财政状况的可持续性。凡是可能，关于财政可持续性的评估报告应可能予以量化。一般地讲，如果公共债务超过了政府在中长期中清偿债务的能力，财政政策就是不可持续的，而财政政策的不可持续通常意味着需要改变当前的政策。

政策报告书一般应区分现行承诺与新政策所产生的财政效应，这样，年度预算就能够将现有承诺从新政策中分离出来。① 从建立财政纪律的角度看，在年度预算中清楚地确认继续执行现行政府规划的成本，以及对新引入的政府规划进行严格的成本核算是十分重要的。基于此，政府呈报的预算文件一般应包括1份税收政策和支出政策变动及其财政效应的报告书，阐明这些政策变动对未来财政收支和政策目标产生的影响。在这方面，一个好的样板是英国：预算文件中包括有对政府在未来年份中意欲采取的预算措施的报告，不仅有对新的预算措施及其估计的财政效应的表格，且有对每项预算措施作更详细说明的附件。

目前许多国家已经编报基本的政策报告书，越来越多的国家正打算根据中期财政和经济预测开展这一工作。政策报告书应以对财政总额（预算总量）的中期预测为基础，它是准备 MTBF 的一个必要步骤。

4.2.3 准备和确定年度预算限额

正如前述，中期预算（支出）框架的主要作用是确定未来各年度的预算限额，以此作为预算编制的起点。为有效地发挥作用，预算限额制度必须具备以下关键性特征：

1. 预算限额必须具有强大的约束力。预算限额不仅构成对预算编制的财政资源总量约束，而且对整个预算执行过程都具有强大的约束力。这意味着，在正常情况下，一旦预算通过法定程序进入执行阶段后，任何支出机构超过预算限额的支出需求，都不可能被无情地加以拒绝。

2. 预算限额应该是全面的。预算限额应该包括公共部门的全部支出，覆盖所有的预算外资金和"税收支出"，即政府通过税收优惠措施而放弃的税收。理想的情形是，预算限额中还应包括政府贷款（包括在许多国家中数额巨大的对国有企业的担保贷款），以及政府债务（尤其是大量的或有债务和其他隐含的债务）。

3. 预算限额的形式是多样化的，但比例限制一般优于平衡限制。平衡限制的形式是要求预算编制和执行必要遵守收支平衡约束。这种看似严格的限制形式实际上会带来严重的软约束问题，因为平衡原则允许政府通过增加税收甚至出售资产，而不是通过限制支出来实现平衡。这样一来，预先设定的预算限

---

① 在预算管理中，承诺（commitments）是个常用而重要的术语，它在不同场合有不同的含义。这里的承诺指的是假设政府继续当前的政策和规划所应该承担的支出义务。

额实际上就没有多大意义，因为在预算执行过程中可以通过增加税收、出售资产来追加支出，使预算限额被不断突破。因此，预算限额应集中在支出总额方面，并且独立于收入限额，而不是与收入限额挂钩。建立独立的支出预算限额反映了现代预算管理改革的潮流，而且越来越多地采取"比例限制"的形式，其中的一种形式是将支出总额限定为 GDP 的一部分（欧盟各成员的预算赤字不得超过各自 GDP 的 3%），另一种形式是规定本年支出相对于上年或基准水平的变动幅度。

4. 预算限额是在中期而不是一年的基础上设定和实施的，每一年的预算限额是 MTEF 中的一部分。在一年的基础上实施预算限额，很容易带来两个问题。首先，年度基础（一年一定）的预算限额难以使预算成为实施政策的有效工具，因为政府的经济政策和发展计划是在多年的基础上实施的，并且具有连续性。与年度基础相比，一个中期的支出框架能够更好地切合政策和计划的实施。其次，一年一定的预算限额诱使支出部门和支出机构将预算制度内的支出推迟到未来年度以满足限额要求，但却使实现未来预算任务的难度加大。

5. 预算限额分为总量限额和部门限额。总量限额是指政府整体（在单一制国家中包括全部各级政府）的预算限额，通常基于宏观经济走势、经济政策、预测的收入水平和意欲的预算赤字来确定，并在一个具有约束力的 MTEF 中进行反映。总量预算限额确定后，必须分解为部门支出限额，这是为各个部门或部长而设立的。部门限额同样必须是强约束性的，否则，来自各部门的支出需求压力将迫使政府全部开支最终突破预算总额。部门限额的必要性在于确保总量限额得到遵守，并使各支出部门认识到，正常情况下它们只能在这个限额内配置财政资源，因此要使新的预算年度中更具有价值的项目或规划得到资金，就必须想方设法在部门内部和各个计划或项目之间实施资源再分配计划，促使资金从低效益评价的项目或规划转入更为优先的用途。一个运作良好的预算管理制度鼓励各支出部门在限额范围内进行资源再分配，从而改善了预算过程的配置效率。

6. 预算限额是多样化的，支出限额需要其他限额的支持。除了支出限额外，预算限额制度还应包括财政收入限额，预算盈余或赤字，以及政府债务限额。所有这些限额都是总量（包括分部门的总量）意义上的控制机制。如果没有其他方面的预算限额，支出限额就很难落到实处。不难理解，如果不对收入实施有效控制，政府就可以通过增加财政收入（包括出售资产）支应其开支水平，或者避免通过压缩支出的办法来满足赤字控制目标，两者都加剧了支出控制的难度，而政治家则倾向于减税从而导致赤字上升。类似地，如果不对债务施加限制，政府的债务规模极易膨胀并将负担轻易地转嫁到未来的纳入人身上，这种提前支用未来财政资源的做法将进一步加剧"公共悲剧"，从而严重破坏预算效率。

7. 预算限额是预先决定的，而不是事后决定的。"预先"的含义是，预算限额在各支出部门提出预算申请之前就确定下来了，而且是由支出控制者基于国家政策目标而为每个支出部门和每位部长制定的。从这一意义上讲，目前我国实际并不存在严格意义上的预算限额制度，因为在现行的预算管理体系中，预算限额是事后决定的而不事前决定的，具体讲是在预算过程中由支出部门与支出控制者之间的讨价还价决定的：支出部门自下而上向支出控制者提出允许无节制的预算支出申请，然后由支出控制机构进行综合平衡并做出削减。这种机制允许各支出部门和支出单位提出无限制资源需要，相比之下，预算限额制度作为一种严格的资源"定量配给"机制发挥作用，它不允许支出部门提出超过限额的支出需求，从而将政府预算领域中典型的"公共悲剧"减弱到最低程度，其结果便是改进了预算过程的配置效率。

8. 限额应该严格实施但不能僵化。僵化的预算限额并非不能促进预算效率。预算限额制度通常会产生两重效应：一方面，限额迫使管理者进行资源的重新分配，以便为效益评价更高的项目提供资源；另一方面，僵化的预算限额也可能使新的项目更难得到资金，即使这些项目具有更高的效益评价也是如此。在传统的投入型预算控制中，管理者和支出单位很可能偏好旧的项目而不是新的项目，它们维持旧项目预算资源的动力和能力，较之削减这些项目资源的动力和能力都要高得多。在这种情况下，严格的预算限额将导致期望通过削减旧项目的资源并将它们转移到新项目的努力受挫。这样，限额实际上凝固而不是"激活"了资源分配。要使严格预算限额有效地发挥作用，需要有良好的预算过程——核心是预算编制与执行中一系列具体的制度、规则和运作机制，以确保对预算限额的凝固效应减弱到最低程度。

4.3 对中期预算框架的进一步讨论

中期预算框架（MTBF）早在20世纪60年代便在一些发达国家（例如德国）实施，但当时只是作为鉴别项目优先性并预留资金给优先项目的计划机制。从70年代开始,那些长期奉行凯恩斯主义的国家普遍出现伴随经济业绩恶化而来的财政绩效恶化:赤字居高不下,公共部门膨胀,导致财政刺激成为宏观经济失衡的原因而不再是解决失衡问题的药方。作为回应,80年代以来,发达国家纷纷采纳了将年度预算置于中期预算框架(MTBF)之下的预算体制。在发达国家示范效应和国际机构(主要是世界银行)的推动下,许多发展中国家(大多为非洲国家)和一些转轨国家(例如俄罗斯、乌克兰和哈萨克斯坦)也相继引入了MTBF,并对其公共预算体制的其他许多方面进行了相应改革。今天,全球范围内MTBF"在公共财政的日常用语中就像夏天下午的阳光一样普遍,而过去并不是如此"[1]。

4.3.1 中期预算框架的特征与作用

MTBF是一个覆盖当前预算年度在内的未来3~5年(有些国家更长)的滚动、具有约束力的预算总量框架,它为政府和政府各部门提供每个未来财政年度中支出预算(申请)务必遵守的预算限额(尤其是支出限额)。

MTBF的关键性特征包括:[2]
- 1份财政(和经济)政策报告书;
- 1份完整的中期宏观经济和财政预测;
- 支出部门在下个预算年度以后2~4年的支出估计数;
- 作为硬预算约束的部门支出限额。

MTBF对于预算编制具有很强的约束力,但并不是不可调整的。事实上,在一些国家(例如澳大利亚)中,该框架中每年的支出估计数都依据政府的决定、经济状况的改变以及各项规划的修正而做出相应的调整,然而一旦调整完毕后,支出限额便成为编制年度预算时务必遵守的界限。许多国家(例如瑞典从1996年开始)将各预算年度的最高支出限额划分为若干个支出领域,并向地方政府递交一份开支最高限额的通知,最终由议会通过这一最高支出限额。在美国,国会在通过政府的预算时,按照功能把开支总额划分为大约20项支出限额。

---

[1] Daniel R. Mullinns and Michael A. Pagano. 2005. Changing Public Budgting and Finance: A Quarter Century Retrospective. Silver Anniversary Issue, *Public Budgeting & Finance*, Special Issue, p. 96.

[2] The Fiscal Affairs Department of IMF. 1998. Manual of Fiscal Transparency, Box 9. This manual can be accessed through web of http://www.imf.org.

MTBF 的主要作用在于建立支出限额，据以对支出、赤字和债务总量实施控制。总量控制（尤其是支出控制）的意义是多方面的：

- 向政策制定者说明政府在未来年度中拥有最大的可支配财力，以及财力不足时应该寻求的解决办法；
- 向纳税人说明税款是如何使用的；
- 限额本身表明了政府在经济发展方向上的一种信号，也可限制支出机构过高的支出期望，确保在资源约束下实施政策，使其认识到超过财力的支出要求是无效的；
- 预算限额所建立的财政约束目标，更多地被当做约束预算编制（申请）的纪律，而建立财政纪律是在公共财政领域中防范"公共悲剧"所必不可少的；
- 财政约束还是区域经济一体化进程中国家间财政政策合作的要求，欧盟所采用的财政约束标准——包括上限为 3% 的赤字比率和 60% 的债务比率——就是一个典型的例证。

与一年一定的预算限额（年度预算）办法相比，以 MTBF 实施预算限额的好处显而易见：便于政府编制年度预算并研究开支重点，更强有力地约束各支出部门的支出需求，使经济衰退时期的支出控制变得更加可行。其他优点包括：通过 MTBF 设定的预算限额能更好地确保政府政策的连续性，减弱政府领导人的更替对预算和政策造成的负面影响。此外，一年一定的预算限额刺激各支出部门和单位将本预算年度的支出推迟到未来，使未来的预算任务更难实现。以 MTBF 设定预算限额是一种更为可取的限额实施机制。

对于发展中国家而言，MTBF 的一个重要优点在于它有助于连接资本预算和经常性预算。没有这种连接和协调，预算信息的有用性就会大打折扣，并且会对公共设施产生不充分的营运和维护成本。

需要指出的是，MTBF 的作用虽然重大，尤其是为制定、评估和实施财政政策提供了比年度预算更好的和更透明的工具，但只有当存在着真正可控的、透明的和稳定的财政（支出）承诺时，才是有效的。此外，要想达到预期的目的，还需要有预算管理方面基本的制度创新、支持引入这一工具的强有力的政治承诺、经济和财经预测的改进、对政府规划和活动实施严格的成本核算，以及有约束力的预算管理。

4.3.2 中期预算框架的准备

预算过程的决策者、一般公众和金融市场都会关注这样一个问题：假如政府在未来年度继续维持现行政策的同时引入一些新的政策，那么这些政策引起的跨年度的成本将是多少？[①] MTBF 应清楚地反映新旧政策的跨年度成本。一个预算管理系统如果十分重视受托责任和结果导向的预算，那么建立 MTBF 是非常重要的。

目前德国、英国和澳大利亚等发达国家已经成功地实施了 MTBF，但发展中国家要想取得成功，需要具备严格的条件并付出艰苦的努力。发展中国家在引入 MTBF 时，从发达国家的经验中吸取某些教训是十分必要的，这些教训包括：

- 财政（和经济）政策目标以及政府意欲实现的财政总量（预算限额），必须清楚地加以规定并得到高层决策者的强有力支持；
- 政府期望（作为目标）的支出水平必须严格地与中期宏观经济框架（规划）相联结；
- 预算数据应以名义数确定，以便使特定规划的管理者能够对价格变动做出反应，因为价格变动将影响到这些规划所需的（名义）预算资源；
- MTBF 的支出数应充分反映所通过的政策提议的成本；
- 应规定强有力的手段，用以审查每项支出政策及其实施机制。

4.4 宏观经济/政策框架

成功引入和实施 MTBF 需要吸取的第二个教训是，MTBF 需要以良好的宏观经济（和政策）框架为基础。宏观经济（和政策）框架为今后（中长期）建立政府预算提供了基础，它阐明政府的政策目标及其优先性，以及选择这些政策目标所基于的经济环境，并对可支配的总财力水平进行预测。正如前述，年度预算文件中应包括 1 份宏观经济框架，它应该是全面的、可靠的和量化的，并且提供影响预算总量数据的经济假设和关键参数（例如测算收入时使

[①] 关于金融市场与政府财政政策变动互动关系的讨论，可参见王雍君：《政府财政绩效与金融市场约束》，载《财贸经济》2001 年第 10 期。

用的有效税率）。除了提供经济和财政预测外，宏观经济框架还必须阐明财政政策对宏观经济的影响，以及财政政策与其他宏观经济政策之间的协调。

4.4.1 宏观经济框架

1份清晰而详略得当的宏观经济（和政策）框架是准备MTBF的基础。20世纪80年代开始，越来越多的国家采用了形式各异的MTBF，而其核心内容之一是中期预测。中期预测包括两个不同的方面。

1. 预测继续现行政策的未来（中期）成本

在进行此项预测时，首先需要将执行各项政策所对应支出项目加以细化，列出清单，然后在此基础上做多年期预测。

2. 预测中期可持续的支出水平

可持续的支出水平是由宏观经济状况、收入规划和可持续的财政赤字决定的。政府是否应该在未来年份中引入新的政策，取决于可持续的支出水平与现行政策成本之间的差额。如果这一差额很小，则说明执行现行政策的可用财力已经逼近预算资源的潜力，因此，政府就不得不考虑要么削减现行政策的开支，要么增加财政收入，要么不出台新的政策。由此可知，MTBF为决策者提供了制定政策所必不可少的关键信息，即通过预测得出的未来可用财力是否能够满足实行新政策的需要。

MTBF框架对于年度预算的准备起着重要的导向作用：年度预算的松紧应尽可能体现MTBF中所反映的政府在中期内的政策意图。

目前多数国家在宏观经济预测和政策制定方面已经有正式的方法，而且发达国家已经使用复杂的数量模型帮助制定预算。国际货币基金组织在其于1998年发布的《财政透明度示范章程——原则宣言》提出的财政透明度最低标准中，要求在年度预算中提供关于中期宏观经济框架的报告书，报告书应包括预算所依据的宏观经济预测。对预算的合理性进行评估时，通常也要求政府报告预算所基于的预测假设——例如经济增长率和通货膨胀率，以及其他对预算具有重要影响的预测参数（例如有效税率和公务员工资增长率）。只有在提供这些预测假设和参数的基础上，人们才可能对政府预算是否具有高估收入、低估支出的倾向做出可靠的评估。

4.4.2 对影响预算的经济条件做出假设

为了确定未来年份的预算总量——支出、税收、债务和赤字，所筹划的宏观经济框架中必须提供宏观经济预测和财政预测数据，而宏观经济预测的前提是做出关于未来经济条件的假设（assumption），这是预算决策必须考虑的。原因在于，正如预算（规模和结构）可以影响经济活动一样，经济条件也可以影响预算，例如个人与公司的收入水平及其变动影响税收，失业率的上升导致支出上升，政府必须支付的利息受一般市场利率的影响，一些指数化的支出类别（典型的是退休和社会保险开支）随着生活费用指数上升而增加，通货膨胀影响政府必须支付的商品与服务方面开支等等。

因此，对当前和未来的经济条件做出假设是预算准备过程的一项重要内容：经济增长、物价和失业率将发生什么变化？假设应尽可能精确，但实际上又总不精确，因而总有风险，而且时间越长越不精确。较为精确的假设可以看做是预测，这些预测依赖于对经济行为的关键方面所作的判断，包括家庭储蓄率、投资的活跃性、货币供应量增长与利率之间的关系以及通货膨胀的持续性，等等。从"时间越短越精确"的观点看，每个日历年度的经济假设可以认为是经济预测，但多个年度的假设只是假设。

在进行经济预测时，一个争论颇多的关键性方面在于，如何使用预算这一工具来影响经济条件，使经济向意愿的方向移动。由于看法不一，在预算准备过程中，不同参与者（例如行政部门和立法部门）会产生不同的经济预测结果。

这里涉及的是财政战略，即政府应该如何运用税收和支出力量去影响经济活动，其核心是收入与支出间的差额如何决定。有些财政政策是自动起作用的，例如失业救济随失业人数而自动变化。作为评估相机抉择财政政策的一种方法，充分就业预算概念被发展起来。通常把4%视为充分就业的国内经济状态，由此产生的收入与支出同实际收支之间的差额，是一种用来测度相机抉择财政政策的方向与规模的粗略方法。

4.4.3 税收与支出政策及其变化效应

预算收支估计不仅取决于上面讨论的经济条件，也取决于税收与支出政策。在确定预算数据时，首先要提出的一个问题是，如果当前的税收政策与当前的政府支出项目在现行水平上维持不变，预算收支将是多少？在此基础上产生的"当前服务预算"（current services budget）是评估税收与支出政策变化效应的基础。①

在美国的预算系统中，这些估算数包括在总统的预算中，然后，国会可能采纳行政部门的提议而改变税收与支出政策，因而通常不会批准总统提出的预算和项目优先程度的建议。即使总统与国会就未来税收政策与支出项目达成一致，收支估算数也不精确。在财政年度开始后，未预料到的经济条件变化也会极大地影响支出与收入数。尽管如此，由总统和国会使用的收入与支出的5年期规划，仍然提供了未来税收与支出估算的指南。

大部分年度的预算是由前些年从事的活动决定的。有些支出必须满足特定法律要求，不能削减。联邦债务利息和社会保障支付，就是如此。这些支出称为强制性（mandatory）支出。其他支出并非强制性的，但由于强有力的政治利益的支配，削减也是非常困难的。一些机构和项目在过去年份中持续地成功运作，因而保持不变。法定义务和政治现实限制了短期变化的灵活性。

4.4.4 中期预算框架的运作流程

预算程序因国家而异并且是变化的，但所有良好的预算程序都应有助于达成公共财政管理的四个主要目标。② 为此，无论是否引入了 MTBF，良好的预算准备程序应包括六个步骤：准备预算的宏观经济与政策框架，制定和公布预算指南，支出部门编制预算，部门（尤指支出部门与财政部门）间协调，核心部门审议并形成预算草案，向立法机关呈递预算草案。如果一个国家的年度预算程序与此一致，那么这样的程序就能够满足 MTBF 的要求；否则，年度预算程序就需要进行调整。图4.1直观地描绘了 MTBF（以3年期为例）的运作流程。图中 t 表示即将到来的下一个预算年度，（t+1）表示紧随其后的第一个年度，（t+2）表示预算年度后的第二年。这样，从当前正在执行的预算年度看，预算估计需要包括未来3年。

---

① 当前服务预算也称基线预算（baseline budget）。基线（baseline）系指假设现行政策不变时的预算（收支）估计数。

② 四个目标分别是：确保预算适合宏观经济政策和资源约束（收入预测）的要求，资源分配应遵循政府政策（多收多支的"收入驱动预算"是不可取的），为良好的营运管理创造条件（要求按规划申报、执行与评估预算），以及对财政风险予以明确的考虑。规划（program）定义为旨在促进某一特定政策目标的若干活动的集合，对应的是政策实施环节。公共服务通过规划提供给公众。

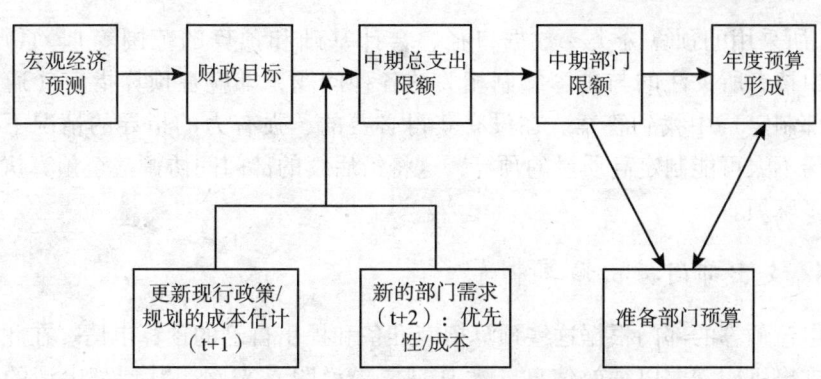

图 4.1 中期预算框架（MTBF）的运作流程

以上流程的主要步骤如下：

1. 准备预算的宏观经济与政策框架

预算准备过程的起点是由核心部门（政府内阁、财政部等）为预算制定准备一份宏观经济框架，以及随后准备一份财政政策报告书。这项极为重要的基础工作应在支出部门提出预算申请（编制预算）之前完成。

2. 内阁会议审议

宏观经济框架、财政政策报告以及 MTBF 由财政部提交政府内阁会议讨论、审议和修订。会议应由政府内阁（总理或主持财政预算工作的副总理）主持。各部部长和立法机关代表或由其组成的支出审查委员会，应参与整个的讨论、审议和修订工作。在这一过程中财政部应根据内部会议的决议形成一份较详细的预算指南，确定预算申请的指导方针、原则和技术细节，以及必须遵循的预算限额。这一程序极端重要，它确立了预算制定所高度依赖的政策与资源框架。

3. 制定和公布预算指南

预算指南的主要目的在于将支出限额通知各部门，并为各部门编制部门预算提供指导方针。虽然在随后的部门间协调中需要适当地调整，但限额本身对于支出部门的预算申请是"硬"约束的。此外，良好的预算指南应阐明预算申请者在制定预算时需要了解的其他各种问题，包括原则、指导方针甚至细节

（例如所采用的预算分类、数据口径、会计基础和预算的范围等）。原则上，预算申请者所关注的与预算编制相关的各种问题，都应在预算指南（通常由财政部制定）中找到答案。在没有获得必要的、强有力的指导的情况下，支出部门不太可能制定高质量的预算，这将给后续的部门间协调甚至预算执行带来很多麻烦。①

4. 支出部门提出预算申请

申请预算的部门根据这些预算指南准备和提出自己的预算申请。在此程序中，支出机构需要以绩效信息（尤其是成果说明）来阐明其预算申请的理由和适当性。尤其是在要求将绩效因素融入预算过程的体制中，以成果（以及其他绩效信息）证明其预算申请的合理性和适当性十分重要。更一般地讲，支出机构应制定一份中期财政战略报告，用以说明其职责、任务、目标（绩效）以及为实现这些目标打算采取的战略和行动。财政战略报告还要说明已经和打算实施的规划，以及实现规划目标需要克服的主要困难和关键措施。

5. 部门间协调

部门间协调的主要内容是在支出部门与财政部门之间进行预算谈判，以确立双方都认可的适当的支出水平。未能解决的分歧应在随后提交给内阁会议裁决。MTBF 的一个突出特征（和优势）是以基线（baselines）作为预算谈判的基础。

6. 核心部门审查后形成预算草案

在中期基础预算下，核心部门（主要是立法机关、政府高层和财政部门）审查预算的两大要点是：（1）预算申请是否清楚地区分了线下和线上部分，以及两者之和构成的总的支出水平是否过高（最终导致不可持续支出）；（2）预算文件中是否包含了相关的绩效信息，这些信息是否足以证明其预算申请的合理性和适当性。在任何情况下，财政部门都应坚定地捍卫总额财政纪律和预算限额，为此，法律应赋予财政部门足够的权威和资源以来承担这

---

① 一个好的范本是美国联邦政府的预算指南，即每年 6、7 月份，OMB 将给每个机构发放的 A-11 通告（Circular No. A-11）。这份对预算编制重要的文件不仅包括表格，还包括预算制定的背景等重要信息。对于美国的预算编制部门，它相当于一本"圣经"，任何支出机构对预算有问题，几乎均可在 A-11 通告中找到答案。

一使命。经财政部门审查和修订后的预算申请需要提交政府高层批准,之后才可以提交立法机关审批。

7. 提交立法机关审批

MTBF 并非一个法定的资金分配方案,因而只需要提交立法机关审查(不需表决)。立法机关审查这些文件有助于判断年度预算的合理性,也有助于参与辩论和评估宏观经济与政策问题。无论在年度还是 MTBF 下,提交立法机关的预算文件都应清楚地区分资本预算和经常性预算。

4.5 预算申报与预算审查

支出部门的预算申报需要满足一些基本要求,由此形成的预算文件需要呈递立法机关审查。一般地讲,立法机关是财务受托责任的焦点。自然地,立法机关的作用在于审查和批准未来的政府活动,而不是拖延已经被采纳的决策。因此,预算应适时地呈递立法机关,一般应在财政年度开始前的 2~4 个月前呈递,以便在预算年度开始前完成所有的预算辩论与审查。

4.5.1 预算申报

所有预算实体需按规定程序向立法机关申报预算。呈递立法机关的预算文件应包括所有与财政政策评估相关的因素,并根据立法控制的需要列示拨款。收入、支出和财政结果(以前年度财政决算情况)亦应一并呈报。许多国家规定,重要的预算申报类别所需的拨款需经立法机关单独投票表决。在这些国家,获得这些拨款需要通过拨款法案进行授权。在其他国家,拨款可以在某个特定的支出分类(例如条目分类)系统中决定。

有些国家在预算中提供数以千计的条目,而其他国家可能非常少。过多的条目使预算文件难以阅读,并且需要进行概括以使呈报的预算易于读懂。在预算中包含的条目的最优数目,取决于各国具体情况,比如政府组织的数量与结构。有些国家将拨款数目限制到 20 项甚至更少。然而,多数国家在组织、规划和经济类别上已有详细的年度支出计划,拨款即可按这些分类进行。一般地讲,预算拨款应由支出部门、机构及其下属的主要次级机构的层次上申报。但在许多国家,预算拨款在规划层次上而不是在支出部门或机构的层次上呈报,最近的改革正在修正这一问题(乌克兰在 1997 年进行的预算分类改革就是如此)。可应用于所有国家的重要呈报可采取这样的形式:××部门××司/局的××规划中,申报的经济性支出为××,资本性支出为××,可表示为:

     部门
      司局/理事会(或其他主要次级机构)
       规划
        经常性支出(内部/外部来源)
        资本性支出(内部/外部来源)

  在决定某项给定的支出应归入经常性预算还是建设性预算时,管理上的考虑通常超过了经济或政策上的考虑。管理经常性预算的程序通常并不适合某些支出类别的管理,尤其是外部融资来源(如援助)项目和"建设性"项目的管理。基于管理目的,在多数依赖援助的国家,"建设性"项目的支出与其他支出的界限并不是那么分明的。为了便于全面评估某个支出部门或某个独立机构的预算,同时申报经常性预算和建设性预算是必要的。

  出资人融资的项目(project)可能既包含于经常性支出又包含于资本性支出中,尤其是在社会部门。这些项目仍然需要由单个的项目经理进行管理,并且通常需要按出资人要求呈交专门的报告。因此,虽然在"经常性"和"建设性"支出之间的差异是人为的并且是有疑问的,但仍然需要分开呈报。

  在实施复式预算的国家,虽然复式预算本身存在一些问题,但这种模式可以促进对部门预算的详细检查。因此,在那些实行复式预算且依赖援助的国家,预算的申报应以有别于前述重要呈报的方式呈报,列示如下:

     部门(或机构)
      司局/理事会(或其他主要次级机构)
       规划
        经常性支出
        资本性支出(不包括建设性支出)
        建设性支出(国内/国外来源)
         资本支出
         当期支出
       备忘(附注):总的经常性支出
            总的资本性支出

经济转轨国家更多地采用经济分类而不是管理（部门或组织）分类，国家年度投资规划的范围比一般发展中国家的"建设性"预算更狭窄，通常只是包括与新增资本存量相对应的净投资。这些投资连同其他资本性支出一起，被包括在"资本性支出"项目下，这使得投资规划同预算之间缺乏必要的可比性。

其他需要申报预算的内容主要有：
- 收支按功能进行的分类；
- 各支出部门或机构的规划；
- 投资的组成；
- 各部门在规划层次上的部门预算政策报告书；
- 适当的绩效指标；
- 多年期项目（projections）的后续成本；
- 多年期概算或公共投资规划（如果适当的话）。

4.5.2 向立法机关呈报预算

在有些国家，预算是在财政年度开始之后才呈递立法机关的，其原因通常包括预算准备工作中的拖延、内阁组成的变动等。然而，预算迟延呈递也可能是制度造成的。在某些国家，预算是在财政年度开始前的数天才呈递给国会，所以，国会不得不授权政府直接开支预算账单中的 1/6 的拨款数，而这些账单并未得到详细审查。在中国，财政年度开始之后全国人大才审批预算，因此，所审批的是一个正在实施的预算。

在特定环境中，迟延呈递预算可能是有正当理由的。在此环境中，法律授权行政部门在预算得到批准之前开支公款。这些授权可能基于以前年度的预算，而不是一个没有得到详细审查的预算。在美国，相应的授权是，如果预算在 10 月份开始的财政年度前尚未得到批准，国会允许每个月的开支数最多达到上年预算拨款数的 1/12。在任何情况下都不应滥用这些特殊规定，以免演化为一种系统的行为方式而使正式的预算程序遭受破坏。

4.5.3 立法机关对预算的审查

许多国家的立法机关对于资源分配的方式有不同的偏好，并且受制于宪法中的许多条款。在整体上，这些不同偏好和有关要求会导致预算辩论过程中增加开支的系统倾向。因此，许多国家已经采纳程序性规则来限制预算辩论。这些规则包括：（1）对预算进行表决的顺序；（2）立法机关修改预算的权力。在具有一党多数的议会政体中，行政部门准备的预算通常会得到立法机关的批准，对预算的否决等于对政府投了不信任票，可能会导致政府辞职。

为实施事前的财政纪律，许多国家的预算需要进行两阶段表决：首先就预算总量投票表决，而拨款和部门间资源配置仅仅在第二阶段投票表决。① 这一程序旨在保护总量支出限额和综合财政目标（overall fiscal target），但其真正影响并不十分清楚。然而无论如何，将支出总量与收入总量一并予以审查有一个显著的优点：立法机关可借此明确地辩论宏观经济政策。

立法机关修改预算的法定权力在各国并不相同，大体上有三种模式：

1. 权力无约束

在此模式下，立法机关有能力在每个方向上变更支出和收入预算，而无须得到行政部门的同意。总统制体制的国家（例如美国和菲律宾）采用的就是这种模式，虽然总统可以否决掌握"钱包的力量"的国会决议。这意味着公共支出管理的前两大目标（支出控制和战略性资源配置）受到立法机关的强大影响，第三个目标（营运效率）也间接地受到立法机关的影响。

2. 权力受约束

在此模式下，立法机关修改预算的权力通常与"最多可增加多少支出或减少多少收入"联系起来。权力受约束的程度因国家而异。在英国、法国和英联邦国家，议会并不能提议增加支出，因而权力受约束的程度非常高。相比之下，德国允许这类修改，但须得到行政部门的同意。权力受约束模式表明立法机关对公共支出管理的资源配置目标只能产生非常有限的影响，对营运管理目标的间接性影响也是如此。

---

① 美国（1974年预算法实施以后）和法国就是典型的例子。

3. 平衡预算的权力

在此模式下，只是在必须采取相应措施维持预算平衡的前提下，立法机关才能增减支出或收入。这种调节性的制度安排，把立法机关对公共支出管理的影响集中于资源配置目标上。

在立法机关的辩论会系统地导致增加开支的情况下，限制立法机关修改预算的权力是非常必要的。为此，预算法应该规定，增加开支的立法行动，只是在这些开支本身已经在预算中或在其附属法案（supplementary acts）被授权的情况下才有效。然而，这些限制不应损害立法机关对预算的审查。在某些国家，立法机关在预算中的作用需要加强而不是限制。

通过建立强有力的专门委员会，立法机关得以发展其专业技能去审查预算，并在制定预算决策过程中发挥更大的作用。一般而言，不同的委员会处理公共支出管理涉及的不同层面的问题。例如，财政/预算委员会审查收入和支出，公共账目委员会确保合法性和审计监督，部门或跨部门委员会负责部门政策以及审查部门预算。在这些委员会之间应进行有效的协调。在那些立法机关有很大权力修改预算的国家中，对预算的修改应由各委员会（而不是单个成员）准备和提出。

为对预算实施详细审查，法定预算程序中需要为相关委员会预留充足的时间，印度是75天，美国更是高达8个月甚至更长。

立法机关及其委员会应有独立的专家队伍用以对预算进行系统的审查。例如在美国，国会从各拨款委员会的高素质人才中，也从庞大而设施精良的国会预算办公室（CBO）提供的服务中深受其益，并且在审计、确保政府规划得到遵从并取得绩效的工作中，得到联邦会计总署的帮助。[①]

委员会也应能得到必要的管理信息。在德国，预算委员会要求支出部门按要求提供部门简报和支出报告。在印度，公共账目委员会经常收到来自审计和会计部门的部门账目报告和岁入报告。在立法机关各委员会与行政系统之间，就预算政策及其实施而加强对信息流动的管理，也有助于加强立法机关审查预算的能力。

---

① 美国联邦会计总署于2004年更名为受托责任总署（the General Accountability Office）。

4.5.4 若干发达国家的案例

发达国家大多实行代议制政治体制，国家权力及权力机关在彼此分立的基础上相互制衡，体现在预算方面，就是通过预算方面的立法，形成预算权力在各权力机关之间的分配。其中，立法机关拥有预算的监控权，行政机关拥有预算执行权，司法机关则对公共财政活动进行审计和监察。编制预算实施或执行预算的工作由行政机关承担，审核预算和批准预算的工作则交由立法机关管理。由国家权力分配导致的这种管理范式，基本上延续到今天。

发达国家的预算决策过程从本质上讲受议会政体的影响。在预算审批中，许多由少数党或联合党派组成的国家，立法部门会与行政部门寻求各种各样的妥协。相比之下，类似美国这样明确地实行权力分散的政治体制的国家，重视行政部门与立法机关间的协商过程，但国会可以对预算草案进行重大修改，而英国议会对政府提交的预算草案无条件通过，因为英国的预算草案操纵在多数党手中。

概括地讲，立法机关在左右政府部门提交的预算草案的能力在各国存在很大差异，因为预算的编制和审批受政治制度和官僚体制的影响。根据政治学的观点，预算本身就是一种政治产物，预算的形成经常为正常妥协与竞争的结果，而各国政治体制存在相当大的差异。众所周知，美国是总统制，英德日为内阁制。比较而言，美国国会拥有的预算权力最大，不仅在审议行政部门所提预算草案时可以自由增加或减少支出计划与经济额度，甚至可以完全置行政部门的预算提案于不顾，而自行起草预算案。美国国会具有如此强势的预算权力，难免导致立法与行政部门之间的预算争议与冲突。

内阁制的英国、德国和日本情形大不相同，其预算编制的基本责任落在行政部门，国会的角色在于批准政府的预算提案，而国会在审议行政部门所提预算案时，如果否决或大幅修改，将被视为对政府投了不信任票，影响重大。因此，国会通常会极力避免过度修改政府的预算提案。以此而言，在内阁制国家中，国会的预算审议权所具有的形式意义大于实质意义。

结语

- 预算需要加以精心准备，以免产生有问题的预算方法。改进预算准备除了需要加强对具有财政影响（典型的是导致未来开支增加）的政策决策进行审查外，还需要在宏观经济筹划的基础上准备1份中期预算框架（MTBF），用以在预算准备过程的早期阶段即建立起包括部门支出限额在内的预算限额，并且在预算准备日程的早期即予公布。

- 每个国家都应以中期（3~5年）宏观经济筹划为基础准备年度预算和MTBF，以便能够对财政可持续性进行评估。MTBF至少应包括按功能分类和（宽泛的）经济分类的支出总量的筹划（估计数），其范围与详细程度应与年度预算相同。

- 良好的预算准备程序应包括六个步骤：准备预算的宏观经济与政策框架，制定和公布预算指南，支出部门编制预算，部门（尤指支出部门与财政部门）间协调，核心部门审议并形成预算草案，向立法机关呈递预算草案。如果一个国家的年度预算程序与此一致，那么这样的程序就能够满足MTBF的要求；否则，年度预算程序就需要进行调整。

- 一般地讲，如果公共债务超过了政府在中长期中清偿债务的能力，财政政策就是不可持续的，而财政政策的不可持续通常意味着需要改变当前的政策。

- 只有当存在着真正可控的、透明的和稳定的财政（支出）承诺时，引入MTBF才是有效的。此外，要想达到预期的目的，还需要有预算管理方面基本的制度创新、支持引入这一工具的强有力的政治承诺、经济和财经预测的改进、对政府规划和活动实施严格的成本核算，以及有约束力的预算管理。

- 在预算审批中，立法机关最关注的是全面的财务受托责任（财务合规性），为此应赋予立法机关以充足的手段和资源去审查政策与预算，而且预算应及时呈递立法机关，以便能够在新的财政年度到来之前完成对预算的详细审查和开展预算辩论。此外，为了抑制支出压力，有必要对立法机关修改预算的权力加以适当的限制。

本章要点

- 预算准备过程必须满足三个前提：采纳中期展望（a medium-term perspective）、早做决策和建立硬约束。

- 预算准备过程主要涉及宏观政策和战略选择（战略层次的资源配置）两个层次。

- 为有效发挥作用，预算限额制度必须具备以下关键性特征：强大的约束力，覆盖到全面的支出，约束方式的多样化，在中期而不是年度的基础上建立，区分总量限额和部门限额，限额类别的多元化，预先而不是事后建立限额，以及严格而不僵化。

● 整个预算准备过程中最重要的工作是制定中期预算框架（MTBF），包括准备宏观经济筹划、财政政策报告、年度预算限额以及各部门在预算限额的基础上准备本部门的预算。在宏观经济筹划的基础上，通常需要一份中期（或多年期）滚动的预算框架——核心是支出筹划，主要作用在于准备和建立年度预算限额，同时也有助于增强部门管理的可预见性和公共支出的效率。

● 准备年度预算时需要制定 1 份清晰的政策报告书，用以阐明政府所关注的更为广泛的财政政策目标及其优先性、当前财政政策对未来年份的含义（影响），以及中长期财政状况的可持续性。

● 与年度预算相比，MTBF 有许多优点：通过建立中长期的支出限额据以对支出、赤字和债务总量实施持续控制，便于政府编制年度预算和确定开支重点，更好地确保政府政策的连续性从而减弱政府领导人的更替对预算和政策造成的负面影响。MTBF 还为决策者提供了制定政策所必不可少的关键信息，即通过预测得出的未来可用财力是否能够满足实行新政策的需要。对于发展中国家而言，MTBF 的一个重要优点在于它有助于连接资本预算和经常性预算。

● 目前德国、英国和澳大利亚等发达国家已经成功地实施了中期预算框架，但发展中国家要想取得成功，需要具备严格的条件并付出艰苦的努力。发展中国家在引入 MTBF 时，从发达国家的经验中吸取某些教训是十分必要的。

● 预算应适时地呈递立法机关，一般应在财政年度开始前的 2~4 个月之前呈递，以便在预算年度开始前完成所有的预算辩论。

● 立法机关修改预算的法定权力在各国并不相同，大体上有三种模式：无约束、受约束以及平衡预算。

● 一般地讲，预算拨款应由支出部门、机构及其下属的主要次级机构的层次上申报。为了便于全面评估某个支出部门或某个独立机构的预算，同时申报经常性预算、资本性支出和建设性预算是必要的。

关键概念

宏观经济筹划　中期预算框架　预算限额　预测假设　部门预算限额　经济与财政预测　预算基线　财政可持续性　财政脆弱性　预算指南　中期财政战略报告　预算申报　预算审查　预算辩论　预算修订　经常性预算　资本性支出　建设性预算

复习思考题

1. 预算准备过程主要涉及哪两个层次？两者间的相互关系是什么？
2. 中期预算框架的主要特征、内容和作用是什么？应该如何进行准备？
3. 好的预算限额制度应具备哪些特征？
4. 在准备年度预算时，为何需要准备1份财政政策报告书？其作用是什么？
5. 宏观经济筹划的作用何在？如何进行准备？
6. 各国立法机关在预算审批和修订中的权力并不相同，试以主要发达国家为例说明之。
7. 为什么 MTBF 的时间框架以覆盖本年度在内的未来 3~5 年较为适当？
8. 即使没有采纳正式的 MTBF，年度预算的哪几个主要支出类别也应建立在中期展望的基础上？
9. 什么是财政脆弱性？评估财政脆弱性的常用指标有哪些？
10. 预算指南通常应包括哪些内容？
11. 预算申报的基本要求主要有哪些？
12. 立法机关修改预算的法定权力在各国并不相同，大体上有哪三种模式？

参考文献

1. 王雍君：《政府财政绩效与金融市场约束》，载《财贸经济》2001 年第 10 期。
2. Daniel R. Mullinns and Michael A. Pagano. 2005. Changing Public Budgeting and Finance: A Quarter Century Retrospective. Silver Anniversary Issue, *Public Budgeting & Finance*, Special Issue.
3. Salvatore Schiavo-Campo. 2007. Budget Preparation and Approval, Edited by Anwar Shar, *Budgeting and budgetary institutions*. The International Bank for Reconstruction and Development/The World Bank, Washington, D.C..
4. The Fiscal Affairs Department of IMF. 1998. Manual of Fiscal Transparency, Box 9. This manual can be accessed through web of http://www.imf.org.

第 5 章 预 算 执 行

预算不仅需要精心准备，也需要良好执行。预算经立法机关审批以后，公共资源即可被用于实施通过预算支持的公共政策，这标志着预算进入执行阶段。预算执行就是资源被用于执行预算政策的阶段。各国的预算执行情况差异甚大，但都面对如何确保合规（compliance）这一基本问题。不良的预算制定固然不可能执行得好，但良好的预算制定也可能执行不良。执行不良通常集中反映在预算执行过程的合规性方面和实施方面。合规性主要涉及预算执行的目标、支出周期、财务控制以及对管理预算拨款的规则。执行程序必须确保遵循最初的规划（预算初衷），但并非简单（机械）地确保合规性。成功的预算执行依赖于许多因素，比如处理宏观经济环境变动的能力，机构的执行能力，以及规划施行中遇到的问题。预算实施的监控主要涉及对预算执行的会计核算、审查和实施政策以及对人员与购买性支出的管理。本章探讨的重点问题如下：

- 预算执行周期的阶段
- 基本的合规性控制
- 管理与监督预算实施
- 有效现金管理的条件

5.1 预算执行的目标与控制

一般地讲，预算执行系统应满足公共支出管理三个关键目标：财政纪律与总额控制、基于政策优先性的资源配置（配置效率）和服务交付中的营运效率。预算执行程序应确保最大限度地有利于促进这些目标。为此，预算执行应满足一系列基本要求，并确保对执行过程的有效控制。

5.1.1 预算执行的基本要求

与预算准备阶段相比，预算执行阶段涉及更多的参与者，既要确保预算中包括的各种"信号"（如政府政策意向）被传递给预算过程的参与者和一般公众，又要考虑到及时从预算执行过程获得的信息反馈。尤其重要的是，应确保预算执行中各类参与者之间的互动有助于促进公共财政管理的三个关键目标和两个一般性目标。为此。预算执行过程应满足以下基本要求：[1]

- 确保预算实施与立法机关的授权相一致（无论在财务还是政策方面）；
- 适当地执行调整以适应宏观经济环境的变化；
- 确认和解决预算施行中遇到的问题（应有足够的监管与报告能力）；
- 采购商品与服务和有效率地管理采购（赋予支出机构管理自主权的同时确保严格遵守预算授权）；
- 预防滥用和腐败的风险。

确保合规性（遵循法定授权）是预算执行过程最基本的问题，但并非简单地照葫芦画瓢。因为即便有良好的预测和预算编制，在进行预算执行阶段后，宏观经济环境也可能发生未曾预料到的变化，从而使原来假定的宏观经济环境下准备的预算变得脱离实际，这就需要对这些变化予以适当调节，使之能与最初确立的政策目标相一致，避免扰乱支出机构的活动及对规划的管理。但必要的预算调整并非意味着不应坚定地执行预算。准确地讲，预算应该按这样的方式来执行：随着情况的变化或者新的需要考虑因素的出现，而这些变化或因素又不能在现有预算的范围内加以调和，那么就有必要在执行过程中进行必要的调整，以此避免简单地执行预算阻碍政策目标的实现。这里的底线是，除非执行过程中出现了重大的意外变故，否则预算调整不应改变预算的优先性和政策目标。

5.1.2 投入控制与产出控制

预算是一个将资源投入转化为产出以此达成政府政策目标的过程。举例而言，如果政府教育政策的目标是提高受教育者的知识水准，那么培养的人才数

---

[1] Daniel Tommasi. 2007. Budget Execution. Edited by Anwar Shar, *Budgeting and Budgetary Institutions*, overview. The International Bank for Reconstruction and Development/The World Bank, Washington, D. C., p. 279.

量就是教育的一项产出，而预算的资源（财力、人力和物力）则属于教育的投入。当然，政府作为一个整体的预算资源投入、产出和政策目标是一个复杂的系统。在整个预算执行过程中，对这个系统必须进行控制。

预算控制包括两个维度：控制投入和控制产出。传统的条目预算是被用于建立投入控制的基本方法。投入又被简化为（现金基础的）支出，因此投入控制实际上包括两个方面：

● 控制支出总额，这要求在预算准备过程中预先确定财政基准（fiscal targets），例如支出限额和各种财政约束比率（如支出/GDP、赤字/GDP 和政府债务/GDP），同时也要求有一个良好的预算执行控制程序以确保这些财政约束基准得到有效实施，以及确保支出部门与支出机构的管理者严格遵守立法机关确定的预算授权；

● 对各支出条目间的资源（支出）转移进行管制，即"打酱油的钱（如人员开支）不能用来买醋（搞建设）"，也就是要求不能轻易改革预算的构成（或投入组合）。

传统预算执行系统的焦点是合规性，即通过详细的投入控制来确保不会有任何越轨行为，以及预算的构成（投入组合）在预算执行中不会被改变。这种做法目的在于确保财政纪律，但通常会产生两个不同类型的问题。首先，过于详尽的投入控制耗时费力，使预算变得僵化，而且没有赋予管理者有效率地实施预算所需要的灵活性，简而言之，绩效（尤其是效率）问题被忽视了；其次，传统的控制方法甚至不足以确保财政纪律，因为它所关注的是现金支付问题，而不是那些随处可见的关键性问题：冗员过多、权益性支出（如社会保障开支）过大以及拖欠等等。实际上，对于合规性这一传统的预算管理目标而言，事后审计、奖惩机制和内部管理系统比传统（事前）的预算控制更加重要。

鉴于传统的投入控制的局限性，许多国家自 20 世纪 80 年代以来已经放松了投入控制，转而将控制的重心转向产出方面，即要求支出部门和机构对预算资源使用的结果——主要是产出——负责，关注的焦点则从合规性转向了绩效（产出和成果等）方面。在产出控制模式下，为确保最有效地实施政府政策和规划并实现预定的绩效，在预算中确立的政策框架下，支出部门和机构应被赋予足够的灵活性来管理自己的资源。在这里，灵活性（flexibility）涉及的是在同一规划下为实施特定活动所需要的资源投入组合，以及在不同的筹划（projections）之间分配资源，以促进相同的（规划）目标。简言之，管理灵活性意味着管理者在预算资源的使用或营运决策方面有很高的自主性，但不能改变由立法机关通过的预算中所阐明的政策，也不能损害（宏观经济）稳定目标。在本章中，讨论的重点是投入控制而不是产出控制，因为即便在产出控制模式下，投入控制和合规性也是必不可少的。

5.1.3 过度开支与支出低估

传统预算控制的焦点在于确保合规性，而违反合规性最常见的一种行为是超越支出限额造成的过度开支。由于分配给各支出单位进行开支的现金数量受到控制，过多开支的行为必定导致拖欠。在那些存在大量预算外资金的国家，过度开支由于很容易（通过专门的账户）逃避控制而十分盛行。有些国家的公共支出管理程序中设有"例外程序"，通过这些例外程序的付款并不当作拨款进行控制，成为导致过度开支的重要原因。合规性问题需要通过加强审计系统和报告系统来解决，用以确保基本的预算执行控制的有效性，这要求预算应是全面的、完整的，避免例外程序和在预算外资金营运。

预算准备过程的低效率也容易引发过度开支。预算准备过程应考虑所有未来年度需要继续开支和增加开支的因素，然而在许多国家，有些因素如投资性支出、政府承诺继续保证的权益性开支（例如医疗和养老支出）或者通货膨胀对工资的影响，在准备和编制预算时很少加以考虑。预算一旦进入执行阶段，这些继续现行政策或规划而增加的开支不可避免，但这些支出原先并未融入预算，结果就是形成过度开支（超过预算的开支）。

另外，特殊利益集团和政治压力也会影响到预算准备、制定和执行，导致过度开支。在某些国家，行政部门或议会经常采纳那些影响预算的法律和行政命令，即便它们并不直接涉及预算也是如此，这些方面的法律通常涉及教育、卫生、科技、计划生育、农业等许多领域。对这些领域的法律或法规——更一般地讲是对于任何产生财政影响（典型的情形是导致支出增加）的政策或决议，财政部门必须进行审查。然而，在某些情况下，财政部门自己也会有过度开支（通过专门账户或自行借款）。健全的预算准备程序和适当的制度安排是避免过度开支的关键，但如果一国的公共治理不佳，只去寻求技术上的改进不可能解决问题。

在许多发展中国家，预算中经常出现的是支出低估（执行中的过度开支），但这并不表明这些国家具有良好的财政纪律。在那些治理不佳的国家，与正式预算中支出低估并存的是大量预算外支出。低估支出涉及的是正式的预算，尤其是建设性支出。这是个由来已久的问题。在20世纪70年代，许多发展中国家准备的支出计划中，支出都被低估了。许多建设性预算和经常性预算中的非工资支出项目，现在也存在类似的特征。

在多数情况下，支出低估和过度开支与预算及规划准备的不充分有关。预算准备过程中经常出现的收入高估、支出低估问题，导致在预算执行中不得不重新制定预算。在多数发展中国家，财政部被授权对预算执行进行控制。所以，当预算准备不佳时，预算准备的不充分可通过反复进行预算来解决。[①]

在一个准备不佳的预算得到批准后，为了应付执行中出现的问题，财政部通常会依赖自己的收支估计来准备预算执行计划，例如决定只把正式预算中确定的岁入估计数的大约一半纳入执行计划中。换言之，名义上虽然存在正式的预算，但实际的资金拨付只是从财政部等为数有限的几个核心部门才知道的某个核心预算中释放出来。在这种情况下，需要有适当的工具确保财政纪律和良好的现金管理。

对于预算中的建设性支出，低估支出通常与工程/规划（projection/program）的准备不充分有关，部分原因在于（大中型）投资项目的事前融资和支出情况很难精确地进行筹划。因此，在有些国家中，财政部会把"现金流量预算"作为对建设性预算进行控制的替代性手段。

鉴于预算执行中出现的问题在很大程度上与预算准备过程的不充分相关，因而在采用对预算执行的分析和用来对预算执行进行控制的工具时，需要覆盖到那些与预算准备相关的方面，并应考虑到反复（调整）预算带来的风险，以及对现金与合规性的控制要求，这些方面的重要性严格地因国家不同而异。

5.2 支出周期与合规性控制

为确保对预算执行过程的合规性控制（无论在财务还是政策方面），界定支出周期（expenditure cycle）及其各个阶段，并确保在每个阶段建立基本的

[①] 在中国各级政府预算实践中，人们通俗地把这种形象称为"一年预算，预算一年"，意思是说整个年度预算执行过程中实际上都在修订预算。

控制机制极端重要。支出周期是指预算经由立法机关批准后,预算资金从国库进入最终收款人(商品与服务供应者)的过程,这一过程通常由以下四个阶段构成:分配拨款与拨付资金、承诺、取得/证实以及付款阶段。①

5.2.1 分配拨款与拨付资金

分配拨款/向支出单位拨付资金是支出周期的起始阶段,有时也称为授权和拨款阶段。在立法机关批准预算后,支出单位通过不同机制被授权支出资金,比如通过财政部下达现金限额、发布授权(issue of warrant)、拨款计划以及向相关账户转入资金等。支出授权通常针对整个财政年度,但在许多英联邦国家只有较短期限,比如按季度授权购置商品与服务。在一些国家,此阶段包括确定拨款和分配拨款两个步骤:

1. 确定拨款:由核心的预算主管机关确定拨款,决定支出部门和支出决策单位可以使用哪一部分拨款。

2. 支出部门和主要支出决策单位把被批准的拨款分配给次级支出单位(分配授权)。

有些国家,财政部在某些情况下有权使用上述授权程序冻结一部分被批准的拨款(反映谨慎的预算管理)。只要预算被批准,资金即应被配置到支出单位。然而,在某些国家,拨款程序需要好几周,有些甚至需要在财政年度的第二个季度才能拨付。这是缺乏效率的表现。

5.2.2 预算承诺

预算承诺(budgetary commitments)是为未来付款义务发生的阶段。确认承诺阶段对预算管理非常重要,因为此时支出决策已经生效。但在实践中,什么构成了预算管理中的一项"承诺"因国家而异,并取决于支出的性质。在会计意义上,承诺指的是支出周期的一个特定阶段:在此阶段上,已经签署了在未来交付商品或服务的合同或其他形式的协议。在此阶段,协议中规定的商

---

① 支出周期也称为预算执行周期。有些学者区分为五个依次展开的阶段:向支出单位授权和分配拨款、承诺、取得和核实(债务在此阶段被确认)、签署支付令以及付款。参见:Daniel Tommasi. 2007. Budget Execution. Edited by Anwar Shar, *Budgeting and Budgetary Institutions*, overview. The International Bank for Reconstruction and Development/The World Bank, Washington, D. C., p. 280.

品与服务并未实际取得（对于买方）或交付（对于卖方），款项也未实际支付。因此，承诺阶段指的是"发生未来支付义务"的阶段，但只是当各方遵守合同条款时，实际的支付义务才会发生。虽然如此，承诺是具有可信度的，因为政府已经做出了"一旦实现交付即满足支付义务"的合约性承诺。从对预算执行的会计核算角度讲，确认是否构成支出周期中一项承诺的主要标志在于是否已对即将收到商品与服务发出了订单和签署了合同。①

必须注意的是，在不同的预算管理体系和不同经济分类的支出下，预算意义上承诺的确切含义是有所有不同的。具体而言，在预算的专业术语中，依支出性质和国家的不同，一项承诺（或一项义务）所反映的既可以是承诺阶段，也可以是取得—核实阶段，还可以是为某个预定用途而建立的资金储备，也就是所谓的"管理性储备"（an administrative reservation）。有些国家（如美国）把资金储备意义上的承诺，同"发出订单、签署合同、收到服务或需要付款的类似交易"意义上的义务（obligations）区分开来。

一般而言，在预算意义上，作为投资支出的商品与服务的承诺应被定义为法定承诺，为特定商品、服务或实物资产交付而发出采购指令或签署合同。此类承诺只是在供应商遵循了合同条款时才形成一项付款（负债）义务。如果商品与服务未交付或提供，此承诺将不会形成一项负债，所以应该被勾销。管理不良的国家经常发生。另外，承诺的支出并不意味着所有相关付款发生于同一财政年度，投资支出尤其如此。法定承诺可能覆盖多个年度。

对于债务清偿、人事支出、转移支付和某些类别（水电）的商品与服务支出，付款义务来自上游或外在于支出预算的执行周期，包括人员补偿、贷款偿付、办公室取暖等。在此情形下，预算意义上的承诺对应的是一项应被确认的负债，例如每月工资单，应付利息或电费。随后，对于这类支出而言，承诺阶段和核实阶段应一并融入预算执行周期的合规性控制机制中。

承诺阶段与取得—核实阶段的不同，主要涉及投资支出和物品购买性支出。对于债务清偿、人员开支、转移支付以及某些类别的商品和服务支出（如用电和电话开支），预算意义上的承诺对应的是取得—核实阶段的支出，即每月的工资单、到期的利息、电话账单等。对于这些类别的支出，支付义务来自预算意义上的承诺的上游发生的某个事项，例如收到电话账单等。

---

① 承诺这一词汇在更一般的意义上也适用于非合约性义务：政府在其政策声明中做出的"坚定允诺"（firm promises），也就是说，承诺并不一定需要一个具有法律效力的合同或协议作为载体。

在预算系统中，对于多年期合同，预算意义上的承诺通常涉及退休合同（承诺支付退休金）、合同的各年度执行部分，也可能涉及的是实际支出。在本书中，当有必要区分多年期承诺与需要在各年度中执行（兑现）的承诺时，描述前者所使用的是后续（前期）承诺（forward commitment）这一术语，描述后者所使用的是年度承诺这一术语。此外，需要注意的是，法定承诺（legal commitment）这一术语指的合约形式的承诺，而不是指年度承诺。对于多年期支出筹划例如道路筹划，承诺在许多国家指已经发生的负债例如发票，系指多年期法定承诺的年度部分（例如道路建设工程计划中的年度部分）。

有时，预算意义的上承诺只是一项拨款储备（reservation of a appropriation），也就是一项来自某个支出单位向预算管理部门的申请，即留出一笔将来才会开支的资金，或者提供给下属单位的资金。另外，在某些国家的预算系统中，负债与承诺同义，与核实阶段的交易的财务含义没有差异。

对于现金计划和规划管理，监督承诺非常重要，以预防预算超支或迟延的任何风险，但这要求清晰地定义什么是一项承诺。对于预算管理和支出控制，承诺在预算意义上指的是支出周期的最早阶段，在此阶段的拨款申请已经得到确认。由于承诺定义依赖于支出的经济分类，因此其定义应清楚地在财务管理和支出分类中鉴别。

概括地讲，承诺应该被界定为：
- 法定承诺（对于资本性支出或商品与服务采购）；
- 核实阶段的支出——针对其他支出条目（例如人员、债务清偿、设施使用费单据和转移支付）。

据此，预算意义上各类支出类别的承诺应界定如下：
- 对于人员开支和社会保障缴款，承诺指应提供的津贴和缴款（allowances and contributions）的数量。
- 对于商品与服务，承诺通常指法定承诺，发出订单和签署合同为标志。然而，在某些特定情形下，预算意义上的承诺对应的是负债，承诺阶段与核实阶段并在一起。这些特定情形可能是设施使用费（例如水电费）、中长期合同执行产生的支出、会议以及零星采购。
- 对于债务清偿，什么是一项承诺可能取决于转移（支付）的性质。例如，应付的工资支出，它并不与一项合同或正式的承诺相连，也不是指签发付款令的阶段。
- 对于投资支出，有关商品与服务的承诺定义（法定承诺）应优先使用。

在这里,法定承诺的标志是合同。对于多年期合同,承诺定义因国家而异,但以下定义应系统地考虑与监督:法定承诺即合同,可以是多年期的;法定承诺的年度部分、核实阶段的支出,即法定承诺的执行引发的负债。

5.2.3 取得—核实

在此阶段为交付商品与服务,买方在取得这些商品与服务时需要核实它们与合同或订单是否相符。如果一国(如新西兰)的政府会计采用的是应计制会计,这一阶段将会增加政府的资产与负债(支出义务),并被记录在账簿中。有些国家(如美国)将这一阶段的支出称为应计支出(accrued expenditures)。

应注意的是,不应将应计支出同应计制会计中的完全成本或其他费用相混淆。与取得—核实阶段的支出相对应的是负债,即政府尚未兑现的支出义务,它不同于欠款(arrears)。欠款指的是取得—核实阶段的支出义务同实际付款额之间的差额。

5.2.4 付款

付款(payment)阶段发生的是款项的支付,它可以通过不同的媒介物完成,如支票转账、支付现金、以货易货协议(barter agreement)、从税款中抵扣等。其中,采用付现、以货易货和从税款中抵扣方式付款是有问题的。有些通过从税款中抵扣进行付款的方式是很普遍的,这对税收征管和供应商之间的竞争都会造成负面影响,以货易货协议迫切要求供应商之间的竞争。现金付款一般应当做支出周期的管理阶段,而不是付款阶段,尤其是当它们并不被迅速支付时。在多数国家,通过支票的付款是在签发支票时记录的,这需要与银行的报表进行系统的对照。如果未被支付的支票数量很大,付款应根据已付支票加以报告。以上支出周期及其组成阶段参见图5.1。

对于预算执行过程的会计核算和控制而言,确认支出周期及其组成阶段是非常重要的。

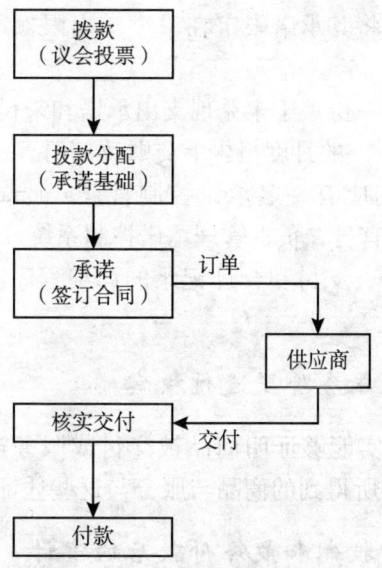

图 5.1　支出周期及其组成阶段

5.2.5　支出周期各阶段的合规性控制

预算执行中对基本的合规性进行的控制，应覆盖支出周期的每个阶段。

1. 承诺阶段的合规性控制

在承诺阶段进行财务控制的必要性在于确认：支出资金的建议已经得到了批准；资金已经按预算的意图被拨付使用，并且预算中确定的各个支出类别都保留有充足的资金；支出资金的建议是按预算中正确的类别提出来的；支出遵循了正确的分类。承诺控制系统（commitment controls system）的关键要素如下：[1]

（1）每个支出部门呈交财政部门一份季度支出计划，以及与之匹配的月度现金需求报告。在年度和季度现金计划的基础上，财政部门在每个季度开始前签发季度支出限额，以及提供给支出部门的月度现金数量。

---

[1] Daniel Tommasi. 2007. Budget Execution. Edited by Anwar Shar, *Budgeting and Budgetary Institutions*, overview. The International Bank for Reconstruction and Development/The World Bank, Washington, D. C., p. 285.

（2）支出部门必须将其承诺限定在季度支出限额下，以及根据月度现金流量保证按计划付款。

（3）支出部门准备一份关于未兑现支出承诺和未付账单（outstanding commitments and unpaid bills）的月度报告上交财政部门。

（4）每个支出部门应有一名承诺控制官（a commitment control officer），通常是负责会计事务的官员，负责管理承诺控制系统。

（5）制定批准承诺、支付和会计记录的详细程序。确保承诺与季度支出限额相一致，以免拖欠。

2. 在取得商品与服务阶段进行核实

核实指的是需要核实能够证明商品被交付或服务被实际提供的有关凭证（如合同或订单），确认所得到的商品与服务与这些凭证的规定相一致。

3. 付款前的会计控制和最终付款后的审计

其必要性在于确认：已经发生了有效的需要进行会计记录的付款义务；有适当的人员证实商品与服务已如预期的那样被交付和收取；申请付款所需要的发票和其他凭证是正确的，对于付款而言是适当的；谁是适当的收款方（商品与服务供应方）。最终付款后的审计的目的，在于监督和详细审查支出和报告任何违规行为。

一般地讲，在任何组织内部，都设有单独的职能部门来授权开支、批准合同以及签发订单，确认商品与服务一如规定的那样被交付，以及授权付款。这些活动的一部分可能由同一个人履行。但在多数情况下，负责进行支付的人应与控制上述活动的人分离开来，这种制衡性制度对于防范舞弊和腐败是非常重要的。另外，对财务合规性的控制可以是由相关的支出部门来承担，这是内部控制模式；也可以是由核心部门负责实施，这是外部控制模式。合规性控制模式的选择因国家的不同而异。

5.2.6 职责分工

有效的预算执行和合规性控制高度依赖合理的责任分工。预算执行过程涉及许多参与者，这些参与者之间需要有明确而合理的职责分工，职责分工涉及预算执行中与实施政策相关的活动，也涉及与预算管理相关的活动，每个支出部门中的核心机构和一般支出机构都被卷入这些活动中。一般地讲，支出机构负责实施由本机构负责的规划（例如人员培训）以及特定规划下的各项活动；核心机构通常负责监督和协调部门政策，同时监管本部门内部与预算管理相关的活动。

一般支出部门与核心部门在预算执行中的职责分工和相互关系，因国家不同而异，大体上有两种模式。一种可称为干预模式，即核心机构对支出机构的规划管理施加许多干预，支出机构在制定、管理和实施这些规划时缺乏必要的自主性，结果多半是损害了这些规划的实施。另一种可称为自主模式，即支出机构在很大程度上可自主实施其规划而不必向所在的部门报告（departmental repart）。无论如何，有必要在支出部门内部界定各机构的责任归属，以确保核心机构对协调部门政策承担全部责任，以及确保次级机构在核心机构的监督下开展自己的活动，避免核心机构对日常管理事务的过多干预。

根据各自责任领域和受托责任的不同，核心机构职责是：

（1）参与预算管理，包括管理资金拨付的系统，监督支出流量，在年度执行中修订预算，管理核心的付款系统或监管政府的银行账户，管理核心的工薪系统，合并（汇总）账户，以及准备本部门预算执行进度报告。

（2）参与政策运作，主要是独立审查预算执行进度，确认所需要的政策修订，以及最终在国会和立法所授权的框架内向内阁提出拨款分配方面的建议。

相比之下，一般支出机构的责任如下：

（1）参与预算管理，主要是在所属次级机构间分配资金，做出承诺（例如签署合同），购买和取得商品与服务，确认所送达的商品与服务，准备付款申请（如果付款体系并非集权性的，那么也就是进行付款），准备本支出机构的预算执行进度报告，监督绩效标尺（例如产出与成果情况），以及记录账簿。

（2）参与政策实施，主要是定期审查规划的实施（包括监督绩效标尺），确认问题之所在并加以妥善解决，以及在本机构负责实施的各项规划间进行资源再分配（但必须在预算所阐明的政策框架进行）。

在预算执行过程中，清楚地界定负责管理付款的部门（通常是国库部门）同负责预算准备的部门（财政部）间的职责与相互关系也是非常重要的。在这两类相分离的组织模式下，甚至在预算部门（准备预算）与国库部门在同一个部门中被绑在一起的模式下，在负责预算准备与预算执行的部门之间都需要有密切的协调，但实际上许多国家的这类协调往往是不充分的。一般地讲，预算修订和部门间资源再分配，应由负责预算准备的部门负责，而国库应向它们提供所需要的有关预算执行的信息。

5.3 资金拨付与现金管理

为确保有效地实施预算，必须及时向支出机构提供支出授权，而资金拨付应与预算授权相一致。如果未能及时提供与支出授权相一致的支出，支出机构就无法按照预算的规定得到必要的资金实施规划和开展活动，预算就不能落到实处。因此，及时向支出部门和支出机构拨付资金十分重要。资金拨付涉及的核心问题是现金管理，因为资金拨付最终是在现金形式中体现的。如果现金不足，预算中确定的资金拨付（时间和金额）就会落空。因此，在预算执行中，良好的现金管理非常重要，其中包括（但不仅仅指）现金预算——有时称为现金配给（cash rationing）。

5.3.1 日常现金配给

在某些国家，由于存在高估预算（收入和/或支出）和其他财政问题，许多时候会出现实际得到现金收入少于预算中列出的收入。在这种情况下，实际得到的现金无法及时足额地按照原定的预算向各支出部门和机构拨付资金。为此，一种广泛采用的方法就是通过日常现金配给方式向支出部门和机构拨付资金。由于没有办法做到向每个支出部门和机构及时足额地拨付资金，现金配给只能是选择性的，即只有那些被选中的部门和机构才可得到及时和/或足额的资金拨付。在某些国家，这种选择由国库、财政部和总理组成的委员会做出。这样，通过这一程序隐性制定的现金预算代替了正式（经授权）的预算，从而违反了政府在预算中所阐明的政策承诺。

现金配给制的实施有许多缺陷。在现金配给下，资金的拨付经常是应急性的并具有政治背景，以致预算中确定的优先性往往被弃置不顾。源于这些日常决策的预算可能非常不同于经议会批准的预算，使预算执行同正式的预算本身成了两张皮。另外，现金配给不能解决它打算解决的问题，因为支出机构可以名正言顺地根据正式的预算继续做出（支出）承诺，例如签订购买商品与服务的合同。但在如此行事时，能够得到的现金配给可能不足以兑现这些承诺所需要的开支。其结果只能是，遵循正式的预算程序反而导致积累拖欠，而拖欠不仅影响支出机构履行自己的职责，也会损害其可信度。政府（机构）的财政拖欠（包括拖欠工资甚至水电费）在许多发展中国家和经济转轨国家相当普遍。

5.3.2 预算实施计划和现金计划

为拨付款项，许多国家把预算切块成各1/4的部分，即按每个季度平均拨付的方式拨付预算资金；或按每月拨付1/12的方式拨付预算资金。这种平均拨付的方式显得较为粗略，因为各支出部门和机构在一个财政年度的各个季度或各个月份的支出不太可能是均匀的，而且预算中做出的安排也不是平均的。因此，比较理想的方法是准备一份预算实施计划（拨付资金的计划）。无论采用哪一种方法拨付资金，都应确保预算得到有效实施，避免产生欠款，为此需要考虑以下因素：

1. 在实施预算时，各支出机构应预先知道分配给它们的资金有多少，以及分配给每项规划（或项目）的资金有多少。

2. 资金必须按时拨付，不应有任何迟延。由于实际得到的现金不可能同计划完全一致，因此拨付资金的计划必须加以修订，但经修订的计划应与支出部门和机构进行沟通，而不应通过推迟资金拨付的方式形成事实上的不透明的修订。

3. 应特别注意支出机构长期拖欠的款项。解决这一问题需要制定资金拨付的适当计划，以及财政部内部和/或支出部门内部的核心部门同一般支出机构间的良好协调。

4. 管制现金流量而不管制承诺，将会导致拖欠。许多国家在建立当月度现金限额时，是否允许支出单位做出达到限额规定的承诺（典型的是合同金额），这一点非常不清楚。在这里，限额可以是在预算拨款中给定的，也可以指月度现金限额。

5. 由于承诺代表着在到期时必须兑现的未来支出义务，因此必须考虑同持续性（支出）承诺相对应的资金需求。

6. 由于估计到可得资金不足，对已经做出的承诺可能需要进行调整（减少），但必须考虑到调整承诺需要时间。即便对于商品与服务的购买而言，在月度的基础上调整承诺也过于短促。在紧急情形下（如亚洲国家在1998年金融危机期间），由于财政收入严重不足或预算准备不充分时，通过月度现金限额进行日常现金配给是很受欢迎的。问题是如果没有治本之策，无论是调整承诺还是现金配给都会导致政府的财政欠款。

7. 在一个年度内，与投资支出相关的款项拨付并不稳定，并且取决于诸如合同付款安排或工程的自然进度等多种因素。如果不考虑到这个因素，就很容易出现拖欠投资支出的问题。

以上这些防范拖欠的措施需要综合实施，任何单一措施都不足以防止拖欠的发现和积累。

5.3.3 应计预算下的资金拨付

有些国家（如新西兰）已经实行了应计预算（即权责发生制预算），这与传统的现金基础预算（现收现付制预算）存在很大差异，在拨款方面这种差异特别明显：在现金预算下，所有的拨款对应的是现金拨付，因此控制了拨款就等于控制的现金（支出）；在应计制预算下，有些拨款（例如折旧）并不对应着现金拨付，因此控制拨款并不能控制现金（支出）。

一般地讲，在拨款只是基于应计制并且包括与资产折旧相对应的拨款时，在拨款的基础上控制现金是无效的。由于各支出对应于营运成本的拨款包括了折旧部分，如果该支出机构过去被允许支付总额达到了这些拨款限额的资金，现金付款额将超过可得到的现金资源。举一个例子，假设某支出机构在 2010 年得到的、包括折旧在内的拨款额为 1 000 万元，这也是本年度预算中确定的拨款限额。又假设 2010 年中该机构的年度折旧额为 100 万元，这 100 万元实际上并没有流出现金，但根据应计制预算的逻辑，该机构得到的 1 000 万元拨款中还是将这 100 万元折旧包括在内。由于各机构新增的需要提取折旧的资产一般来讲是每年在上一年的基础上增加，这样每年与折旧相对应的那一部分拨款就会呈递增趋势，容易导致现金付款（或拨款）额超过当年可得的现金流量。

由于这个原因，在应计制预算下，需要有特定的机制用来控制现金。在实施这一体现的新西兰，国库和审计部门共同对现金流量进行事前的外部控制，包括 1 份得到国库和支出机构赞同的现金计划，以及对拨款使用的月度监测报告，这一报告由各部门准备并需呈递给国库和审计部门这一事前控制措施覆盖各个部门的全部现金需求，但它并不是根据单笔拨款确定。

由于拨款只是基于应计制，现金计划的准备和对现金拨付的控制要求有一个强有力的会计系统进行记录和报告，并且核心部门（尤其是财政部）必须有充足的技术能力来评估未来的折旧是否会超过或不会超过现金拨款。

5.3.4 付款与会计控制

付款指向商品与服务供应者（或其他收款方）支付款项，这是支出周期的最后一个（极重要）的阶段，需要有良好的付款程序和会计控制，这方面的制度安排因国家而异，大体上有两种模式：多数国家由国库部门负责会计控制和付款，而且一般同时负责现金管理，这是一种"集中付款"模式；在其他国家，付款由支出部门处理（支出部门可以签发支票），但现金和银行账目由负责现金管理的国库控制，这是一种"分散付款"模式。应注意的是，与会计控制应否集中化相关的问题，应与现金管理有关的问题区别开来。

1. 会计控制的局限性

许多预算和会计控制系统的焦点在于会计控制，以此确保财务合规性。这一方法并不充分。会计控制可以防止明目张胆地错误使用拨款。然而，无论组织形式如何，会计控制并不能防止积累拖欠，因为支付义务是在支出周期的上游做出的；也不能阻止发生未经预算授权的支出承诺。简言之，单纯的现金控制并不能确保财务合规性。

2. 集中性的外部控制

实行集中的付款和会计控制系统的一个前提条件是确保有能够胜任的会计人员，并使核心部门（如财政与国库部门）能够弄清楚付款是否有适当的证明文件，以及每笔开支是否符合预算的意图。这类集中控制有时被视为财政纪律的基石，而财政纪律的建立（总量控制）正是预算管理的首要目标。

在许多国家，尤其是在经济转轨国家，支出单位在商业银行中设有自己的账户，并且在发生付款时直接与银行打交道，也就是支出机构通过自己在商业银行的账户直接向收款方支付款项。这种典型的分散付款模式在避免付款过程中出现迟延方面有其优点，而付款迟延通常是由事前的外部控制导致的；但必须注意的是，分散付款的制度安排会损害财政纪律，因为商业银行可能批准支出单位的透支，而财政部并不能监督付款交易以及支出部门在银行账面上的资金余额。由国库实行集中式付款模式可以作为解决这类问题的良好方式。

然而，国库集中付款模式在确保支出控制和财政纪律方面也有其局限性。随着银行系统变得更有效率，某些国家放弃了传统的集中付款的国库体制，支出机构的财务权力因此得到加强，可以签发支票，以及通过直接与银行打交道来实施付款。问题在于，这样一来是否会导致支出更加难以控制？这一问题的答案部分地取决于，支出机构与国库相比，何者更能抵御增加开支的政治压力和增强财政纪律？经验表明国库并不比商业银行更能抵御政治压力。进一步讲，遵守纪律作为有效的政府财务管理的基本成分，必须通过严格控制、定期审查、强化的受托责任、更高程度的公民参与，以及更多的财政透明度来保障。此外，在那些治理脆弱和政府财政拖欠严重的国家，集中化的会计控制通常会加剧预算执行的扭曲，因为与支出部门或支出单位的官员相比，负责集中付款和会计控制的国库部门官员有大量机会就发票付款问题做出自由裁量：在各支出机构送达的提请付款的发票中，根据自己的偏好决定对哪些供应商的发票优先或推迟支付款项。这样一来，供应商的优先性取代了规划优先性，这就直接违背了预算管理的第二个目标——根据战略优先性分配预算资源。

3. 部分分权模式

当付款由核心机构（财政部、国库等）控制时，在支出部门内部设置会计机构，较之在独立的核心国库机构设置它们更受欢迎。这种部分分权模式减少了发票处理和申请付款过程中的迟延，以及扭曲预算执行的风险。因为在此模式下，一旦支出机构提交与已经发生的付款业务相关的凭证，在不超过预算（现金）限额的前提下，资金即可通过国库定期得到拨付，从而满足会计控制甚至报告的要求。在这里，资金拨付的决定权在支出机构而不是核心部门（国库等），从而与集中付款模式区别开来。在某些国家，这一体制在全国范围内使用，这种模式较适合许多发展中国家和转轨国家。

4. 改进付款与会计控制

许多会计与付款体系需要改进。流行的集中付款模式必须考虑到让支出机构在付款方面有一定的灵活性，必须更好地满足监管、会计核算和现金管理的要求。尤其紧要的是，现金余额必须集中化管理。

如果基本的控制程序并不存在，并且付款和会计控制方面的组织（机构）安排支离破碎，建立一个集中性的付款与会计控制体制，对于控制现金而言是一种更好而可行的安排。在其他情形下，应根据所寻求的目标，看看是否有必要实现集中化的会计控制和付款程序。但无论如何，对现金余额的集中化管理、对政府银行账户的集中控制以及一个健全的报告系统都是绝对必要的。然而，一般不需要将发票或其他证明支付义务已经发生的凭证送至承担集中控制的核心部门（一般是国库），也不需要向核心机构提出付款申请，因此这样会削弱支出机构的责任。另外，由核心部门对发票（和其他凭证）和付款申请进行集中控制并不能防止过多的承诺，而过多的承诺是导致过度支出的重要原因。另一方面，对发票的集中控制容易刺激"例外程序"的发展，这些例外程序指的是人为设立的可以优先支付款项的"例外"规定，这种规定往往与预算中确定的优先性相冲突，从而背离了预算管理的（第二大）目标。在那些采用高度集中控制体制的发展中国家（比如采用法国模式的非洲国家），"例外程序"是非常普遍的。

如果主要目标是减少腐败和/或消除拖欠，毫无疑问，可以通过使付款集中化来实现，但这并不意味着发票和付款申请的集中管理。另一方面，引入集中付款体制可能存在一些问题：熟练会计人员的缺乏，因缺乏现代技术而加剧预算监督和现金管理的困难。在那些长期实行分散付款模式的国家，如果没有现代技术措施的应用而一下子引入集中化的付款管理模式，将导致付款模式的重大改变，产生巨大的混乱和财政约束的松弛。

为使会计和付款程序有效地集中化，需要采取以下一系列的措施和改革：
- 改革会计和报告程序；
- 培训会计人员；
- 加强审计系统；
- 确保现金余额的集中化。

5.3.5 其他事前的外部控制

除了需要有对付款与会计核算的事前控制外，确保财政合规性还要求其他方面（一般是对承诺）的事前控制。在许多国家，承诺控制由核心部门（通常是财政部）承担。这类控制的目标是促进现金管理以及允许财政部门监督预算实施，但通常会导致核心部门对支出部门的日常预算管理进行过多干预，以及可能造成预算实施的迟延。所以，一般应避免事前的承诺控制，除非这些承诺涉及的是大笔的未来开支义务（如大中型投资项目的筹划）。

在其他国家，对承诺控制纯粹是内部性的，也就是由支出部门或支出机构自己控制自己的支出承诺。一般而言，由于承诺涉及增加财政支出义务，支出机构必须记录承诺。然而在实践中，许多国家要么是缺乏系统的记录，要么是对承诺信息并未实行集中化管理，财政部门因而不能监督预算执行。承诺的集中管理可以使支出机构在预算实施中承担必要的责任（谁做出承诺谁负责兑现承诺），这要求有一个有效的监督系统。

多数国家的支出机构自己在取得商品与服务时应加以核实，即确认是否与有关的凭证（如合同与订单）相符。财政部不应考虑卷入这类活动，但提供这一阶段的财务报告是非常重要的，尤其是对于精确地评估欠款这一目的而言。

事前外部控制的主要问题在于其有效性。由于支出压力非常大，对人员支出、投资性支出以及权益性支出项目（如社会保障）的承诺进行有效的外部控制，都是相当困难的，尤其是后者牵涉政治过程中的政策决策。即使对于商品与服务，外部的预算控制也是不充分的。公共机构的相当一部分经常性预算开支用于对商品与服务的消费，对此消费的控制依赖于加强内部控制，而不是预算程序。在多数情况下，解决合规性问题需要一个广泛的机制，而不应只是把注意力集中于预算执行过程中的外部控制。

总体上讲，外部控制如果不可避免，则应集中于主要问题上。它们应该限于对拨款的合规性进行控制，而不应干预支出部门的预算政策，以及干预支出部门在已由预算授权的不同规划之间的选择。多数发展中国家的预算管理改革应有更高程度的分权化，但应特别关注的是，那些旨在加强支出部门管理责任的措施，应与那些旨在加强报告系统和审计的措施应一并实施。此外，鉴于有效的事前控制几乎不存在，尤其应注重加强管理（内部）控制、报告和审计。

5.4 拨款管理与预算会计

预算拨款管理规则涉及好几个重要问题：拨款的时间维度、各个拨款类别（预算科目）间的资金转移、对承诺的监督、追踪拨款的预算会计以及管理拖欠和应付账款。

5.4.1 拨款的年度性质

各国的预算拨款大多是年度性的，虽然也有例外。拨款的年度性带来的一个问题是，在某个特定财政年度未用完的拨款，是否可继续用于下个财政年度。传统的做法是，当年的拨款如果未在当年用完，在下一个财政年度中将被取消。这种做法会产生许多不良效应，如刺激建立预算外资金、隐藏资金等等。年末突击花钱也是这一规则造成的结果。此外，拨款的年度规则也会在财政年度中导致增加开支的冲动。一般地讲，应允许在预算授权（拨款）终结之前尚未花掉的资金递延到后续财政年度，这可以消除年末突击花钱的诱惑，这意味着需要放弃拨款的年度性规则（只在一个年度内有效）。

实际上，有些发达国家（如澳大利亚）传统的年度性拨款规则最近已经发生很大变化：允许不超过当年支出的10%的支出通过授权递延到后续的财政年度。在许多国家，资本性支出的递延可以由财政部提供授权。

在发展中国家和转轨国家，允许系统地递延资本性支出会产生支出控制方面的问题。然而，允许递延可以避免年度规则产生的不利效应。一般地讲，只要预算中的岁入和支出估计是可靠的，发展中国家就需要改变年度拨款规则，允许拨款递延，但递延程序应渐进地实施，并应得到财政部的批准，以确保这不会妨碍有效的支出控制。作为第一步，递延可以首先应用于投资性支出，这类支出在年度预算框架下是很难管理的。

5.4.2 预算科目间的资源转移

在条目预算模式下，预算资源是按照条目设置的预算科目安排的，每个条目（如人员和设备购置）的支出估计数清楚地列示于预算文件中。在预算执行过程中，有时会发生一个条目的资金转移到另一个条目的现象，但是否和在多大程度上允许这种转移，各国的差异较大，有些国家实行较严格的管制——通常预算法中加以规定。这里大体上可区分三种不同的转移模式：允许支出部门自由地进行转移，财政部批准方可转移以及被严格禁止的转移。对资源转移的控制通常是预算执行部门的主要活动，但这种控制是费时的，需要花费大量的管理资源。更重要的是，对资源转移实行严格的管制会损害支出机构的管理自主性。

在实施预算过程中，基于营运效率的考虑，需要赋予支出机构以适当的管理灵活性，其中非常重要的一个方面是允许支出机构自己决定预算资源在各条目（或规划）间的配置，因为核心部门（如财政部）在准备预算时，由于缺乏信息，通常很难精确地确定一项规划所需资源投入的组合。基于此，相当一部分 OECD 成员国已经大大放松了传统上严格的投入（组合）控制模式，转而向支出部门提供整笔拨款，允许支出部门在实施规划和寻求实现预算执行意欲达到的结果时，自由决定资源投入的最佳组合。理论上讲，为了确保取得营运效率，需要在某种程度上赋予支出部门在本部门内部自由分配资源的自由。从配置效率（预算管理的第二个目标）的角度讲，预算资源必须从有问题的规划转入其他规划中，以确保政府政策目标能够得到有效实施，虽然这会存在困难。

虽然如此，允许自由转移不应损害由预算和立法机关投票所决定的财政纪律和优先性。规划之间的资源转移不应改变经立法机关批准采纳的政策框架，例如不应授权教育部自由改变基础教育与高等教育之间的预算资金分配。对于那些导致改变立法机关采纳的预算政策之间、规划之间或管理单元之间优先性排序的资源转移，应予禁止或严格管制。另外，基于明显的管理原因，支出部门之间预算资源的转移，需要由核心部门（立法机关、内阁、财政部、审计部门等）进行管制，并且报内阁批准。

考虑到同一规划中各条目间的资源转移，发展中国家很难采纳在 OECD 成员国中采用的那种整笔拨款办法。一般而言，许多发展中国家需要对其人员开支和其他经济类别开支之间的资源转移加以管制。然而，这些管制的效果需要仔细地加以评估，以确保这些管制措施的制定是适当的。有些国家禁止其他经济类别的开支转作人员开支，也有些国家禁止人员开支转作其他经济类别的开支。在第一种情形下，管制的目的在于限制人员开支；在第二种情形下，管制的目的在于保护人员开支。限制人员开支向支出机构传递了一个清晰的信号，而保护已经承诺的人员开支有助于防止拖欠的发生。

5.4.3 拨款的追踪与预算会计

监控预算执行过程的一项核心内容是追踪预算拨款的来龙去脉，这是确保财政合规性所必不可少的，预算会计就是追踪预算拨款及其使用的基本工具。

预算会计（又称拨款会计）是政府会计的一个重要组成部分，旨在追踪拨款及其使用，具体地讲，就是追踪和记录涉及财政拨款及其使用的营运事项，它覆盖拨款、拨款分配、拨款增减变动、承诺（义务）、核实/服务交付（取得）的阶段支出，以及资金拨付。预算会计对于制定政策和监督预算实施而言至关紧要。如果没有良好的预算会计，就不可能对政府组织或规划的投入、产出或成果的进行适当的分析。

各国的预算会计模式存在相当大的差异。多数发达国家通过其预算会计对支出周期的各个阶段的交易都进行会计记录，或者至少在承诺阶段和付款阶段有此记录。许多发展中国家要么由支出机构要么通过集中控制程序（通常是国库）进行会计记录。在这两种情况下，预算会计都是不充分的。在仅由支出机构记录的情况下，财政部并不能得到系统的信息，因而难以对预算实施进行有效的监督。在实践中，有些国家的预算会计仅仅记录付款。在实行集中控制程序（由国库集中控制付款和会计核算）的国家，有时与预算执行相关的会计记录的只是管理方面的信息，而这些管理步骤与本章前面描述的支出周期的各个阶段并不对应。对于分析预算实施而言，这样的"管理性"信息是无用的。

有些发达国家在其预算管理系统中采用应计制基础进行会计记录，虽然政府预算管理系统中采用的应计制与一般公认的会计原则并不完全一致。此种办法虽有优势，但在根据预算分类及时监督付款方面会造成困难，因为应计制下的拨款与现金付款并不一致。所以，在这些国家，近期的努力专注于如何实施监督付款的系统。

在承诺阶段、核实阶段或付款阶段记录支出的预算会计模式各有其利弊。实际上，基于对预算执行进行有效监控的目的，预算会计应对拨款及其使用的全过程进行追踪，也就是讲，真正需要的是在支出周期的每个阶段都提供会计信息，并且这些信息要易于收集（电子技术的发展使之成为可能），因为充分地记录拨款、拨款变更、各类拨款之间的转移以及拨款分配等，是良好管理的先决条件。

在不同的国家，由于会计记录所追踪的支出周期的阶段不同，预算会计会有不同的术语，其中常见的是"义务会计"和"支出会计"。

1. 义务会计

为控制预算实施和为预算修订提供基础，一个基本要求就是对承诺/义务进行会计核算，这被称为"义务会计"（obligation accounting）。制定和实施那些导致拨款增减变动的决策以及准备现金计划,都必须考虑到已经做出的(支出)承诺;从内部管理的角度讲,支出机构应切实按已经签署的合同和发出的订单行事。因此,无论从政策/计划还是从内部管理角度讲,对于未来需要兑现的支出承诺(义务)需要进行会计记录是非常重要的,义务会计需要满足这两个方面的要求。

承诺是支出周期的第一个阶段,在此阶段中,购买商品与服务的合同已经签署,表明已经做出了支出承诺,然而尚未支付现金。承诺可以是资本性支出方面的承诺,例如投资项目、厂房等固定资产购置方面的承诺;也可以是经常性支出方面的承诺,包括商品与服务合同、支付租金等。各支出部门及其下属单位如果不记录承诺,财政部(和国库)就无法得到有关部门与机构承诺支出的资金、剩余资金以及未来现金流量方面的信息,从而可能会导致财政紧张、改变预算项目的重点(优先性)、积累负债和欠款。此外,缺乏对承诺的记录还使得现金计划无法编制,这会进一步影响到预算的有效实施。因此,多数国家——即便是那些采用现金制政府会计的国家,在记录付款交易的同时,仍然保持对承诺资金的账户记录。在这样的体制下,一般而言,如果没有事先承诺,就不可能进行支出;在进入取得—核实阶段后,先前承诺支付的款项即可得到解付。

支出部门和机构根据财政部规定的格式记录承诺账目时,其内容一般包括:[①]

- 做出承诺的时间;
- 承诺的类别(哪一种预算分类下做出的承诺);
- 对所购买的商品与服务特性的说明;
- 承诺支付的资金数量;
- 授权承诺的官员;
- 可能支付资金的日期。

2. 支出会计

在有些国家,预算会计记录的只是支出周期中取得—核实阶段的信息,即在取得商品、服务并(根据合同等)进行核实时的会计记录,这被称为"支

[①] 国际货币基金组织:"中国:政府预算与国库管理:问题与建议",研究报告,1996年,附录七。

出会计"（expenditure accounting）。对于规划管理和机构管理而言，支出会计十分重要，因为一个机构对其负责实施的规划需要进行成本评估，而评估成本必要提供关于取得—核实阶段的一系列相关信息，包括由支出会计提供的支出信息，以及折旧、存货等方面的信息。不仅如此，支出会计记录的取得—核实阶段的支出，也能很好地反映所实施的规划和方案在这一阶段的进展情况，这对于在此阶段编制和报送投资性支出方面的报告是必不可少的。此外，对于管理应付款和合同而言，在取得核实阶段记录支出也是必要的。实际上，记录支出是任何确认负债的会计系统所必不可少的。

应强调的是，责任会计和支出会计只是反映周期的某个特定阶段的信息，而良好的管理和控制需要是对整个支出周期的每个阶段进行会计记录。也就是说，为了全面和及时地监督预算执行过程中的财政交易和事项，需要确保有适当的信息系统用以记录支出周期每个阶段的交易，以及需要在财政部门与支出部门之间建立适当的电子化信息网络，这是个财务控制的自动化问题，它对于促进良好的管理非常重要。

5.4.4 现代技术在预算会计系统中的应用

在记录交易时，基本的财务控制应实现自动化，这就需要将现代信息技术引入预算管理系统中，而现代信息技术的应用反过来又将极大地影响对预算执行过程的控制系统。这种控制系统大体上可以分为内部控制系统和外部控制系统，前者是支出部门对预算的自我监控，内部审计是这一系统的重要成分；后者是由外部机构根据某些事前制定的标准，对各部门各机构预算执行情况进行的监控，外部审计是这一系统的重要成分。

传统上，外部控制和内部控制的界限是相当分明的。但在某种意义上，现代信息技术的发展及其在预算管理中的应用，已经使基于外部事前控制（external ex-ante controls）与基于内部控制的预算执行系统之间的界限变得模糊起来，因为用现代化信息系统提供的信息，可以同时由外部控制者和内部控制者分享。但应注意的是，在预算管理建立起一项信息系统并非灵丹妙药。这一系统花费高昂，而且在整体上需要有适当的预算会计程序，其中最重要的需要使预算会计能够完整地追踪支出周期的每个阶段，以此实现对支出周期各阶段的相关控制，而这样的会计程序在许多发展中国家并不存在。进一步讲，以计算机为依托的现代信息技术的发展和应用，并不能补偿治理不佳和违规问题，如果这些问题十分严重,反而会刺激不受管制的财政交易和预算外程序的数量,这些交易和程序旨在逃避计算机控制。

5.4.5 对承诺的监督

对于预算的日常管理而言,需要精确地定义什么是预算意义上的承诺。对于预算管理,承诺应定义为:(1)法定承诺,如合同、向供应者发出的订单、投资和(公共设施)维护性工程;(2)非合同性项目在取得—核实阶段的支出,这些项目包括人员支出、债务清偿、公用设施(如水电)账单和转移支付(如养老金)。需要注意的是,对于涉及大笔开支的订货单,政府组织的预算实施报告可能将承诺与取得—核实阶段混淆起来,虽然支出周期的这两个阶段显然是不同的。重要的是,规划管理(例如管理一项培训规划)应监督所有的法定承诺,而不管涉及的数量有多大,预算执行过程中的财务管制也要求清晰地界定什么是承诺。

由于承诺通常会导致财政影响(增加支出义务)与诸如合同管理等一系列重大问题相关联,在预算管理和预算会计中,对承诺进行记录和监督是非常重要的。因此,基于不同的目的,承诺必须加以记录和监督,这些目的包括合同的拟定、规划的管理、对预算实施的监督、现金管理以及财政分析(对政府财政状况的分析需要对"承诺基础上的赤字"加以评估)。

- 对于合同和规划的良好管理而言,记录所有法定承诺(legal commitments)是一项基本的要求。在这里,法定承诺表现为已签署的合同、已发出的订单等。由于这类承诺具有法律效力,一旦违反承诺很可能被卷入法律纠纷中,因而称为法定承诺。规划管理要求记录所有法定承诺:从订购文具到关于建造大型投资规划的多年期合同等等。

- 对于准备现金计划和资金拨付,需要预先知道哪一笔付款义务将在规定日期到期,而确定付款义务的到期日及其金额的依据是承诺。有些付款义务(如订购文具的合同)比较容易预先确定付款义务到期日,但许多涉及大中型投资规划(以及其他法定承诺)的合同将覆盖好几个财政年度,预先确定付款义务的到期日相当困难,这就需要有良好的现金计划,以便在付款义务到期时兑现对供应商所承诺的付款义务。

- 在准备和编制预算时,需要预先知道多年期投资规划和"必需"支出(如社会保障开支)的在后续年度的成本。对于兑现人员支出和权益性支出方面的承诺而言，政府负有法律或道义责任。由于政策承诺（policy commitments）都具有未来的财政影响（一般是增加未来的支出义务），对所有政府承诺实行集中化管理十分重要，无论这些承诺的形式是法定承诺（具有法律效力的合同）、管理决策还是以及（政策声明形式的）允诺（promises）等。

• 基于财政分析的目的，对拖欠的财政款项必须进行评估。拖欠是取得—核实阶段的支出（应计支出）同实际付款之间的差额，可以根据承诺和付款加以粗略地估计。然而，根据这种方法估算拖欠，只是在"承诺基础的支出"并不包括多年期承诺，以及不包括预定用途的资金储备时才是令人满意的。

由于涉及以上几个重要方面，所以，通过预算会计系统对承诺进行记录和监督，对于良好的预算执行是必不可少的。

5.4.6 管理拖欠和应付款

预算会计的一项重要任务是追踪拖欠款和应付款。

1. 拖欠问题

许多转轨国家和发展中国家面临拖欠问题。财政拖欠可从两个方面分析：就宏观层面而言，分析和评估政府的财政状况要求计算"承诺基础的赤字"，也就是包括拖欠在内的支出与同期政府收入的差值，这是衡量政府财政状况的一个重要指标。这里的拖欠指政府作为一个整体所积累的欠款。需要注意的是，在计算"承诺阶段的赤字"时，应该采用的支出口径要么是"年度承诺"，要么是取得—核实阶段的支出。假如包括多年期承诺以及仅仅作为拨款储备意义上的承诺（预定用途的资金储备），这一指标是没有意义的。另外，除了报告承诺外，为确认未被交付的订单和更精确地估计欠款，核实阶段的支出也必须报告。

计算拖欠有好几种方法，例如可以根据取得—核实阶段的支出（应计支出）与实际付款间的差额计算，也可以粗略地根据承诺来计算。如果采用后一种方法，拖欠就是"承诺基础上的支出"与实际付款间的差值。必须注意的是，这里讲的"承诺基础上的支出"指的是年度承诺，不应将为预定用途而建立的资金储备包括在其中。例如，如果某个财政年度中，政府为其提供的贷款担保而在预算中建立了一笔储备资金，这笔储备资金代表政府做出的承诺：在未来可能出现的违约事实已经发生时，将会动用这笔储备资金偿付违约贷款。虽然这笔储备已经建立起来，但它并不等于该财政年度的开支，所以在计算这一财政年度的拖欠时，这笔储备不应被当做开支对待。在那些将这类拨款储备同其他承诺相混同的国家（如美国），有必要在支出周期中单独设立承诺阶段，并进行监督。

另外要注意的一点是，在计算财政拖欠时，"承诺基础的支出"中也不应包括多年期支出承诺。许多国家采纳了中期预算框架，通常筹划了未来 3~5 年甚至更长年度中的预算支出，这些开支目前尚未成为事实，在这一意义上它们也是政府做出的承诺（虽然有时并不称之为承诺）。无论预算术语中多年期支出估算是否被称为"承诺"，对于多年期预算（支出）筹划而言，有必要对后续承诺（法定承诺）以及取得—核实阶段的支出进行监督，并估算出这一承诺在各年度涉及的数额。对于大中型投资规划而言，所以为后续年度承诺的开支涉及未来许多年份，因此在制定多年期支出规划时必须考虑进去。

从微观层面讲，拖欠给供应商造成了问题，损害了政府可信度以及公共支出管理效率。当政府向积累了大笔针对私人供应商的欠款时，后者首先会面临财务困难。为此，他们会寻求发展那些适当（虽然经济上没有效率）的"账单战略"（billing strategy），如反复请求付款、多开发票、向支出部门或国库中那些负责管理偿付欠款清单的人行贿。另外，当欠款是养老金时，就会产生严重的社会影响。

拖欠有许多原因，如糟糕的预算准备，控制承诺的乏力，或者未考虑现金配给制造成的不利效应。为控制拖欠，通常需要改进对承诺的监督以及其他方面的一系列的配套措施，如现实地预算估计（不应高估收入和/或低估支出）、加强内部管理和人员控制。在这些措施中，对承诺尤其是对后续承诺以及对与权益性支出相关的决策的控制与监督尤其重要，这些措施必须在预算的准备阶段即予以确认。当一个国家面临拖欠问题时，优先支付的款项应以发票的到期日为基础，那些最先到期的发票应在核销（报账时）应予以最优先的考虑。

在某些国家，对发生的拖欠进行估计是一个重要的问题。根据严格的定义，任何未被支付款项（包括未核销或未报账）的发票必须包括在拖欠款之中，这就需要有适当的预算会计，以建立起永久性的系统来监督拖欠。

2. 管理应付款

应付款（包括拖欠和未清偿发票与单据）需要妥善管理。应付款通常属于不同的部门,如规划管理部门、财务审核部门以及国库部门。在多数国家,基于效率、改进会计核算以及透明度,发票管理流程应予简化。

电脑化只是在某种程度上有助于追踪发票,因为发票会在电脑化管理程序的上游和下游累积起来。例如,发票可能会在以下阶段累积:(1)支出机构管理者层次,当管理者知道国库并没有现金时,并不会把发票送至国库(无法报销);(2)国库层次。

所以,无论管理模式为何(手工管理或电脑化管理),必须遵循以下原则:
- 支出必须在取得商品与服务时确认;
- 被确认的支出必须立即入账;
- 款项一旦付出即应记录。

为管理好应付款,需要设置递延程序,将本财政年度中发生但并未在同一年度付款的开支考虑进来,以及避免年末突击花钱。每分合同或至少那些涉及大型的国内工程与规划的合同,需要加强监督。财政年度中必须支付的款项必须做出计划,以此准备现金计划。在应付款的日常管理中,需要考虑到期款项方面的数据。为了避免拖延付款招致惩罚,发票应在到期时支付,但为减少借款需求,发票不应预先支付(不要提前支付未到期应付款)。

5.5 预算实施问题

预算实施涉及的主要问题包括对预算实施情况的审查、年内预算修订、人员支出与采购支出的管理。

5.5.1 定期审查预算实施

应定期对预算实施进行审查,以确保各项政府规划得到有效实施,以及在预算实施中出现的财务或政策方面拖延问题。这些审查应覆盖到财务、实物和其他绩效指标(如产出)方面。在审查中应努力发现诸如此类的问题:因通货膨胀而导致的成本增加有多少?有哪些在准备预算过程中未预料到的困难?对的规划可行性研究是否没有到位?是否存在过度开支?这类问题必须通过审查得到确认以便采取相应措施。一般地讲,需要有对预算实施进行的全面年中审查,而对预算实施的财务方面应按月进行审查。

建设性预算通常由于一系列原因而难以得到很好的实施，其中包括管理能力的不足、资金不到位、坏天气以及物资进口困难（从而延误工程进度）等。需要建立对大型或有问题的规划进行审查的机制，其中包括支出部门自己每月或每个季度定期的审查，或由支出部门和核心机构（审计部门与财政部门等）进行年中审查。

5.5.2 年内预算修订

由于准备预算和执行预算存在着时间差，准备预算时没有预料到的因素一定会对预算的执行造成困难。事实上，在准备预算时，预先对实施规划期间的经济参数如通货膨胀、利率或汇率作精确预测非常困难，一些没有预先估计的需求将在预算执行中显现出来。为此，关于资源转移的规则需要具有灵活性，用来偿债的拨款不能作为支出限额对待，并且应根据利率或汇率的变化进行调整，以免随着预算进入执行阶段则变得越来越脱离实际。

几乎所有的政府都在不同程度上参与了具有较高风险的活动，政府对贷款提供担保就是典型的例子。这些风险活动很可能在未来的某个时候导致政府开支的增加，因此需要在编制年度预算时就建立起储备基金，以应不时之需。这些储备基金通常称为或有储备（contingency reserves）。否则，一旦某个不确定性事件发生而导致政府开支的临时增加，原定的预算就无法执行从而必须做大的修订。为此，在预算中建立或有储备是非常必要的，但它们的数额一般只能占全部预算的1%～3%。如果预备的基金过多，预算执行就会卷入对储备资源的讨价还价中，并且预算实际上将演化为对储备资源的分配。因此，对于那些改变预算构成的变动，或者当增加支出总额不可避免时，预算必须做正式的修订（revise）。

预算修订机制因国家而异，但应在预算法中清楚地阐明，这方面得到广泛应用的原则是：

- 由于预算已由立法机关通过，预算的修订应该通过法律进行。
- 一般地讲，只要修订的幅度超过了原定预算拨款的某个百分比，或者影响了支出总额，就必须呈报立法机关批准。
- 在考虑由立法机关批准之前，应授权政府在某些特殊情况下自行决定某些临时性开支，但这类授权不应是无限制的，而且在此情形下，行政部门也需要迅速向立法机关呈递一份经修订的预算。

- 应在一个固定时间内批准修订的预算估计数,连同对支出部门提出的追加支出申请应一并进行审查,并且年内修订的项目数量应加以严格限制(比如只允许一项修订)。有些国家是每当内阁批准支出部门的预算申请后,即向立法机关呈递修订后的估算数,其结果是每年得到批准的估算修订数目过多。当预算调整事项经常发生时,对预算执行进行控制是十分困难的。

5.5.3 人员支出的管理

许多国家(尤其是发展中国家)人员开支占预算支出的一个很高比例,在财政紧张时,对人员开支的管理尤其重要。人员开支的管理涉及的主要问题是人员预算的准备和实施,这又进一步涉及如何设计和改进人事管理系统以促进公共服务交付的效率。从预算管理的一般目标而言,准备人员开支预算需要考虑到绩效问题,同时也需要考虑财政纪律与效率/绩效间的平衡问题,这种考虑在很大程度上因各国具体情况而异。

1. 人员开支管理的一般方法

在多数国家中,预算中的人员开支与其他项目的开支是区别的,这是传统的投入预算的一个重要特征。但在少数发达国家(如澳大利亚和新西兰),人员支出同商品与服务的开支是捆在一起的,作为一笔单独的整块拨款,其意图在于考虑增进服务交付的效率,减少核心部门对支出机构资源营运管理的干预。在这些国家的预算系统中,节省的人员开支可以用作其他开支,这给了支出部门节省人员开支的动力。

发展中国家甚至许多工业化国家在考虑引入此类方法之前,应注意到人员开支预算方面所采用的具有灵活性的方法,只是人事管理改革中的因素之一。有许多促进灵活的人事管理以及减少政府活动范围的方法,例如良好的绩效考核制度、晋升制度、聘任制度、与绩效挂钩的工薪制度等。

在预算准备和实施中,将人员开支同商品与服务开支混合起来的预算方法,也可能带来并非意愿的结果。在很多发展中国家,考虑到支出机构在管理中遇到的种种社会压力或者较低的工资水平,引入整笔拨款法会导致人员开支无法控制,而营运和维护性开支则会不足。在那些有大量支出拖欠的国家,整块拨款作为用来减少人员数量的工具,其作用也是令人怀疑的,很多转轨国家的情形就是如此。这些国家面临这样一个艰难的选择:要么招致拖欠,要么解雇人员。一般地讲，无论是政治家还是公务员，都偏好于选择积累拖欠而不是解雇人员的。在这种情况下实施整块拨款法，将导致原来的工资拖欠转为非工资项目的支出拖欠。

在那些有着强有力的内部和外部审计体制、财政纪律具有悠久传统、有着灵活的公共服务管理系统的国家，更好的方法是允许支出机构自己决定人员开支和非人员开支的份额。然而，在多数发展中国家，需要对人员开支的管理与控制予以足够的关注。

2. 限额的作用

与人员预算相关的两个问题是人员开支限额和人员限额。多数发展中国家已经在预算开支中建立了单独的人员开支限额，并限制人员开支与非人员开支之间的资金转移。对于有效地控制人员开支而言，仅有这些限制性措施是不够的，一个明显的标志就是实际的人员支出经常超过规定的限额水平。许多国家在预算管理中倾向于保护人员开支不被拖欠，或使其免受商品与服务开支过多的影响。在实践中，这种做法倾向于增加人员支出。因此，一般地讲，有效地控制人员开支，还需要有适当的制度与机制激励政府监督和控制其法定承诺，而不仅仅是监控现金付款和（取得—核实阶段形成的）支出义务。

许多发达国家和发展中国家规定了公共组织的人员限额，有些工业化国家甚至连同多年期估计一道准备了多年期人员限额。这些人员限额一般根据全日制人员确定，并接受内部和/或外部控制。

许多国家在准备预算时，人员开支方面的拨款往往被低估，从而给旨在确保合规性目标的预算执行带来很大困难。原则上，为了符合预算的规定，实际执行中需要削减人员，但实际上短期内削减人员数（例如在学年中解雇教师）是相当困难的，因为这会对教学乃至整个教育系统产生破坏性影响。

有些国家建立了较详细的分类或分等级的人员限额，以此为基础对预算的人员职数（budgetary posts）进行管理。这一方法在财政紧张的情况下往往是无用的，它可能导致人事管理的僵化，所以应该避免。人员限额要么应该是总量性的，要么应该分为少量类别。它们应作为控制工资单（人员开支）的工具，而不应干预机构的人事管理。从管理灵活性的角度讲，支出部门在为其下属机构建立人员限额方面应有完全的自主权。从监控预算执行的角度讲，人员支出方面的拨款和人员限额之间应保持一致。人员限额应连同支出限额在预算准备一开始即予公布。多数发展中国家和转轨经济需要严格控制人员支出，减少公共组织中的冗员,为此需要建立人员限额。

相比之下,在那些公务员队伍规模并不过大、估算人员开支的方法较令人满意的国家,并不需要建立人员限额。但即使如此,人员开支和其他经常性支出的预算数应分项单独编列,对两者之间的资源转移进行的管制也应该是充分的,以确保人员支出切实得到控制。

3. 工薪系统

工薪系统是确保人员支出和监督人员限额具有更高透明度的一个管理工具。为达到成本有效性,一般地讲,工新系统应通过电脑化实施集中化管理,允许支出部门充分利用电脑化的优势,同时又不放弃人事管理责任。在工薪管理系统和人事管理系统之间应建立密切的联系,使人员限额同人员开支方面的拨款数完全保持一致。

5.5.4 政府采购支出的管理

任一级政府都需要采购商品、要求提供服务或委托建设工程,这些购买性支出占全部开支的比例可能相当高。政府作为购买者的主要目标,在于及时地在某个竞争性价格下获得高质量的商品与服务(经济性)。为此,政府采购程序应向所有的投标者提供公正的机会,减少腐败和庇护(patronage)。政府采购领域并非腐败的唯一来源,但它是主要来源之一,因而确保采购的透明度和竞争性非常重要。

1. 采购周期

采购周期包括以下阶段:

(1)确认用户需求和准备采购方案。从供应商的角度讲,需要确认公共机构(用户)的采购要求是什么,需要采购的商品与服务是什么,审查一般商店能否提供满足这些要求的商品与服务,等等。如果采购所涉及的是建设项目,需要进行项目可行性分析,找出最具成本有效性的方案,并需要准备1份方案执行计划,以及其他方面的一些制度安排。

(2)确定采购程序。这是关键的一个步骤。例如,由外部来源融资的支出(如何由国际金融组织提供贷款的工程物料采购),采购程序必须与外部贷款人或援助人建立的采购指南相一致。主要的多边贸易安排如 WTO 的政府采购协议也确定了关于国际性采购体制及其实施的法定义务,因此,政府采购程序必须考虑这方面的规定。

(3) 投标过程。对于竞争性投标,应将邀请信送至投标人。邀请信应阐明公共机构要求供应的商品、服务和工程的特征和选择投标者的标准。价格是选择投票者并最终签署采购合同的重要标准,但不是唯一标准。在许多情况下,价格的重要性比不上技术和质量标准,因为系统地选择最低出价的投标者可能导致采购低质量的商品与服务。

2. 竞争、公开和透明原则

政府采购的关键性原则是竞争、公开和透明。采购全过程都应公开并接受详细检查,其中包括投标的结果、参与竞争者名单、各自的投标价格以及最终选择的投标者。

合同及采购过程都应受到合法性检查和审计。必须保留检查、审计的书面(或电脑化的)记录,随时备查。这些记录应反映以下信息:邀请了哪些供应商参与投标,哪些供应商被最终确定为中标者,做出采购决策的理由,价格细目,所购商品(提供的服务、完成的工程)的可接受性,等等。

在有些国家,政府的购买政策旨在实现经济政策目标,如鼓励本国生产者,或在安全、环境或其他方面鼓励新的标准或创新。这些标准应清楚地阐述并予以公布。在任何情况下,采购程序应促进竞争性,并确保公平和诚实。

3. 采购管理

有些国家设有专门的(核心)采购机构进行集中式采购。原则上,核心采购机构拥有让政府以较低价格进行采购的优势。然而,有时这方面的表现会令人失望,因为集中式采购模式中往往存在着急慢顾客(供应商)和官僚主义、存货过多、损失与浪费严重以及对市场和技术变化的反应迟钝等问题。

另一种模式是让支出部门完全负责自己的购买,并建立采购中心来监督和帮助这些机构的采购活动。在此安排下,公共采购中心负责发展规则和管制,建立政府采购信息和发布系统,确保政府的购买实体雇佣经过培训的人员,发展培训系统,以及维持对采购系统的一般监督。

结语

- 预算能否有效达成政府的政策目标,在很大程度上取决于预算的执行质量。预算执行简单地遵循预算初衷,而是必须考虑和妥善应对执行过程中的各种变化,并努力促进营运效率。尤其重要的是,需要有良好的预算执行控制系统来确保进行有效的支出控制。

- 鉴于传统的投入控制的局限性,许多国家自20世纪80年代以来已经放松了投入控制,转而将控制的重心转向产出方面,即要求支出部门和机构对预算资源使用的结果——主要是产出——负责,关注的焦点则从合规性转向了绩效(产出和成果等)方面。

- 在多数情况下,支出低估和过度开支与预算及规划准备的不充分有关。预算准备过程中经常出现的收入高估、支出低估问题,导致在预算执行中不得不重新制订预算。

- 概括地讲,承诺应该界定为法定承诺(对于资本性支出或商品与服务采购),或者核实阶段的支出——针对其他支出条目例如人员、债务清偿、设施使用费单据和转移支付。

- 在预算执行过程中,支出机构通常负责实施由本机构负责的规划(例如人员培训)以及特定规划下的各项活动,核心机构通常负责监督和协调部门政策,同时监管本部门内部与预算管理相关的活动。

- 流行的集中付款模式必须考虑到让支出机构在付款方面有一定的灵活性,必须更好地满足监管、会计核算和现金管理的要求。尤其紧要的是,现金余额必须集中化管理。

- 预算科目间资源转移的管制可区分三种不同的转移模式:允许支出部门自由地进行转移、财政部门批准方可转移以及被严格禁止的转移。

- 一般地讲,改进预算执行需要从两个方面着手:加强支出控制和在公共支出管理中为提高效率创造条件,在这两项不同的要求之间应寻求适当的平衡。在许多国家,第一步应是加强支出控制以及确保预算执行同预算中阐明的政策之间的一致性。在这一方面,关注点应该是:及时拨付资金;现金计划应与预算授权相一致,并考虑后续年度的支出承诺;在支出周期的每个阶段都实施有效的支出控制和充分的预算监督;对记录交易的会计程序应做出清晰的界定,特别是对于承诺的界定;适当的现金管理;采取适当的措施以防止拖欠的发生。

第二步是改进系统的效率，为此一般应采取以下行动：对支出项目间的资源转移采取有弹性的规则，同时对资本支出的年度结转应加以管制；在赋予支出机构以管理灵活性的同时，强化审计和报告程序；在公共服务供应中引入市场机制（私人部门）的力量。

本章要点

- 良好的预算可能得到糟糕的执行，而一个编制得糟糕的预算无论如何也执行不好，所以预算执行非常重要，但并不意味着简单地遵从最初的预算。预算执行的传统目标是合规性，这要求预算执行系统能够应确保有效地进行支出控制。为此首先应是准备一份现实的预算，并鉴别出那些包含有永久性承诺（如权益性项目和工资）的预算措施。

其次，预算实施系统应具备以下特征：建立一个全面的预算/拨款会计系统，用以在支出周期的每个阶段追踪交易，以及追踪拨款和其他预算项目，后者包括拨款（在各部门/机构或规划间）分配、支出项目间的资源转移以及预算修订数据；实现对支出周期每个阶段的有效控制，无论控制的组织形式是怎样的（内部控制还是外部控制）；一个管理多年期合同和后续承诺的系统；一个包括人员限额在内的人员支出管理系统，人员支出应专门制订预算；为竞争性的政府采购建立适当的和透明的程序，以及建立旨在管理采购和合同外包的系统。

- 除了有效地控制支出外，在预算执行中确保实施在预算中阐明的优先性十分重要。为此应该避免现金配给办法（极端紧急情形例外）；以预算数据为基础准备预算实施和现金计划，并考虑到现有的（支出）承诺；预算修订必须加以严格管制，其数目必须受到限制；规划间的资源转移不应改变预算中阐明的优先性。

- 确保预算实施是预算执行过程中面临的另一个重大问题。为此应该：及时拨付预算资金；内部控制（支出部门内部）通常应采取由核心机构进行事前控制（如颁布控制标准）的方式，但内部控制需要有强有力的监督和审计系统；对承诺和取得——核实阶段的控制应是内部性的，以避免核心机构对预算管理的过度干预；如果付款过程和会计控制是分散性的，就需要有对现金余额的集中化控制；如果付款过程和会计控制是集权性的，就应确保根据预算和现金计划及时付款，而不应另行设立例外程序（优先性）；使用现代技术应确保在以下两者之间的协调：基于效率的目的而实施的分权控制，以及基于控制

- 支出的目的而对预算执行方面的数据进行集中化管理。
- 有效实施预算还要考虑：管制预算科间资源转移的规则，该规则既应考虑到赋予支出机构以必要的灵活性，又应考虑到对主要支出项目实施有效控制的需要；拨款的年度间递延应通过授权进行（至少为资本性支出），但递延的程序应加以管制。最后，在部分政府活动中引入市场力量也是需要的。
- 预算执行中对基本的合规性进行的控制，应覆盖支出周期的每个阶段。
- 为控制预算实施和为预算修订提供基础，一个基本要求就是对承诺/义务进行会计核算，这被称为"义务会计"。在有些国家，预算会计记录的只是支出周期中的取得—核实阶段的信息，即在取得商品、服务并（根据合同等）进行核实时的会计记录，这被称为"支出会计"。
- 从预算管理的一般目标而言，准备人员开支预算需要考虑到绩效问题，同时也需要考虑财政纪律与效率/绩效间的平衡问题。
- 政府采购程序应向所有的投标者提供公正的机会，减少腐败和庇护（patronage）的风险。政府采购领域并非腐败的唯一来源，但它是主要来源之一，因而确保采购的透明度和竞争性非常重要。

关键概念

预算承诺 预算会计 支出会计 义务会计 现金配给 投入控制 产出控制 管理自主性 过度开支 财政拖欠 承诺基础的赤字 政府采购 预算拨款 预算授权 管理性储备 法定承诺 前期承诺 年度承诺 拨款储备 应计支出 欠款 核心机构 应计预算 集中付款模式 分散付款模式 预算修订

复习思考题

1. 预算执行过程应满足哪些基本要求？
2. 支出周期包括哪几个阶段？各阶段的含义是什么？
3. 什么是预算执行的投入控制？其目的和局限性何在？
4. 什么是过度开支和支出低估？常见原因有哪些？
5. 在支出部门内部，核心机构与一般支出机构在预算执行过程中应有什么样的职责分工？
6. 什么是预算意义上的承诺？基于哪些目的对承诺必须进行记录和监督？
7. 预算执行中采取现金配给的一般原因是什么？它有哪些局限性？
8. 预算执行过程中，在支出周期的各阶段进行合规性控制主要包括哪些内容？
9. 在何种意义上讲，允许支出机构在各投入项目间自由配置资源是适当的？其前提条件是什么？

10. 在支出周期的各个阶段进行的合规性控制，主要涉及哪些内容？

11. 为确保预算得到有效实施和避免产生欠款，预算执行过程中的资金拨付应满足哪些条件？

12. 在应计预算下，为何需要有特定的机制用来控制现金？

13. 为使会计和付款程序有效地集中化，通过需要采取哪些措施？

14. 支出部门和机构根据财政部门规定的格式记录承诺账目时，一般应包括哪些内容？

15. 预算修订一般应遵循哪些原则？

16. 计算拖欠有几种方法？

参考文献

1. 国际货币基金组织："中国：政府预算与国库管理：问题与建议"，研究报告，1996年。

2. 乔治·斯坦纳：《战略规划》，华夏出版社2001年版。

3. Carden, N., and A. Wildavsky. 1990. Planning and Budgeting in Poor Countries. New York: Wiley-interscience.

4. Daniel Tommasi. 2007. Budget Execution. Edited by Anwar Shar, *Budgeting and Budgetary Institutions*, overview. The International Bank for Reconstruction and Development/The World Bank, Washington, D. C..

5. Premchand. 1995. Effective Government Accounting. Washington, D. C.: International Monetary Fund.

第6章 国库的功能与运作

国库（treasury）的原意指储藏贵重财物的官方场所。在公共财政管理文献中，国库通常被看做达成财务管理职能的工具。在某些国家（例如英国和新西兰），国库与财政机构是同义词。在中国，国库经常被理解为"政府的财政出纳机关"，但事实上，现代国库的职能已经扩展到公共财务管理的各个方面。从功能上看，国库是一种基本的事中和事后的控制机制，它通过以下两个基本功能确保花好纳税人的钱：（1）监控预算执行过程；（2）管理政府的现金资源。作为核心的预算执行机构，国库在监控预算执行与实施、确保基本的财务合规性以及管理政府财务资源方面，发挥着关键作用。本章探讨的重点问题如下：

- 国库的功能与现金管理
- 国库总分类账
- 中国财政国库制度改革

6.1 国库功能与现金管理

在整个预算执行过程中，政府既要确保有效地实施预算，又要确保对财务资源的妥善管理。在这两个方面，国库都发挥着重要作用。其中，预算实施涉及的主要问题有预算资金的拨付（支出机构为执行其预算必须及时得到必要的资金）、支出周期各个阶段（尤其是对承诺）的会计记录与监督、付款程序、内部与外部控制（包括审计）、对预算支出项目间资金转移的管理、拨款的年度间结转（递延）等问题。预算实施并不独立于财务管理，相反，良好的财务管理是促进预算有效实施的前提条件。无论是监控预算执行过程还是管理财务资源，现金管理都是国库最基本和最重要的功能。

6.1.1 妥善管理财务资源

财务资源的妥善管理主要涉及政府借款的成本（必须尽可能降低），以及对财务资产和负债的管理。更一般地讲，政府内部的财务管理包括了各种活动：制订财政政策，准备与编制预算，执行（包括实施）预算，管理财务营运，会计核算，以及审计与评估。在财务管理的所有这些方面，国库通过承担以下活动而发挥着重要作用：

- 现金管理；
- 管理政府的银行账目；
- 制订财务计划和预测现金流量；
- 管理公共债务；
- 管理来自国外的赠款（包括由国际援助建立的基金）；
- 管理财务资产。

国库的这些功能是概括性的。在实务上，各国国库的功能存在着很大差异。有些国家的国库功能限于现金和债务管理，也有个别国家的债务管理由某个自治性机构负责，而有些国家国库功能主要是控制预算执行、会计核算及准备预算执行报告。在上述财务管理功能中，最基本和最重要的功能是管理政府现金余额。绝大多数政府现金管理体系的主要任务是以最低的成本确保在适当的时间有足够的可使用现金。为此，政府整体的现金管理体系需要加强下列有关数据收集：税收收入、贷款偿还安排、资产出售、转移支付、政府支出机构运营资金和流动资金需求。现金管理体系同时还要做好与债务管理体系的衔接以确保还本付息的需要。

现金余额定义为在某个特定时点上累积的、可动用的、但尚未用于实际支出（包括购买、支付薪金和清偿债务）的资金。对于所有政府组织而言，现金是它们能够年复一年合法（通过预算）获得的、用以支持其运营的最重要的资源。无论作为一个整体的政府还是作为政府的某个特定部门（机构），通常都被要求承担广泛的现金管理责任。管理受托责任（对应于政治家对选民负责的政治受托责任）要求机构管理者不仅对产出（服务交付）的绩效负责，也应对受托管理的资金负责。现金管理绩效是一个组织整体绩效的重要组成部分。

与此同时也被赋予相应的权力来管理现金。为了便于现金管理体制正常运转,掌管现金的管理者在收入、支出及投资方面必须被赋予适当的权力。如果缺乏这种权力,管理者们将无法很好地履行所期望的职责,并可以为失职找到借口。作为政府财务管理最重要的部门,国库必须通过有效的现金管理确保政府和支出部门正确地行使管理现金的权力,包括规定收款途径、款项支付时间及方式和(剩余)现金余额投资的决策权。政府作为公共资源的所有者,希望获知其投入每个支出机构的资金都得到了有效率的使用。由于资金是有机会成本的,因此国库的现金管理职能要求确保每个支出机构(管理者)都意识到资金的成本以及如何提高资金的使用效率。

6.1.2 现金管理与国库单一账户

在国库的各项活动(功能)中,现金管理最为重要。狭义的现金指库存现金和活期存款,广义的现金还包括现金等价物,即期限短、流动性强、易于转换为已知金额现金(即狭义现金)而且价值变动风险很小的投资。在发达国家,国库现金管理指财政部通过国库现金的日常运作和定期发行短期债券等方式,熨平国库现金流量波动和提高国库现金使用效率。

现金管理的目的在于控制支出总量、有效地实施预算、降低政府借款的成本以及促进政府存款与投资收益的极大化。在宏观经济和预算管理方面,对现金的控制是一个关键的成分(现金形态上的政府收入、支出和赤字总量与宏观经济的运行密切相关)。然而,正如第 5 章所强调的,由于承诺与增加未来的现金支出(从而未来现金流量)密切相关,现金管理必须连同对承诺进行管理系统一并实施。

现金管理的一个重要目的是促进有效地实施预算,为此需要通过运作良好的国库来确保:

- 根据合同条款的要求付款;
- 及时征集收入;
- 降低交易成本(例如税款从纳税人手中转入国库的成本);
- 以最低的资金成本融资(包括借款);
- 避免提前付款;
- 精确地追踪关于未来到期付款方面的数据。

现金管理的另一个主要目的是妥善管理财务资源。这要求制定适当的投资策略以确保剩余现金获得适当的回报(在可接受的安全性和流动性前提下)。

在发展中国家，政府通常并不关注与现金管理相关的问题，因为这些国家的预算执行程序和现金管理集中于合规性（确保不违规）方面，日常现金需求由中央银行以较低的成本满足。此外，由于利息已经在由财政部准备的预算中做出安排，无须由支出单位自己支付利息，所以支出单位并不关心借款成本，虽然借款成本以及由向政府提供贷款（许多国家的政府接受国际机构国外的贷款）具有重要的宏观经济效应。中央银行活动同政府预算的日益分离，也使现金管理更加重要，因为这种分离意味着政府不能再如同过去那样依赖中央银行为政府的开支提供现金。此外，预算管理系统中对绩效问题的关注，也会对现金管理产生重要影响，有些国家（主要是 OECD 成员国）已经进行改革，以便在确保有适当的工具维护财政纪律的同时，让支出机构对现金管理承担更大责任。①

现金管理的主要内容包括控制现金流量、现金余额的集中化、国库单一账户，在现金管理中引入市场原则提供必要的激励，管理政府银行账目以及建立配套性安排。

1. 控制现金流量

控制现金流量的基本内容是控制现金流入和现金流出。现金（包括存款）从纳税人手中流入国库需要一个较长的过程，现金流入的妥善管理要求以尽可能短的时间和交易成本，将现金收入缴入国库。如果现金入库花费的时间过长，预算中规定的支出项目（规划）就不能及时得到现金支付，良好的现金流入管理要求尽量缩短收到现金与实施支出规划时可得到现金之间的时间间隔。为此，所征集的收入需要迅速处理，以便在需要使用时可以立即动用。

收入征集中的组织安排各国差异较大，大体上包括由税务部门征集、由国库征集和由政府授权商业银行征集三种组织模式。一般地讲，商业银行通常比税务机构能更有效率征集，部分原因在于前者更贴近纳税人。在收入由商业银行征集时，必须有适当的制度安排来促进（多家）商业银行竞争，以确保征集到的收入迅速地转移到政府账户中。与强制要求银行无偿为政府承担征收义务相比，政府向银行支付（收入征集的）费用是一个更透明、更有利于鼓励竞争性的办法。另外为避免收入迟延，需要有一个适当的惩罚系统去惩戒不遵

---

① 典型的例子是在产出预算（绩效预算的顶峰）模式下，支出机构被要求对产出（绩效）负责，它们所获得的拨款是在应计制基础上确定的，这使得对于支出控制（现金管理的目的之一）变得相当困难。参见 5.3.3 "应计制下的现金拨付"。

守税法的纳税人。

在预算执行中,对现金流出的控制比对现金流入的控制更为困难。控制现金流出的主要目的在于,在保持现金流出与现金流入相适应和财政约束的同时,确保有足够的现金应付到期付款,以及降低交易成本。[①] 这是一个与现金管理相关的问题,后者不同于会计控制与付款管理方面的责任分配问题。

确保现金流出满足财政约束的第一个条件,在于通过精心准备和执行预算,使预算准备与执行同时覆盖到现金和支出义务两个方面。由于支出义务是在承诺的基础上发生的,所以现金管理要求连同对记录与监督承诺的系统一并实施。如果只有现金管理而缺乏对承诺的记录与监督,那么,预算准备和预算执行很可能会偏离财政约束。

在预算执行期间,需要有现金计划来解决现金流入与现金流出的缺口(入不敷出)问题。入不敷出的结果就是造成拖欠。为避免拖欠,适时地借款是十分重要的。

预算资金从国库最终流入商品与服务供应者(受款人)需要一个长长的过程,这个过程的各个阶段都会有交易成本,而交易成本的高低受付款方法的影响。根据银行基础设施和预算支出性质的不同,可以考虑使用不同的付款方法,如支票、现金、电子转账等。借助电子转账(而不是支票和现金付款)这一现代付款方法,可使政府更精确地制订现金计划,加快付款进度,简化管理和会计核算程序。然而,采用哪种付款模式取决于许多因素,如一国的经济发展水平、银行网络、电脑化程度等。

2. 国库单一账户

"国库单一账户"(treasury single account,TSA)是指将政府所有财政性资金(包括预算内资金和预算外资金)集中在国库或国库指定的代理行开设账户,同时,所有财政资金均通过这一账户拨付。包括美国、日本、英国、法国和加拿大在内的经合组织国家都采用了这一模式。[②] 国库单一账户系统的根本目的在于实现政府现金余额的集中化管理,使国库同时实现对国库单一账户

[①] 财政约束包括支出限额、支出(占 GDP)比率、税收(占 GDP)比率、债务(占 GDP)比率等,遵守这些比率直接或间接地要求对现金流入和流出进行控制。

[②] 中国实行这一制度,从收入方面讲,意味着所有财政收入直接缴入国库,征收机关、执法机关目前设置的各种收入过渡账户以及各部门、单位自设的各类预算外收入账户,将不复存在;从支出方面讲,财政资金将在实际使用时从国库账户直接划转到商品与劳务提供者的账户,各支出部门与单位现有的各类资金管理账户随之取消。

和支出部门分户账的管理与运作成为可能。

借助单一账户制度，国库机构得以直接参与整个金融系统的资金清算系统，使其对资金支付的控制成为可能。在这种体制模式中，只是当公共资金实际支出给商品供应商和劳务提供者后，才通过国库将资金从单一账户中支付出去。这一做法的最大优点在于实现了财政资金的集中化管理（现金余额的集中化），从而有利于提高财政资金使用效率，有利于削减财政赤字和发债规模，有利于减少资金浪费，也有利于实现财政政策与货币政策的协调一致，这种协调一致是实现统一的宏观经济管理目标所必不可少的。

国库单一账户（TSA）可有效地实现现金流量和现金余额的集中化管理。在单一账户下实现现金余额的集中化管理，可以认为是一种最优化的现金管理，它避免了在其他机构保留大量闲置现金余额的同时，为另一些需要融资的机构借款和支付额外的利息费用。在国库单一账户下，所有政府交易的付款通过某个账户或者相互联结的一组账户进行。标准的国库单一账户的有五个要点：（1）支出部门在中央银行开立账户，作为国库账户的附属账户；（2）支出部门下属的支出机构要么在中央银行要么在指定的商业银行（方便起见）开设账户，两种情况下账户的开设都必须得到国库的授权；（3）支出机构的账户是零余额账户，也就是说，该账户上的钱必须转移到那些反映已得到特别批准付款的账户上，不得有尚未开支的钱保留在这些账户上；（4）在银行具备必要的技术能力时，支出机构的账户每日终了必须自动结清；（5）中央银行每天终了应汇总反映政府的财务状况，包括所有政府账户的现金余额。

在实践中，国库单一账户有不同的模式，用以实现政府财政交易和现金流量的集中化管理，主要有两大类：

● 国库单一账户加集中性的会计控制。在此模式下，支出单位的付款申请（连同证明付款义务的发票等凭证）被送至对其进行控制并为其制订付款计划的国库，尚未结算款项的发票由国库负责管理。无论对于现金管理还是对于支出控制而言，这一模式似乎更有效率，但也并非没有缺陷：对发票和欠款支付的集中化管理会导致无效率甚至腐败，在那些由国库部门自行选择向哪些供应商优先结算付款的国家尤其如此。

● 消极的国库单一账户。在此模式下，付款直接由支出机构进行，但通过国库单一账户办理；要么通过国库要么通过预算实施计划来为支出单位确定（总量的）现金限额，但国库并不控制单笔的交易。在实践中，这一模式下各支出机构开户的国库单一账户由好几个银行账户组成，这些账户可能仅仅开设于中央银行或其他几家银行。这些账户每天结清并且其余额被转移到国库的中心账户上。这种模式的一个优点是能够让支出机构承担起内部管理（包括决定对策）责任，同时又可保留对现金的集中控制。付款的办理可通过在竞争基础上选定的银行进行。只要没有超过某个由国库或预算实施计划所规定的限额，这些银行就会接受支出机构送来的付款单据。中央银行将在每个营业日终了时进行清算。

3. 现金余额的集中化

从资金控制与高度、减少腐败、提高政府存款与投资的收益、降低政府借款成本等方面讲，现金余额的集中化管理在任何会计控制和付款模式下都是必需的，而国库单一账户的最大优势也正在于此。为降低政府借款成本或使付息存款极大化，应尽量少地保持营运性的现金余额。在那些通过某个预付账（imprest accounts）系统拨付资金（国库预先将资金拨入支出机构在银行开设的账户）的国家，支出机构通常会在其银行账户中积累多余的或闲置的现金余额，这些闲置的现金余额增加了政府的借款需求。在此分散付款的模式下，一方面某些支出机构由于账户上缺乏现金，必须通过借款满足支出需求，而另一些机构却在其账户上存有过量的现金。从全国范围看，这种现金过量和现金短缺的数量很大，由于无法调度过量的现金余额解决现金短缺问题，政府就不得不从金融市场大量借入资金，这样一来又人为地增加了借款成本。此外，在预付账户由商业银行保持时，闲置的现金余额会刺激放松银根，因为这些余额使银行部门有额外的信贷资金来源。

一般地讲，由各家银行每日结账比由一家银行（通常是中央银行）结账更为困难，而且许多国家的国库部门并不每天与中央银行结清支出部门账户的现金余额。所以，虽然中央银行有一笔正值的现金余额，政府还是不得不从金融市场大量借入资金。在支出部门账户由中央银行保管的情况下，每天都需要汇总出现金余额，这样可以减少借款需求从而减少借款成本（利息支付）。总之，无论付款方面和会计控制方面的制度性安排如何，所有用于付款交易的政府账户都应实施现金余额的集中化管理，包括那些以基金形式管理的账户。

实行集中化管理模式的可行性在很大程度上取决于银行和政府部门的技术开发水平。现代技术使得在支出机构、中央银行（或商业银行）以及国库部门之间建立起电子联系成为可能。实际上，总分类账系统（a general ledger ststem, GLS）——记录全部交易的会计账户系统——既可满足分散性的会计控制和付款系统的需要，也可满足集中性的会计控制和付款系统的需要。那些采用分散控制的国家（如巴西）以及那些采用集中控制（如美国）的国家，不仅把总分类账系统应用于付款交易中，也应用于所记录的承诺中。此外，总分类账系统也能与机构层次上的会计系统和信息管理系统联结起来。

银行和技术基础设施不佳的某些发展中国家，如果采用的是分散付款模式（由支出机构自己决定单笔交易的付款决策），现金余额管理的集中化将会遇到很大困难。好在多数国家要么在核心层交易（例如由支出部门中的核心部门管理的债款支付和支出）方面更多地使用现金，要么对那些具有固定到期日的付款（如工资支付）更多地使用现金。所以，加强现金管理的第一步应包括：(1) 对核心层 (the central level) 发生的日常交易（这些交易很少会出现在一般支出机构中）进行集中管理；(2) 在由支出机构自行决定付款的分散化付款模式下，国库向支出机构转移的现金转移程序应对这些机构的月度支出计划相一致。

在那些银行基础设施不健全的国家，由多家银行日常性地结清账目，较之由中央银行管理一系列账户时进行的日常清算更为困难。因此，维持大量账户可能会妨碍账目的结清和汇总工作。

4. 管理政府的银行账目

无论征税或支出付款的组织形式为何，国库都必须负责监督中央政府的所有银行账目，包括任何预算外资金。在商业银行参与征集收入或支付款项（支出）的情况下，银行方面的组织安排（例如由哪些银行以什么条件和标准来执行这些活动）必须通过谈判确定，并且需要与国库签订合同，这会有助于改进政府对现金与预算的管理。

5. 提供激励

由于金融系统参与了针对政府的现金和银行账户管理，假如在政府部门应用市场性的营运原则，首先应考虑的一个重要步骤就是将政府与银行系统的关系建立在类似于一种商业性制度安排的基础之上：政府对其在银行系统的财政存款收取利息，同时应为所得到的所有银行服务支付费用。

新西兰以及在其他一些国家进行的改革就是以此为导向。在新西兰，各部门同国库谈判其年度现金需求量，而且假如用完现金从而需要透支时，必须支付很高的（带有惩罚性）的利率，而未用完盈余资金可以获得利息。有些国家的国库在其现金和债务管理中,每天都会结清各支出部门的银行账户,并将盈余(如果有)投资于隔夜性的货币市场,这样,支出部门就不会保留有闲置的现金余额,就有动力通过结清账目去管理好自己的银行账户余额,同时又可实现对现金余额的日常集中化管理。

那些由支出机构负责付款(分散付款)的国家,可以考虑在支出机构的层次实施某些激励措施以改进现金管理,但一般地讲现金余额的集中化应是首先需要考虑的措施(尤其是在发展中国家),因为它所带来的利益最为确切。

6. 配套性的制度安排

对于政策分析和管理而言,记录每笔交易并按功能和经济性质进行分类是非常重要的,仅仅对现金余额进行集中管理并不足以达到这一目的。交易方面的信息也必须集中化。在国库内部处理付款交易有助于加强和改进监督。然而,经验表明这并不会自动保证监督因此会令人满意。一般地讲,在发展中国家中,国库虽然对其内部现金余额以及关于现金流入流出的信息实行集中化管理,但并未对付款交易实行系统的集中化管理,数据也过于粗略以至于很难用以对预算执行进行良好的分析。另外,对于控制预算执行而言,仅仅控制现金流量是不够的,还需要有对承诺的良好记录和监督。

改进现金管理系统还必须考虑到对支出机构预算管理的影响,还应仔细评估这些改革对银行系统可能造成的影响,因为将政府账户委托给商业银行管理可能会加重银行的负担,在国库不能履行其职责时尤其如此。因此必须考虑到成本有效性。通常,发展中国家由于支出机构的所在地不同,会有不同模式的付款系统。这是一个没有实现一体化的付款系统,但也许需要这么做。

6.1.3 财务计划和现金流量预测

为了确保现金流出与现金流入相匹配以及准备借款计划,国库制订财务计划和预测现金流量是必不可少的。国库的财务计划包括现金计划和与之相关的借款计划。年度现金计划必须在预算执行开始前就预先制订下来并与支出机构沟通,以便有效地实施预算。另外,在预算执行过程中可能会出现某个时候的可得现金不足以支付开支,这时需要进行借款。一般而言,减少借款计划方面的不确定性有助于降低借款费用,为此,预先准备并宣布借款计划是非常重要的。

国库部门既应准备预算实施计划，又应准备全面的现金计划。但在某些国家，预算实施计划是由预算部门准备的，从该计划中可从中得出总的收支流量（如工资和所得税），然后国库部门准备一份现金计划以反映现金流量，包括现金流入、流出和现金余额。注意预算实施计划不同于现金计划，虽然两者有密切联系。预算实施计划的编制依据是预算，目的在于确保预算的有效实施；现金计划是对现金流量的规划，它的编制需要预算实施计划作为主要依据。另外，预算实施计划不是在纯粹现金基础上编制的，而现金计划则如此。

1. 预算实施计划

在许多国家，预算实施计划针对的是承诺的或付款申请（支出周期的两个阶段），而不是一份正式的现金控制计划。在其他情形下，预算实施计划只是将拨款区分为4部分（按季度平均拨付款项）或者12部分（按月平均拨付款项），但在实践中却是通过现金配给实施的。因此预算实施计划必须同预算相一致，预先准备，并且预先通知支出部门。除非预算准备得很糟糕或存在严重财政困难，预算实施计划必须以立法机关审批的预算本身作为编制的依据，而不应受对现金管理问题的所考虑驱使，虽然这两个计划必须兼容（包括每个季度滚动一次）。与现金计划的准备一样，在预算部门与国库部门间进行密切的协调也是制订预算实施计划所必不可少的。

预算实施计划应考虑到付款时间，以及因财政年度中的承诺而产生的付款义务，特别是，它必须考虑为每个投资项目所分配的资金（这并不意味着每个月作等额的分配）。在这方面，现金计划与预算实施计划也有着明显的区别。另外，预算实施计划必须按季度滚动编制，以便考虑到预算实施过程中宏观经济环境与项目进度的变化，当然，在此过程中所作的修订或调整应是透明的。

预算实施计划涉及收入预测和付款安排（包括由承诺而产生的付款义务）。收入预测要求对收入的月度征收数（每个月应征集多少收入）做出估计，并且定期更新数据，最好是每个月更新一次，因为宏观经济环境或税收征管系统的变化可能影响收入征集。准备月度收入预测要求有经济和管理方面的专家，这方面的运作应由税务和海关管理部门共同进行，并与国库以及负责宏观经济分析的部门密切协调。在很多发展中国家，月度预测是由税务部门负责的，并且多考虑管理因素而不是经济因素。这类月度预测反映的是预算收入在财政年度中的分配，但并不考虑在预算准备结束之后财政和经济情况的变化。因此，国库和税务部门的预测能力必须加强。在预算执行过程中，需要根据预测假设的变化而对收入预测进行调整。年度收入预测必须以收入评估、税收征收报告、经济调查等为基础，使用短期预测工具（如短期宏观经济模型）也有助于进行收入预测。另外，收入预测必须把非税收入包括在内。在这方面，国库必须与负责管理这些非税收入的部门保持密切的协调。

2. 现金计划

对现金流量的准确估计能确保政府在任何时点都能持有充足的现金以履行其支付责任，这样就能避免突发性的现金短缺和紧急借款的高额利息成本。虽然政府通常可以在中央银行进行透支，但透支业务的代价也是很高的。因此，良好的现金计划非常重要。国库应预先准备年度现金计划，该计划反映预算年度中每个月的现金流入、现金流出和借款需求。进行预算执行阶段以后，年度现金计划应每季度更新一次，该计划中未来每个月的数据应在上个月的基础上进行更新。必须注意的是，在准备和编制现金计划过程中，国库部门、预算部门以及税收征管部门之间需要有密切的协调。

现金计划反映在新的借款发生之前的财务流量的预测数。该计划应每三个月滚动一次，而其中的数据应每个月更新一次。现金流出的月度预测应根据预算实施计划编制。即便在现金制预算系统下，预算实施计划也不必在纯现金基础上编制，但相比之下，月度现金计划应基于纯粹的现金制基础，并且每月更新一次。除了考虑其他因素外，更新时应考虑到汇率、利率的变化，大型投资项目付款计划的变化，以及尚未清偿的支出义务。另外，准备月度现金流出计划更多的是国库而不是预算编制部门的任务，虽然需要彼此进行协调。

现金计划的准备要求估算月度现金流量，用以确定需要采取行动的日期、在某个预付款系统（国库预先将款项拨入支出机构）内部将资金转移给支出机构的日期等等。

由于可预见性较高，预测月度性的偿债和工资支付并不会存在大的问题。但是，对于其他类别支出的月度预测，需要有对源于承诺而产生的付款义务以及对取得一核实阶段的支出进行充分的记录，包括付款的到期日。在实践中，只有支出机构能够做到这一点。在集中式付款系统下，如果缺乏对支出义务和已确认的支出进行适当追踪，国库就必须根据来自支出机构的信息，侧重于对大额付款（如大中型投资项目）进行预测。

与国库部门相比，月度内的收入预测由税务征管部门承担要更好些，因为与税务管理或纳税人行为相关的因素，会极大地影响月度收入数。月内的收入预测数应每周审查和更新一次。为此,许多国家设立有国库委员会来承担此项工作,这会有助于改进现金管理。

6.1.4 日常现金运作和短期债券

多数发达国家的中央银行通常不对政府存款负债(央行负债)支付利息,或所付利息大大低于市场利率,因此财政部通常在央行账户上只保留很少量的相对稳定的现金余额,其他大量现金则或者存入商业银行,或者进入货币市场,每天由财政部债务管理局进行运作,以尽可能提高国库现金的使用效率。

在预算执行中,由于可得现金资源不足以满足预算支出的要求,政府或政府机构需要进行借款。借款数量必须与年度预算相一致,因此年度预算中就应包含有年度借款计划。为确保透明度,政府应向立法机关定期地提供其负债额与债务政策的详细报告,并公布关于政府负债(包括担保形成的或有负债)方面的信息。

政府应清楚地阐明并公布其债务管理政策的目标。基本目标通常是为预算赤字或特定项目融资,以及降低借款成本。在债务管理中,政府也会追求其他目标,如发展金融市场,支持货币政策(规模大而流动性强的政府债券可促进货币管理与金融市场的发展,从而也有助于货币政策的操作与调控),以及鼓励储蓄。

国库的一个重要功能是帮助政府进行债务管理。债务管理涉及两个主要方面:

- 通过政府借款为财政赤字融资,在这样做时必须满足预先设立的财政(例如债务/GDP 比率)约束。
- 中央银行(国库系统)通过对政府债务的运作(包括管理国库券的发行),使之成为货币政策组成部分,以此控制银行系统的流动性并满足货币政策目标。使用政府证券作为货币政策的一个工具,被认为是促进金融市场发展的重要动力,但这要求货币与财政当局在证券发行数量方面的协调,以及其他配套性的制度安排。

债务管理的以上两个方面主要通过短期债券操作。短期债券是指初始期限在一年以内、定期发行的可流通债券,目的是平衡年内季节性国库现金余缺。因此,在国库现金净流入月份,短期债券发行量和短期债券余额会相应减少;在国库现金净流出月份,短期债券发行量及其余额会相应增加。在实务上,这要求短期债券余额保持相当规模，以便为有效地管理国库现金流量提供较大的回旋余地。长期来看，短期债券筹资成本总是低于中长期债券，保持相当大的短期债券余额因而可以显著降低政府债务的融资成本。短期债券通常定期发行，每季度每次发行额大致相同，以便于投资者形成稳定的预期和投资决策。各季度之间每次发行额有所不同，这取决于季度国库收支预测。

在发展中国家，与财政部相比，中央银行有更多的关于金融市场方面的知识。实施债务政策方面的责任分配应考虑财政部的技术能力、金融市场的发展程度以及所追求的目标。如果目标是为政府的财政赤字融资，那么债务政策应由财政部制定，但需要同中央银行进行密切协调，对货币政策的影响也应充分考虑。在很多发展中国家，中央银行负责实施债务政策和证券管理；在发达国家，最近趋向是将债务管理责任完全转给财政部，以避免债务政策与货币政策的冲突。

6.1.5 国库总分类账

国库单一账户的核心是一套用以记录全部财政交易的总分类账系统（GLS）。随着现代信息技术在预算管理中的应用，在支出机构——中央银行/商业银行—国库部门之间实现信息共享成为可能。在这种情况下，建立在现代信息技术基础上的 GLS 既可满足分散化会计控制和付款模式（如美国模式）的需要，亦可满足分散性模式（如巴西模式）的需要。此外，GLS 不仅可以记录付款交易（例如支付购买商品或服务的款项），还可用来记录承诺。在发达国家中，国库会计制度的核心功能是全同、同步（及时）记录政府的财政交易，提供符合财政管理人员需要的财务信息和相关资料，这一核心功能正是通过国库总分类账下的记账制度实现的。

建立国库总分类账会计系统有两个核心步骤：确定哪些类别的政府财政交易应纳入这个系统；确定哪些实体或机构需要在国库总分类账中开设账户，这意味着资金"拥有者"应该把财政资金存放在国库单一账户内。

在采用现金制（包括修正现金制）政府（国库）会计的国家，国库总分类账的典型结构与应用于企业的总分类账有很大差别。① 在设计国库总分类账的结构时，必须考虑到两大因素：财政交易的范围以及国库的组织结构。

---

① 在以应计会计为基础设计政府国库总分类账户时，两者间有许多共同点。

1. 财政交易的范围

财政交易（fiscal transactions）（有时称为"预算交易"或"政府交易"）指的是政府公共组织中发生的具有财务意义的、需要进行会计记录的财政活动或事项，例如支付工资、支付购买商品与服务的款项、（某项）税收的征集、报销差旅费、提取折旧（应计制政府会计下）等等。会计记录的主要目的就是要通过编制及时、准确和适当的报告，供管理人员有效地管理财政交易。①与此相适应，记录政府财政交易也是建立国库总分类账的基本目的。另外，财政交易还是政府财政收支分类的基础。

财政交易可以看做是两种流量的综合：一种是"流入"政府的，一种"流出"政府的。多数交易都具有这两个方向的流量，比如政府机构采购商品，一方是商品流入，另一方是货币流出。然而，许多政府交易只有支付流量，交易的对方没有提供对应物——特定的可计量的福利、产品和劳务或负债，作为对支付者的回报。为进行对称的分析，有必要将这种"无有"形式的交易视为另一种流量。这样一来，就有可能将政府的交易视为两种流量的综合进行检查：一种流入政府，另一种流出政府，这些流量包括商品和劳务、货币、"无有"以及负债，所有这些形式的财政交易在各个政府层级中都是大量存在的。

由国库所记录和监督的财政交易的范围越广，则国库总分类账户的结构越复杂。如果只是限于中央政府的财政交易，地方政府发生的交易就不纳入，特别是假如只须记录与监督预算内财政交易，预算外交易就不包括，那么国库总分类账户的结构就会相对简单。相反，如果国库管辖的财政交易以及接受中央政府单一国库账户服务的财政交易范围十分广泛，不仅包括本级政府，也包括地方政府发生的全部（包括预算外）财政交易，国库总分类账的结构就会十分复杂。

2. 多层次国库总分类账

在那些政府结构简单、政府层级与数目不多并且预算系统中现代通讯与信息技术应用良好的国家，可以通过中央国库对全国范围（所有政府层级）的财政交易进行记录和监督。在这种中央直接管理的国库体制下，国库总分类账

---

① 许多发展中国家和转轨国家中，政府会计核算除了保证符合法律和财务规定之外没其他有益的目的，因此会计记录的这一主要目的并没有达到。

由一整套自动平衡的国库总分类账组成。①

但是，对于中国这样的大国而言，由于政府层级众多，财政交易规模庞大而复杂，各层级政府共同使用中央（政府）直接管理的国库以及国库单一账户是不现实的。为了有效地履行国库职责，除了中央一级外，省级辖区甚至省级以下各级地方辖区都应建立自己相对独立的国库系统，以及与之相适用的多层次国库总分类账系统。这一系统需要一整套自动平衡的分类账，即中央国库设立国库总分类汇账，中央以下各级国库设立地方国库总分类账；地方国库总分类账的结余应定期上交中央国库，并与中央国库的总分类账汇总。

6.1.6 国库编制的财务报告

在对政府财政交易进行合理分类的基础上，国库应根据国库总分类账系统定期编制和报送财务报告，这些报告应反映以下重要的财务事项：

- 政府作为一个整体（合并）的财政状况，包括按照经济分类的收入、支出和转移支付情况，以及赤字、盈余、融资以及现金持有额方面的情况；
- 在功能/机构分类的基础上，报告政府各部门的报告期内的预算执行情况和拨款进展情况；
- 预算外的财政交易（活动）情况；
- 现金流量情况，包括资金来源以及国库单一账户中的资金流入情况。

除以上报告外，国库还应根据立法机构的要求，基于国库总分类账编制政府的年度财务报告，经审计机构审计后，通常根据宪法规定再提交给国会审议。关于标准的国库总分类账和分类账会计核算问题，本章不再作进一步讨论。

6.2 若干国家的国库制度

各国的国库制度有许多共同点，但差异也相当明显。本节介绍法国、日本和巴西的国库制度。②

---

① 国际货币基金组织财政事务部："中国：政府预算与国库管理：问题与建议"，研究报告，1996年，附录4。

② 本节内容主要来自财政部国库司2000年12月28日第8期"情况反映"。

6.2.1 法国的国库管理制度

法国实行国库单一账户制度，即由经济和财政部在中央银行（法兰西银行）开立国库单一账户，将所有政府现金资源集中于该账户统一管理，同时设置国库分类账户与国库单一账户配套使用。其中，国库分类账户是国库为所有政府支出部门分别开设的，用以记录政府资金变动和各部门资金使用的分账户，但实际的付款过程通过国库单一账户处理。

国库资金管理由经济和财政部下属的公共会计司负责，后者在政府部门和全国各地区都派驻公共会计师，全国公共会计师约3 000名，全部是经济和财政部公务员。各级地方政府的预算由地方政府负责制定，但收支账目由经济和财政部派出的公共会计师负责管理。每个支出部门都在法兰西银行开设一个账户，这些账户全部与法兰西银行总行联网。每日营业终了，经济和财政部公共会计司与法兰西银行通过计算机汇总各部门支付总额，确定国库现金余额。

在收入缴纳和报解方面，在无异议的情况下，由纳税人向税务机关或任何一家银行以支票的形式缴纳税款，支出通过银行清算系统上划国库单一账户。

财政资金支付程序是，当国库实际支付给商品服务供应商时，才将资金从国库单一账户中划转出去。这一程序包括四个步骤：

- 支出部门签订购买商品与服务的合同；
- 支出部门审核供应商的发票，计算国库应支付的资金数额；
- 支出部门附上相关的凭证提出支付指令，同经济和财政部派驻各部门的公共会计师审核并签发支付令；
- 出纳署通过银行清算系统将资金由国库单一账户支付给供应商。

在监管方面，除了经济和财政部侧重对国库的日常业务监管外，还有审计法院侧重事后监管。前者的监管包括：财政监察专员对中央各支部和大区的财政监管；公共会计师对资金拨付的监管；直属经济和财政部长的财政监察总署对部门领导下的税务总局、海关总署及国库司、预算司等业务司的账目和执法质量与工作效率的检查。

审计法院是国家最高的经济监督机关，独立于议会和政府。除审计国家决算外，审计法院的主要工作是依法对公共会计师和公共支出决策人进行监督。公共会计师每年都要把账目送交地方审计法庭或审计法院接受详细审计，发现问题视情节轻重予以赔偿损失、撤销会计资格、开除公职、取消退休金保障等处罚，直至追究刑事责任。对支出决策人员的监督同样严格，如果发现在决策过程中有违反财政法规的行为或其他问题，可视情节轻重，由审计法院通过检察长向财政预算法院或刑事法院提起诉讼。

6.2.2 日本的国库制度

日本实行的也是国库单一账户制度，并通过国库管理的两大原则体现这一制度。一是国库统一原则，即所有国库收支都必须通过国库单一账户，唯一例外的是各部门的出纳官在限额范围内保留小额度的手头现金；二是存款原则，即国库资金全部存入日本银行，其出纳事务原则上同日本银行经办，以日本银行为支付人，通过开具支票办理国库资金支付。

经办国库业务的机构有两类：一是命令机构，根据预算中确定的收支发出收纳和支付指令，收入与支出分别由不同的系统办理；二是出纳机构，根据命令机构的指令办理资金收纳和支付。两类机构的职责分明，命令机构不得自行办理库款出纳。

国税收取通常由纳税人自行计算、缴纳和申报应缴税金。如果是非税收入，则由交纳义务人根据征收官的命令进行缴纳。具体步骤是：

- 纳税者自行计算应纳税金，在岁入代理店（相当于中国的国库经收处）缴纳税款；
- 出纳机构向纳税人出具收据；
- 税务代理店层层向上汇总日本银行本店，在本店进行国库金的会计处理，一并收归国税，同时也使日本银行本店的政府存款得以增加。

支付程序如下：

- 部门负责人向支出官发出支付计划指令。预算经国库批准后，各部门即根据预算拟定"支付计划表"（相当于资金使用计划），并提交大藏大臣，后得根据国库资金状况批准支付计划，通知各部门负责人，并同时通知日本银行，各部门负责人就批准的支付计划向支出官下达指示。
- 支出官在各部门负责人指示的支付计划额度内进行支付。
- 收款人出示支票，由出纳机构办理支付。收款人将收支的支票向日本银行代理店出示，代理店确认无误后，即按支票所示金额办理支付。
- 代理店办理规定的国库支付业务后，向日本银行支店汇报，其内容集中于日本银行本店进行会计处理，结算出国库单一账户余额。

6.2.3 巴西的国库制度

巴西于1986年在财政部设立国库秘书处并建立国库单一账户系统。当时为抵御金融风暴，巴西成立了国库秘书处，作为财政部的直属机构，具体负责预算执行。主要职责是，制定年度、月度财政用款计划，管理国库单一账户，控制公共开支，保持国库收支平衡，管理国有企业资产，控制和管理内外债务，制定国库会计核算制度，组织预算执行等。国库秘书处在中央银行设立国库单一账户，所有财政资金都通过这一账户收付。此外，国库秘书处还为各支出部门与机构在巴西银行（商业银行）设立国库单一账户代理户（零余额账户），具体办理支出资金划拨及与国库单一账户的资金清算。

除了国库秘书处外，与国库业务密切相关的机构还有巴西中央银行和巴西银行、国库经收行及相关的预算监督部门。国库单一账户开设于中央银行，后者主要负责与商业银行清算国库收入和国库支付。巴西银行作为财政资金支付的代理行，负责具体经办各预算单位资金的划拨及与国库单一账户之间的资金清算，以及监督国库资金的使用情况。国库经收处主要办理国库收入收缴、上划中央银行国库单一账户等业务。

国库的税收收缴程序是，纳税人将应纳税款和纳税单交任何一家经办税款收缴业务的商业银行（共有70多家），商业银行在1~2天内将所收到的税款通过银行间电子网络系统划入中央银行的国库单一账户，国库秘书处通过中央银行的电子资金清算信息系统，可以随时了解国库单一账户的税款收缴情况。

预算支出单位（共4 000多个）在向国库申请支出并经审核批准后，即可进行相关的支出。当预算单位向商品与服务供应商支付款项时，首先向国库代理行巴西银行签发支付专用的银行支付票据，巴西银行通过政府财务信息系统收到支付命令和支出单位签发的银行支付票据后进行审核；一天以后，巴西银行将应支付的资金与中央银行的国库单一账户进行清算，中央银行将清算资金与其从政府财政信息系统中收到的政府支付数额进行核对无误后，将资金转账给巴西银行；巴西银行在收到资金后的第二天将资金划转到商品与服务供应商的银行账户上。

为便于支付管理，巴西将财政支出分为工资支出、一般项目支出、日常开支和宪法规定的转移支付等类别，不同项目的支出提出支付申请的日期也不相同，其中工资支出为每月 20 日前，一般项目为每月 30 日前，日常开支为每 10 天申请一次，转移支付为每月 10 日、20 日和 30 日。

6.3 中国国库制度的改革

多年来中国一直实行源自苏联的分散式国库管理体制，主要特征是政府银行账目、现金余额、支付机制和信息处理的分散化（由各支出机构掌管），缺乏代表政府整体的国库部门集中管理国库事务。《财政国库制度改革试点方案》（2001 年 3 月 16 日颁布/财库 [2001] 24 号）颁布实施后，中国的国库管理体制才逐步转向了以"单一账户、集中支付"为主要特征的集中化模式。这项改革是改革开放以来中国财政管理方面意义最为深远的改革之一，它在很大程度上重塑了财政管理的面貌。但由于种种原因（例如大量预算外资金、银行清算系统的缺陷和既得利益者的阻力），在全国范围内（各级政府、各个预算单位和各类公共财政资金）全面执行这一方案仍需付出相当努力。

6.3.1 分散收付的国库制度

与国际上普遍采用的集中性国库制度不同，在分散式的国库管理体制下，各支出单位在商业银行开立账户，财政收入的许多项目由征收部门设立过渡账户收缴，收入退库不规范，常被一些部门和单位滥用，流失了大量收入；大量预算外资金未纳入国库和预算管理，财政资金极为分散；在支出方面则缺乏专门的机构负责支付管理，财政资金通过部门和支出单位各自开设的多重账户进行分散拨付，中间环节多，资金大量沉淀。① 从全国范围看，这一体制导致资金大量沉淀、收入流失、支出缺乏事前监督、资金被挪用截留和挤占等问题非常普遍。②

---

① 例如中央预算内水利建设资金从财政拨到建设项目要经过七个环节，1999 年结转资金达到 46 亿元，2000 年 1~7 月平均每月沉淀的资金达 51 亿元，其他诸如粮库建设资金和天然林保护工程资金等也存在类似的问题。引自财政部：关于印发《项怀诚同志和楼继伟同志在中央部门预算座谈会上的讲话》的通知，财预函 [2000] 15 号。

② 因收入执行中征管不严和滥用退库规定导致收入流失的问题也相当严重。据有关资料统计，1999 年全国预算外资金收入达 3 385 亿元，其中有 907 亿元未缴入专户管理；根据 2000 年对 239 户国税机关征管情况进行的专项检查，以"待结算账户"、"待结算财政款项——待解税金账户"等形式开设的过渡性账户多达 170 多个，严重影响了财政收入的及时入库。引自财政部：关于《财政国库管理制度改革方案》的说明，2000 年。

分散式国库体制也不适应建立规范化的政府采购制度建设的要求。按现行国库体制，政府的全部预算资金一律凭各级财政机关的拨款凭证办理拨付，经国库统一办理，不利政府采购制度的规范化。在分散收付制度下，财政部门将预算确定的各部门和各单位支出总额，按期拨付到其在银行开立的账户，由各单位自行使用。资金一旦拨付给部门和单位，就脱离了财政监督，各种克扣、截留、挪用现象无法控制。特别是建设项目的资金，经过层层克扣，往往落实到具体项目上的资金很少，成为产生所谓"豆腐渣工程"现象的一个重要原因，也是导致各种腐败现象的重要原因。此外，由于资金大量沉淀，财政部门在进行资金调度时，还要额外增发短期国债，资金成本大增。

6.3.2 集中性的国库制度

目前国际上主流的模式是集中性的国库体制，其核心是通过国库单一账户（TSA）实现政府现金余额的集中化管理，在此基础上实行集中支付制度：在预算资金拨付、资金使用、银行清算，直至资金流出国库并最终支付给商品与劳务供应者的过程中，国库代理支出部门与机构对供应商实施（集中性）支付，或者对支出机构支付进行集中性监控的一种控制制度。这一体制要求财政部门在中央银行设立一个统一的银行（存款）账户——国库单一账户，各机构的预算资金统一在该账户下设立的分类账户中管理，不再拨给各机构分散保存资金；各支出机构可以根据自身履行职能的需要，在批准的预算项目和额度内，自行决定购买商品与劳务，但付款过程要由财政部门通过国库集中处理，小额零星开支则在国库部门的监控之下由支出机构自行办理支付。

中国国库体制改革的基本思路是参照国际通行做法，结合我国具体国情和财政预算管理要求，建立集中收付的国库制度，包括建立集中收入制度和集中支付制度两个方面的内容，其要点有：

- 按照政府预算级次，建立财政国库单一账户体系；
- 所有财政性资金都逐步纳入各级政府预算统一管理，收入直接缴入国库或财政部门在指定的商业银行开设的单一账户（财政专户），主要财政支出由财政国库支付机构从单一账户直接支付到商品与劳务供应者；
- 建立专门的支付管理机构和财政管理信息系统，强化监督检查机制。

考虑到我国的实际情况，建立集中收付的国库体制，最关键的一步是取消多头开户。

在建立集中收入制度方面，最重要的措施是需要清理取消各种收入过渡账户，将预算收入纳入国库，集中收缴，同时将各种政府性基金和预算外收入逐步纳入预算，实行国库单一账户管理；暂时作为预算外管理的资金，一律纳入财政专户管理；同时，应抓紧建立财政、税务、国库和银行相联系的信息系统，健全收入监缴和规范退库制度。

建立集中支付体制要求在基本不改变现行资金申请/拨付程序和支出单位资金使用权限、会计核算和财务管理职责的前提下，将主要财政支出项目的资金都通过国库单一账户体系的运作，直接拨付到商品与劳务的供应者。

6.3.3 改革方案

1999 年 7 月 24 日，财政部在《关于落实全国人大常委会意见，改进和规范预算管理工作的请示》中，已将国库支付制度改革作为预算管理改革的一个重要组成部分。2001 年 3 月 16 日，财政部、中国人民银行发布了《财政国库制度改革试点方案》，《方案》的核心是设计以国库单一账户为基础、以国库集中支付为资金缴拨主要形式的集中收付制度，该制度主要有三个内容。

1. 建立国库单一账户体系

此项改革前，财政部门在中央银行和商业银行设立国库账户和预算外资金财政专户，支出机构（预算单位）分别在商业银行设立账户，分散存储、支付、核算财政资金。改革后，预算单位不再自行开设账户，而是统一由财政部门在国库单一账户体系内设立各类账户，包括以下五类：

- 国库单一账户：财政部门在中央银行开设国库单一账户，用于核算预算内收支。
- 零余额账户：财政部门在商业银行开设财政零余额账户和预算单位零余额账户，用于财政资金的支付清算业务。
- 财政专户：财政部门在商业银行开设预算外资金财政专户，用于核算预算外资金收支。
- 小额现金账户：用于核算支出机构的零星支出，方便其用款。
- 过渡性专户：财政部门为支出机构在商业银行开设特设的过渡性专户，用于核算特殊专项支出。

2. 规范收入收缴程序

改革前的预算资金有三种缴库方式：就地缴库、集中缴库和自收汇缴，改革后简并为直接缴库和集中汇缴两种方式。直接缴库方式由缴款人或缴款代理人提出缴款申请，经征收机关审核无误后，通过缴款人开户银行将款项直接缴入国库单一账户或财政专户。集中汇缴是由征收机关将收入汇总缴入国库单一账户或财政专户。无论是预算内还是预算外资金，都实行规范的缴库方式，取消目前某些收入通过过渡账户缴库的做法。

3. 规范资金拨付程序

在改革后的资金拨付方式下，公共支出分为工资性支出、购买支出、零星支出和转移支付四类。根据开具支付令的支付主体不同，分别实行财政直接支付和财政授权支付两种方式。财政直接支付是由财政部门向代理银行开具支付令，通过国库单一账户体系，将资金直接支付到收款人或用款单位，适应工资支出、转移支付和购买性支出。

理想的做法是依赖现代信息与通讯技术实现自动化的支付控制。直接支付模式主要是依靠预算指标和用款计划来控制的。符合这个控制机制下的约束条件就能够在政府财务管理信息系统——即通常所说的"金财工程"——平台上被执行。这种模式下最为复杂的是政府采购的支付，也是整个国库集中支付系统中的控制机制最完善的一个。"金财工程"要求一级财政一本账，同时建立以预算指标、用款计划、采购订单为约束的控制机制，全系统自动运行。政府采购的直接支付程序如下：

- 采购单位向政府采购管理部门提交采购申请；
- 由该部门审核在此单位的年度预算中是否有此项预算；
- 采购预算落实后即批准申请；
- 进入"承诺处理"的过程；
- 回单和签订合同；
- 采购信息输入支付系统；
- 验收后办理支付申请。

在上述流程中，如果一个采购单位有10万元的预算指标，在其提出的3万元的采购申请得到审核批准后，即从其预算指标中扣掉相当于采购金额的部分，这被视为正在使用中的预算指标，这个过程就叫"承诺处理"，其实质是做出一项导致支出义务发生并在未来支付款项的决定。承诺处理完成后，支出单位应该得到国库支付中心的一个回单，据此进行采购和签订合同。相关信息被输入 GFMIS 的支付系统后，系统会根据这些信息进行正确处理，形成有关支付信息。如果承诺的是 3 万元，实际签署合同的金额是 2 万元，那么系统会将多余的 1 万元自动退回到预算指标库里，支出单位剩余的预算指标则是 8 万元。到货验收没问题以后，采购单位向支付中心提出支付申请，支付系统核对发票和合同无误，系统就发出指令付钱给供应商。[①]

财政授权支付是预算单位根据财政授权，自行开具支付令，通过国库单一账户体系，将资金支付给收款人，适应零星支出和部分购买支出。其中，财政直接拨付为主将改变长期以来财政部门将资金拨付到各部门、再由各部门层层下拨的做法，可基本消除资金流转环节过多的问题。授权支付有两个关键，一是财政授权的额度，二是零余额账户。这个零余额账户是财政的，不是用款单位的。从一般意义上讲授权支付负责的是单位的零星支出部分。按照"金财工程"的设计，这部分将做成一个信用卡支付系统，当然，信用卡支付系统不一定是唯一的，也可以有别的方式。

6.3.4 资金管理和付款方式的变化

与现行国库体制相比，集中收付的国库制度使财政资金的管理方式和付款方式都发生了重要变化。

1. 资金管理方式的改变

在集中收付的国库制度下，资金管理方式的变化体现在三个方面。

首先，财政部门在中央银行建立国库单一账户体系，在财政部门内部则建立统一的资金管理账册管理体系。

其次，预算资金由原来层层下拨给支出机构，改为统一保存在中央银行国库单一账户上管理。改革后，财政部门不再直接将资金拨付到预算单位，而是只给预算单位下达年度预算指标，以及审批预算单位的月度用款计划。在支付

[①] 如果发票上的信息与系统里的合同信息不一致的话，那么就会拒绝付款。整个过程不需要人为干预，同时能够实现分期付款，可以按照合同支付的分期要求核对进行，也是自动控制。这就是政府采购管理必须达到的模式，那时国库集中支付才叫真正管到家了。现在多数情况下还只是审单、审发票，没有达到完全自动化的程度。

给商品与劳务供应者之前,所有预算资金都保存在中央银行国库单一账户上。

第三,通过设立"国库集中支付中心",预算资金由原来通过国库向各预算单位开户银行整笔(按季度或月份)拨付、再由预算单位分散付款,改为由支付中心集中付款。财政部门设立的支付中心,负责办理各预算单位向商品与劳务供应者支付款项;中国人民银行国库部门负责国库账户管理、资金清算和相关的管理与监督工作。

2. 付款方式的改变

改革后,除小额零星开支外,支出机构发生购买行为时,向财政部门提出支付申请,资金由支付中心根据支出机构的申请数额和用途,直接从国库单一账户上支付给商品与劳务供应者。

为保证支出机构及时、便利用款以及某些特殊用款开支,除上述集中支付这种主导性支付方式外,还有以下三种辅助支付方式:

- 工资支出。支付中心在商业银行开立工资账户,并根据同级财政部门下达的工资预算,按月将资金从国库单一账户划拨到商业银行的工资账户;商业银行再根据各预算单位开具的职工工资数,将资金拨付到职工个人工资账户。
- 零星支出。支出机构日常小额经费支出,包括购买一般办公用品、支付差旅费业务招待费等,由支付中心根据核定的零用金数额,将资金从国库财政存款户,拨入其在商业银行开设的"零用金存款账户",并委托商业银行为各单位提供小额支票(包括现金支票)和信用卡,由各单位自主支配使用。
- 转移性支出。拨付给支出机构或下级财政部门、但尚未用于购买商品与劳务的支出,由支付中心将核定的资金从国库单一账户直接拨入受款者的银行账户。试点过程中,尚未实行集中支付的预算单位的支出,也采取这种方式进行支付。

6.3.5 收付程序

在集中收付模式下,收入收缴和付款(支资拨付)程序都有了很大改进。其中,财政性资金的收缴分为直接缴库和集中汇缴两类,支出分为工资支出、购买支出、零星支出和转移支出四类。

1. 收入收缴程序

收入缴库程序包括直接缴库程序和集中汇缴程序两种情况。

(1) 直接缴库程序

直接缴库的税收收入，由纳税人或税务代表人提出纳税申报，经征收机关审核无误后，由纳税人通过开户银行将税款缴入国库单一账户。社会保障缴款、非税收入、转移和赠与与收入、贷款回收本金和产权处置收入以及债务收入，比照这一程序缴入国库单一账户或预算外资金财政专户。

(2) 集中汇缴程序

小额零散税收和法律另有规定的应缴收入，由征收机关收缴收入的当日汇总缴入国库单一账户。非税收入中的现金缴款，比照本程序缴入国库单一账户或预算外资金财政专户。

2. 付款程序

按照不同的支付主体，对不同类型的支出，分别实行财政直接支付和财政授权支付。其中，财政直接支付是指由财政部门开具支付令，通过国库单一账户体系，直接将财政资金支付到收款（商品与劳务供应者）或用款单位账户。工资支出、购买支出以及转移支出（不含中央对地方专项转移支出）适用这种支付方式。财政授权支付指预算单位根据财政授权，自行开具支付令，通过国库单一账户体系，将资金支付到收款人账户，适用未实行财政直接支付的购买支出和零星支出。

(1) 财政直接支付程序

支出机构按照批复的部门预算和资金使用计划，向财政国库支付执行机构提出申请，后者根据批复的部门预算和资金使用计划及相关要求，对支付申请审核无误后，向代理银行发出支付令，并通知中国人民银行国库部门，通过代理银行进入全国银行清算系统实时清算，财政资金从国库单一账户划拨到收款的银行账户。

财政直接支付主要通过转账方式进行，也可以采取国库支票支付。后者指财政国库支付执行机构根据支出机构的要求，签发支票，并将签发给收款人的支票交给预算单位，由预算单位转给收款人。收款持支票到其开户银行入账，收款人开户银行再与代理银行进行清算。每日营业终了前由国库单一账户与代理银行进行清算。

工资支付涉及的各预算单位人员编制、工资标准、开支数额等，分别由编制部门、人事部门和财政部门核定。

支付对象为支出机构和下级财政部门的支出，由财政部门按照预算执行进度，将资金从国库单一账户直接拨付到预算单位或下级财政部门账户。

（2）财政授权支付程序

支出机构按照批复的部门预算和资金使用计划，向财政国库支付执行机构申请授权支付的月度用款限额，财政国库支付执行机构将批准后的限额通知代理银行和预算单位，并通知中国人民银行国库部门。支出机构在月度用款限额内，自行开具支付令，通过财政国库支付执行机构转由代理银行向收款人付款，并与国库单一账户清算。预算外资金的支付比照以上流程实施。

以上财政直接支付和财政授权支付流程，均以现代化的银行支付系统和政府财政管理信息系统中的国库操作系统为基础。在这些系统尚未建立和完善前，财政国库支付执行机构或预算单位的支付令，通过人工操作转到代理银行，代理银行通过现行银行清算系统向收款人付款，并每天扎账，与国库单一账进行清算。

6.3.6 国库支付执行机构

在集中收付模式下，国库支付执行机构（支付中心）具体从事资金支付、会计核算、监督检查等业务。财政国库支付执行机构专门负责办理财政直接支付和国库现金管理的具体业务，以及相关的会计核算和监督检查等工作。

支付执行机构的职能是财政部门审核、监督财政资金支付职能的延伸，主要任务是配合财政国库管理部门建立国库单一账户体系，为预算单位设立支出总账及分类账管理系统，受理审核预算单位支付申请，开具支付令，进行相关会计核算，保证账目准确，及时反映支付情况，为预算执行分析提供信息。

国库支付机构与中国人民银行国库、预算单位和代理银行的主要业务关系是，人民银行国库按照财政国库支付执行机构的支付信息，做好与财政支付业务代理银行的资金清算，并负责对全国性银行清算系统和代理银行实施监督管理；预算单位负责编制预算和资金使用计划，搞好相应的财务管理和会计核算，并按规定的程序和要求向财政国库支付执行机构提出支付申请，实现支付；代理银行按照与财政国库支付执行机构签订的委托协议，保证准确支付资金，做好与中国人民银行国库的清算，并及时向财政部门反馈信息。

6.3.7 评述与未来改革

自 2000 年启动雄心勃勃的国库管理体制改革以来，除了部分基层辖区外，目前全国各级政府都已采纳新型体制。按照财政部对改革方案的部署，在 2010 年前要实现所有预算单位所有财政资金实施国库集中支付改革。一是在对一般预算资金实施改革的基础上，对离退休经费、政府性基金、预算外资金实行国库集中支付。同时简化预算级次，将改革推进到所有预算单位。即所谓横向到边、纵向到底。二是推进中央补助地方专项资金国库集中支付试点。三是利用现代支付清算工具，建立公务用卡制度，杜绝现金管理漏洞。

中国财政国库管理体制改革的核心是通过建立国库单一账户体系实现现金余额的集中化管理，在此基础上建立针对商品与服务供应商的集中支付体制。这一改革朝着建立集中性的公共财务管理体制迈出了关键性的一步。传统的政府银行账目、现金余额、交易处理（支出机构与供应商之间的交易）、财务监管和会计信息的高度分散化的体制，造成严重的低效率财务管理，并为腐败创造了大量空间和机会（例如支出机构在分散采购的回扣、机构套取和占用财政存款利息）。在这里，问题的症结在于政府现金余额的分散化管理，在任何时点上，政府现金余额被分散在数目庞大的支出机构（预算单位）自行开设的银行账目上。从全国来看，这些分散式沉淀的资金规模庞大却极难监督，无法在各支出机构间和各项用途间进行统一调度，也无法利用富余资金进行集中式的短期投资以获取回报（在保证安全性和流动性的前提下），因而资金的机会成本高得惊人。在资金大量沉淀的同时，财政部不得不经常举借短期债务以应付新的支出需求（源于沉淀于各支出机构银行账户的资金不能统一调度），无形中付出另一块资金成本（利息和相关的交易费用）。

改革后的体制的典型特征是集中化，其中最重要的是通过建立国库单一账户体系实现政府现金余额的集中化管理。由于现金资源是所有公共组织能够合法和周期性获得的唯一最重要的资源，管住了现金就在很大程度上管住了腐败、浪费和低效率的源头。以此而言，这项改革为在中国建立与国际主流模式接轨的集中性公共财务管理体制奠定了基础。可以预料，在全面推广"单一账户（核心目的是现金余额集中化）、集中收付"这一新型体制下，中国的公共财政和公共财务管理面貌将发生翻天覆地的变化。一些具体的收益也是清晰可见的。①

一个可能的问题是，集中化模式是否导致削弱支出机构应有的预算管理自主权？很明显，改革后的体制下，支出机构原本拥有的银行账目、现金余额、支付办理（对供应商付款）和交易处理（例如购置商品与服务）四项主要的"管理权"中的前三项，已经转交财政国库部门，后一项权力的行使则处于国库部门的监控之下。从这一意义上讲，财政国库管理体制改革在一定程度上削弱了支出机构的权限，加强了核心部门在"猫捉老鼠"游戏中的力量，从而提高了获胜概率。② 另一方面，改革后的体制仍然保留了支出机构的三项主要权力：制度与执行部门（机构）预算、财务管理（凭证与会计等方面）和支出决策。总体而言，中国的国库改革导致了核心部门与支出机构间权力结构的合理化调整，使权力配置与各自职责和角色更加相符，从而有利于发挥各自在预算管理中的比较优势。

从技术层面看，当前体制下的支付流程（预算内、外资金分别处理）尚待改进。理想的做法是将当前的流程尽快转向财政部制定的标准支付流程。标准支付流程是一个相当理想、设计严密的流程，需要有功能强大的计算机网络系统提供强有力的技术支持，经过努力可望建立。该流程有好几个特点，包括不改变人民银行国库局的职能——主要是监管资金的运行、管理清算系统及货币政策与政府账户。

这一流程将预算外资金合并到一个统一的支付流程中，具体包括 10 个依次展开的步骤：

- 预算申请；
- 批复预算；
- 分配拨款；
- 预算单位向支付中心提出支付申请；
- 支付申请如果经审核不合格则拒绝办理支付；

---

① 一个例子是充分发挥利率（在投资回报方面）的作用。发达国家的经历表明，现金余额的集中化最利于利率杠杆发挥作用。因为在此模式下所有的机构都使用同一个账户，政府可以汇集各机构日结账户（零余额账户）余额在隔夜货币市场投资或用以弥补政府其他债务。分散式现金管理体制虽然会牵涉多个银行，但也可以推行利率制度，只是政府的收益不会如集权制下汇总投资那样大。

② 核心部门（包括立法机关、财政部门、国库部门和政府行政部门高层）与支出机构成预算过程的主要的、相互冲突的角色。前者通常负责实施财政纪律和支出控制，后者的主要动机是预算极大化和逃避控制。监管与反监管、控制与反控制的游戏（战争）每天都在预算管理的战场上演出。这一游戏在很大程度上决定了预算过程的最终结果。

- 若支付申请经审核合格则由支付中心向代理银行发出支付令；
- 支付令通过代理银行进入清算系统；
- 清算系统自动与人民银行的国库单一账户进行清算；
- 国库资金从单一账户直接支付到商品与服务供应者账户；
- 信息反馈（报告）。

上述步骤中，信息反馈覆盖了代理银行向预算单位和向支付中心反馈信息以及国库单一账户系统向支付中心反馈信息和支付中心向财政部（国库司）每天报告的支付信息。标准支付流程高度依赖于技术进步。许多国家的实践表明，技术进步在提高现金管理水平上发挥着重要作用，电子转账业务使政府采用多种形式的电子收付款制度成为可能。电子收付款制能够提高现金预测的准确性并减少组织对现金余额的需求，有助于现金管理目标的实现。

在改进操作技术的同时，另外三个问题似乎更加重要。首先是在确保流动性和安全性的前提下，如何充分有效地利用国库单一账户上的剩余现金进行投资以获取回报。可以预料，财政部不可避免地将有大量现金闲置在中国人民银行国库账户上，如何有效运作国库现金以确保稳定和适当的收益便成为国库现金管理的当务之急。一个方法是投资于货币市场和债券市场（债券交易和资金结算较为安全）。当前政府债券交易并不活跃，流动性较差，以国库剩余现金积极投资这两类市场有助于促进其发展，亦可以获得适当回报，但这需要以两个市场的逐步完善作为前提条件。另一个选择是既在商业银行账户存款又进行货币市场运作。进行货币市场运作，能够增加货币市场和债券市场参与主体的类型，有利于提高市场流动性；在货币市场和债券市场不够完善条件下，财政部通过在商业银行开设存款账户，可在一定程度上减轻对货币市场和债券市场产生的压力。此外，还可考虑定期发行中长期债券。中长期债券的发行数量应根据预算执行期间现金余额情况确定和调整。具体地讲，当现金余额不足（显示预算收支状况不佳）时，应增加中长期债券的期限种类、发行次数和发行数量；反之则应减少。

在考虑剩余现金投资战略（政策）时，以下关键要素必须考虑：

- 决定资金余额投资数量的标准；
- 在哪些情形下资金余额应优先用于偿还债务；
- 可以采取的投资形式；
- 指定专门机构管理投资业务；
- 投资报告的具体要求。

在发达国家中，美国联邦政府的国库现金管理最为成功。① 中国可以吸取其有益经验改进投资策略。

第二个方面是加强预算的全面性。"单一账户、集中收付"改革的成果和成败在很大程度上取决于预算的全面性。在大量政府资金和活动游离于预算过程之外，成为"消失的预算"（典型的情形是"小金库"）时，集中性的国库管理体制将严重损害确保所有政府现金余额集中化管理这一关键的改革目标，因而也不可能有效达成其他目标。虽然付出了长期的努力，但在预算全面性方面各级政府仍然面临严峻挑战。

最后，财政国库改革需要与其他方面的改革结合起来。预算管理能否达成公共财政管理的三个关键目标（支出控制、基于政策优先性的资源配置和改进服务交付效率）和两个一般性目标（合规性和风险控制），取决于预算过程各个阶段的制度性特征及其衔接和协调性。财政国库管理体制改革直指预算过程的执行阶段。与其他许多发展中国家和转轨国家一样，中国的公共财政管理面临的种种问题（脆弱性）发生在预算过程的各个阶段，尤其是预算执行阶段。但应看到，预算执行过程的问题在很大程度上与其他阶段的问题紧密相连。如果在预算准备以及评估与审计（事后受托责任）阶段的问题没有解决，旨在单纯改进预算执行质量的改革将难以取得实质成果。此外，需要注意的是，现金管理并不是支出机构唯一的工作，在很多时候甚至不是主要的目标（例如以生产为主要目标），因此还需考虑现金管理在整个组织行为中的相对重要性并予以恰当的重视。

结语

- 在整个预算执行过程中，政府既要确保有效地实施预算，又要确保对财务资源的妥善管理。在这两个方面，国库都发挥着重要作用。
- 管理受托责任（对应于政治家对选民负责的政治受托责任）要求机构管理者不仅对产出（服务交付）的绩效负责，也应对受托管理的资金负责。现金管理绩效是一个组织整体绩效的重要组成部分。

---

① 美国财政部的投资账户平均有160亿美元的余额，这个账户由2 000多个金融机构使用，财政部从资金余额获得的利息收入超出了其日常开支。财政部投资项目平均每天有160亿美元存放在银行、信贷和储蓄信贷社等处。在1997年度以这种方式获得的利息收入高达9.49亿美元。引自Ian Ball. 1998. Modern Financial Management Practices. PUMA/SBO（98）8. Organization for Economic Co-operation and Development. It can be accessed from jon. blondal@ oece. org.

- 现金管理的一个重要目的是促进有效地实施预算,为此需要通过运作良好的国库来确保:根据合同条款的要求付款,及时征集收入,降低交易成本(例如税款从纳税人手中转入国库的成本),以最低的资金成本融资(包括借款),避免提前付款,精确地追踪关于未来到期付款方面的数据,以及剩余现金投资以获得适当的回报。现金管理的另一个重要目的是制定适当的投资策略以使剩余现金获得令人满意的回报率。

- 在单一账户下实现现金余额的集中化管理,可以认为是一种最优化的现金管理,它避免了在其他机构保留大量闲置现金余额的同时,为另一些需要融资的机构借款和支付额外的利息费用。在国库单一账户下,所有政府交易的付款通过某个账户或者相互联结的一组账户进行。

- 一旦现金流量实现了集中化管理,就应考虑让政府与向政府提供金融服务(包括管理政府账目)的银行之间的关系建立在市场法则的基础上,以此促进对现金流量进行更有效率的管理。

- 对于控制预算执行而言,仅仅控制现金流量是不够的,还需要有对承诺的良好记录和监督。

- 建立国库总分类账会计系统的两个核心步骤是,确定哪些类别的政府财政交易应纳入这个系统,确定哪些实体或机构需要在国库总分类账中开设账户,这意味着资金"拥有者"应该把财政资金存放在国库单一账户内。

- 对于中国这样的大国而言,由于政府层级多,财政交易规模庞大而复杂,各层级政府共同使用中央(政府)直接管理的国库以及国库单一账户是不现实的。为了有效地履行国库职责,除了中央一级外,省级辖区甚至省级以下各级地方辖区都应建立自己相对独立的国库系统,以及与之相适用的多层次国库总分类账系统。

本章要点

- 现金管理是国库的核心功能所在,其目的在于控制支出总额,有效实施预算,降低政府借款的成本,以及促进政府存款和投资回报的极大化。现金管理的主要内容包括控制现金流量、现金余额的集中化、国库单一账户,在现金管理中引入市场原则提供必要的激励,管理政府银行账目以及建立配套性安排。

- 通过国库单一账户实现现金余额的集中化,要求政府所有的付款交易都通过国库单一账户(某一个账户或一系列相互联结的账户)进行,并且根据相同的分类方法将财政交易记录于这些账户中。在应用现代技术的条件下，这一模式既可满足集中式的、也可满足分散式的公共支出管理。

● 为确保现金流出与现金流入相匹配以及准备借款计划，国库制订财务计划和预测现金流量是必不可少的。国库的财务计划包括现金计划和与之相关的借款计划。年度现金计划必须在预算执行开始前就预先制订下来并与支出机构沟通，以便有效地实施预算。

● 制订现金计划十分重要。现金计划包括：（1）准备1份年度预算实施计划，该计划应按季度滚动；（2）在年度预算实施计划内，准备1份月度现金和借款计划；（3）每周审查月度现金计划的实施情况。为准备月度现金计划，需要监督承诺，以避免发生拖欠或迟延付款。

● 中国在传统上一直实行分散收付的国库制度，从2000年开始启动了以国库集中收付和国库单一账户为核心改革进程，这使得资金管理、付款方式、收付程序和国库组织机构发生了很大变化。集中支付包括直接支付和授权支付。

关键概念

国库 国库单一账户 现金管理 现金余额 现金余额的集中化 现金计划 借款计划 债务管理 短期债券 预算实施计划 国库总分类账系统（GLS） 财政交易 零余额账户 财政专户 小额现金账户 财务管理信息系统（GFMIS） 承诺处理 财政授权支付 财政直接支付

复习思考题

1. 在财务管理和预算实施方面，国库通常应履行哪些功能？
2. 政府现金管理的目的是什么？
3. 什么是国库单一账户？标准的国库单一账户有几个要点？
4. 无论付款和会计模式如何，对现金余额的集中化管理都是必需的，为什么？
5. 债务管理涉及哪两个主要方面的内容？
6. 中国传统的分散收付的国库制度有何弊端？建立"单一账户、集中支付"的财政国库管理体制对于有效的公共财务管理的意义何在？
7. 中国财政拟定的标准支付流程包括哪些步骤？

参考文献

1. 财政部、中国人民银行：《财政国库制度改革试点方案》（2001年3月16日颁布/财库〔2001〕24号)。

2. 国际货币基金组织财政事务部: "中国: 政府预算与国库管理: 问题与建议",研究报告,1996年。

3. 王雍君:《中国的国库改革: 从分散化到集中化》,载《财贸经济》2003年第5期。

4. Ian Ball. 1998. Modern Financial Management Practices. PUMA/SBO (98) 8. Organization for Economic Co-operation and Development. It can be accessed from jon. blondal@ oece. org.

第7章 预算执行的控制、评估与审计

为确保预算执行结果符合预算政策的意图，确保营运效率，对预算执行过程进行控制、评估和审计非常重要。本章主要探讨以下内容：
- 预算过程的控制系统（外部控制、内部控制和产出控制）
- 规划层次的预算评估
- 政府审计（外部审计与内部审计、合规性审计与绩效审计）

7.1 预算控制模式

不同预算控制模式的特征可以根据影响公共机构营运效率的三个关键因素——信息、动机和角色——加以刻画，据此可区分为外部控制、内部控制和产出控制三种模式。①

7.1.1 外部控制的特征与局限性

传统的控制模式是外部控制，实施这一控制模式要求在政府预算体系中，由法律法规（甚至宪法）加以规定或认可的一整套事前的、正式的预算管理程序和规则，这些程序和规则贯穿从预算编制到预算执行、评估与审计的整个预算过程之中，并规范着立法部门、行政部门和预算过程中其他参与者的行为，决定他们可以做什么或不可以做什么。长期（可追溯至19世纪出现现代

---

① 关于这三种控制模式的详细讨论可参见艾伦·希克：《公共支出管理方法》，经济管理出版社2001年版。

意义上的预算实践）以来，这套得到广泛公认的预算程序与规则至少在表面上看已经发展得相当完善了，政府预算就是年复一年地在这套程序与规则的支配下完成对财政资源的分配和运作的。

外部控制的具体实施机制在不同国家有较大的差异。一些国家（如英国）侧重通过国库实施控制，法国、德国和其他许多国家更多地强调通过财政检查员或财政控制者实施，并以政府会计制度作为控制的辅助机制。无论具体实施机制如何，外部控制的重点在于确保预算执行的合规性，然而其效果是令人怀疑的，因为在长期实践中人们发现，建构于正式的预算程序与规则基础上的外部控制模式下，预算执行结果常常同预算初衷背道而驰，经常可以见到的背离包括：

- 实际的财政支出和赤字水平经常超过预算所限定的水平；
- 有限的预算资源被大量分配到那些社会回报率很低的炫耀性（政绩）项目上；
- 预算中具有很高优先等级的政策目标或规划得不到充分的资金；
- 支出机构的营运效率不佳。

由此提出的问题是，即便是严格的外部控制模式，为什么也会导致预算执行经常产生人们不希望出现的结果？对此进行解释需要追溯到这一特定控制模式在信息、动机和角色特征方面：动机扭曲、信息障碍和角色对立。

1. 动机扭曲

在外部控制模式所遵循的传统程序与规则，并不解决"支出总额应该是多少"的问题，每个支出机构（和机构中的每个成员）也不必对财政支出总量（被突破的可能性）负责，因此它们有足够的动机去争夺对自己有利的预算份额，并且尽可能在当年把它们全部花掉，因为支出机构对不花白不花的制度缺陷心知肚明。由于各支出机构（和支出部门）各自获得的资源份额并不是在竞争的基础上形成的，因此，支出机构之间彼此争夺资源削弱而不是改善了预算效率。

支出机构基于利己动机（理性行为）争夺资源的结果，就是一次又一次地导致开支和赤字突破政府的财政（收入）能力所能支持的规模，形成产权经济文献中所描述的典型的"公共悲剧"，在诸如牧场、林地、近海渔场、水资源、珍稀动植物产生的"公共悲剧"是人们熟悉的例子。①

"公共悲剧"从两个方面削弱了预算效率。

首先,"公共悲剧"意味着支出机构和项目通过无节制的争夺来获得资源,而不是通过竞争来使资源从低效用评价的项目释放出来,并转入具有较高效益评价的项目,其长期后果就是导致财政资源的总体配置演化为一种低效益格局。

其次,在缺乏财政总量约束制度的预算模式中,无节制地争夺资源导致分项支出之和很容易突破预算支出限额,从而破坏了政府的财政能力(量化为年度预算中的支出预算)。由于预算程序允许在预算执行中随意追加支出满足额外的需求,与具有较高优先等级的项目、政策目标中那些优先等级较低的项目至少有相同的概率获得额外的财政资源。

在传统的预算程序规则支配下,理性的个体行为不仅有可能损害配置效率,同样也会损害营运效率,因为这些正式的程序规则强调服从(法律和上级意志),而不是机构和个人的绩效和积极主动地参与管理。有些糟糕的程序规则鼓励支出机构花掉其得到全部预算资源,因为节省下来的资源(资金盈余)在即将到来的新财政年度中将会失效。这类规则导致支出机构处于这样一种境地,即要么花掉资源要么失去资源,由此形成的"多争和多花总是有利"的导致支出机构以高成本(投入)提供服务,从而削弱运作效率。②

2. 信息障碍

所有决策都依赖信息,预算决策尤其如此。预算决策决定了公共支出的分配格局,决定了支出在各项政策目标之间、各个机构和各个项目之间的配置,从而影响到预算执行的结果。管理者在公共资金使用方面掌握的信息也会影响到预算结果。在决定财政资源的配置方面,决策者和管理者对信息的依赖程度是很高的,其中与项目成本效益有关的信息,与机构的产出数量、质量和成本有关的信息,是依赖程度最高的信息。由于得不到这类信息,或者(同时)

---

① 从短期看,财政资源中"公共悲剧"问题似乎不会引起严重的后果,因为政府有能力从经济体系中抽取额外的资源来缓解"公共悲剧"问题。但是,持续抽取额外资源将最终破坏财政资源的再生能力,从而在一个长期的过程使"公共悲剧"演化为一个严重的问题。

② 在中国现行的预算程序中还有一种更为糟糕的规则,即允许或容忍支出机构从预算外获得资源用于自己的开支,这些资金及其运作几乎完全不受正式的预算程序的约束,但它们得到正式程序规则的认可。如果支出机构不去"创收",它们的支出总额就会减少。因此,认可预算外财源弱化了财政约束,抬高了支出机构提供服务的成本。

由于信息不对称，决策者（或支出控制者）和管理者在决定支出总量、特别是决定支出优先排序表时，就会面临极大的难题。这种信息障碍是导致预算结果经常背离政策初衷的重要原因。

在外部控制模式中，信息是自下而上的流动：支出控制者高高在上，不仅决定支出总额，也决定各部门内部资金的具体使用，包括批准支出项目和计划，因此需要掌握与支出机构上报与支出需求和资金使用情况相关的大量信息。这种自下而上的信息流动产生了两种形式的信息障碍：信息不足和信息不对称。信息不足源于信息的生产与传播需要成本，高昂的信息成本意味着不能产生足够的信息以满足决策者和管理者的需要。一个很好的例子是，支出决策者常常对各支出项目的成本效益情况缺乏起码的了解，因为要获得数目庞大的公共项目的成本效益信息，需要的费用极高。

与此相关的是信息不对称，典型的情形是支出控制（决策者或管理者）在了解有关支出使用情况的信息方面，显然比支出机构处于明显的劣势。事实上，为了制定适当的支出决策，决策者不得不经常依赖支出机构提供的信息，正是这些信息在很大程度上帮助决策者做出支出决策：是否或何时向某个支出机构提供（多少）预算资源。认识到这一点，支出机构就有足够的动机向决策者提供或"制造"所有有利的信息，因为这些信息可以极大地提高他们获得更多资源的概率。这样一来，有限的财政资源便会在信息障碍下作不适当的分配。

3. 角色对立

在外部控制模式中，支出使用者与支出控制者的角色是对立的：前者有足够的动机获取预算拨款并尽可能全部花掉（不花白不花），后者则需要对此实施控制，控制与逃避控制、服从与逃避服从构成两者关系的主线。

角色是由职责决定的，而职责是由特定的预算程序规则规定的。预算过程中有许多参与者，其中典型的有两类：层次较高支出控制者和层次较低支出机构。控制者负责控制各支出机构的开支，而支出机构则负责使用和管理所得到的资金。控制者与支出机构的和谐一致对于完成预算任务非常重要，但传统的预算程序规则赋予两类参与者以一种敌对的关系：由于权力集中在支出控制者手中，在权力序列中处于劣势地位的支出机构，总是想方设法打破权力的限制以获得对自己有利的预算份额，使用虚假信息就是常用的手段。这样一来，支出控制者的权力和他们重新分配财政资源的能力就会被削弱，由此产生不利的预算结果。

由于中央控制者与支出机构处于一种角色对立的地位，支出机构总是想方设法力图保持原来的并增加新的支出，而支出控制者则力图对此加以控制。预算管理的实践证明，在两者之间的博弈中，支出机构通常会获胜，它们在几乎所有的情况下都能够找到逃避支出控制的办法，迫使控制者接受追加预算而不是在竞争性的支出需求之间重新分配资源，信息障碍进一步加剧了这种倾向：在获取和使用诸如追加支出理由、用途、效益等方面的信息的过程中，支出机构显然处于比支出控制者有利得多的地位；利用这种信息优势，支出机构可以通过蒙骗控制者而最终达到让控制者接受追加支出的目的。结果，低效益评价的项目、活动或计划不仅无法得到废止，而且可以在增量分配（基数法）的运作程序中得到强化，因为它们仍然可以在新的预算年度中获得大量的预算资源，导致预算效率无法充分实现。

认识到传统控制方法存在的缺陷，现代预算管理强调将管理责任下放到部门层次，形成内部控制模式甚至产出控制模式。在此模式中，各支出部门或部长在部门内部进行资源再分配方面被赋予广泛的自主权，以决定资源在各项规划或活动间的配置。资源的重新分配是预算的核心。政府的战略方向进而政府的预算，需要随着环境和问题的变化而做出相应的调整，以使资源流向最有效益的地方。但在预算系统中，由于存在着抵制重新分配的强大力量，要想实现预算资源在各部门、支出、用途和项目上的重新分配是非常困难的，结果就是大量的资源长期滞留在低效益的地方，而不能适时转移到更有价值、更符合政策目标的优先级的地方。

预算改革的一项核心课题就是要创建一种预算过程，能够使多数人的未来利益压倒少数人的既得利益。通过给支出机构的管理者以更多的自主性，扩大预算范围，特别是将注意力更多集中在产出上，以及延长预算的时期范围（多年期预算），都有助于实现资源再分配目标。为此，自20世纪90年代以来，越来越多的国家将其传统的外部控制模式转向内部控制甚至产出控制模式。

7.1.2 从外部控制到内部控制

20世纪80年代以来，许多发达国家已从传统的外部控制转向内部控制，这一转移是通过将具体的管理责任下放到部门层次来推动的，支出部门在资源运作（或投入控制）方面拥有广泛的自由裁量权，它们可以按照自己认为最适宜的方式运作本部门的财政资源。管理责任与权力的下放有助于削弱支出部门"花掉所有可以利用的资源"的动机,但与此同时必须对产出的成本和结果(数量与质量)负责。此外,转向内部控制模式还使支出控制者的角色发生了重要变化,它们得以从外部控制模式下预先审核支出部门各项具体业务中解脱出来,从而可以集中精力对各支出部门的内部管理制度(如支出和采购制度)进行审查。

从外部控制模式向内部控制模式的转轨反映这样一种认识,即要想获得预算过程的配置效率,中央控制者必须想方设法让支出部门愿意合作,而强迫它们进行资源再分配并不是一种好办法。要注意两种控制模式的差异。首先是对信息的需求不同。在外部控制模式中,支出控制者依赖大量的自下而上的信息流动,因为它们需要大量有关支出的信息据以做出资源分配决策;而在内部控制模式中,由于部门和机构层次上的资源分配权力被移交上级部门或机构的负责人,因此不需要大量的这种自下而上的信息流动,但部门或机构负责人仍然需要获取大量的现场信息。其次,在内部控制模式中,支出控制者与机构者之间的角色冲突被大大淡化,使决策者得以将主要精力集中于重大的政策问题,而不是应付在细节问题上与支出者之间的冲突。最后,内部控制模式能够更好地激发支出部门和机构负责人的资源再分配动力,而不是向支出控制者索取更多的追加支出。

与外部控制模式相比,内部控制模式强调的是分权而不是集权。管理者在采取具体的行动(在预算中决定本部门支出项目、计划及其优先排序)之前,并不需要得到支出控制者的批准,也不需要大量的自下而上的信息流动。在这种控制模式中,支出机构必须确保其预算实施过程的合法性、适当性和效率,为此必须建立起服从于政府预算管理规则的内部管理制度,包括人事、采购和其他管理制度,同时养成自觉(而不是强制)服从正式的预算规则与程序的良好习惯。与外部控制模式相比,内部控制模式大大节减了信息的层层上报,但同时也大大增加了部门内部预算(项目与业绩)评估的工作量,因而,在那些各部门预算评估能力非常有限的国家中,尤其是在那些支出机构尚未养成遵守(服从)规则习惯的国家中,转向内部控制是不现实的,采取外部控制模式成为唯一可行的选择。

由于以上差异,与传统的外部控制模式相比,内部控制模式能够更好地在部门内部实现预算与政策的直接联结,从而有助于改进预算过程的配置效率。然而,从外部控制模式转向内部控制模式需要具备一定的条件,其中最重要的一点是在长期的外部控制实践中,支出机构已经培养出遵守规则的文化。如果支出者力图通过破坏预算规则和预算实施过程去获取追加的资源,那么,外部控制向内部控制模式过渡的条件就尚未成熟,这样,部门内部的财政资源再分配权力就不能轻易下放给部门负责人。

7.1.3 产出控制

无论是外部控制还是内部控制,控制的重心是预算资源本身(预算投入):绩效问题都被忽略了,服从而不是预算效率成为控制的重点。因此,改善投入控制虽然可增进预算效率,但其潜力先天性地存在着局限性。实践证明,投入控制无法促使支出机构产生节约资金的动机,相反,支出者总是力图通过破坏预算规则和预算实施程序谋求更多的资源,它们关注的中心问题是"如何得到更多的拨款"而不是努力改进服务,投入与产出的在预算执行控制中的这种脱节妨碍了营运效率。

与着眼于控制投入的外部控制与内部控制相比,产出控制将控制的重心转向了预算过程的产出(绩效)方面。通过赋予较低层的支出管理者更多的使用营运成本的决断自由,以及通过强调对产出、产出的成本进行计量和绩效审计与评价,产出控制模式直指支出机构的营运效率。这些优点和成果在过去半个世纪发达国家的预算管理改革实践中,已经得到了确认并引起巨大的反响。20世纪80年代以来,新西兰、瑞典、澳大利亚等OECD成员国更是把这一改革进程推向高潮。总体而言,这些努力反映了人们对公共绩效的日益强烈的关注和期待,虽然目前仍然只有少数发达国家在实行产出预算方面取得了有限的成功。

7.2 预算评估

预算评估通常是在规划(包括构成该项规划的主要活动)的层次上进行。评估的关键职能是将过去与未来相联结:从过去的经历中吸取教训,并反馈到未来的规划与决策行动中,以便将信息和评估结果应用于部门内部的预算资源分配与再分配。在这里,各支出部门建立自己的预算评估机制,不断改进其自我评估能力,对于改进资源分配决策以促进预算效率极为重要。

7.2.1 预算评估的目的与意义

在对支出实施内部控制或产出控制模式的国家（如澳大利亚）中，各支出部门在分配给它的预算限额范围内拥有广泛的权力，以实施部门内部的资源分配与再分配。与外部控制模式相比，内部与产出控制模式的显著特征是支出控制者（财政部、内阁或其他层级较高的预算决策机构）放弃对具体项目和活动的资源分配与再分配，这些权力被下放到部门内部。从外部控制转向内部控制或产出控制可以节省需要大量上报的信息，在外部控制模式中，支出控制者正是通过这些信息对各支出部门的支出申请进行审查，并对各支出项目做出资源分配与再分配的决定。

然而，转向内部或产出控制模式需要在部门内部产生大量关于规划和绩效方面的信息，据以建立预算评估机制，以使预算决策者了解规划所产生的效应。在预算资源有限的情况下，在实施一项花费昂贵的决策或决策变动之前，仔细地考虑可能带来的效应是非常重要的。例如，培训机构在决定是否执行或继续执行一项旨在提高就业率的在职培训规划时，需要了解的一个问题是，该项规划会增加就业吗？如果就业率确实提高了，那么是哪些因素带来的？实施这项规划的成本情况如何？一般地讲，一旦其实施的某项规划营运了一段时间，政策制定者就需要知道其该项规划所产生的影响（效应）和成本情况。规划评估的目的在于通过提供关于政府政策或规划效应（effects）方面的可靠数据，并把这些效应归属到影响这一规划或政策各个因素上，从而向政策制定者提供所需要的信息。为所要解决的问题提供合理可靠的答案，以更好地改进决策和资源配置。为此，应鼓励高质量、有价值的规划评估，并由预算管理者和其他政策制定者使用。

为了鉴别和计量政府政策及规划的效应，有时需要采取一些复杂的评估方法。越是复杂的评估方法，包括回归分析和时间序列分析，越是需要收集和大量数据并进行统计分析，以便可靠地找出各个因素各自对规划产生的效应，这也就是所谓的"影响评估"（impact evaluations）。为确保影响评估的成功，评估人必须经常争取支出机构的合作以获得所需要的数据。

对规划进行评估需要将结果与该规划"预期应达到什么"进行比较。如果规划的目标得到清晰地阐述，评估就会容易得多。为此，对于评估而言，绩效标尺特别有用，正是这些设计良好的绩效标尺将规划目标（相对于政策目标）概念化，进而在很大程度上决定了预算评估取得成功的可能性。

在OECD成员国中，预算评估是管理政府项目的一个基本工具，其特点是特别关注绩效，而不是简单地关注投入过程。预算评估在这些国家的部门预算编制过程中发挥着重要作用。预算评估也有助于加强管理，增加透明度，为决策者提供更多更好的信息，促进更合理的资源分配。

7.2.2 有效评估的前提条件

改进公共机构和规划绩效的方法很多，对政府规划的有效性和效率进行系统的预算评估，只是其中的一部分而不是全部，并且不可能代替其他方法。确保预算评估取得成功取决于许多因素，其中包括：

- 不应把预算评估视为绩效管理框架的替代物，实际上，预算评估必须是一个更为广泛的绩效管理框架的组成部分；
- 只是在决策基于分析（例如成本效益分析）而不是理想（不切实际）的环境中做出时，预算评估才是有用的，成本有效性才是一项重要目标；
- 评估过程中的主要参与者之间必须开展良好的合作，提出评估要求或申请的机构、实施评估的人以及影响这些评估结果的人之间，必须一起开展工作；
- 清楚地界定需要评估的问题究竟是什么，以及到找到答案的大致时间。

提出评估要求的人可能是立法机关或其委员会、某个部、预算部门或某项规划的管理者。评估者必须清楚地界定获得答案所需要的程序和资源，根据提出评估申请方所给出的时间和资源，确保答案的可靠性。评估人员可以来自某个部门的分析人员，或某个审计组织，或来自其他方面。无论来自哪个方面，评估人员都必须拥有达成任务所需要的管理和专业技能。对数据的审查本身就是一项艰巨的任务。另外，评估复杂规划通常严重依赖于统计分析方面的高深技术，而不是能够得到的调查结果。

评估的使用者（可能是也可能不是提出评估要求的一方，但通常是利害关系者）必须参与制订评估计划，以确保评估结果与使用者对决策做出相联系。

在界定问题和制订评估计划时，利益相关者（stakeholders）的看法必须加以考虑，因为评估者通常需要他们提供相关资料，并在解释评估结果和采纳评估所提出的建议方面，发挥重要作用。利害关系者通常也是那些最了解规划真相的人们。如果他们积极地参与评估，则可在制订和实施评估计划中提供重要帮助。①

7.2.3　发达国家的预算评估

政府预算管理的一项重要任务，就是确保预算资金被优先用于最有价值或效益的用途。20世纪80年代以来，在许多国家普遍面临财政困难的背景下，如何改进预算管理，减少赤字，将有限的资源用于最有效的配置，成为预算决策者与管理者十分关注的课题。为此，发达国家普遍强调通过理性的规划评估对政府各施政方案进行抉择取舍并排定次序，设立专业机构与人员对公共规划进行评估，并将评估结果与预算编制相结合，以改进立法机关在预算审议中可能面临的杂乱无章与效率低下的问题，使立法机关审核从过去只注重表面因素（赤字、收支总规模等），得以进入到实质性"绩效审核"领域，借以找出较适宜的公共规划。②

对少量特定的政府施政方案进行的选择性方案评估，已经对政府预算质量产生了积极的影响。美国联邦政府及各机构对美国会计总署的规划评估报告中提供的管理改革建议，有相当高的接受率。地方政府的规划评估报告在决策过程中的情形也相当类似。美国联邦审计总署（GAO）所发布的"启智规划评估报告"（Head Start Program Evaluation Report）对政府决策的影响，是这方面经常被引述的例子。另一个例子是，美国国会预算局（CBO）在一份针对残障人士大众运输方案评估报告中，其超然、中立与专业的形象及该局与国会议员、助理间顺畅的联络渠道，以及国会预算局通过一连串的公听会、研讨会及提供给国会议员的一对一的咨询来推销其研究报告，大大提高了规划评估的可接受度。

这些例子表明，与传统上人们认为国会的预算决策都是在各种利益关系相互作用下完成的看法不同，规划评估所提供的理性资讯在国会深受重视，国会议员对此也有高度需求。

---

① 利益相关者有时会感到他们的利益会受到评估的威胁，因为评估可能会揭露出他们不想曝光的问题。
② 规划通常指旨在促进同一目标的若干活动的集合。一个完整的规划由规划名称、规划目标、活动、绩效指标与成本信息（在活动层次上建立）等要素构成。规划管理是政策（以及预算）执行阶段的关键性成分。

7.2.4 预算评估：澳大利亚的案例

许多工业化国家目前都已建立部门层次的预算评估机制。在澳大利亚，每个部门都须按规定公布其评估计划，内阁要求每个向其提交的规划申请明确，如果得到批准将如何进行评估，财政部则审查其评估计划，对评估过程进行监督和指导。

1. 预算评估的作用

在澳大利亚，绩效评估作为政府预算独立和持续的重要工作，其全盛时期开始于 20 世纪 80 年代。1983 年工党政府上台后，决意提高公共部门的管理水平，推动旨在实现"管理者自主管理"的分权式改革，同时紧缩公共开支。这项改革反映这样一个核心理念：如果给支出部门提供更多管理自主权，减少中央机构的控制及其干预，将会大大有助于改进绩效。1988 年 12 月，澳大利亚联邦政府批准了一项全面的评估战略，以期达到以下三项重要的目标：

- 帮助项目管理者建立信息库以提高政府规划的绩效；
- 帮助政府决策者确定政策重点从而支持预算编制；
- 更好地向国会和公众说明政府和支出部门的受托责任。

目前仍有大量规划正在进行评估。1997～2000 年间公布了 530 项评估报告，评估结果纳入政府财务管理信息系统。[①] 财政部还汇编和出版了评估报告，以此帮助监督各个部门评估工作的进度，以及共享评估的方法与经验，并且也有助于提高评估质量，因为公众得到这些报告可以据此进行更好的监督和审视。预算评估的重要性和使用程度正在得到提高。在 1990～1991 年的预算中，联邦直属部门部长呈报的涉及 2.3 亿澳元的新政策，被认为直接或间接地受评估结果的影响；到 1990～1995 年，该数据上升到了 23 亿澳元，同期受评估影响的比率从 23% 提高到 77%。[②]

2. 财政部在绩效评估中的角色

根据改革要求，各政府部门的所有规划（包括构成该规划的主要活动）都需要进行正式的绩效评估，每个项目的评估间隔期为 3～5 年，也就是每 3～5 年

[①②] 中国财政部预算司，研究报告，2001 年。

就需要对每一规划进行绩效评估。每个部门都需要准备一份涵盖未来3年的综合评估方案（PEP），并呈递财政部，综合评估方案中需要包括主要的计划评估规划，以及大量相关的资源和政策方面的信息。为保证支出规划符合国家的大政方针和发展重点，各部门的评估工作得到财政部的强力支持。财政部通常会为各部门提供评估方法方面的详细意见及手册，提供管理信息系统，有时甚至直接参加某些评估。预算评估工作特别重要，因为许多项目或方案都涉及重要的国家政策和公共开支。

财政部设有评估处，共有9位专业评估员为其他部门进行绩效评估提供方法上的建议、最好的实践经验，提供培训，发行大量的评估手册及指导材料。各部门在预算评估工作中，也都视财政部为一个有用的意见来源，并对其意见较为尊重。财政部肩负着评估监督的职责，也使它能够对各部门的预估工作产生直接的影响。因此在评估工作中，财政部的作用是非常核心的，这也是在各发达国家中，澳大利亚的预算评估能力处于前沿的一个关键性原因。此外，国家审计办公室在预算评估工作中也发挥着非常可贵的作用。1990年以来，国家审计办公室对许多部门的评估工作和行为信息、政府对评估策略的执行情况进行了多项审计，近年来更是日益重视对规划的经济性、效率以及有效性进行审计。

3. 评估程序

在澳大利亚联邦政府中，预算评估的基本程序如下：

- 各部制订部长评估计划，确保在3~5年的周期中，每一规划（或其重要组成部分）都能得到评估；
- 部长评估计划呈递财政部，财政部汇集中央预算编制过程中的重大规划评估活动，它们关系到重要的国家政策和大笔的开支；
- 由各部门或社会的专业性评估机构在3~5年期间对经批准的计划中的规划进行系统的评估；
- 内阁和联邦部长审批评估结果和评估报告；
- 评估机构按财政部的有关规定公开发布评估报告，财政部每年两次在《已公布的评估报告名册》中汇总公布这些评估报告；
- 在预算编制以及其他管理与决策活动中使用评估报告。

4. 绩效评估指标

预算过程中的绩效评估考虑三个主要的问题：适合性、效率和效果。由于对各个政府项目进行评估的目的和项目所处的阶段不同，评估的重点也有所不同，但大多数评估需要同时考虑效益与效率两个方面，有时则要同时考虑适合性这个方面。每个部门的项目只有通过了严格的绩效评估，才有可能申请到预算资金。

适合性意指规划目标或预期取得的成果符合政策优先性和客户需要的程度。如何决定某个规划具有"适合性"呢？通常有四个标准：

- 客观上需要这项规划；
- 政府决定满足这一规划的资金需要是否符合战略目标；
- 在财政资源分配排序中该项规划的优先级高于其他竞争性规划；
- 实施该项规划具有成功的很高可能性。

确定规划的适合性并不是一个简单的过程，因为规划可能有多个，其中有些规划彼此具有竞争性，确定是否具有适合性时，需要对不同的规划进行比较和择优。在澳大利亚，决定规划的适合性与否最终在预算过程中由各部部长或内阁做出，其中各部有责任确定支出选项的需求强度，选择最适合满足需求的方案。

效率评估要求对规划的投入与该项投入所取得的产出进行比较，它可以选择在规划的任何阶段进行，并且定期进行，以便改进规划的实施过程，增加产出和改进行政管理的适当性。与其他阶段相比，在规划初期就实施效率评估尤其重要，这有助于确保从一开始就在明确的目标产出的轨道上实施项目，并留出充足的时间对规划实施过程进行调节，这对于成功地取得成果是十分重要的。

由于效率与投入、过程和产出都密切相关，因此对特定规划的效率可以实施连续地监控和评估，这种评估被归入成长性评估或过程评估。

效果评估涉及的是取得的成果对于政策目标的实现程度，通常只是在有理由预计会取得成果时才进行，这多半会在规划的后期甚至在规划结束后。比如一个促进出口的规划，只有在这项规划产生了出口时才进行评估。同样，教育和健全领域的规划通常只是在规划完成以后的相当长一段时间才能产生成果。在许多情况下，政策目标的实现并不完全归功于规划本身，与规划无关的外部因素也可能对政策目标产生影响。在这些情况下，效果评估要求区分并确定内外因素对政策成果的影响，这是一项具有挑战性的工作。如果规划目标的建立明显超越现实可行性，那么对效果评估将极为复杂并且几乎没有意义。

在澳大利亚，绩效评估的重点不仅在于评估特定规划是否取得了理想（预期）的成果，也在于评估取得实际成果的成本：成果是否是用较少的投入产生出来的。这里使用的概念就是"成本效益比"，即货币形态的投入与"成果"之间的对比关系。注意这里的"成果"不是货币性的，不能转换成货币。成本效益比分析对于利益难以定量的项目特别有用，比如旨在改进行为规范的教育项目或旨在提高生活质量的健康项目。

效果评估有时也称为"冲击评估"、"成果评估"或"累加评估"。累加评估的目的在于累加一个特定规划的所有成果（包括预期和未预期的）以最终决定该项规划是否需要继续下去。

绩效评估的基本框架可用图7.1表示。

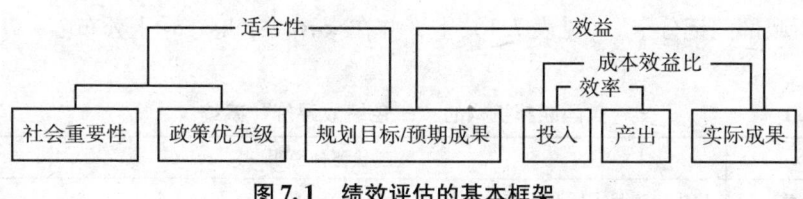

图7.1　绩效评估的基本框架

7.2.5　美国联邦政府的规划评估

美国联邦政府把绩效评估（performance evaluation）作为在公共部门实施全面质量管理（TQM）和结果导向管理（MFR）的必要条件，它被定义为这样一个过程，用以决定如何经济、有效地使用纳税人的资源来提供公共服务和进行规划管理。[①] 20世纪90年代以来，美国在绩效评估方面取得的进展在很大程度上得益于克林顿政府的推动。当时（1993年）联邦政府推出了一项宏伟的"全国性绩效评估"的计划。除了联邦政府外，州和地方（市、县）也据此推动了大范围的行政改革。到90年代中期，已有39个州开展了公共服务质量计划，29个州开展了政府部门绩效评估，28个州就公共服务向作为"顾客"的公众征求反馈意见。加拿大、荷兰、法国等OECD其他成员国也采取

---

① Craig Filtin, DBA, CGFM, CPA. 2005. Finding Your Way through the Government Performance Maze. *Journal of Government Financial Management*. Fall, Vol. 54, No. 3.

了类似的改革措施,一些新兴工业化国家也加入到改革行列中(科特里尔,2000)。在2004年度的美国总统预算中,已有20%的联邦项目采用了新的评级工具——规划评级工具(PART),正式实行了规划评价程序。PART中包括各机构的候选规划须陈述的四个基本问题:(1)规划(program)的目标和设计;(2)战略性计划;(3)规划管理;(4)规划成果(是否能实现其年度及长期目标)。此外,隶属总统的管理和预算局(OMB)还会向机构了解关于规划实施细节方面的问题。经过评估后,OMB会对每个候选规划形成初步的结论,并将评估结果分为四个级别:有效、比较有效、一般有效或无效,提供信息不充分的规划会被评为"无法下结论"。

2001年8月,时任总统布什公布了著名的"总统管理议程",要求根据评价标准追踪各机构的绩效现状和进展情况。自2002年7月起,联邦机构执行的规划季度评价结果,都会被依照评分高低分别采用红、黄、绿三种颜色公布于"行政部门记分卡"(见表7.1)上,并在www.results.gov上公布。

表7.1　　　　　　　　美国联邦机构的"三色绩效评价"系统

	现状评分说明
绿色	该机构满足了所有标准
黄色	该机构只实现了部分标准,有待改进
红色	该机构存在着一些严重漏洞
	进展评分说明
绿色	按计划实施
黄色	计划实施不能按时保质完成,或存在问题因而需做些调整才能完成
红色	计划难以完成,若不采取重大措施则计划不可能完成

表7.2显示的是应用"三色系统"披露的行政部门(记分卡)止于2002年12月31日的季度评级结果,以及自2001年9月30日的第一次评级以后各机构的变化情况,当时记分卡上原有的机构才第一次获得了标记为绿色的评分,只有排名第一的国家科学基金会(NSF)第二次获得了绿色标记。在过去几年里,联邦政府在管理上确实取得了实际进展,这在很大程度上得益于对联邦政府部门和机构进行绩效评价并予公布的措施,这项措施促使它们改进并提升在记分卡上的成绩,一旦发现明显的问题便立即采取整改措施,其中包括:

表7.2　　　　　　应用"三色系统"对联邦政府部门进行的绩效评价

联邦机构管理记分卡										
	2002年12月31日的状况					总统管理议程的执行进展情况				
	人力资本	资源使用	财务绩效	电子政府	预算和绩效集成	人力资本	资源性资源	财务绩效	电子政府	预算和绩效集成
农业部	R	R	R	Y	R	G	Y	G	G	Y
商业部	R	R	R	Y↑	R↑	G	G	G	G	G
国防部	Y↑	R	R	R	R↑	G	Y	G	G	G
教育部	R	R	R	Y↑	R	G	G	G	G	G
能源部	Y↑	R	Y↑	Y↑	R	G	G	G	G	Y
环保署	R	R	R	Y	R	G	G	G	G	G
卫生部和福利部	R	R	R	R	R	G	G	Y	G	G
国土安全部	R	R	R	R	R					
住宅和城市发展部	R	R	R	R	R	Y	Y	G	G	G
内务部	R	R	R	R	R	G	G	G	G	G
司法部	R	R	R	R	R	G	G	G	G	G
劳工部	Y	R	Y↑	Y	Y↑	G	G	G	G	G
国务院	R	R	R	R	R	G	G	G	G	G
运输部	R	R	R	R	R	G	G	G	G	G
财政部	R	R	R	R	R	G	G	G	G	G
退伍军人事务部	R	R	R	Y↑	R↑	G	G	G	G	G
航空检验局	R	R	R	R	R	G	G	Y	Y	G
美国和平队	R	R	R	R	R	G	G	G	G	Y
总务管理局	R	R	Y	R	R	R	R	G	G	Y
国家航空航天总署	Y↑	R	R↓	Y↑	R	G	G	G	G	G
国家科学基金会	R	R	G	G↑	R	G	G	G	G	Y
管理和预算局	R	R	R	R	R					
人事管理局	Y	R	Y↑	Y	R	G	G	G	G	G
小型企业管理局	R	R	R↓	R	R	G	G	G	G	G
史密森学会	R	R	R	R	R	Y	Y	Y	G	Y
社会保障总署	Y	R	Y	R	Y↑	G	G	G	G	G

箭头表示在2001年9月30日现状评分基础上的变动。
图例：R=红色　Y=黄色　G=绿色

- 卫生和福利部将其原有的 40 个人事办公室削减至 7 个，这一措施使得该部门能将大量的工作人员分配到第一线向公众提供更加直接的服务；
- 国防部总部裁员 11%，仅 2001 年就裁减公务员 3 000 余人；
- 退伍军人事务部（VA）在 2002 年前的 5 年里共有 52 000 名雇员参与岗位竞争（仅 2003 年就有 25 000 人）；
- 全国的公车数目从 2001 年的 586 450 辆减少至 2004 年的 576 039 辆，共减少了 10 000 辆；
- 在 www.fistgov.gov 上，普通公民最多只需点击三次就能获得想要的信息和服务，著名的雅虎（yahoo）网络公司将其列入"世界上 50 个最让人难以置信的网站"；
- 2003 年推出的"网上免费纳税申报（free filing）"使 60% 的纳税人能够自行准备并免费在线申报纳税。

到目前为止，联邦政府的绩效改进方面取得了令人鼓舞的进展，这与成功地将绩效计量整合到绩效评估与绩效审计的努力密不可分。绩效审计目的在于了解特定政策或规划是否以及在何种程度上产生了预期的结果。这类信息对于政策制定者和各支出部门的规划管理者都非常重要。与其他发达国家相比，美国的绩效审计占政府审计工作量的比重都要高得多：美国为 90% 以上，澳大利亚、瑞典、英国和日本分别为 50%、40%、35% 和 40% 以上。在通过强化绩效审计以加强联邦政府绩效管理中，美国会计总署——现已更名为政府受托责任总署（Government Accountability Office，GAO）——起了关键作用。仅 2003 年一年中，GAO 就提高政府绩效提出了 2 000 多项建议，这些建议范围非常广泛，涉及如何提高政府的采购和履行合同的能力、如何增强联邦政府大楼的安全和如何提高管理水平等。建议一旦做出，GAO 就会对这些建议是否以及何时得到采纳进行密切跟踪。大体上，GAO 超过 80% 的建议最后都被相关机构采纳，说明其工作确实很有价值。

7.3 审　计

预算评估（核心是规划评估）与预算审计是预算过程事后受托责任阶段（预算循环的最后阶段）的关键成分。在多数国家公共部门治理结构中，立法机关借助独立的审计机构对行政部门的预算执行情况进行审计，以确保行政部门对预算执行结果向立法机关和公民负责。这是民主政体中受托责任框架的最基本和最正式的制度安排。

7.3.1 审计的意义与分类

审计的范围一般界定为财务审计、合规性审计和绩效审计。如果这些审计的目的在于满足一个组织内部管理的要求，则为内部审计，通常由组织内部的机构实施；如果目的在于满足某些强制性义务，则为外部审计，通常由外部审计实体或其他独立审计者实施。内部审计的任务是对管理控制系统进行监督，并向高层管理者报告这一系统的弱点以及提出改进建议。

财务审计包括审计财务报告书（核心是财务报表）及其所依据的会计准则，并将审计结果予以报告；合规性审计是对法律方面和管理方面的合规性情况进行审计，主要是对管理系统、财务系统以及管理控制系统的诚实与适当性；绩效审计（有时称为货币价值审计或效率审计）旨在对使用资源以达到特定目标的公共规划、部门和机构的管理与营运绩效进行审计，所使用的核心概念是经济性、效率和有效性，因这三个概念英文都以 E 开头，所以绩效审计也称"3E"审计。[①]

审计与预算评估不同。预算评估所关注的是对政府政策与规划所产生的效应或影响进行系统的确认和计量，通常要求采用科学的方法来增强调查结果的可靠性，这些方法应该将各种因素对政策或规划产生的效应分离开来。审计的最终目的是促进政府真正担负起立法机关和公民的受托责任。然而，评估与审计又有密切联系。许多评估是通过审计部门进行的，或者至少有专业审计人员参与其中。此外，在规划层次上进行的预算评估是对规划进行效率审计的基础。没有规划评估，要完成对规划的绩效审计是不可能的。[②]

审计需要做较多前期准备工作。各种类型审计在其准备阶段都需要明确以下事项：

- 谁或什么将被审计？（审计的范围）
- 我们想要知道什么？（审计的问题/目标）

---

① "3E"是最广泛的定义，但事实上，多数绩效审计并不将注意力集中到"3E"上。实际操作中，最广泛应用的标准是一些关于良好管理实践的标准。

② 国际货币基金组织财政事务部：《中国：政府预算及国库管理：问题与建议》，工作报告，1996年，附录9。

- 我们怎样获取答案？（收集和分析数据的方法和技巧）
- 评价事实的标准是什么？（审计标准）
- 可能的答案是什么？（可能的发现）
- 谁将去做审计？（审计实施者）
- 审计工作什么时候开始，什么时候结束？（时间表）

审计过程告一段落后，通常需要向三个层次提交审计报告：向审计对象提交初步报告，主要是为了保证审计报告没有错误（准确，完整）；向政府提交报告，主要是为了得到审计结论和建议的政治回应；向国会提交报告，包括政府的回应、委员会的讨论。审计报告应包括以下内容：内容提要（主要部分），问题的背景信息，有关范围、问题、标准和方法的信息，审计成果、结论、建议以及政府的回应。在民主政体下，审计是民主受托责任制过程的关键组成部分，所以审计报告必须公开，多数国家的公众可通过网站和其他渠道看到所有的审计报告。

7.3.2 内部审计与外部审计

从实施审计的组织结构看，审计可区分为内部审计与外部审计。

1. 内部审计

内部审计的作用与外部审计相差很大。外部审计者独立于组织并向组织的外部监督者报告，相比之下，内部审计者是一个组织内部控制系统的一部分，一般向该组织的高层管理者负责。管理者首先应通过内部审计单元对其管理控制系统进行评估，并据以改进控制。

多数政府组织都设立有内部审计单元。内部审计的职能在于向高层管理者报告内部控制系统的运作情况，并提出改进建议。外部审计在多数国家被委托给独立于政府的某个组织承担，它通过对政府活动的财务/法律规章方面的遵从情况（合规性）以及效率展开调查，并将调查结果向立法机关（通常也向公众）报告。

2. 外部审计

对于一个组织进行内部和外部审计而言，对内部控制系统进行持续的评估应成为最优先考虑的事情之一。在帮助管理者建立和维持有效的控制系统方面，外部审计者也能发挥重大作用。任何对某个实体的财务报表或其他报告进行审计，只要关注的是其可靠性问题，那么必须包括一份对内部控制系统的评估，这类审计应特别关注报表中的数据处理与记录。在许多情况下，评估在于确保对法律与管制的遵从。在此类评估中，审计人员不仅应对内部控制系统本身进行检查，也应关注如何确保控制的适当性。

政府的外部审计一般由独立的组织审计机构进行，它通常向立法机关和/或公众和被审计实体本身报告审计结果。最重要的外部审计机关通常是一国最高审计机关。美国国会的审计总署是常被援引的例子。[1] 作为美国规格最高审计机构，审计总署代表国会对联邦政府及其官员的行为进行监督。根据美国宪法，美国审计总署无权对行政机构实施强制性的惩罚。我们的任务是发现问题，并就解决问题提出建设性的建议。在收到我们的建议后，相关机构有义务采取有意义的改正行动。如果它们没有这样做，国会将举行听证会或者其他措施强制其改正。国会还有权进一步要求美国司法部对相关行政机构及其负责人提出司法起诉。美国审计总署超过80%的建议最后都被相关机构采纳。2003年，美国审计总署就提高政府工作效能提出了2 000多项建议，这些建议范围非常广泛，有的涉及如何提高政府的采购和履行合同的能力，有的涉及如何增强联邦政府大楼的安全，有的甚至涉及了如何提高日托中心的管理水平。建议一旦做出，审计总署就会对这些建议是否以及何时得到采纳进行密切跟踪。[2]

多数国家的外部审计机构可进行多种审计，包括事前审计、合规则性审计、财务审计以及绩效审计。审计的重点取决于各国的具体情况。通常的审计重点是政府整体和各政府各部门的财务报告和绩效报告。美国国会于2002年通过的《税款受托责任法案》（Accountability for Tax Dollars Act），要求规模较小的部门也要编制接受审计的财务报表。除部分部门外，该法案要求的审计范围覆盖年预算授权额在2 500万美元以上的行政部门，从2004财年开始把接受审计的财务报表与其他财务和绩效报表合并，形成一份综合的绩效和受托责任报告。[3] 在政府组织的内部控制不佳的国家，可能需要由外部审计机构对单

---

[1] 美国审计总署在2004年前称为会计总署（General Accounting Office）。事实上，会计和审计工作从来就不是审计总署的主要使命。对联邦政府财务活动的审计只占目前工作量的15%，大部分工作是对联邦政府进行绩效审计、规划评估、政策分析等。
[2] 唐勇：《美国审计长谈审计的责任》，载《环球时报》2004年10月18日。
[3] Ronald Longo. 2005. Accelerated Financial Reporting in the Federal Government—How Did It Go? *Journal of Government Financial Management*. Spring, Vol. 54, No. 1.

笔交易进行深入的事前审计和合规性审计。然而，这种做法需要消耗大量资源。在这种环境中，审计人员应与立法机关和财政部一同工作，以便在建立有效的内部控制系统方面，采取具有连贯性的审计战略。

为了确保可信度，外部审计应由独立于政府的审计机构进行，这些机构及其审计人员独立于政府，并且可以不受约束地获得信息。美国联邦审计总署就是明显的例子。为保证审计总署的独立性，法律规定总审计长由总统任命，参议院批准，任期为15年。除非遭到弹劾并由总统与国会共同批准，否则不得解职，而且即使解职也必须给出非常明确的理由。另外，美国审计总署每年都要邀请独立的审计公司来对自己进行外部审计，结果向全社会公开发布。无论一国政治体制的特征如何，保持这种独立性都非常重要，但能否做到这一点，在很大程度上取决于能否与立法机关、政府和被审计实体保持一种职业性的和合作性的关系。为确保有效，审计人员必须拥有开展审计所需要的专业技能。与许多国家相比，美国审计总署的独特优势就在于，它有能力在国会需要时向其提供职业化的、客观的、实事求是的、不受党派和意识形态因素左右的信息。

7.3.3 从合规性审计到绩效审计

传统的审计是合规性审计，其作用相当狭窄，只限于财务审计（对拨款是否得到适当使用进行审计）和财务报告审计（对是否如实报告资金使用情况进行审计）。随着政府交易日益复杂和规模日益扩大，审计的职能和范围也在扩展。目前多数发达国家已经将审计的重点转向了绩效审计，关注对政府规划的设计、执行及其绩效进行分析。绩效审计可以提供用来改善工作的信息，帮助决策者监督或纠正行动，从而为公众利益服务。[①]

绩效审计有三个支柱：经济性、效率和有效性。经济性指的是以最优的价格获得所需要的商品与服务（在给定的资源约束下），效率是以最低的投入获得最多的产出，有效性指最大限度地实现所宣布的规划或政府政策目标。图7.2所示的是绩效审计的常规流程。

---

① Michael C. Kristek. 2005. Auditing in the Terrorism Era, *Journal of Government Finance Management*. Spring, Vol. 54, No. 1.

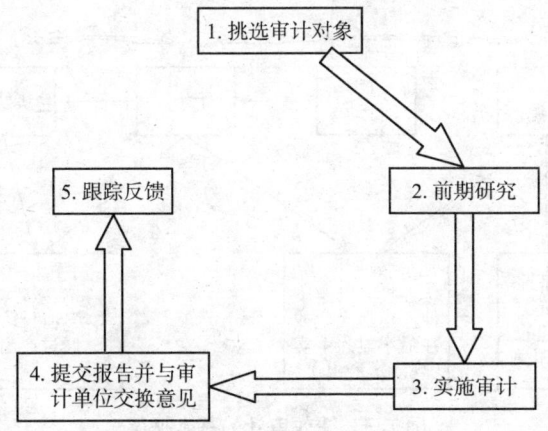

图 7.2 绩效审计的常规流程

在绩效审计的三个支柱中,对公共支出有效性的审计最容易引起争议,因为有效性直接涉及政策问题,在很多情况下很难加以量化。

发达国家将审计的重心转向绩效审计,清楚地表明了对绩效问题的普遍关切。以新西兰、英国、美国、法国和加拿大为代表的 OECD 成员国 20 世纪 90 年代以来推动的公共部门的改革,都是从预算程序的改革开始,最后以审计结束。在新西兰,总审计长对政府各部门的财务报告进行事后审计,并附加"服务绩效考核评语",对公共服务的质量及其成本加以评论;在英国,1983 年成立的国家审计署(作为议会下院的助手)负责审查中央政府的支出,另一个独立的机构——审计委员会——负责对地方政府和诸如国家卫生总署等机构的审计工作;在美国,审计总署发挥着国会助手的职能,长期以来一直负责对公共支出的经济性、效率和有效性进行审计;在法国,财务稽核署和其他独立的委员会行使审计的职能;在加拿大,审计总署要求所有政府规划都制定有效性方面的绩效标尺,并负责对是否存在这些标尺以及这些标尺的适当性进行评论。许多发展中国家依其立法机关权力的大小,绩效审计的方法各不相同。

绩效审计的基本框架如图 7.3 所示。

需要指出的是,将重心转向绩效的审计并不意味着财务合规性审计已经不再重要。事实上,在任何国家,确保基本的财务合规性不仅是审计的永久性目标,而且是公共规划取得绩效的前提条件。

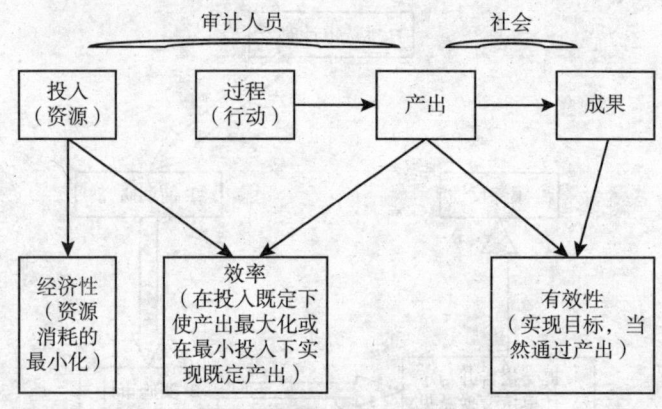

图 7.3 绩效审计的基本框架

7.3.4 机构管理者与审计相关的职责

需要牢记的是，无论财务（合规性）审计还是绩效审计，提高审计质量高度依赖的基础性工作之一是培养数量足够的、严谨敬业的审计师。在履行职业责任方面，审计师需要遵守的原则是服务公众利益、保持高度的正义感、客观性和独立性。公众利益是指团体中成员的集体福利，这是审计师应当服务的对象。①

同样重要的是，支出机构管理者应参与整个审计过程。在许多国家的审计实务中，高层管理人员通常只是出席审计开始时和结束时的会议，直到他们不得不对最终的审计报告做出反应时才参与到审计过程中来。管理人员除了参加审计开始时和结束时的会议之外，还应积极参与到整个审计过程中。例如，公共组织的规划经理者应定期召开会议讨论潜在的审计问题和建议，编写审计现场调查工作（fieldwork）情况报告，促使审计师重视对被审计规划的积极评价，通过更好地与审计师进行沟通以加强工作联系，以及与那些不在审计现场的审计师进行交流。

一般地讲，被审计机构的管理者至少应承担下述职责：(1) 经济、有效、合法地使用资源；(2) 遵循适用的法律法规；(3) 建立和维护一个有效的内

---

① 美国联邦审计总署的审计师在工作的第一天需要做如下宣誓："我支持和捍卫美国的宪法，反对敌人，不管是外国的还是国内的；我将始终如一地信奉和效忠；我慷慨地承担责任，没有任何精神上的保留和逃避的企图；我将忠实地履行工作部门的职责。上帝保佑我。"

部控制系统；（4）向监督其活动的有关各方和公众提供适当的报告；（5）落实审计结果和审计师的建议。管理者尤其应意识到记录和运行内控制度是至关重要的，因为控制的好坏直接影响到审计结果。内部控制包含计划、组织、指导和控制机构及规划运营的过程，还包括评价、报告和监控规划绩效的体系。管理者负有建立一套有效的内控制度的责任，而审计师则负有准确理解与审计目标相关的内控制度的责任。清晰地了解那些由审计师收集和审查的审计证据的分类和可靠性，对于管理人员而言也是很有益处的。美国联邦政府审计准则（GAGAS）将审计证据划分为实物证据、文件证据、询证证据和分析性证据。实物证据是审计师通过直接检查而取得的证据，文件证据则是由发票、会计记录和合同等原始信息组成，询证证据是指通过询问、访谈或调查问卷的形式收集的证据，而分析性证据则包括审计师的计算和比较。[1]如果管理人员能够更好地理解自身的职责和审计师的职责，那么不仅审计工作能够更加顺利地开展，而且他们负责的规划也能更顺利地实施。

结语

- 为了确保预算执行结果符合预算中阐明的政府政策意图，在预算执行过程中实行良好的控制、预算评估和审计非常重要。
- 预算改革的一项核心课题就是要创建一种预算过程，能够使多数人的未来利益压倒少数人的既得利益。
- 对于多数国家尤其是发展中国家和转轨国家而言，最优先的事项是确保财务控制系统的可靠性，以及对财政交易的诚实性和安全性进行有效的外部控制。只有在这些方面取得进展后，转向内部控制和旨在增强营运效率和有效性的产出控制模式所需要的条件才会逐步成熟。一旦转向内部控制甚至产出控制后，预算评估与审计就变得非常重要。
- 在加强和改进预算控制、预算评估和审计方面，大多数国家中的两个部门——财政部和高层审计机构应发挥更为关键性的作用。由于在管理政府财务方面的核心地位以及在国家预算事务中的权威，财政部通常会对支出部门的内部控制结构、特别是会计系统和程序施加重要的影响。而因在审计方面的专业技能，高层审计机构也可以在帮助改进内部控制系统的有效性方面提供重要

---

[1] Robert E. Gray, CGFM, CIA, CFE. 2005. Teaching Andited Entities How to Survive a Federal Audit. *Journal of Government Financial Management*. Winter, Vol. 54, No. 2.

的技术帮助。

- 支出管理人员除了参加审计开始时和结束时的会议之外，还应积极参与到整个审计过程中。

本章要点

- 传统的预算控制模式是外部控制，即由负责支出控制的核心部门一整套由法律规定的正式的预算程序与规划，对支出机构的预算资源营运实施严格的事前管制。由于存在着特有的信息障碍、动机扭曲和角色对立问题，外部控制模式的效果并不令人满意，主要表现为预算执行结果常常同预算初衷背道而驰。

- 内部控制是一种强调将管理资源营运的责任下放到支出部门和机构内部的管理模式。在信息、动机和角色方面，内部控制与外部控制模式均有改进。然而，无论是内部控制还是外部控制模式，公共机构和规划的绩效问题都被忽略了。为此，一些发达国家20世纪80年代以来逐步转向了产出控制模式，这是内部控制模式发展的顶峰。

- 从外部控制转向内部控制（更不应说转向产出控制）需要具备一定的条件。一旦这种转变完成，预算评估和审计的重要性便显示出来。

- 审计范围包括财务审计、合规性审计与绩效审计，根据目的不同可分为内部审计与外部审计。传统的审计重心是合规性审计，而现代审计更加强调绩效审计。

- 预算评估所关注的是对政府政策与规划所产生的效应或影响进行系统的确认和计量，通常要求采用科学的方法来增强调查结果的可靠性，这些方法应该将各种因素对政策或规划产生的效应分离。审计的最终目的是促进政府真正担负起立法机关和公民的受托责任，对规划进行的预算评估是审计的基础。没有良好的规划评估，审计的成果将是有限的。

- 预算评估的目标在于通过计量和某项规划或政策所产生的效应，并把这些效应归属到影响这一规划或政策各个因素上，从而向政策制定者提供所需要的信息，用以决定是否继续或变更该项政策或规划。有许多方法可以用来回答评估中提出的问题，每一个都有其优点和缺点，在决定采用哪种方法时，不应只考虑技术问题。为了确保评估的成功，受影响的各方（特别是在评估人与被评估人）就评估问题签署协议是非常必要的。此外，采用哪种评估方法还应考虑到资源的可得性等方面的问题。

- 一般地讲，被审计机构的管理者至少应承担下述职责：经济、有效、合法地使用资源，遵循相关的法律法规，建立和维护一个有效的内部控制系统，向监督其活动的有关各方和公众提供适当的报告，落实审计结果和审计师的建议。

关键概念

外部控制　内部控制　产出控制　预算评估　内部审计　外部审计　合规性审计　绩效审计　财务审计　适合性评估　效率评估　审计　效果评估　影响评估　适合性评估　审计报告

复习思考题

1. 外部控制模式为什么难以解决"公共悲剧"？试从外部控制模式下的信息、动机和角色方面分析之。
2. 内部控制模式与外部控制模式有哪些主要差异？从外部控制转向内部控制的前提条件主要是什么？
3. 产出控制与外部/内部控制模式的主要差异在哪里？为什么说从转向内部控制或产出控制以后，预算评估更加重要？
4. 预算评估的目的和意义何在？确保评估的成功需要具备哪些条件？
5. 内部审计与外部审计有什么不同？它们与预算评估的关系是什么？
6. 合规性审计与绩效审计有何不同？绩效审计的三个支柱是什么？
7. 机构管理者通常应承担哪些与审计相关的职责？
8. 各种类型审计在其准备阶段都需要明确哪些事项？

参考文献

1. 艾伦·希克：《公共支出管理方法》，经济管理出版社 2001 年版。
2. 国际货币基金组织财政事务部："中国：政府预算及国库管理：问题与建议"，工作报告，1996 年。
3. Craig Filtin, DBA, CGFM, CPA. 2005. Finding Your Way through the Government Performance Maze. *Journal of Government Financial Management.* Fall，Vol. 54，No. 3.
4. Michael C. Kristek. 2005. Auditing in The Terrorism Era，*Journal of Government Finance Management.* Spring，Vol. 54，No. 1.
5. Robert E. Gray, CGFM, CIA. 2005. CFE：Teaching Andited Entities How to Survive a Federal Audit. *Journal of Government Financial Management.* Winter，Vol. 54，No. 2.
6. Ronald Longo. 2005. Accelerated Financial Reporting in the Federal Government——How Did It Go？*Journal of Government Financial Management.* Spring，Vol. 54，No. 1.

第 8 章 政 府 会 计

政府会计是公共财政管理最基础的技术。[①] 好的公共预算管理高度依赖于政府会计系统提供的技术支持。政府会计的基本功能就是为预算的准备、执行、实施以及改进管理与营运绩效提供必要的信息。从功能和方法上看，政府会计的概念框架主要由三个分支构成：财务会计（包括现金基础、应计基础及其变体）、预算会计（包括承诺会计、支出会计以及现金与承诺会计）和成本会计（作业成本法）。本章探讨的重点问题如下：
- 政府会计系统的构成与功能
- 应计（基础）会计与现金（基础）会计
- 预算会计的概念框架
- 成本会计在公共部门中的应用
- 政府会计改革

8.1 政府会计系统的构成与功能

从组织架构上划分，会计系统包括公司会计（私人部门会计）、政府会计（公共部门会计）和非营利组织会计。政府会计是会计系统的一个重要分支，用于对公共组织所从事的具有财务意义的交易和事项进行计量，并将计量的结果报告给利益相关者（包括组织外部或内部的人士与实体）。[②] 在构成政府会计概念框架的三个主要分支中，财务会计用于记录"事后"（回顾性）的财务交易（financial transactions）。与财务会计不同，预算会计用于对预算执行周期

[①] B. J. 理德、约翰·W·斯韦恩：《公共财政管理》，中国财政经济出版社 2001 年版，第 6 页。
[②] 公共部门的利益相关者包括外部的普通公民（选民或纳税人）、政府债券投资者、服务供应商、预算分析与研究人员、外部援助机构以及内部的立法机关和支出机构。

（也称支出周期）阶段发生的、具有财务意义的预算交易（budgetary transactions）进行确认、计量和记录。从预算会计系统中得到的预算信息，使得追踪实际支出与预算支出的相互关系成为可能，而这种追踪正是对预算过程进行控制的前提。在强调绩效导向管理的背景下，传统上应用于私人部门的成本会计方法与技术越来越多地被应用于支持公共部门的管理决策。

8.1.1　财务会计：公共部门与私人部门比较

虽然并不确切，但政府会计在传统上通常被理解为（政府）财务会计。财务会计在私人部门中至少有 500 年的历史（始于 15 世纪的意大利）。概括起来，政府财务会计与私人部门财务会计存在三个方面的基本差异：财务要素的含义、会计基础和财务报告。

1. 财务要素含义的差异

在私人部门中，财务会计系统提供的基本信息被划分为六大要素：资产、负债、所有者权益（资产减去负债的差额）、收入、费用和利润（负值为亏损），其中前三个要素在资产负债中记录和披露，后三个要素在利润表（损益表）中确认和披露。其他财务报表（例如现金流量表和所有者权益变动表）也被用于确认和记录其中某些特定要素的相关信息。财务会计要素既包括资源存量（资产、负债和所有者权益），也包括资源流量（收入、费用和利润）。由于公共部门与私人部门存在的基本差异，①"资产－负债"的差额在公共部门中通常并不表现为"所有者权益"，因为没有任何特定的个人或非政府组织对政府资产享有会计意义上的"权益"。因此，这一差额在公共部门中对应的财务要素反映为"净资产"或"资产净值"。另外，"收入－费用"的差额也不是"利润"（或亏损），而是"运营余额"（operational balance）。事实上，"利润表"概念对于公共部门没有意义。但在应计会计（即权责发生制会计）中，公共部门必须记录收入（revenue）、费用及其差额（运营余额），这类财

---

①　最明显的是，私人部门"以（账本）底线为王"，公共部门则"以预算为王"。私人部门的资产负债表的底线是资产减去负债形成的"所有者权益"，利润表的底线是收入减去费用后得到的利润。公共部门追求的并非利润目标，通常也不存在对于公共部门的"所有者权益"，因而必须以公共预算引导其活动与责任以及方向与目标。预算为王反映了公共部门目标持多样性和复杂性。

务报表通常称为运营表。① 在这里，正值的运营余额代表报告期内政府可得资源流量超过提供当期服务费用的部分，也就是可以继续在后续报告期提供服务的当期资源余额；负值的运营余额代表当期资源不足以提供当期服务、需要动用未来资源或以前留存资源的数额。不言而喻，运营余额的含义与私人部门中的"利润"概念并不相同。

除了所有者权益和利润外，财务会计的其他四个基本财务要素（资产、负债、收入和费用）在公共部门中的含义与私人部门并无实质差异。主要的不同在于，与私人部门相比，计量公共部门的资产、负债在技术上存在更大困难。有些重要类别的资产是公共部门特有的，比如军事资产（导弹、潜艇、原子弹等）、自然与文化遗产以及公共基础设施。这类资产的"原值"、折旧和重置价值都很难计量。公共部门的负债也远比私人部门复杂（未备基金的养老金就是如此）。此外，在全球范围内，虽然应用于公共部门的会计准则早已被制定出来，但远未发展得如同私人部门那样成熟。

2. 会计基础的差异

私人部门的财务会计通常采用应计基础（权责发生制），公共部门财务会计在传统上采用现金会计（现收现付制）。现金会计在现金流量实际收付行为发生时记录交易，应计会计在获得收入的权利和承担费用的责任产生时记录交易。在大部分交易中，由于权利和责任的产生时间早于现金流量收付的时间，因此，应计会计比现金会计提供了关于交易和财务报告的更为前瞻性的信息。另外，由于应计会计覆盖六个财务要素而现金会计只覆盖三个财务要素（现金流入、现金流出与现金余额），应计会计比现金会计提供范围更为广泛的信息，包括现金会计无法提供的费用和成本信息。②

20世纪90年代以来，多数发达国家和部分发展中国家基于改善政府绩效的考虑，逐步将传统的政府现金会计改革为应计会计，或者在保留现金会计的同时局部性地引入应计会计，并相应改革了财务报告体系。有些国家（例如新西兰、英国和澳大利亚）还将应计会计引入政府预算系统，使传统的现金基础的预算转向了应计预算（权责发生制预算），以至会计基础在公共部门和

---

① 目前包括澳大利亚、美国、加拿大、英国等在内许多发达国家都编制和披露公共部门的运营表。
② 费用与成本的关系是，费用按一定标准分配到成本对象上，形成特定对象的成本。现金会计可以提供关于（现金）支出的信息，但不能提供成本（基于特定目的发生的资源消耗）的信息。现金会计也不能提供长期资产和负债的信息。

私人部门的传统差异趋于模糊甚至消失。虽然转向应计会计的国家呈现逐步增加的趋势,但公共部门是否应将现金会计改造为应计会计的问题一直充满争议,尤其是对发展中国家和经济转轨国家而言。

3. 财务报告的差异

私人部门的财务报告包括两个最基本的报表——资产负债表(又称平衡表)和利润表,以及其他报表(比如现金流量表和所有者权益变动表)和附表。这是指采用应计基础会计的财务报告体系时的报表类别。在政府会计仍然采用传统的现金基础的国家(多数国家如此),政府财务报告的主要类别是现金流量表。但在那些转向应计会计的国家,政府财务报告类别与私人部门具有很高程度的相似性,包括平衡表和运营表(对应私人部门的利润表但含义不同)。这里讨论的情形适应于财务会计框架。在预算会计(专门用于追踪预算拨款及其使用)框架下,公共部门通常还会提供与财务会计框架不同的报告类型,例如按支出会计(expenditure accounting)[①] 或承诺会计[②](commitment accounting)披露的预算执行情况表。

财务会计在公共部门与私人部门间的差异具有重要含义,因为这些差异反映了公私部门在目标和其他方面的差异。与私人部门不同,公共部门的目标不是利润,而是覆盖经济、社会和政治方面的一系列复杂和多元(难以用货币计量)的非财务目标。因此,私人部门主要基于配比(尤指收入与费用在时间上的配比)概念发展起来的财务会计框架,在很大程度上并不适应于公共部门,除非对其做适当的调整。

8.1.2 会计基础

财务会计模式可以根据会计基础区别来开。会计基础指基于财务报告的目的,用以决定何时记录交易(或事项)的标准。两类基本的会计基础分别是现金基金和应计基础,两者的变体分别称为修正现金基础和修正应计基础。与

---

① 支出会计指在支出周期的核实/取得阶段记录预算交易的预算会计。在此模式下,"公共支出"被定义为核实/取得阶段的支出,即应计支出(accrual expenditure)。应计支出对应的是应计会计(权责发生制会计)中的负债概念。

② 承诺会计也称义务会计(obligation accounting),定义为在支出周期(预算执行周期)的承诺阶段(第二阶段)记录预算交易的会计。在此模式下,公共支出对应的是承诺阶段的一笔(支出)义务。

此相对应的财务会计模式依次称为现金会计、应计会计、修正现金会计和修正应计会计。

1. 现金会计

现金会计（cash accounting）是一种记录现金收受、现金支付和现金余额的会计方法。简而言之，现金会计计量现金资源的流量，只是在现金被收到或付出时才确认和计量。虽然在公共部门中使用应计会计的国家有逐步增加的倾向，但迄今为止，传统的现金会计仍是使用得最为普遍的政府财务会计模式。一般地讲，只要连同一个能够充分记录承诺和报告欠款的系统一并实施，现金会计就能够满足支出控制的要求。

现金基础上的财务报告应包括本财政年度现金收款加上追加期内的应收款以及本财政年度内的现金付款加上追加期内的应付款。概括地讲，现金制会计模式下的财务报告，主要报告的是现金收款、现金付款以及现金余额方面的信息。现金会计的优点主要是简洁和易于理解，但它不确认和记录任何应付的长期负债，例如养老金。

应注意的是，在现金会计下的财务报告中，现金流量（现金流入和现金流出）和现金余额，与应计会计报告中的"收入"、"支出"和"运营余额"只具有概念上的对应关系，但含义截然不同。有些使用现金会计来核算预算营运（budget operations）①的国家，也会在修正应计制下编制财务报告。

2. 修正现金会计

修正现金会计用来确认那些已经发生于年末、而且预期将在年末后的某个特定期间内导致现金收付的交易和事项。这一模式的一个重要特征是，会计期间包括一个在财政年度结束之后发生的现金收付的追加期（complementary period），比如30天或60天。在当前财政年度的追加期内发生的现金收付，只要是由前一财政年度发生的交易导致的，就应作为当前财政年度的财政收支加以报告。这样做的目的通常在于确保在某个特定财政年度中做出的年度承诺同作为预算支出加以报告的付款之间，达到更高程度的一致性。在某些国家，追加期也涉及收入。其实本来不应如此，因为收入必须在纯现金基础上加以报告。

修正现金会计被许多国家的政府采纳，尤其是法国和西班牙。然而，这一

---

① 预算营运指使用预算拨款的支出机构向一般公众或特定客户提供服务或产品。

体制在发展中国家中会有很多局限性。对其可取性的看法不一，一般认为这一模式没有多少优点但却有很多风险（包括易于诱发操纵预算拨款时间），故一般不宜使用。

3. 应计会计

（完全）应计会计在财务交易或经济事项发生时即进行记录和计量，而不考虑收到或付出现金的时间。收入反映的是年度中到期的收入，无论这些收入是否已经被征收上来。支出反映的是年度中被"消耗掉"的商品与服务的数量，而无论款项何时支付。资产的成本（折旧）只是当使用它们来提供服务时才加以确认。完全应计制会计与私人企业中使用的会计制度（商业会计）相似，它为评估完全成本和绩效提供了一个完整的框架，也可记录所有资产和负债。然而，它的实施要求十分严格，管理能力和数据能力很弱的许多发展中国家全面引入这一模式会遇到很大的困难，并且是不合适的。

应计会计首要的原则是配比（matching）：费用是在相关收入得到确认的同一个期间加以记录的。必须注意，应计会计下的"费用"概念不同于现金会计中的"支出"概念。费用指的是在会计期间内商品与服务的消耗、负债的增加或资产的减少，资产减少的典型例子是折旧和损失——它们通常在没有任何交易的情况下发生。配比原则是完全应计会计的首要原则，它意味着费用是在相关收入得到确认的同一期间加以记录的。

应计会计下的财务报告，应包括收入、费用（含折旧）、资产（财务和实物）、负债以及净资产的报告。

4. 修正应计会计

修正应计会计在发生时确认交易和事项，而不论现金是否收到或付出，但在未来期间才会发生的成本（资产购置）并不会推迟其确认时间，换句话说，在未来提供服务的实物资产将被当做本期的"费用"予以确认。① 另外，与完全应计会计不同，修正应计会计只确认部分政府资产（通常因技术原因排除对军事资产和自然文化遗产以及某些基础设施的记录）和部分政府负债（诸如养老金等通常不被确认为政府负债）。

完全应计会计和修正应计会计具有相同的核算框架，它们都不考虑相关的

---

① 由于这一原因，修正应计制会计基础有时被称为"支出基础"（expenditure basis）。

现金流量所发生的时间；二者的主要区别在于物品（商品/服务与资产）的"获取"同"使用"间的时间：在修正应计会计下，一旦获得物品，它们即被当做本期消耗一笔勾销，即在取得时作为费用处理，不确认存货和实物资产；在完全应计会计下，需要确认存货的变动，而资产则根据其使用寿命而逐步提取折旧。换言之，在修正应计基础下，取得物品的时间被当做"使用"（消耗掉）物品时间，而在完全应计会计下，取得物品的时间和使用物品的时间是区别对待的。

相对于现金会计而言，修正应计会计的优势在于，在取得—核实阶段即确认支出，从而为确认负债和拖欠提供了一个适当的框架。不同国家有各种修正应计会计系统，它们因对待跨年度负债、存货、折旧（可能只是对于某些资产）等会计事项的不同而不同。

修正应计会计下的财务报告应包括收入、支出、财务资产、负债以及净财务资源。由于可确认和记录负债和财务资产，修正应计会计为记录负债和支出提供了一个完整的框架。但修正应计会计亦有其弱点。在纯现金会计系统和纯现金基础预算的国家，预算截止日和结账日是在同一天（预算年度的最后一天）。在修正现金会计系统下，存在一个追加期，用以考虑支出义务（承诺）与付款之间存在的时间差。在实践中，这种追加期会导致有问题的策略，如在同一阶段（追加期内）执行两本预算。由于存在追加期，预算数据必须调整时间口径以使财政统计数据具有可比性。此外，在发展中国家，引入修正现金会计系统的一个风险是可能导致财政透明度降低和受托责任的削弱。

将会计模式划分为以上四类多少有些粗略。比如，在那些采用现金会计的国家，政府会计在传统上有双重方法：（1）通过预算/拨款会计记录拨款以及支出周期不同阶段上拨款的使用；（2）只是在收到或付出现金时，才通过现金会计来确认交易。所以，基于监督预算管理或实施合规性控制的目的，现金会计不应把对承诺的会计核算排除在外。事实上，现金有时称为"现金与承诺会计"。除了核算承诺外，现金制也能确认其他非现金交易，如接受的外援和某些未清偿的负债。

8.1.3 预算会计：定义与解释

在现代政治民主与法治社会里，公共部门需要基于决策观与受托责任观，锁定合规和绩效目标，构造政府会计信息的适当结构。① 理想的政府会计信息结构至少应包括四个相对独立的模块：
- 反映预算运营的预算会计信息；
- 现金基础会计信息；
- 应计基础会计信息；
- 成本会计信息。

对于监控预算执行过程以及确保对预算过程的合规性这一特定目的而言，用于追踪拨款和拨款使用的预算会计，能够比政府会计的其他分支提供更有价值的信息。一般地讲，基于有效地监督预算执行和加强预算管理的目的，每个国家都需要在支出周期的每个阶段实施全面的预算会计来记录支出，包括追踪拨款、预算调整数、支出项目间的资源转移以及拨款的使用，而拨款的使用进一步涉及资金的拨付、承诺、取得—核实阶段和付款阶段的支出。在那些预算会计只是在付款阶段进行记录的国家而言，将预算会计的核算范围覆盖到承诺和支出周期的其他阶段尤其重要。政府会计的其他分支，无论是现金基础会计、应计基础会计还是成本会计，都无法提供与预算拨款及拨款使用相关的完整信息。正因为如此，预算会计才被准确地定义为"追踪拨款和拨款使用"的政府会计。②

由于拨款与拨款使用对应于一个完整的支出周期，严格意义上的预算会计必须是全面的预算会计：有能力提供支出周期各个阶段预算交易的信息。适当的预算会计信息结构取决于支出周期各阶段及各阶段的预算交易（或预算运营）的特征。预算的重心在于公共支出管理。与私人部门不同，公共部门的开支受制于许多约束才能最终实现。这些约束首先来自预算授权和依据授权进行的预算拨款。一般地讲，在民主与法治社会中，如果没有明确的预算授权，就不可能有实际的公共支出。预算授权不仅赋予政府和支出机构合法开支公款的权利，而且也是公共支出控制（合规性控制）的强有力的法律武器。③ 除了

---

① 合规和绩效是公共治理与公共管理系统所追求的两个基本目标，也是评价公共治理与公共管理系统是否良好的两个基本维度。对于公共部门而言，确保合规性是比确保绩效更为优先的目标，这与私人部门的情形有所不同。

② Salvatore Schiavo-Campo and Daniel Tommasi. 1999. *Managing Government Expenditure*. Published by the Asian Development Bank, p. 22.

③ 预算的本意是对公共支出的预先控制。通过授权实施支出控制是传统预算程序的关键目标。在法治社会里，如果没有特别的理由，实际支出超过预算授权的行为是不被允许的，在性质上类似于违法行为。

明确的授权和拨款外，公共支出还须受承诺（支出决定）的约束——没有承诺（无论是显性的还是隐性的）便不可能发生后续的支出。承诺之后尚需经历核实（对供应者交付的商品与服务进行核实）阶段，公款才能最终流向商品与服务供应者，形成付现意义上的公共支出。

公共支出的这个复杂流程可以简洁而贴切地用支出周期（expenditure cycle）概念来描述，而拨款、承诺、核实和付款构成支出周期中此消彼长、相互继起的四个阶段。支出周期概念相适应，一个有效而实用的预算会计信息结构应覆盖四个基本的会计要素：拨款、承诺、核实和付款，每个要素构成一个特定的预算账户。事实上，政府会计的一个显著特征是通过一系列预算账户来记录年度预算的执行情况，这些账户均在每个预算年度之初开启，并且在年度结束时结账（因而年末不存在余额问题）。①

对支出周期中发生的交易进行核算的程序一般如下：
- 何时发出订单，相应的承诺应记录为：（1）支出义务/未交货订单的增加；（2）预算资源的减少。
- 交付（取得）/核实阶段，会计记录为：（1）应计支出/负债；（2）支出义务/未交货订单的减少。
- 付款阶段，付款被记录为：（1）应计支出/负债的减少；（2）现金的减少。

在那些预算会计仅仅用来记录和监督付款的国家，需要立即采取行动来记录支出义务，以及为未清偿的付款建立备查账。然而，更一般的目标应该是实施全面的预算会计系统。

预算会计分录有两类：（1）拨款及拨款分配过程的分录；（2）发生支出义务到最终清偿义务过程的分录，也就是承诺、核实和付款阶段。拨款的本质是一项法定授权，即授权公共组织按规定的金额在一定时期内发生有关支出和债务。即便并未实际支付，但只要债务真正形成，拨款也就被使用了，并且最终要转化为实际付款。因此，预算拨款通常也称为预计支出或支出预算，拨款与支出亦应遵循相同的分类。②

拨款与拨款分配过程的分录从立法机关批准预算（在美国还需要总统签署预算）开始，经过财政部门确定并下达季度分配数，再到支出机构做出每

---

① 徐仁辉：《公共财务管理——公共预算与财务行政》，台湾智胜文化事业有限公司2000年版，第429页。
② 孟凡利：《政府与非营利组织会计》，东北财经大学出版社1997年版，第58页。

季度使用额的决定,再到做出支出承诺,经由核实交付,到最终付款。也就是讲,预算会计追踪交易始于批准预算,终于付款。大体上可以区分两个阶段:分配阶段和管理阶段。

分配阶段包括批准预算、下达季度分配和做出季度使用额的决定;管理阶段分为承诺、核实和支出阶段。分配阶段中,美国联邦政府会计中有一个预算保留制度,即要求支出单位做出季度使用额的决定,中国的情况不同,没有这项制度,以后是否需要,也需要研究。在分配阶段的预算会计分录反映在预算系统中的"可用资金限额",可用资金限额增加记入贷方,减少记入借方,此消彼长,相互继起。其中,可用资金限额是一个动态的概念,在分配阶段中不断流转并变换形态。

在支出周期的管理阶段(承诺、核实和付款)的分录是:一笔借记不同定义的"支出",另一笔贷记这笔"支出"的清偿情况。具体如表 8.1 所示。

表 8.1　　　　　　预算会计在管理阶段的交易记录规则

管理阶段	借方科目	贷方科目
承诺	支出义务	未交割订单
核实	(1) 未交割订单	支出义务
	(2) 应计支出	应付凭单
付款	(1) 应付凭单	应计支出
	(2) 付现支出	现金或银行存款

与财务会计相比,预算会计的另一个显著特征是,既需要记录预算过程的实际数,也需要记录预算数。政府预算不同于企业预算,主要在于前者侧重执行控制。政府支出受基金制度的限制,并为基金服务。多数基金都设有预算账户,记录收入预算数和支出预算数,并以其差额借记或贷记基金余额账户。预算账户的借贷,恰好与相关的实际收支账户的借贷方向相反。一般情况下,实际收入账户为贷差,实际支出账户为借差;预算收入账户为借差,预算支出账户为贷差。将实际数与预算数相比较,作为控制的依据。不过,只是普通基金账户才一并记录实际数与预算数,原因在于其资金来源受正式立法程序约束。至于长期负债类账户、长期资产类账户、政府内部服务基金或公营事业基金,很少采用预算账户。[①]

---

① 张鸿春:《政府会计》,台湾三民书局 1986 年版。

8.1.4 预算会计与财务会计：要素比较

根据会计基础的不同，财务要素（报表要素）可区分为现金基础和应计（权责发生制）基础（accrual basis）下的财务要素。国际会计师联合会（IFAC，2000）界定了现金基础政府会计的三大会计要素：现金收款、现金付款和现金余额，在应计会计框架下为公共部门确认了资产、负债、净资产/权益以及收入、费用五个要素。[①] 由于现金基础会计的局限性，一般地讲，政府会计的信息结构应覆盖到更大的范围，特别是当公共管理从注重合规性目标扩展到更高层次的绩效目标、从现金管理扩展到资产负债管理以后，现金信息的局限性（滞后、狭窄和易被操纵）越来越明显。20 世纪 90 年代以来，以新西兰、澳大利亚、英国为代表的 OECD 成员国相继引入应计会计基础，主要原因也在于此。

从会计基础扩展为应计基础的努力虽然大大扩展了政府会计传统的（现金）信息结构，即便如此，应计会计下的财务要素仍然未能覆盖基于支出周期概念的预算要素：拨款（对于预算授权）、支出义务（对应承诺）、应计支出（对应核实）和现金支出（对应付款）。表 8.2 显示了预算会计所记录的"预算要素"与财务会计所记录的"财务要素"的差异。[②]

表 8.2　　　　　　　　　预算要素与财务要素的比较

预算会计：预算要素	财务会计：财务要素	
	现金基础	应计基础
拨款	现金收款	资产
支出义务	现金付款	负债
应计支出	现金余额	净资产
现金支出		收入
		费用

由表 8.2 可知，除了现金基础下的"现金付款"这一财务要素与"现金支

---

① IFAC. 2000. Government Financial Reporting—Accounting Issues and Practices. Study 11, available at www.ifac.org.
② 财务（会计）要素是为组织会计账户、会计核算和编制财务报告而对财务会计信息所做的基础分类。

出"这一预算要素相同外,其余所有的财务要素都不能覆盖支出周期中上游阶段的预算要素。这种差异清楚地表明:将财务要素(更一般地讲是在财务会计框架内)作为讨论预算会计概念框架和信息结构的逻辑起点是不恰当的。

预算要素与财务要素的差异是如何产生的呢?"预算"与"财务"以及相应的"预算信息"与"财务信息",原本就是两对虽然相关但却存在本质差别的概念,现实世界中的"预算系统"和"财务系统"的特性也是如此。两者的根本差异体现在两个方面:

1. 未来导向与历史导向

历史导向和未来导向是预算与财务的根本区别之一。预算是以未来为导向的在多用途之间进行资源分配的财务计划。财务报告则是以回顾的形式,根据一个组织的经济状况和绩效来记录"已经发生"的财务交易和事项的结果。预算事项远在财务结果产生之前就已经发生,并且由于其固有的重要性而需要进行会计记录。预算会计就是记录这些先于财务结果的交易与事项的平台。历史导向和未来导向的差异不仅意味着预算要素一般不能满足财务要素的确认标准,也清楚地表明,基于支出概念的预算会计对交易和事项的记录时间,通常早于基于财务要素的财务会计所记录的时间。举例来说,虽然应计基础将记录交易的时间从"现金收付"提前到"权责发生"阶段,但仍然不能记录在预算运营上游阶段的"授权"和"承诺",因为预算授权和承诺(支出义务)通常并不满足"负债"的确认标准。①

2. 预算执行控制与财务状况披露

预算系统与财务系统的基本功能也是不同的。预算系统的重点是在支出层面实施可靠的"预算执行控制",以确保公款的取得、使用和使用结果符合相关法律法规的意图和要求。相比之下,财务系统的重点在于通过准确记录和报告交易与信息披露报告实体的"财务状况"。两个系统在基本功能上的差异,客观上要求在财务要素之外建立相对独立的预算要素,即与支出周期各阶段交易相对应的拨款、支出义务、应计支出和现金支出,以此构造相对独立于财务会计的预算会计框架,以满足预算执行控制的需要。

---

① 在财务会计框架下确认的"负债"至少应满足三项标准:由"过去"事项引起,导致某种经济利益流出,金额可以可靠地计量。预算授权和多数承诺事项并不满足第一项标准。

有必要解释预算会计要素中的"应计支出"。显而易见，由于核实阶段并未发生实际的现金收付与资源消耗，现收现付制（现金基础）会计和成本会计无法提供这一信息。那么应计基础会计又如何呢？应计会计记录交易的时间正好处于核实阶段，在此阶段，承担支出的责任或取得收入的权利已经发生。既然对商品与服务交付的核实表明"权"、"责"已经发生，采用财务要素中的费用代替预算要素中的应计支出不是很合适吗？

这正是一个令人误入歧途之处。首先要明确的是，在前述的IFAC确认的财务会计要素中，无论是现金基础还是应计基础下的财务要素，都没有包括应计支出。其中，应计会计基础确认的是"费用"而不是应计支出。虽然在一般意义上这两个术语几乎完全相同，但在会计意义上它们具有非常不同的含义：会计上的费用指的是会计期间内资源的"使用"或"消耗"，"应计支出"是指在同一期间内"取得"的商品与服务的价值。① 这一差异表明，预算会计中记录"应计支出"的时间比应计会计下记录"费用"的时间早得多，至于此前的预算授权（拨款）和承诺（支出义务）信息就更是如此。

从这里我们再次看到，就会计信息至关重要的前瞻性特征而言，基于支出周期概念的预算会计最强，现金基础财务会计最弱，应计基础会计则介于两者之间。

8.1.5 记录和监督承诺

良好（全面）预算会计的关键特征是保持对承诺（支出周期的第二阶段）交易的记录。在此阶段记录预算交易的会计称为承诺会计或义务会计。承诺会计连同在支出周期下游（付款）阶段记录交易的预算会计合称为承诺与现金会计，这是许多国家预算会计系统用于记录预算交易所采用的双重方法。还有些国家在支出周期的第三个阶段——取得—核实阶段——记录交易，通常称为支出会计。支出会计要求将公共支出定义为取得—核实阶段形成的一笔负债（对于应计会计中的负债），通常称为应计支出。

目前已经有许多国家在其政府会计与报告系统中，以各种方式披露承诺。在这些国家中，新西兰对承诺的披露最为完整，联邦政府鉴别了承诺类别的合

---

① Salvatore Schiavo-Campo and Daniel Tommasi. 1999. *Managing Public Expenditure*. Published by the **Asian Development Bank**, first published April, pp. 226-227.

并财务报表中包含了一份承诺表,并区分了资本性承诺与经营性承诺,以及按功能分类的承诺。美国在其标准的财务报表中也披露承诺,即按功能在长期合约如租赁和未交付订单下披露承诺,报表附注也对承诺予以描述,并且提供与社会保险规划相应的承诺的不同计算。加拿大有关会计准则的财务报表鉴别了7类承诺:固定资产、购买、经营性租赁、转移支付协议、资本性租赁、国际组织和针对退伍军人的受益计划。

应否记录承诺是一回事,应由谁来记录承诺是另外一回事。在实践中,许多国家要么是缺乏系统的记录,要么是对承诺信息并未实行集中性记录和管理,财政部门因此难以有效地行使监控预算执行的功能(中国目前情形就是如此)。

一般地讲,承诺应由核心部门和支出机构共同记录。所有形式的承诺都具有未来的财政影响——典型的是增加公共组织的支出义务,这一基本事实意味着由支出机构必须记录承诺。但是,仅仅由支出机构记录承诺是不够的。承诺还必须同时由核心部门(代表政府整体)予以记录,因为没有这样的记录,负责监控预算执行的核心部门就不能获得及时的信息确保预算得到良好的执行与实施。此外,对承诺的集中性记录和管理还可以使支出机构在预算实施中承担必要的责任(谁做出承诺谁负责兑现承诺)。为此,这要求有一个有效的监督承诺的系统。在集中的基础上记录承诺,要求在国库总分类账户系统(GLS)中,为支出单位设立的国库分类账户应包括对承诺进行核算的账户,后者是支出单位国库分类账户的明细分类账户,用以对各支出单位的活动从承诺阶段即开始追踪记录。[①]

虽然应计基础会计比现金基础会计能够更好地记录承诺,但记录承诺本身并不要求将政府会计从传统的现金基础全面转向应计基础。在现金基础的政府会计与报告系统中,承诺可以通过多种方式予以记录与披露。理想的办法是在现金基础会计为主导的基础上,引入承诺基础作为辅助的会计基础,这意味着需要独立设立记录承诺的账户。在尚未采用承诺基础的情况,亦有两种可供选择的方式记录与披露承诺:一种方式是在预算报告和财务报告中,以报表附注的方式予以披露;另一种方式是开发某种适当的备查账(an ancillary book)对承诺进行记录。世界银行在1999年出版的《公共支出管理》中,建议那些只

---

① Salvatore Schiavo-Campo and Daniel Tommasi. 1999. *Managing Government Expenditure*. Published by the Asian Development Bank, p. 374.

是对付款进行监督的国家，采用这类备查账系统对承诺进行记录。无论采用哪种方式，支出部门和机构根据财政部门规定的格式记录承诺账目时，其内容一般应包括：①

- 做出承诺的时间；
- 承诺的类别（哪一种预算分类下做出的承诺）；
- 对所购买的商品与服务特性的说明；
- 承诺支付的资金数量；
- 授权承诺的官员；
- 可能支付资金的日期。

目前发达国家已经开发出覆盖支出周期各阶段的预算会计，能够完整地记录和追踪支出周期各阶段的交易，或者至少保持有对承诺和付款阶段的完整会计记录。与此相适应，这些国家的支出控制已经从控制付款阶段支出的传统模式，扩展到对支出周期进行全程式支出控制的模式。②

8.1.6 会计系统与预算系统的关系

政府会计与预算紧密关联但又相互区别开来。预算系统通常根据拨款的性质分类，据此，除了个别国家采用义务基础的预算外，还有以下两类典型的预算系统：

- 现金预算：大多数拨款通过（授权制订年度）承诺和付款两种形式进行。
- 应计预算：对于支出机构或实体的营运成本和某些其他项目的拨款是基于完全成本的拨款，其中包括折旧和负债的增加。

应注意的是在会计系统与预算系统之间并不存在一一对应的关系。现金会计总是要求采用现金制预算，但现金制预算并不要求必须采用现金制会计；另一方面，应计制预算要求采用完全应计制会计，但完全应计制会计并不要求必须采用完全应计制预算。具体地讲，如果政府会计采用的应计基础，那么这个国家的预算可以是现金预算，也可以是应计预算；同样，如果采用的是现金制

---

① 国际货币基金组织："中国：政府预算与国库管理：问题与建议"，研究报告，1996年，附录七。
② 相比之下，中国现行的预算会计并不具备这样的能力。因为无论是总预算会计还是行政事业单位会计，都没有对承诺阶段交易和核实阶段交易的正式记录。因此，我国现行预算会计并不是一种全面的预算会计。

预算，政府会计可以是现金基础，也可以是应计基础。[①]

从实践上看，预算系统同会计系统之间的下述关系可以在不同的国家找到：

- 现金预算。采用这一预算模式的国家的会计模式可以是：

——现金会计，尤其是在传统的英联邦国家中；

——修正现金会计，尤其是在某些遵循法国或西班牙体制的发展中国家；

——修正应计会计，尤其是在加拿大、法国和西班牙；

——应计会计，其特点是在账户中确认和记录折旧，虽然并不严格遵循一般公认的会计原则（GAAP），转轨国家尤其如此；

——完全应计会计，尤其是美国，最近被应用于联邦政府的所有交易。[②]

- 应计预算。采用应计预算的国家（最典型的是新西兰）一般采用完全的应计会计模式。不同会计模式在记录支出方面的差异，主要体现涉及非利息支出。至于对债务的记录，多数国家使用应计会计模式。

8.1.7 成本会计在公共部门的应用

与私人部门不同，成本核算很少在政府产品与服务的生产中应用。但是，随着越来越多的政府开始关注削减成本，成本会计变得越来越重要，尤其是它能够让政府实施以绩效为基础的预算。[③] 帕累托（资源配置）效率概念并未为政府政策提供明确指南。因此，在公共预算管理中只关注财政资源配置问题是不够的。政府财政决策中也应考虑机会成本和其他成本信息。成本会计在公共部门中的应用只是在过去 30 多年中才被认真考虑。在财政紧缩时期，新的支出案要求对成本进行仔细的权衡。选民对政府服务的关注也要求成本计量。受托责任现在被解释为"在给定期限内，以特定成本和质量提供的服务"[④]。

成本会计起源于企业实务。理想的是成本必须与活动相联系：政府在某项特定活动上消耗了多少资源？在英国，成本核算直到 20 世纪 60 年代中期才受

---

① 虽然如此，会计系统与预算系统之间保持一致是有益的。

② 在美国，预算主要是现金基础的，然而，为政府贷款提供的拨款以及其他某些义务基础的规划是应计基础的。营运性资产和负债采用完全应计制会计，并采用完全应计制基础加以报告，但军事资产和国家等不包括在内。

③ 伊莱恩·卡马克（Elaine Ckamarck）：《过去 20 年各国政府改革的经验与教训》，载《经济社会体制比较》2005 年第 6 期。

④ A. 普雷姆詹德：《有效的政府会计》，中国金融出版社 1996 年版，第 74 页。

到重视。部分受到源于美国的计划—规划—预算体制（PPBS）影响，其结果是美国多数联邦机构都发展了成本核算技术，用于预算的制定和实施，包括绩效计量和分配管理费用。[①]

在企业中发展起来的成本管理系统（CMS）在政府部门有广阔的应用前景。发达国家中，政府成本会计在建筑、医疗、教育和福利管理中变得十分重要。现在，这些国家对医疗保健计划的成本算计得非常精细。政府财务管理传统上将预算资金的分配看做是一种施舍，认为机构的作用就是按照一定程序获取和使用这些拨款。CMS 要求管理者有责任在特定的成本估算内提供服务。

成本会计被认为是一种用各种技术将成本分配到特定成本对象，比如进行某一活动成本、生产产品成本或提供劳务成本上的会计方法。在这种观点下，成本会计为实施应计会计提供支持——在应计会计框架下需要计量存货和其他资产的历史成本，另外在商业组织中为计算盈亏提供支持。成本会计现在被认为可用于提供关于成本信息和相关数据，以满足各种管理对重要决策信息的需要。除在财务会计处理中决定存货或其他类型财产价值的历史作用外，成本会计还有很多的根本的管理职能，包括：[②]

- 预算；
- 成本控制和节减；
- 制定价格和收费；
- 业绩评价；
- 规划评估；
- 各种经济选择决策。

采取现金基础财务会计的政府，可通过以账目中的支出信息为基础的成本研究、资产确认和资源消耗的估计，也能提供近似的成本信息。采用应计基础（财务）会计的政府，可通过对会计账目中包含的成本信息的分析获得有用的管理成本信息。在很多情况下，这些政府只是需要定期的期间成本信息，因而不需要成本系统。[③] 但在其他情况下，尤其是在支持绩效导向的公共预算和管理系统中，需要在应计会计框架之外开发特定的成本会计系统（典型的是作

---

① A. 普雷姆詹德：《有效的政府会计》，中国金融出版社 1996 年版，第 83 页。
② IFAC PSC. 2000. Perspectives on Cost Accounting for Government. Study 12, this study can be found at its internet site, http://www.ifac.org.
③ 资产计价和损益计算都以会计期间为基础。其他重要的管理活动例如规划和公共定价等需要的成本信息，并非期间成本信息。

业成本法)。另外,随着更多成就的取得和应计会计使用的扩展,成本会计在公共部门的应用范围可能越来越宽。在确定如何提高可用信息的质量中,除考虑到财务报告采取应计会计的优点,还应该考虑到使用成本会计进行管理的优点。

在全球范围内,目前成本会计与财务会计在组织上仍是分离的,① 美国就是典型的例子。美国联邦政府使用的标准总分类账(USSGL)中,有4 000个用于预算会计的相互独立的自求平衡的账户组,而其他的账户是用于权益会计(proprietary accounting)的,两套账户的存在使得设计及实施会计和财务系统变得相当复杂。② 虽然如此,采用应计基础财务会计的政府也可一并使用成本会计方法和技术满足特定目的对特定成本信息的需求。特定的成本信息通常包括:

- 固定和可变成本(基于成本习性);
- 直接和间接成本;
- 生产和非生产成本;
- 可控和不可控成本。

许多类管理决策中需要考虑的成本不是账面(历史)成本,而是预期(将来)成本。预计这些相关成本的很多数据可以在一个良好构造的完全成本数据库中找到。应计基础的财务会计虽然能够提供部分成本信息,但通常并不确认一系列重要的成本信息。成本会计系统能够包容在应计会计中未被确认的任何成本信息,包括预期成本(应计会计确认的是历史成本)、活动或流程成本(应计会计确认的是期间成本)、机会成本(应计会计确认的是实际成本)、基于成本习性区分的成本(应计会计根据性质确认成本信息)。成本会计的概念和方法必须可用来区别固定成本和可变成本,也要能区别边际成本和平均成本。如果没有适当的成本会计,政府就没有充足的信息去为服务订一个公平的价格。③ 另外,有时财务会计准则可能和成本会计目标不一致。④

以上分析表明,即使那些采纳了应计基础财务会计的政府,一并开发和应

---

① A. 普雷姆詹德:《有效的政府会计》,中国金融出版社1996年版,第83页。
② Mitch Laine, CGFM, and Catherine A. Kreyche. 2005. Revisiting Federal Financial Management Reform. *Journal of Government Financial Management*. Winter, Vol. 54, No. 2.
③ Allen Schick. 2002. Does Budgeting Have a Future? *OECD Journal on Budgeting*, Vol. 2, No. 2, p. 45.
④ 成本会计与财务会计中的成本信息不一致也可能是适当的。例如在采用修正应计体系的加拿大,财产、厂房与设备的折旧由成本系统汇总,并不以财务会计体系为基础。

用特定的成本会计系统也是非常有价值的。应计会计无法取代成本会计的独特作用。鉴于在政府的有效管理中成本会计有许多应用领域，虽然存在着与某些应用相关的计量困难，成本会计的使用很可能随着应用的成功和应计会计的扩展而日益普及。国际会计师联合会（IFAC）建议：除了应考虑使用应计会计对于财务报告的优势外，政府还应考虑到使用成本会计对于管理目的的优势。①

在理想情况下，成本会计应帮助公共部门提供关于活动②的成本信息。政府必须将其一般性的政策，转换为需要通过活动和规划提供商品与服务，通过使用转移支付或者通过立法措施实施的特定决策。理想地，这些资源配置决策以对每项提议的成本与利益，以及各自相对重要性进行评估的基础上。政府需要了解其全部活动的总成本以便决定：③

- 应追求哪些政策目标；
- 如何最佳地实现这些政策目标；
- 是否应为次级政府实体提供资金，或是否直接从非政府组织那里购买商品与服务；
- 使用者收费能否弥补相关的服务成本。

各级政府都需要制定关于服务水平和服务类型，以及如何最佳地供应这些服务的决策。因此，需要有关提供这些服务的成本方面的信息，以便更好地制定关于特定规划与活动的有效性与可取性方面的决策，以及更好地评估政府机构通过活动和规划提供的服务的绩效。

计量成本对于支持引入绩效预算的变革也是必不可少的。绩效预算系统要求计量范围广泛的因素，比如投入、产出（生产、服务的数量与质量）、效率（单位产出的成本）、服务质量（及时性、可获性、谦恭、精确性和满意度），以及成本（达成规划目标的进展）。④ 另外，成本信息对于支持预算过程的公民参与非常重要。达成直接公民参与要求能够得到关于市政预算和服务成本的

---

① IFAC PSC. 2000. Perspectives on Cost Accounting for Government. Study 12, this study can be found at its internet site, http://www.ifac.org.
② "活动"有时称为"作业"。构成一项活动的基本要求（标准）是，投入、产出、成果和其他绩效计量指标能够在此层次上建立起来。活动应是建立绩效指标的适当层级。在规划预算（介于投入预算和绩效预算的中间形态），活动是规划的下属结构。
③ IFAC PSC. 2000. Government Financial Reporting—Accounting Issues and Practices. Study 11, May.
④ McGill, Ronald. 2001. Performance Budgeting. The International Journal of Public Sector Management 14 (5): 376–390.

清晰信息,以及参与实际的预算选择。①

8.2 从现金会计到应计会计

20世纪90年代以来,许多发达国家和部分发展中国家在绩效导向管理理念推动下,将政府会计和财务报告系统从传统的现金基础转向了应计基础,有些国家还采纳了应计预算。但一般而言,发展中国家应避免过于雄心勃勃的政府会计改革,因为这样的改革通常超越了其特定的制度环境和技术能力,因而少有成功的案例。然而,应计会计框架为改进政府会计系统提供了新的方向。应计会计可以逐步实施。那些提供商业性服务或消费大量资本物品的公共机构,应评估其完全成本并考虑采用完全应计制会计框架,至少对内部管理报告而言如此。

8.2.1 收入确认与计量

应计会计在交易和其他事项发生的期间加以确认,而无论相关的现金款项在何时发生。在采用这一会计模式的国家(多为发达国家),有时会应用这一模式确认和记录收入,但各国的具体做法并不相同,例如美国在现金基础上确认收入,新西兰则更多地采用应计会计确认收入,很多发展中国家则通过估税记录纳税人所欠的税款。在后一种情况下,有时会考虑采用传统的应计会计方法。不幸的是,如果采取这种方法,账户上记录的税收(估算的税收)通常反映的是那些实际上将永远不会被征到的税款。实际上,根据应计制会计原则,税款只是预期要征收上来时才加以确认。在发展中国家和转轨国家,为此要求对征收上来的可能性进行评估,而这一点多少有点武断。实际上,在这些国家,收入必须在现金基础上确认,显而易见的原因是,这些国家往往存在大量的逃税者和欠税者,但普遍缺乏追踪和监督纳税人和逃税(欠税)者所必要的管理能力和信息技术手段。在这种情况下,根据纳税义务的发生时间采用应计会计确认税收收入,并无多少实际意义。

---

① Peterson, George E. 1997. Decentralization in Latin America: Learning through Experience. Viewpoint series working paper, Latin American and Caribbean Studies, World Bank, Washington, D.C..

当然，具体情况要具体分析。诸如本财政年度的所得税、销售税以及执照费、停车费、罚款、没收等杂项收入，难以预先作为应收款项计列，因此应用应计会计有其事实上的困难；然而财产税情况有所不同，因为它是在某一特定日期依法征收，税额可以预先确定，税源可以把握和控制，故如同私人企业那样，采用应计会计确认为（应收）收入较为自然合理。①

应计会计也可以用来确认实物形式的拨款。在发展中国家中，无论其会计系统是什么，都需要记录实物拨款。现金会计和修正应计会计将资产销售确认为收入，而完全应会计所确认的只是与资产净（账面）价值发生的损失或增益。

8.2.2 关于费用与支出

完全应计会计确认的是"费用"而非"支出"。虽然在一般意义上，这两个术语几乎是相同的，然而在会计意义上它们具有非常不同的含义。会计上的费用指的是会计期间内资源的使用；相比之下，支出指的是在同一期间内所取得的商品与服务的价值。费用包括：

- 人工成本（包括养老金负债）；
- 所有营运活动（包括折旧）的完全成本；
- 利息和其他融资成本；
- 资本资产的使用——也就是折旧或服务潜力的损失、实物资产账面价值的变动以及其他损失；
- 财务资产应计利息的变动和汇率变动的损失；
- 政府转移。

除了确认费用外，应计会计（通过成本核算）还可确认规划的完全成本，包括会计期间内取得和使用商品与服务的成本，以及与存货与资产的使用相关的成本（折旧）。评估完全成本要求：（1）对实物资产与存货的妥善管理；（2）良好的成本计量系统，因为制造费用以及由不同规划或活动所分享（共同）使用的固定资产必须归属到各项规划或活动中去。在应计制会计中，资本支出并不当作费用处理。另外，由于建设工程的付款进度并不系统地对应于工程的进度，因此在会计核算中增加的实物资产，可能与同一期间的支出有重大差异。

---

① 张鸿春：《政府会计》，台湾三民书局1987年版，第26页。

8.2.3 养老金负债

由于政府的承诺（通过法律甚至宪法），公共部门在职雇员都有权获得未来获得养老金的权益。在应计会计模式下，如果政府在现金会计下支付养老金，相对于未来养老金权益的总成本变动就应考虑作为一项费用，并根据经济和人口统计学方面的某些假定，以未来需要支付的养老金的实际价值为基础确认为负债。这是因为在现金会计的养老金制度下，虽然参加养老保险的人员所积累的养老金已经支付给了现有的退休人员，但他们向政府索取养老金的权利依然存在。这样，现有在职（参加养老保险缴费）人员积累的养老金权益代表的就是政府的养老金负债，这是一种典型的长期负债。① 另一方面，如果养老金计划采用的是完全基金制模式，那么，只是在需要支付的款项低于缴纳的养老金费用的差额部分，才应在应计会计下作为未备基金负债加以确认。

对于制定政策而言，评估养老金负债非常重要。在政府会计系统不确认和记录养老金负债的情况下，真实的情况是，当前财政年度中发生的财政赤字问题只不过是被转移到未来，而实际上并未解除。这种将当前赤字推延到未来的做法，会诱使支出压力极大的政府通过增加长期负债来满足（压缩）短期现金赤字这一目标。所以，能够确认养老金负债是应计会计的关键优势之一。②

8.2.4 成本计量

与现金会计不同的是，完全应计会计模式需要有对完全成本的详细核算和分析，这就要求在规划和支出机构层次上发展适当的成本核算和管理系统。这一系统在传统的预算管理中并不存在，因此，即便引入完全应计制会计模式被证明是适当的，在操作中也不是一件简单的事情。

在大范围内计量中央政府成本的经历始于1949年，当时正值美国全面实

---

① 国务院发展研究中心课题组：《分离体制转轨成本，建立可持续发展制度——世纪之交的中国养老保障制度改革研究报告》，载《经济社会体制比较》2000年第5期。

② Salvatore Schiavo-Campo and Daniel Tommasi. 1999. *Managing Government Expenditure*. Published by the Asian Development Bank, p. 233.

施绩效预算，这是在胡佛委员会的建议下实施的，但并未取得成功。不过，20世纪80年代中期以来，很多发达国家开始对公共部门计量成本产生了兴趣，并以此作为改进政府服务绩效的工具。

成本信息的主要作用在于：

- 编制预算和成本控制。在编制和审查预算时，关于规划与活动的成本信息可作为评估未来成本的基础。一旦预算被批准和执行，成本信息可用于下一年度预算编制所需要的信息反馈。
- 绩效计量。计量成本是计量绩效方面的效率和有效性的一个组成部分。效率是根据单位产出的成本计量的，有效性是根据成果或预定目标的实现程度加以计量的。
- 公共定价。在社会部门中的定价可能是个政策问题，但对被交付的服务进行良好的成本计量对于评估政策选择的成本是非常必要的。
- 规划评估。各项规划的成本的信息为考虑成本效益问题提供了基础。
- 在公共服务交付中引入市场力量。对于某些类别的公共服务（如垃圾清扫）而言，私人组织可能会比公共组织以更低的成本完成同样的服务，进行这种比较需要有成本信息。

8.2.5 绩效导向与政府会计改革

强调绩效导向和企业化管理的新公共管理改革，特别是政府预算从传统的投入预算转向产出预算的改革，突出了对更完整、更可靠的成本与绩效信息的需求。20世纪90年代以来，OECD成员国公共管理改革的一个主要课题是将重点从投入转向产出和成果，由此促成了更高程度的管理自主性和灵活性。不难理解，要求管理者对绩效负责的分权式管理模式，需要对机构乃至整个政府的绩效进行计量，据此进行事后评估，而不仅仅是对预算投入的事前规定（传统预算的特点），这就要求有相应的会计系统，能够将费用分摊到相应的产出和成果上，以及给予绩效信息与财务信息同样的完整性和可靠性，以此将预算和政策意图转化为财政管理和控制的信息，如果没有相应的政府会计变革，绩效导向的管理改革就无法取得成功。[1]

---

[1] Alex Matheson（OECD公共管理服务部）："更好的公共部门治理：西方国家预算及会计改革的基本理论"，2001年政府预算与政府会计国际研讨会（北京）会议论文。

具体而言，强调绩效管理以提高政府运作的效率，需要正确认识和管理成本，这就需要在政府预算或（和）财政报告中引入应计会计基础。正是应计制将所消耗资源的全部成本与所取得的绩效密切地联系起来，从而有利于强调绩效的管理方式。在那些实行产出预算（或拨款）框架的国家（如新西兰）中，转向应计制基础尤其重要，无论是对于确定拨款金额还是对确保基于成果的受托责任，了解特定产出的成本都是一个必要的前提条件。这是因为，在产出预算框架下，支出机构（或部门）得到的预算拨款相当于政府为某一项产出支付的"价格"，它们必须为其所生产的产出"定价"才能得到足够的拨款以支付成本。从作为产品与服务购买者的决策者的角度看，只有了解包括非现金开支在内的全部成本，才能全面评价一个机构的绩效，并与其他公立或私立机构进行比较，这种评价和比较为进一步改进支出绩效提供了重要的决策和管理信息。

8.2.6 成本、费用与绩效

对于绩效导向的管理模式下的政府预算和财政报告而言，至关重要的是"费用"和"成本"信息，而不是传统的（现金）支出信息（虽然它仍然是重要的）。在预算过程中，应计会计下的费用和成本信息通过"分配链条"加强了政府和机构的财政绩效（见图8.1）。

图8.1假设某个支出机构有A、B两项可计量的产出，这些产出服务于两项成果。在政府预算和（或）财政报告系统中引入权责制后，该机构在某个特定财政年度中发生的费用，需要根据成本动因，按一定的方法和程序分摊到其产出上，从而形成这些产出的成本。由于这些产出是为与直接联结政府政策目标的特定成果服务的，产出的成本需要按照一定的原则和方法进一步分摊到成果上。图中我们假定产出A的成本有30%归属于成果1，70%归属于成果2；产出B的成本有60%归属于成果1，另外40%归属于成果2。

以上讨论表明，新公共管理框架下的政府预算和财政报告系统中，随着应计制会计基础的引入，费用和成本概念已经取代了传统预算管理模式中的"支出"概念而取得了主导地位，其背后的力量来源于对公共部门绩效的强烈追求，以及对现金制缺陷的反思和不满：现金制基础上的现金支出信息虽然在支出控制方面有其优势，但许多情况会导致对政府成本和绩效信息的歪曲和

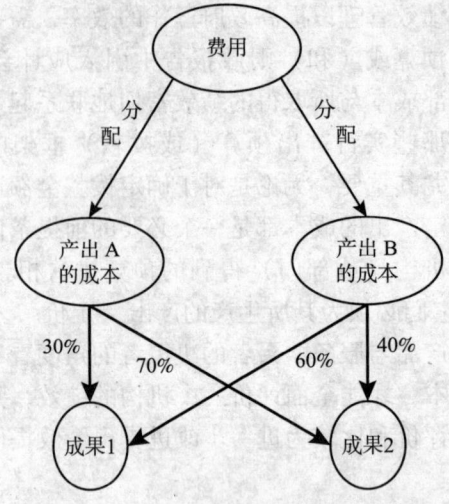

图 8.1　费用在产出间与成果间的分配

误导,因此无法支持以绩效导向的公共管理改革。更一般地讲,如果缺少准确的成本信息,效率和成本有效性等绩效指标就不能方便地确定,可获得的信息就不能适当满足评价和控制运行的要求。因此,鼓励公共实体采用应计会计基础有助于更好地监控与目标相关的绩效,同时也能提供现金管理所需要的信息。[1]

8.2.7　现金会计对成本与绩效信息的歪曲

现金会计下的支出概念对成本与绩效信息的歪曲可举例如下:某个支出机构在某财政年度购进单位价值为10万元的资本物品(例如汽车或大型计算机),当年支付现金5万元,折旧费用为1万元;上年年末物料留存(存货)3万元,当年消耗的存货价值为2万元。采用现金会计和应计会计的计量结果具有很大差异(见表8.3)。

---

[1] IFAC Public Sector Committee. 2001. Governance in the Public Sector: A Governing Body Perspective, International Public Sector Study, August, Study 13, Issued by the International Federation of Accountants, International Federation of Accountants. p. 53.

表 8.3　　　　　　　现金会计与应计会计的比较：解释性例子

计量基础	确认和计量	
	支　出	成　本
现金基础	1. 资本品 = 50 000 2. 存　货 = 0 3. 合　计 = 50 000	
应计基础		1. 资本品 = 10 000 2. 存　货 = 20 000 3. 合　计 = 30 000

由表 8.3 可知，在资本物品购置的当年，现金会计高估了（政府或机构）运作成本，由此可能导致这样的曲解：与那些没有多少资本品购置的机构相比，本期较多购进资本品的机构的财政绩效要差一些，而事实上可能并非如此，因为本期购置的资本品不仅支持了本期财政绩效，而且将提高未来各期的财政绩效；对于存货的消耗而言，现金会计低估了运作成本，由此导致这样的曲解：一个机构即使消耗大量存货也不会降低其财政绩效，尽管事实上肯定如此。在其他许多场合，现金会计也会导致类似的曲解和误导。[①] 在应计会计下，这些曲解或误解是可以避免的。两者的差异反映这样一个事实：现金会计下的支出信息对于绩效导向的管理而言是不充分的，在某些特定情况下完全不符合需要，引入应计会计有助于矫正这一缺陷。

8.2.8　配比问题

现金会计提供有关政府行为的误导性信息，容易引起决策扭曲和失误。无论是对于整个政府或机构的实际成本，还是对于所生产和提供的特定产品与服务的具体成本，现金计量都可能在导致在某个期间（资产和存货购进期间）被高估，而在另几个期间（资产和存货使用期间）被低估。类似地，在财政交易发生的当年，现金会计高估了政府直接贷款的成本，低估了政府提供贷款

[①] 那些涉及跨期（多年期）的财政交易，例如长期负债、政府贷款担保和养老保险，现金制计量的结果导致财政义务（成本）的被低估。对于上一财政年度购置的资本物品，现金制也将导致后续财政年度的成本被低估，这与购置当年的情形正好相反。

担保的成本①。这不仅对于相关支出项目的成本比较造成误解，也会造成决策偏差：刺激提供担保而不是直接贷款，而大量的政府担保正是造成国家（包括中国）财政风险的一个重要原因。

现金会计不仅未能充分反映某些政府承诺或长期决策的全部成本，也不能在做出承诺时确认最终的成本。一个典型的例子是，在现金会计下，养老金负债的成本只是在支付时，而不是在形成时确认，造成低估政府承诺。

之所以如此，关键原因是，在公共部门中，现金会计的实质是将政府支出总量与收入总量相配比，这种形式的配比对于计量、比较和评估绩效几乎没有实际意义。引入应计会计的突出优点在于强调将特定产出的预算确认与资源耗费的期间进行配比，并可提前确认导致未来现金开支的政府承诺。两者之间的这一差异也是形成"支出"和"费用"（从而成本）概念差异的根源：支出反映"取得"的物品或服务的市场价值，费用反映的是为生产政府产出"消耗"（或使用）的资源价值。

绩效（产出与成果）与成本的直接配比为绩效导向的管理模式奠定了基础。如果没有应计会计，那么强调产出和绩效的分权的公共管理模式是难以实行的。对于控制绩效和成本而言，能够在资源用于生产产品和服务时确认费用的预算方法最为有效，而绩效与成本的直接联结是绩效导向管理模式的基础。从这一意义上讲，应计制是能够比现金制更好地解决绩效管理问题的一个理想方法，它消除了现金会计报告中的偏差，例如在支付时而不是形成时报告养老金成本，从而更好地将预算确认的成本与预期的绩效成果进行比较；此外，政府部门不会因为在某个年度内用于长期资产的现金开支增加而显得低效，也不会因为负债（拖欠）增加（进而现金开支减少）而显得高效。

由于应计会计信息能够进行更有意义的绩效比较，并且大大增强预算信息同实际财务信息与绩效信息间的可比较性，引入应计会计能够帮助政府在公共支出决策中寻找提供服务的最有效的方法，发现高成本/低绩效或低成本/高绩效的地方，据以分析支出部门间和项目间的成本差异，进而采取降低成本提高效率的方法。现在人们认识到，在政府或机构做出承诺时就获得有关承诺的长期成本，对于政策制定者制定正确决策、及时防范决策失误非常重要，在引入应计会计基础的国家中，应计会计基础在改进政府决策方面已经提供了一些典

---

① 直接贷款一般会因贷款偿还而产生现金回流，而在提供贷款时，现金制确认的支出并未减除预计回流的现金，造成高估；相反，在提供贷款担保的场合，现金制没有确认和计量预期损失，从而造成低估。

型的案例。①

除了能够提供有助于政府评估其利用资源的有效性和效率方面的信息外，应计制会计的其他优点还可从与现金制会计的其他弱点比较中反映出来。

8.2.9 现金会计的其他弱点

除了提供成本与绩效信息方面的弱点外，现金会计的另一个主要弱点体现在承诺和负债方面：从承诺和负债发生到履行承诺和解除负债之前这段时间中，承诺和负债不能得到确认和计量。相比之下，在应计制下，只要权责发生变化，财务交易便立即入账记录，负债（包括长期负债）和资产一发生便立即确认；在修正应计会计下，某些负债项目（例如购买商品与服务的承诺），在做出承诺（签署合同或发出订单）时便在账户上进行记录，诸如养老金等长期负债虽然不在正式的财务报告中确认，但可作为备忘（附注）项目对外公布。

除了不能充分反映政府机构营运与投资的成本（目前的或可能的成本）外，现金制政府会计亦不能反映长期债务以及规划的管理效率（这要求计量规划的成本）。公债偿付额的测算需要采用应计制会计基础，即使在现金会计模式下也是如此。这是因为，现金会计不能反映政府承诺兑现的债务余额，故须以应计会计制作为补充。为了能够进行成本核算，政府会计应包括一个完全透明的应计会计基础上的完全成本报告系统，包括关于服务的成本报告系统。

不能及时确认和计量负债（包括或有负债）意味着现金制会计在帮助政府管理和控制财政风险方面存在着明显的弱点。当政府面临严重的财政风险时，唯一有效的办法就是对财政风险进行及时而全面的确认和控制。没有这种确认和控制，要想全面评估政府的财政状况，实现长期的政策目标，避免随时都可能降临的财政不稳定性（甚至财政崩溃），实际上是不可能的。

与发达国家相比，发展中国家和转轨国家的政府——包括中央和地方各级政府——通常更容易遭遇财政风险，② 而且它们承受财政风险打击的能力也更

---

① 从20世纪90年代在财政报告中确认公立单位养老金负债并在预算中将负债增加计作费用后，新西兰决定停止原来的公立单位养老金计划。在冰岛，政府采用权责制预算反映工资调整对公共部门雇员养老金的未来成本的影响后，公众才充分了解这些薪酬合约的全部成本，从此再也不支持这些长期成本很高的决策了。

② 其中一个主要原因是这些国家大多缺乏完善的保险服务市场，以致企业、金融机构和其他投资者更多地从政府那里寻求风险庇护。

为脆弱。在这些国家中，最大的问题是财政风险不能得到及时确认和控制。由于缺乏预先的确认和控制机制，当决策者或管理者发现并试图控制已经降临的风险时，一切都为时已晚。而在此之前，政府对于自己承受的财政风险及其变化情况，一般地讲是不了解的，尽管这些风险意味着政府随时都可能遭受巨大损失。由于不能对及时确认与计量承诺和负债，现金制政府会计只是在坏结果发生后才得以明确政府的财政支出责任，从而使情况恶化。

由此可知，现金制虽然在有些方面有其优势，但却无法在财政风险发生的时候就确认和计量风险，而此时正是控制财政风险的最佳时机。错失这一时机后，一旦潜在的财政风险转化为现实的损失——政府收入的减少和（或）支出的增加，政府就无法控制了；相比之下，应计会计在适时地确认、计量、报告和控制财政风险方面要好得多。但这并不意味着只有转向应计基础，财政风险才能得到适当的确认和控制。

现金会计的弱点也体现在分析方面：现金信息不便于清晰地体现政府的财政政策姿态（取向），也不便于准确地分析财政政策的经济效应。人们越来越认识到，无论从财务报告还是从财政报告来看，纯粹的现金制计量都有一些缺陷，特别是不能反映支出拖欠、实物交易、或有负债和其他非现金营运，而政府从事的这些非现金交易在总量上必定会产生经济效应，而现金会计或修正现金报告体系不能及时地进行计量和报告（报告时为时已晚），现金意义上的财政余额（赤字/盈余）也就不能完整准确地反映政府的财政政策意图。很明显，现金制计量在这些方面有局限性，包括无力"捕捉"上面提到的非现金交易的经济效应。相比之下，这些效应在应计会计下得到确认，从而在制定宏观经济政策时能够对这些效应加以考虑。因此，用于财政报告的 GFS（国际货币基金组织制定的政府财政统计标准）已经从现金基础转向了应计基础。

另外，现金会计所提供的财务信息远不如应计会计提供的财务信息那么全面。因此，如果在公共部门中引入应计会计对于预算管理是合适的，这一会计模式下可编制出更符合一致性会计原则的政府财务报告和其他报告。

现金会计存在的弱点并不表明它没有长处，也不表明它一定会被其他会计模式所取代。事实上，与其他类别的会计模式相比，功能得以充分发挥的现金体系能以更为低廉的成本运作，并可为有效的财务合规性控制提供关键信息。

8.3 政府会计的变革

许多国家的政府会计系统存在种种缺陷，损害了预算管理及其透明度。为实施改革，首先需要分析这些缺陷，比如欠款是否得到良好的监督，付款是否以透明的方式加以报告，会计程序是否被清晰地定义和实施，等等。一般地讲，如果现行的政府会计运作良好，那么会计方面的优先改革事项应致力于巩固现有的会计基础。另外，在多数国家，需要有核算范围更为全面的预算会计和对负债的披露。应考虑渐进式地开发修正应计会计系统。在那些条件具备的国家，会计改革的稍后阶段是渐进或部分地在机构层级实施完全应计会计系统，只要这些机构是评估绩效的适当层次就应如此。

8.3.1 政府会计变革：概况

政府会计的发展有悠久的历史。传统上，政府会计的目的在于确保合规性以及公款的适当使用——确保立法机构对财政资金的授权不被违反。为此目的，实行现金预算以及针对现金与承诺的会计核算，都是很合适的。然而，传统的政府会计并未将资产和负债的记录和管理纳入其中。另外，在努力实现"拨款控制"过程中，现金会计下的"支出"是根据公共实体在财政年度内的付款来衡量的，关注的中心仅仅是"投入"，并主要强调借款要求。现金会计并不计量耗费的资源，因此，政府规划的真实成本没有得到计量、控制和报告。[①]

发达国家（主要是美国）20世纪60年代至70年代实施的绩效预算，提出了对政府的商业（营利）性活动进行管理的要求，加上国民账户核算方面的要求，促使一些发达国家开发了覆盖到负债和资产的政府会计体系。联合国在应计制会计基础上针对政府部门建立起来的国民账户体系（SNA），也成为激励政府会计变革的重要诱因。

20世纪80年代以来，政府会计变革的速度加快，推动这一变革的力量是

---

① IFAC Public Sector Committee. 2001. Governance in the Public Sector: A Governing Body Perspective, International Public Sector Study. August, Study 13, Issued by The International Federation of Accountants, International Federation of Accountants. p. 53.

在发达国家（多为OECD成员国）兴起的"新公共管理"（NPM）运动。目前OECD成员国正致力推动的核心工作是促进良好的公共治理，健全而透明的预算和会计建设是建设良好的公共治理的基石，"健全的预算和会计实务对于一国的经济增长有着深远的影响，同时也是良好的治理结构的关键因素"[①]。

在新公共管理运动推动下，目前已有超过一半的OECD成员国在政府财政报告中采用了应计会计，而新西兰、澳大利亚等国家走得更远，不仅将传统的现金基础转向应计基础，而且将传统的现金预算转向了应计预算。在以应计基础取代（或部分取代）现金基础方面存在广泛的争议，但澳大利亚和新西兰的实践表明，在支持绩效导向的政府预算改革、鉴别与控制财政风险以及改进政府对长期资产管理等方面，应计基础起着重要作用。在新西兰及美国等发达国家，引入应计会计甚至已经成为强制性义务，这使得应计会计的应用范围不断扩大。[②]

许多OECD成员国所以开始重视应计会计，其背后的理念是，预算执行过程不仅应确保财务合规性，而且应确保公共资源的使用取得绩效，以及政府财政的可持续性。应计会计体系不仅要求支出实体报告其财务状况（包括其资产及负债存量），也要求评估其营运活动的完全成本（包括资产的使用）。此外，对当前政策决策（如养老金）产生的未来财政影响的关注，使政府有了核算负债的动力。

8.3.2 预算会计的常见弱点

各国的政府预算会计存在很大差异，也存在这样那样的弱点。概括起来，许多国家（尤其是欠发达国家和转轨国家）的预算会计系统的主要弱点是对预算周期各阶段的交易进行的会计核算不充分，因而不能提供支持预算执行控制的关键信息。这一弱点主要表现在两个方面：对承诺的核算与监督不充分，以及单式记账。

1. 对承诺的核算与监督不充分

为控制预算实施和达到良好的规划管理，在支出机构层次上对法律意义上

[①] Alex Matheson（OECD公共管理服务部）："更好的公共部门治理：西方国家预算及会计改革的基本理论"，2001年政府预算与政府会计国际研讨会（北京）会议论文。

[②] A. 普雷姆詹德：《公共支出管理》，中国金融出版社1995年版，第271页。

的承诺（合同和订货单）予以记录和监督非常重要，这意味着需要通过支出会计（取得—核实阶段）帮助促进规划管理、合同管理、应付款管理以及评估欠款。对于物品采购和投资支出，支出周期中的承诺和取得—核实阶段的差异是显而易见的，而且应在这两个阶段都对支出进行记录。在那些面对大量欠款问题的国家，应计支出（取得—核实阶段定义的支出）既与付款也与承诺之间有重大差别。在理想的情况下，政府预算会计应对支出周期的每个阶段加以记录和监督。

基于历史传统和管理方面的原因，许多国家的会计系统对承诺的核算与对支出周期其他阶段的核算是彼此分离的。在许多英联邦国家，承诺由支出机构进行会计记录，但与国库部门的会计记录没有多少联系。所以，财政部门并不拥有充足的信息来监督预算实施。类似的分离也可在那些更强调集权系统的国家中找到。比如，在那些有着法国体制的发展中国家，由财务控制者或预算部门掌握的关于对承诺和支出部门预算申请方面的控制数据，同国库掌握的、用于支付款项的数据之间，通常很少具有可比性。

2. 单式记账

有些国家的支出单位采用单式记账（single-entry books）方式追踪拨款的使用，而现金流入和现金流出则由国库部门采用复式记账法记录。如果支出机构只是记录一种运营（例如来自某个银行账户的付款或送至国库的某笔付款申请）时，单式记账法并不会产生大问题。然而，单式记账不能清楚地反映拨款及其使用的全过程，也不能在政府会计系统的各个不同成分之间建立起良好的联结。只有建立更为全面的预算会计和记录预算账户间的变动，才能达到这两个方面的要求，而这两个方面都要求有复式记录。更一般地讲，良好的预算会计要求采用复式记账原理来记录预算账户（也就是预算资源账户如拨款和拨款的分配）间、承诺间、核实阶段的支出间以及付款账户间的数据变动。

另外，对负债（尤其是养老金等长期负债和政府贷款担保形成的或有负债）和拖欠款以及预算外交易（准财政活动）缺乏适当的会计记录与监督，也是常见的问题。

8.3.3 好的政府会计应具备的最低要求

无论会计基础是什么，好的政府会计系统都应具有以下特征：

- 有适当的程序来记录账簿，系统地记录交易，高度的安全性，以及确保同银行报表的可比性。在许多国家，这一要求体现为将支出机构层次上通过单式记账系统来追踪交易，转变为采用复式记账进行会计记录。在许多发展中国家，政府会计数据与报告同银行报表间的可比性很少。改进这些方面并不需要从根本上改变会计基础，但需要培训会计人员和改进会计程序。将账户电脑化会有助于改进会计程序，但必须审查相关的安全性问题。
- 所有的支出和收入交易应在账户中根据相同的方法记录，包括作为专项资金的收入、国内外贷款等。
- 建立按功能和经济性质的支出分类。
- 对会计程序和有关概念（如承诺）予以清楚地界定。
- 定期编制报表。
- 在支出周期的每个阶段（承诺、核实和付款）追踪拨款使用的适当系统（预算会计）。
- 对欠款和负债的报告应具有必要的透明度。

8.3.4 引入应计会计：谨慎从事

应计会计是对非政府活动进行会计核算所普遍采用的标准会计方法，在公共部门中的重要性也与日俱增。然而，在考虑实施完全应计会计之前，对此应谨慎从事。以下是引入这一系统之前必须考虑的几个限制性因素：

- 完全应计会计要求对资产及其价值进行全面的记录，并且同时需要一个良好的成本计量系统，因此，在政府层级上实施这一系统需要大量数据、技能、资源和时间。
- 如果目的是在支出机构层次上引入绩效导向方法，那么就应在机构的层次上进行成本计量，同时也要求在机构层次上提取和确认资产折旧，因此，如果折旧数据由国库部门集中记录并在年末简单地加以估计，完全应计会计可能助益不多，例如有些国家虽然采用了完全应计会计原则，但却缺乏在支出机构层次上评估完全成本和记录资产的适当工具，因此这类方法是否比专注于负债和财务资产的修正应计会计系统带来更多利益，并不那么清楚。
- 要想让应计会计有用，需要有政府内部和外部的许多高技能的会计人员才能胜任，并且只是当政府领袖和公众深刻领会应计制政府会计的基本精神时，应计制会计才能改进透明性，而发达国家并没有这方面的证据。

考虑到这些要求,实施应计会计应考虑采用渐进方式。由于不同的政府组织及其从事的活动类别不同,在公共部门中可能需要有不同的会计模式。那些交付服务或从事有商业活动的机构较适合采用的完全应计会计,而其他机构更适合于使用现金会计和预算会计,而且开始引入应计会计时,可首先应用于需要对实物资产、资产使用及其完全成本进行大量评估的领域。许多国家的政府部门使用现金会计,有些自治性机构和从事商业活动的机构采用应计会计。这样,政府会更有能力控制对这些机构的管理。

结语

- 财务会计是回顾(历史导向)的,用于追踪支出周期各阶段交易的预算会计是未来导向的,成本会计帮助公共部门获得一系列在财务会计和预算会计中通常不予确认的成本信息。与政府财务会计和成本会计不同,预算会计是专门追踪拨款与拨款使用的政府会计系统。

- 根据会计基础的不同,政府研究财务会计区分为四种模式:现金会计、应计会计以及介于两者间的修正现金会计和修正应计会计。每种模式均有其长处,亦有其弱点。一般地讲,如果预算管理强调的是支出控制,那么现金制会计拥有优势;如果强调的是绩效和财政可持续性及风险管理,那么应计会计拥有优势。

- 应计会计通过要求收入在实现的时候(而不是得到的时候)和责任出现的时候的支出(而不是支付的时候)抑制这些机会。越来越多的国家已经为财务报表采用了权责发生制,但是只有很少为预算这样做的。因此,一些政府现在报告中的预算结果与财务报表中的有本质的差别。

- 从现金基础转向应计(包括修正和完全应计)基础是20世纪90年代以来发达国家政府会计改革的重要趋势。发展中国家和转轨国家在考虑引入此项变革前,需要仔细思考和慎重从事。这些国家政府会计改革,可能更需要优先发展更为全面的预算会计,以便对支出周期的各个阶段交易进行完整的记录和监督。

本章要点

- 根据功能的不同,政府会计的概念框架可区分为三个分支:财务会计、预算会计和成本会计。预算会计的功能在于帮助促进对预算执行过程的控制。理想(全面)的预算会计要求确保记录支出周期各阶段的预算交易。

- 随着越来越多的政府开始关注削减成本，成本会计变得越来越重要，尤其是它能够让政府实施以绩效为基础的预算。在理想情况下，成本会计应帮助公共部门提供关于活动的成本信息。

- 传统上政府财务会计采用的是现金制（包括修正现金制）基础，但20世纪90年代以来出现了转向应计（包括修正应计制）会计基础的趋势。不同的政府会计模式间的差异主要在于它们确认公共组织财务交易和经济事项的时间不同：现金会计在实现现金收付时确认；修正现金会计对发生于本期但现金收付在下期实现的交易，规定了一个追加期；修正应计会计在"取得"物品（商品、服务或资产）时即（一次性）确认为费用；完全应计会计只是在物品消耗或使用时才确认为费用。无论是修正应计制还是完全应计制，确认交易和事项的时间都与实现现金收付的时间无关。不同的会计模式有不同的报告要求。

- 在好几种情况下，现金会计都会导致歪曲的绩效信息。应计会计通过提供成本和绩效信息，可以更好地支持绩效导向的预算管理。由于不能及时确认大部分负债（尤其是长期负债和或有负债），现金会计只是"在坏结果发生后"才使人们意识到财政风险的真实性和严重性，因而不利于管理财政风险和促进财政可持续性。然而，现金会计在帮助加强和改进支出控制和财务合规性方面有其独特优势，这是许多发展中国家和转轨国家的预算管理首先要解决的问题。

- 转向应计会计需要具备一定的条件，尤其是在公共部门中需要有记录和管理资产以及计量成本的系统。因此，发展中国家转向应计制需要谨慎从事。一般地讲，可以考虑渐进地引入这一系统，而且首先应在那些承担了较多的商业性活动的机构中采用。在这些国家中，政府会计系统的主要问题在于不能对支出周期的各个阶段进行全面而完整的会计追踪和监督，从而妨碍了对预算执行的控制和有效管理。因此，政府会计改革的主线通常应是加强和改进现有的政府会计系统，尤其是发展全面的预算会计，使之能够对支出周期的各个阶段进行追踪。待条件成熟时，再考虑渐进引入应计会计。

关键概念

政府会计　会计基础　现金会计　应计会计　修正现金会计　修正应计会计　支出费用　支出会计　成本会计　预算会计　财务会计　财务要素　应计支出　承诺会计　支出周期　净资产　运营余额　运营表　承诺与现金会计　现金预算　应计预算

复习思考题

1. 根据会计基础的不同,一般可区分为哪四种会计模式?彼此的异同是什么?
2. 相对于现金制政府会计而言,应计制政府会计主要在哪些方面具有优势?
3. 现金政府会计的主要弱点和长处是什么?
4. 现收现付制养老保险模式下,为什么需要确认养老金负债?
5. 在公共部门中计量和提供成本信息,其作用是什么?
6. 从现金会计转向应计会计需要具备哪些条件?一般策略是什么?
7. 根据支出周期构成阶段划分,预算会计分录包括哪两类?
8. 为什么应计基础的政府财务会计不能代替成本会计的功能与作用?
9. 预算对支出周期各阶段交易进行核算的程序通常是怎样的?
10. 为什么说成本会计方法与技术在公共部门有广阔的应用前景?
11. 应计支出与应计会计中的"费用"有什么不同?
12. 政府财务会计与政府成本会计的关系是什么?
13. 政府财务会计与预算会计的差异主要反映在哪些方面?
14. 应计基础会计如何支持绩效导向的公共部门管理?
15. 为什么说发展中国家和转轨国家转向应计会计的改革应谨慎从事?
16. 现金基础和应计基础的政府财务报告有什么差异?

参考文献

1. A. 普雷姆詹德:《有效的政府会计》,中国金融出版社 1996 年版。
2. B. J. 理德、约翰·W·斯韦恩:《公共财政管理》,中国财政经济出版社 2001 年版。
3. 孟凡利:《政府与非营利组织会计》,东北财经大学出版社 1997 年版。
4. 王雍君:《支出周期:构成政府预算会计框架的逻辑起点》,载《会计研究》2007 年第 5 期。
5. 王雍君:《政府预算会计改革研究》,经济科学出版社 2004 年版。
6. 徐仁辉:《公共财务管理——公共预算与财务行政》,台湾智胜文化事业有限公司 2000 年版。
7. 伊莱恩·卡马克(Elaine Ckamarck):《过去 20 年各国政府改革的经验与教训》,载《经济社会体制比较》2005 年第 6 期。
8. 张鸿春:《政府会计》,台湾三民书局 1987 年版。
9. Allen Schick. 2002. Does Budgeting Have a Future? *OECD Journal on Budgeting*. Vol. 2, No. 2.
10. David Mosso. 2005. Accrual Accounting and Social Security. *Journal of Government Finan-*

cial Management. Fall, Vol. 54, No. 3.

11. IFAC. 2000. Government Financial Reporting—Accounting Issues and Practices, Study 11, available at www.ifac.org.

12. IFAC PSC. 2000. Perspectives on Cost Accounting for Government. Study 12, this study can be found at its internet site, http://www.ifac.org.

13. IFAC PSC. 2000. Government Financial Reporting-Accounting Issues and Practices. Study 11, May.

14. IFAC Public Sector Committee. 2001. Governance in the Public Sector: A Governing Body Perspective, International Public Sector Study. August, Study 13, Issued by the International Federation of Accountants, International Federation of Accountants.

15. M. Peter Van Der Hoke. 2005. From Cash to Accrual Budgeting and Accounting in the Public Sector: the Dutch Experience. *Public Budgeting & Finance.* Vol. 25, Number 1, Spring.

16. McGill, Ronald. 2001. Performance Budgeting. *The International Journal of Public Sector Management* 14 (5): 376-90.

17. Mitch Laine, CGFM, and Catherine A. Kreyche. 2005. Revisiting Federal Financial Management Reform. *Journal of Government Financial Management.* Winter, Vol. 54, No. 2.

18. Peterson, George E. 1997. Decentralization in Latin America: Learning through Experience. Viewpoint series working paper, Latin American and Caribbean Studies, World Bank, Washington, D.C..

19. Salvatore Schiavo-Campo and Daniel Tommasi. 1999. *Managing Government Expenditure.* Published by the Asian Development Bank.

第9章 政府报告

会计系统的直接目的是向利益相关者提供高质量的财务报告。利益相关者利用财务报告披露的公共信息帮助做出最有利于自己的决策。政府会计和报告系统是实现良好的预算管理、财务受托责任和决策的重要工具。政府会计与政府报告的一般关系可表述为，政府会计的最终成果体现为政府（财务和非财务）报告。① 本章讨论的重点问题包括：

- 政府报告的目标与原则
- 政府财务报告的含义、分类与作用
- 政府财务报告的原则、实体与最低报告要求
- 现金会计与应计会计下的政府财务报表

9.1 政府报告：基本问题

政府报告可区分为财务报告和非财务报告（典型的是绩效报告），财务报告又可基于不同标准区分为不同类别，以满足组织内部和外部的利益相关者对特定信息的需求。各类政府报告需遵循一系列目标和原则。政府报告的重要性随着政治民主的发展而日益突出。当一个专制国家走向一个立法当局占重要地位的民主国家时，对政府的受托责任、决策的透明度以及法治的要求也随之加强，这就需要有良好的报告系统来说明政府是如何满足这些要求的。②

---

① B. J. 理德、约翰·W·斯韦恩：《公共财政管理》，中国财政经济出版社2001年版，第21~24页。
② A. 普雷姆詹德：《有效的政府会计》，中国金融出版社1996年版，第5章。

9.1.1 政府报告的使用者

政府报告拥有广泛的使用者，包括内部使用者和外部使用者。政府需要向利益相关者报告其所需要的信息，而政府报告就是政府（报告机构或政府控制下的实体）与其利害关系者之间进行沟通与交流的工具。最典型的政府报告是财务报告，包括所有在财务会计系统和报告系统中可以找到的数据，具体包括财务报表、预算中反映的财务信息、财政计划、支出估计数以及关于单项规划或活动的绩效报告。财务报告的核心是财务报表，但其他方面——比如预算报告和绩效计量系统中也包含有财务信息。

一般地讲，政府会计信息的使用者有三类：①

- 自然人，即那些从政府提供的公共产品或服务中受益的一般公众，包括（但不一定是）纳税人；
- 立法机关或其代理人；
- 公共部门内部的管理者。

这些不同的信息使用者对政府会计有不同的信息需求，因此，一个良好的政府会计系统应能够提供使用者多样化的信息需求，这是一项充满挑战性的任务。政府报告必须考虑不同类别的信息使用者对信息的需要。信息使用者（利益相关者）也可区分为内部使用者和外部使用者。内部使用者主要包括组织内部和上级的管理者与决策者，比如立法机关、政府内阁、核心部门、支出部门、支出机构以及规划管理者。政府外部使用者主要是公众、媒体、公司、大学、利益集团、政府证券投资者、政府商品与服务供应商、评级机构、经济和政府财务分析人员以及外部援助实体。

公共部门的所有利益相关者在某种程度上都有了解政府报告信息的需求。立法机构和其他管理机构赋予政府和政府机构管理公共财务事项和资源。他们需要通过财务报告评估政府对资源的使用是否和法律及其他权限一致以及政府财务状况和财务业绩。普通公众也有信息需求。公众（包括纳税人、选民、投票人、特殊利益团体）是政府提供产品、服务以及转移支付的接受者。纳税人要求提供资源给政府，因此对政府如何运用本年度和以前年度征收资金的信息感兴趣，也对政府是否妥善管理公共产品和服务的信息感兴趣。政府债券

---

① A. 普雷姆詹德：《公共支出管理方法》，中国金融出版社1995年版，附录2。

的投资人和其他贷款人也有权获得信息，这些信息使他们可以评估政府是否能承担其到期债务。这类使用者需要获得特定的政府报告。许多政府通过发行债券或其他金融工具从国内或国际资本市场获得资金。评级机构采用标准类别比如 A、AA 等来为资本市场评估政府的信用度。评级机构主要关注政府支付债务利息及偿还到期债务的能力。因此，评级机构考虑政府其他债务的性质和大小、政府储备资产、当前和计划支出水平以及获得同等或更高水平的税收收益的能力。

其他政府、国际组织和资源提供者有着与投资人和贷款人相似的信息需求。然而，根据他们提供资金的多少以及这些资金是否被指定用于某个特定项目，他们可能需要这些资金的使用是否和协议条款一致以及和项目相关的特定业绩评估方面的信息。国际组织对各个政府财务报表的比较和完全披露的用途感兴趣。

9.1.2 政府报告的目标

政府报告的传统目标在于反映预算执行的合规性情况。在那些具有议会制传统并具有良好审计能力的国家，这一目标已经得到实现。但在其他国家，加强和改进合规性依然是一项需要优先考虑的挑战。另外，合规性只是政府报告的目标之一。政府报告除了应反映合规性外，还应反映透明度和受托责任的履行情况。更一般地讲，通过报告合规性、透明度和受托责任方面的充分信息，政府报告为评估在这些目标方面"政府做得怎样"提供一个适当的手段。具体而言，政府报告提供的信息应帮助人们了解下述问题：

- 预算执行的诚实性。这一问题涉及预算资金的使用情况以及是否遵循法律授权等。
- 公共机构的营运绩效。这一问题涉及规划的成本、融资、取得的成果、执行这些规划所产生的负债以及政府怎样管理其资产等。
- 财务状况变动情况。包括政府的财务状况是改进还是恶化，以及采取了什么样的措施。
- 控制系统运作状况。主要涉及是否有良好的控制系统来确保合规性、对资产的适当管理以及良好绩效。

通过提供以上信息，政府报告可以成为制定规划和政策的重要工具。就制订规划而言，决策者和管理者尤其需要了解政府现有规划方面的情况，包括规划的成本、效益、目标实现程度等方面的情况。通过充分利用报告提供的信息，政府报告也使公共组织有机会展现取得的成就，从而有助于改进组织的公共关系及其在公众中的形象。

根据对许多发达国家的调查，所有使用者都需要有预算方面的全面和及时的信息。预算执行部门需要关于预算资源方面的定期信息，以确保预算得到有效实施和了解不同规划的相对成本；公众和立法机关需要得到相关规划的成本和绩效方面的信息，因为这些规划影响到自己或选民的利益。良好的政府报告应尽可能满足各类信息使用者对于信息的需求，使它们能够借助这些信息做出最有利于自己的决策。

9.1.3 政府报告的原则

政府为内部或外部使用者而准备的报告应遵循以下原则：

- 全面性。所报告的信息应覆盖到与报告主体的使命有关的所有方面。报告主体可以是公共组织，也可以是作为一个集合体的政府。
- 合法性。报告对于使用者应是适当的，并且应与已被广泛接受的报告标准相一致。
- 亲善使用者（user-friendliness）。报告应是可理解的，并且易于迅速获取和交流。报告应为那些不熟悉预算专业性问题的立法者和公民提供必要的说明和解释。对于非会计人员而言，财务报表可能难以看懂，因而凡有可能，在报告中应使用图表和举例以使报告更易于理解。当然，报告也不应仅仅因为难以理解或某些使用者不使用它们，而将重要的信息排除在外。
- 可靠性。报告中列示的信息应能够被证伪（be verifiable）且不应带有偏见，应公正地阐明报告的意图。可靠性不等于精确性或确定性。对于某些项目——例如税式支出、或有负债或跨年度负债，适当的估计数字（未必精确）可能会更有意义。
- 相关性。报告所提供的信息应与报告使用者意欲了解的问题相关，使用者需要什么样的信息就提供什么样的信息。例如，决算报告（也称为年末报告）应帮助立法机关确认预算已经得到执行，这正好是决算报告的传统功能所在；相比之下，财务报告的功能更加广泛，相关性要求财务报告考虑并满足不同使用者的需要。
- 一致性。一旦某个会计方法或报告方法被采用，除非有非常好的理由说明例外是适当的，否则它们就应被应用于所有相同的交易。如果方法或报告的范围已经变更，或者如果财务报告主体已经变更，则变更所产生的影响应在报告中加以反映。

● 及时性。不及时的信息会损害信息的有用性，及时但不精确的信息会比昂贵但不及时的精确信息更有用。

● 可比性。财务报告应有助于使用者在相似的报告实体间进行相关的比较，比如在某个特定功能或某项特定活动下进行的成本比较。

● 有用性。报告对于一个组织内部和外部的使用者而言都应是有用的，因而应有助于他们对该组织当前和未来活动、资金来源和使用的理解。

9.2 政府财务报告

政府报告是一个总合的概念，它包括了许多具体的报告，这些报告可以根据不同的标准加以分类。根据报告主体的不同，政府报告可区分为政府（整体）报告、部门（和机构）报告和基金报告；根据报告目的不同，政府报告区分为一般目的报告和特定目的报告；根据所提供的信息的性质不同，政府报告可区分为财务报告、财政报告、预算报告和绩效报告。在所有这些报告类别中，政府财务报告（government financial reports）是最重要和最基本的一类政府报告。以上区分并不是绝对的，因为其他形式的报告中通常也包含有财务信息。

9.2.1 政府财务报告：含义与特征

基于妥善管理财政事务、履行受托责任以及制定有效决策的目的，每个国家都需要提供某种形式的政府财务报告和建立财务报告制度。政府财务报告制度指用以规范政府财务报告准备、编制、披露和审计事宜的一整套制度安排和相关规定。政府财务报告是以财务报表为核心，主要根据会计记录编制、旨在向使用者披露报告主体在特定时间内的财务与运营状况及其变动情况的财务信息系统。如果公司的情形一样，政府财务报告需定期编制并且公开披露。在多数国家，政府财务报告必须经过最高审计机关的审计后，才可对外披露。

政府财务报告系统的特征和构成要素如下：

1. 作为信息系统

正如企业需要向与其具有利害关系的人士与团体披露财务信息一样，政府需要向利益相关者报告其所需要的信息。财务报告是政府（包括政府控制的机构或实体）与其利益相关者之间进行沟通与交流的工具。财务报告帮助使用者达到各种目的，包括评估报告主体的财务与运营状况、评估受托责任、做出更好的决策以及其他目的。

2. 提供财务信息

政府财务报告通常反映过去交易或事项所产生的财务效应，这是通过提供财务信息实现的。虽然政府可能会在其财务报告中提供展望性的财务信息，如未来事项与交易方面的预测数据，但这类信息一般只是由预算报告提供。财务信息是指能够用货币计量的信息，覆盖所有在财务会计和财务报告系统中可以找到的数据。财务信息主要通过财务报告披露，但政府的预算报告、绩效与成本报告、财政计划以及财政收支预测中通常也包括许多财务信息。

3. 不同于合规性报告和绩效报告

虽然财务报告中可以包含有合规性报告和绩效报告的某些信息，但财务报告不同于合规性报告，也不同于绩效报告。政府财务报告只提供财务绩效而非服务绩效的信息。绩效报告包括由政府提供的商品与服务的性质、质量、数量、成本等方面的信息。绩效报告中的有关信息，特别是关于商品与服务成本的信息，可能被合并到政府财务报告中，但绩效报告本身并不属于政府财务报告范畴。

财务报告也不同于合规性报告。合规性报告关注的是报告实际结果与预算的或计划的结果之间的对比情况。许多政府报告实体或政府部门必须遵循立法机关的有关规定，尤其是对诸如拨款的性质和支出数量的规定。这些实体通常需要向批准这些拨款的政府实体和提供那些资金的选民提供报告以表明其合规性，以及报告与贷款或补助相关的管制、法律或合同相关的合规性。合规性报告可以单独准备，也可以作为财务报告的一部分，或者包含于下一年度的预算文件中。各国的具体做法大体包括：

- 单独设立列有预算数、实际数以及超过拨款数栏的表格。
- 单独编制反映报告实体遵守预算拨款和其他法定授权情况的表格。如果超过了拨款或授权数,或者在没有拨款的情况下发生了费用或付款,需要以脚注方式在财务报告中披露。

4. 不同于预算执行报告

如前所述,虽然政府可能会在其财务报告中提供展望性的财务信息,如未来事项与交易方面的预测数据,但这类信息通常由预算报告提供。财务报表披露的是关于资产、负债、净资产、收入、费用等财务要素的信息,预算报告的信息并非依据财务要素组织和披露。最基本的预算执行报告是年度决算报告,它反映财政年度中的预算执行情况。年度决算报告又称为"年度报告"、"年度拨款报告"或"预算实施报告"。多数国家的年度决算报告需要呈递审计部门和立法机关。由于年度预算报告所提供的关于财政稳定性和绩效方面的信息是不充分的,因而只应作为报告系统的一部分。在许多发展中国家,年度决算报告的编制和公布至少需要一年,这种严重滞后使其对于外部使用者几乎没有多大价值。一般情况下,考虑到审计账目所需要的时间,关于预算执行的初始信息,应在预算年度结束后不迟于两个月内公布,使公众可以获得这方面的信息。

除了作为基本报告的年度决算报告外,预算执行报告还包括一系列旨在对预算执行进行妥善管理的报告,主要包括:

• 现金流量报告,这类报告应至少每周提供,报告中应列示现金流入与现金流出,理想的情况下,还应提供反映政府收入和按经济分类的支出的现金流量预测。

• 预算执行情况月报,这类报告应以预算分类系统为基础,必须确定:

——最初的拨款;

——经修订后的拨款(如果有修订);

——分配给各部门或支出项目的拨款额;

——承诺、取得—核实阶段的支出以及付款数额,至少应提供付款方面的信息,欠款亦应包括进来。

应注意的是,预算执行报告与财务报告间的界限带有主观性,并因国家而异。许多政府有特定目的报告方面的要求,如环境报告(源于环境审计)或退休报告(为养老金政策)。随着政府越来越多地需要对各类利益集团的压力做出回应,这类特定目的报告(包括预算执行报告)使用得越来越多。

5. 核心是财务报表

财务报告由财务报表和相关的文字说明材料共同构成。财务报表提供的信息包括表内信息和表外信息（报表附注）两部分。披露表外信息的目的在于对表内信息提供进一步解释和说明。文字材料是围绕财务报表所作的书面陈述，目的在于帮助报表使用者更好地理解财务报表。财务报表的具体类别因国家而异，并且因采用的会计基础的不同而不同。但一般来讲，多数国家的政府财务报表都是由政府资产负债表、现金流量表、运营表三张"基本报表"构成的报表体系，包括相应的文字说明和报表附注。

9.2.2 政府财务报告的作用

政府报告的重要性随着政治民主的发展而日益突出。当一个专制国家走向一个立法当局占重要地位的民主国家时，对政府的受托责任、决策的透明度以及法治的要求也随之加强，这就需要有良好的报告系统来说明政府是如何满足这些要求的。① 概括地讲，政府财务报告的作用在于帮助使用者完成以下两项基本任务：

1. 帮助评估报告主体的受托责任

不同使用者获取和使用政府财务信息的目的各不相同。概括起来，主要有两个基本目的：一是评估公共部门履行受托责任的情况，立法机关、审计部门和公众通常十分关注这个问题；二是改进决策制定，几乎所有的使用者都面对这个问题。在西方公共治理、公共管理与政府会计理论和实务中，受托责任历来被奉为一项经典性的原则。经过多年的努力，目前这一原则已经被国际广泛接受，成为指导政府财务报告建设和改革的经典性原则。

受托责任原则包括两个层面的内容：一是内部受托责任，二是外部受托责任。内部受托责任进一步区分为两个方面：（1）在行政系统中，下级被要求对上级承担责任；（2）在政府（广义政府）内部，行政部门被要求对立法机关承担责任，包括提交预算和财务报告。外部受托责任是指政府对公众承担责任。受托责任概念源于委托代理关系，这种关系要求代理人应向委托人负责。

---

① A. 普雷姆詹德：《有效的政府会计》，中国金融出版社1996年版，第5章。

由此出发，代理人应向委托人反馈自己履行受托责任的情况，而委托人则要求对代理人履行受托责任的情况进行评价。为此，无论是委托方还是受托方，获取相关信息就成为评估受托责任的基本前提。这就进一步要求政府会计系统能够提供准确、全面、充分和及时评估受托责任的信息，这就是"受托责任观"的基本内涵。

基于受托责任观，政府财务报告帮助使用者：
- 评估资源和收益的类型；
- 评估资源的使用和分配；
- 评估收益补偿管理成本的充分程度；
- 预测现金流发生时间和数量以及将来的现金和借款需求；
- 评估政府实现财政义务，包括短期和长期的能力；
- 评估政府或机构的整体财务情况；
- 提供公众关于政府代表纳税人保管的那些资产的信息，特别是所有和控制、构成、状况和维护；
- 评估政府或机构在使用资源种的财务业绩；
- 评估政府对经济的影响；
- 评估政府支出选择和优先支出的合理性；
- 评估资源是否依据法定的预算及其他法律和相关授权，比如法律和协议的条件以及约束被使用；
- 评估政府或机构对资源的保管和维护的责任。

2. 帮助使用者更好地制定决策

决策支持观要求政府会计系统能够提供足以支持决策制定的信息。政府财务信息使用者每天都要做出分配稀缺财政资源的决策。政府会计应提供良好的信息，来帮助使用者制定恰当的决策。政府财务报告提供以下对决策制定有用的信息：
- 表明资源的获得和利用是否根据法定预算方案进行的信息；
- 表明资源的获得和利用是否根据法律和合同规定进行、包括法律授权所确定的财务限制的信息；
- 提供关于资源及其分配和财政资源使用方面的信息；
- 提供有关政府或部门如何为其行为筹集自己及满足自身现金需要的信息；

- 提供对评估政府筹资及偿还其负债和实现其承诺的能力有用的信息;
- 提供有关政府或部门财务状况及其变动方面的信息;
- 提供根据服务成本、效益和成绩评估的政府或部门业绩方面的全部信息。

9.2.3 政府财务报告的分类与报表类别

按照使用者不同,政府财务报告可以区分为两大类:特定目的财务报告和一般目的财务报告。一般目的财务报告是为外部使用者编制的。外部使用者包括选民、财务分析师、贷款者、供应商与媒体。由于无法得到专门的内部财务报告,一般目的财务报告通常是外部使用者关于政府财务信息的唯一来源。根据国际通行做法,政府财务报告制度的重心在于满足外部使用者的信息需求。

政府财务报告也可以由内部使用者比如政府政策制定者(主要是独立的政府分支机构的主管)和各级政府和中央政府的部长(或同等职位)使用。然而,内部使用者通常可以要求查阅专门的内部财务报告,这些报告是为符合他们需要而专门设计的。在实践中,这两种类型的报告通常通过同一会计系统编制,尽管可能采取不同的分类或提供更加详细的分类。内部报告也称"内部管理报告",通常包括非常详细的信息。由于内部使用者的专门需要各不相同,为内部管理所编制的这类报告的范围和内容差异非常大,这是区别于一般目的财务报告的一个突出特征。

按照报告主体的不同,政府财务报告亦可分为政府整体财务报告、部门报告和基金报告。政府部门的财务报告通常简称为"部门报告"。部门报告的范围限于特定政府部门(包括其下属机构)的财务信息,政府整体的财务报告的范围是某个特定级别政府的财务信息,例如中央(联邦)政府财务报告。另外,在基金会计模式下,政府基金与政府整体、政府部门一样,构成独立的报告主体,因而亦须编制和披露该基金的财务报告。基金报告模式的典型代表是美国。这些基金除独立编制财务报告外,其报告内容也被合并到政府整体的财务报告中。图 9.1 是 1999~2002 年合并了基金财务的联邦政府财务报告。

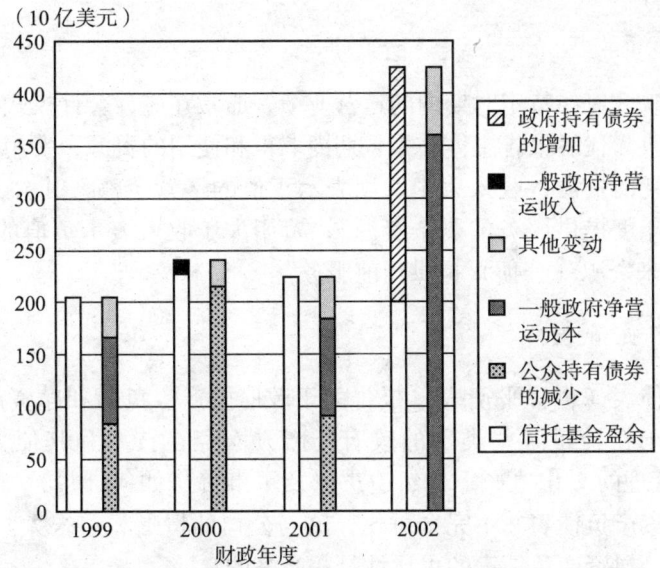

图 9.1　包含基金财务的美国联邦政府财务报告：1999～2002

政府财务报告可以采用不同的会计基础编制。会计基础是指用于对交易进行会计记录所遵循的标准。现金基础和应计基础是两种最基本的会计基础。它们的最大区别在于记录交易的时间不同：前者在发生现金收付时记录，后者在交易实现（权利和责任发生）时记录。两者的变体分别称为修正现金基础和修正应计基础。目前多数发达国家除了编制现金基础上的政府财务报告（现金流量表和现金预算表）外，还同时编制应计基础的财务报表，包括资产负债表和运营表。与现金基础相比，应计基础财务报表能够提供更多和更有价值的信息，从而能够更好地满足报告使用者的信息需求。

目前各国政府编制和披露的财务报表的数量和格式存在一定差异，但许多国家包括以下三张基本报表：

1. 现金流量表

采用现金会计或应计会计的国家都编制政府现金流量表。这一报表提供特定时间内政府的现金收入、现金支出和现金余额信息。由于现金是政府和政府部门最重要并且年复一年可以正式获取的资源，现金流量表被视为政府财务报表的核心和基础。

2. 运营表

该表反映政府在特定时期内的运营业绩，通常在应计会计模式下编制。在此模式下，收入代表报告主体在报告期内取得和使用的资源，费用代表提供公共服务与消耗的资源；收入大于费用表示正值的运营余额，其含义是"可继续用于未来年度提供服务的剩余资源"；费用大于收入表示负值的运营余额，意指"用未来资源（公债）提供当前服务"。

3. 资产负债表

资产负债表（也称平衡表）报告关于政府资产、负债和净资产方面的财务信息。由于在计量某些类别的政府资产方面存在技术和其他方面的困难（比如政府管理的文化遗产、自然遗产以及军事资产如何计量），不同国家编制和披露的资产负债表并不完全可比，这与公司的情形相差很大。众所周知，不同国家的公司资产负债表的可比性是相当高的。

许多国家还编制"预算财务报表"，它们属于预算报告而不是政府财务报告的范畴，虽然政府财务报告中也可能包含这类数据。与一般意义上的政府财务报表相比，预算财务报表的区别在于表中的数字都是预算数，而不是实际数。目前许多发达国家提供这类报表，比如澳大利亚联邦政府各部门编制的年度预算财务报表包括：

(1) 预算收入与费用表

该表提供关于预计财务结果、鉴别全部费用和收入以反映某个机构可否在某个可持续的水平上开展运营的图像。

(2) 预算资产负债表

该表反映特定政府部门财务状况及其财务实力变动情况（改进还是恶化）。它帮助决策制定者追踪某个机构对其资产与负债的管理，以及与预测的现金流量相结合，反映其长期内的财务可行性。

(3) 预算现金流量表

该表反映预算的现金流量的可得性。通过营运现金流量、投资现金流量和融资现金流量，现金数据可提供现金流量的性质及其比重情况。

(4) 资本预算

资本预算表反映所有建议的资本支出，这些支出要么由预算拨款融资作为股本投入或贷款，要么由内部渠道融资。

9.2.4 政府财务报告的主体

政府财务报告主体是指按规定需要承担编制财务报告的政府机构。一般有四种方法用来确定政府财务报告主体的范围：(1) 资金的授权分配办法；(2) 法定机构办法；(3) 政治义务概念；(4) 控制概念。第一种方法的含义是，全部或主要接受由政府授权分配资金的机构，即构成财务报告主体。这个实际上就是基金概念。在发达国家中，基金构成财务报告的主体。基金概念形成的报告主体，十分接近于预算机构（接受政府预算拨款的机构）。第二种方法是指通过立法来确定哪些机构作为报告主体对待。第三种方法要求政府向其负责的机构报告所有的活动。第四种方法是指政府所控制的机构，即构成财务报告的主体。

目前国际上大多采用控制概念作为界定政府财务报告主体的标准。根据这种方法，政府财务报告主体包括政府控制的所有机构和交易。这一方法在私人部门中广泛采用。在公共部门中，该方法通常被理解为通过所有权机制实施控制。这排除了其他的控制概念，包括与监管者的权力以及与政府作为产品或服务的主要出资者或购买者的地位而拥有的权力相关的控制。根据控制的概念，报告机构包括报告机构控制的所有资源及其承担的所有义务，而不考虑那些为了管理这些资源和义务而成立的行政或法律机构。

采用控制概念的主要问题是，有时难以准确地判断某个机构究竟是否被政府"控制"。为此，需要对控制标准进行细化，国际上通常采用的、用以判定"控制"的具体标准包括：

- 存在能使政府直接指导该机构的主管部门的财务和经营政策的行政权力；
- 在现有法律下，政府在解雇该机构的主管部门的大部分成员上有较大的处理权；
- 政府在该机构的日常会议上有主要的投票权。

多数国家的政府（公共部门）财务报告的主体包括作为一个整体的政府、单个的政府组织（机构）以及政府管理的基金。专门对基金的财务绩效进行报告的会计，称为"基金会计"。基金会计在许多国家引发了问题。这些基金包括各种独立基金——比如社会保障基金等有专门来源和专门用途的特定基金，以及由财政部或国库管理的特别账户。

由于一些交易事项发生于各项基金之间（称为内部交易），如果不剔除基金间的交易，就会产生收支数据方面引起的重复记录，政府的收入和支出将会由于基金之间的交易而膨胀起来,而这种膨胀仅仅源于政府部门内部的交易。因此,在将各项基金的相关数据加以合并以便提供政府整体的财务报告时,基金之间的内部交易必须予以剔除掉(视同没有发生)。

在应计会计中,当进入某个基金的收入大于该基金的支出时,超额(收大于支)收入在政府账面上被当作一项负债(应付未付)处理,而任何超额支出(支大于收入)则当做资产(应收未收)处理。因此,当这些基金在总量上产生严重不平衡时,政府的财务状况就会发生严重扭曲。

在那些有大量预算外基金的国家,没有任何理由让这些基金不受所有政府实体都必须承担的会计核算和报告责任的约束。为提供全面反映政府整体财务状况的报告,所有政府实体的所有基金都必须合并进来。

非政府公共实体是报告主体的一个重要类别。财务报告的范围不应限定为预算的范围。在预算的范围限于政府时,财务报告应考虑覆盖到一个更大的范围:由政府控制或拥有的实体——非政府公共实体——应定期地编制财务报告。无论政府所采用的会计基础和会计模式如何,那些从事商业性(营利性)活动的公共实体——包括政府实体和非政府公共实体——的账目都应采用应计会计基础,并需要提供应计会计下的财务报告,并且这些账目应由政府汇总和公布。公众和政策制定都要求提供这类信息,尤其是关于补贴、公共企业的资本支出融资以及贷款等。

有些国家已经采用了政府财务报告实体的概念,诸如政府负责的实体——包括非政府公共实体、交易和活动都被包括在政府财务报告范围内。确认一个实体是否归入报告主体的标准主要有三个:融资、所有权以及控制。其中,有效控制标准更符合财务报告的目的,因为政府应为其所控制的实体和资源负责,无论政府是否为其融资或政府拥有所有权的程度如何。然而,与所有权不同,有效控制标准在更高程度上依赖于主观判断。

确认必须提供财务报告的政府实体的规则和标准,既可以由立法机关建立(如孟加拉、法国和意大利),也可以会计原则的形式加以规定。有些国家(如澳大利亚和新西兰)在参考关于控制的思想、关于信息对哪些使用者有用的思想的基础上,采用会计原则的形式界定政府财务报告。

9.2.5 政府财务报告的最低报告要求

无论会计基础和会计模式如何,每个国家都应该提供满足某些最低要求的财务报告,并设立适当的会计账户(包括备查账)。最低的财务报告要求提供：

- 合并的财务状况报告。这是反映作为一个整体的政府在报告期内财务状况的分析性报告。该报告应根据 GFS（国际货币基金组织政府财政统计）标准编制，并在应计制会计基础上提供关于债务、取得—核实阶段的支出以及欠款方面的信息。报告应分别反映中央政府、地方政府和一般政府的财务营运情况。关于基金（例如政府的社会保障基金）的财务信息应合并到相应级别政府的账户中。另外，该报表应至少覆盖到两个财政年度，以便进行年度间比较。

合并财务状况报告所需要的信息应来源于相应的政府账户，如果需要使用其他来源的信息，则应遵循复式记账原理。例如，如果欠款（如拖欠电费）是根据并未记录于政府账户中的数据估算的，它们就应同时记作支出和欠款。

除了提供合并的财务状况报告书外，理想的做法还应准备和提供各类财务报告。

- 内部欠款（包括存量与流量）报告。该报告应区分对私人部门的欠款、对次国家级政府实体的欠款以及对非政府公共部门的欠款。
- 政府规划的执行报告。该报告中的支出，既包括按照功能和规划（如果存在）分类的预算支出，也包括采用相同分类的基金中的支出。经常性支出与资本性支出在报告中应区分开来。该报告应包括至少两年的数据，以便使用者能够进行年度间比较。

合并的规划执行报告的主体为：（1）中央政府；（2）地方政府；（3）一般政府。报告中所需要的各种表格和备忘项目，应作为附录提供。

在发展中国家和转轨国家中，由于管理能力和其他方面的原因，要提供全面的政府规划报告是十分困难的。但是，所有国家至少应在其预算文件中提供主要的政府规划（如基础教育和公共保健）目标的报告，这将有助于促进政府在规划的层次上，对其所从事的主要活动所要达到的目标做出清楚的规定，从而也有助于促进对"预算执行的结果如何"这类问题的关注，而不仅仅是对"公款花在什么地方"这类问题的关注（传统预算的特征）。

- 中期外部债务报告。该报告应反映各种类别的中期政府债务，直接全力和担保等形式的或有负债，以及未来 5~10 年的偿债方案等方面的信息。
- 短期借款报告。该项报告亦可与中期债务报告合并为"政府债务报告"。
- 赠款报告。反映报表主体所收到来自上级政府或其他方面的赠款。

- 贷款报告。该报表反映报告主体已签约的贷款，各期利息和本金偿付，以及按主要受益人分类的尚未偿付的贷款存量与流量。如果报告主体从主要债务人那里收回贷款遇到了问题，在报告中亦应说明；对于可能遇到未来收回贷款的风险，在报告中应作适当的评估。
- 后续承诺报告。为向立法机关履行受托责任，后续（多年期）承诺报告应反映后续承诺，以及按功能/规划以及支出部门/机构区分的付款计划。对于投资项目而言，该报告尤其重要。因为现有的或继续实施的政府投资项目，在未来很多年度都需要在预算中安排资金（即后续承诺），这方面的情况应加以报告。另外，权益性支出（尤其是社会保障）也是如此。
- 现金流量报告。如同一份正式的商业银行月报一样，该报表应反映现金收入和现金付款的流量，以及现金余额。该份报告应包括政府的所有现金和银行（存款）账目，通常应直接根据政府账目编制。
- 税式支出报告。该报表应反映按部门/功能和税收减让类别分类的税收支出（通过税收减免优惠放弃的收入）的估计数。
- 其他负债和其他或有负债报告。如果可能，除了前面提到债务报告外，该报告中未予反映的其他债务和或有负债——如养老金和保险形式的或有负债——也应报告。
- 所选择的部门/规划的实物资产和投资报告。针对基础设施部门的这类报告应反映最重要的资产、应计基础上的投资（如实物资产的增加额）、维护性（包括欠下的维护性）开支，这些信息是非常重要的。该报告也可包括在下面提到的"开发/投资支出报告"中。政府机构内部的其他资产或投入，通常也需要作为绩效标尺而在报告中反映。

注意，以上报告中除了最后一项外，其他所有报告的主体都是作为一个整体的政府。

9.2.6　一般政府合并的财务状况报告

反映一般政府总体（合并）财务状况的报告是所有政府报告中最重要和最基本的报告。在这里，一般政府（general government）采用联合国于1993年发布并得到广泛认可的国民收入核算账户（SNA）系统中的定义，其范围包括：(1) 所有的中央、州或地方政府组织；(2) 各个政府级别上的所有社会保障基金；(3) 由政府组织控制并且由其提供融资的所有非市场的、非营利的机构。①

很明显，合并财务状况报告的编制需要将中央以下政府的财务数据包括进来。在许多国家，虽然中央以下政府向中央政府提供预算数据，但它们并不被要求所提供的预算数据必须与中央政府的预算数据协调一致。部分原因在于中央以下政府的结构非常复杂，因而在及时收集预算数据时存在实际的困难。在此情形下，一些国家可能无法及时提供关于一般政府合并的预算状况（budget position）方面的信息。

在提供一般政府合并的预算状况存在困难时，至少应提供关于一般政府事后（ex-post）的预算执行结果方面信息。如果是较低级次的政府，数据的收集不需要以所有单个政府的实际预算结果为基础，可以简要地对较低级次政府全部交易的主要部分产生的实际预算结果做出概括和汇总。理想的做法是中央政府的预算文件中应包括中央以下政府预期的前一年度预算结果的信息。

在那些政府间财政关系非常重要的地方，也就是从财政政策的立场看，税款分配、支出配置、转移支付和借贷控制非常重要的地方，中央政府在其呈递的预算报告中，应努力及时提供关于一般政府的岁入、支出和借贷方面的信息。这样，财政政策所关注的焦点就能够转移至一般政府。

在有些情况下，中央以下政府非常重要，它们相对于中央政府具有相当大的自主性和独立性。即便如此，努力提供一般政府合并的财务状况报告仍然是合理的。一般地讲，只要较低级次政府作为一个独立的财政实体被建立起来，中央政府就不会与其存在紧密的财政联系。美国是个典型例子，各州政府的独立程度相当高。在这种情况下，国家财政政策的焦点就是联邦预算，但联邦政府还是收集合并的一般政府的事后信息。

9.2.7 应计会计下的政府财务报告

不同的会计基础有不同类别的财务报告。如果在公共部门中引入应计会计对于预算管理是合适的，则在这一会计模式下可编制出较为全面的关于政府财务状况的报告，并可提供更具一致性和全面性的所有前述报告。另外，由各部

---

① 在此定义中，一般政府并不包括公共公司（public corporations），即便这些公司的股权完全由政府组织拥有也是如此。另外，一般政府也不包括由政府组织拥有和控制的准公司（quasi-corporations）。但是，由政府组织拥有的非公司制企业并不是准公司，因而包括在一般政府中。

门和支出机构在完全应计基础上准备的财务报告,也可用于评估绩效。

应计会计通常应提供以下报告:

- 财务状况报告。它包括所有被确认需要加以报告的资产和负债的详细信息。在该报告中,资产减去负债称为"净值"。
- 财务绩效报告,也称营运表。在完全应计制会计下,营运表应反映所有得到确认的收入和费用,以及由收入和费用的差额测度的营运赤字(operating deficit)。为避免混淆,有必要将应计制基础上的赤字和现金制或承诺基础上的赤字进行对比。对于这一关键问题,报告使用者必须予以充分注意,以免对政府财政活动对宏观经济态势的影响做出误导性的评估。
- 净值变动报告。该报告沟通了财务状况表和营运表之间的联系,如果营运表中出现的营运赤字,则表明净值减少;如果出现的是营运盈余(应计收入大于应计费用),则表明净值增加。净值的增减变动反映报告主体财务状况的改善或恶化。
- 现金流量报告。

9.2.8 财政报告

从财政透明度的角度看,政府的财政报告(fiscal reporting)和财务报告(financial reporting)都是非常重要的。在应计会计模式下,虽然这两类报告有趋同倾向,但强调财务报告和财政报告有不同的目标仍是重要的。现金或修正现金基础上的政府财务报告,集中关注的是特定基金的财务(营运)绩效或者合并的政府财务状况。这一报告系统的目的在于向立法机关和公众提供关于被报告实体的财务绩效,以及报告期中财务状况的变化情况。[1]

另一方面,财政报告和GFS(国际货币基金组织于1986年发布的政府财政统计分类标准)框架主要关注对政府财政营运(fiscal operations)如何影响经济进行分析。财政报告强调按照经济分类和对财政状况进行标准的总额计量,以此捕捉政府财政活动对经济的影响。因此,与侧重报告资产与负债信息的财务报告不同,财政报告着眼于提供那些有助于分析政府财政状况和财政政策的信息,其标准的和概括性的指标是关于一般政府的综合财政余额,以及在

---

[1] The Fiscal Affairs Department of IMF. 1998. Manual of Fiscal Transparency, Box 11. This manual can be accessed through web of http://www.Imf.org.

这一指标不足以对政府的财政政策取向做出基本判断时，同时还使用诸如营运性财政余额、结构性财政余额等，作为对财政状况和财政政策取向进行辅助性判断的指标。

无论是财务报告还是财政报告，都可以在现金会计、也可以在应计会计下提供。对于那些采用应计会计基础的国家，财政报告和财务报告在某些方面将趋于一致。直到目前为止，国际货币基金组织于1986年发布（目前仍在实施）的政府财政统计标准（GFS）关注的是对财政状况的现金制计量，因为这样做通常最有利于捕捉政府的财政政策对金融市场以及对财政收支平衡的影响，也有利于对不同的财政政策的效应与可取性（desirability）进行分析。虽然如此，在纯粹现金制基础上提供财政报告（和财务报告）仍然有较大的局限性，因为它不能及时确认和计量非现金财政交易（例如或有负债和支出拖欠）所产生的经济效应，从而也不能对政府的财政政策取向做出全面而准确的判断。因此，用于财政报告的GFS转向应计基础是有益的。

国际会计师联合会（IFAC，1998）指出，英国、澳大利亚和新西兰已经在其公共部门中采用应计会计，瑞典的中央政府机构和许多国家（如马来西亚、瑞士和意大利）的地方政府也采用了应计会计，加拿大使用修正应计会计并正转向完全应计制体系。另外，蒙古国、法国和智利正考虑转向修正应计或完全应计体系。然而对许多国家来说，在不远的将来，转向应计的变化可能既不合乎需要也不那么容易。基于此认识，国际货币基金组织在2001年4月发布的《财政透明度手册》中，并不建议实行这样的变化。

9.2.9 部门报告

部门报告反映政府各支出部门和支出机构的活动，可为部门间资源配置决策提供重要信息。如果这些报告在预算准备过程的一开始即可得到，它们所提供的信息可用于帮助准备最初的预算限额。

到目前为止，关于部门报告的报告标准仍没有形成共识，但一般地讲，良好的部门报告应包括以下成分：

- 部门内部面临的主要问题；
- 部门的目标和实现目标的政策；
- 部门的规划与活动；
- 部门的财政绩效情况和财务报表；

- 估计的未来年度开支;
- 绩效指标;
- 其他相关的信息(如本部门的税式支出)。

部门报告的一个重要类别是建设/投资支出报告(development/investment expenditures reports)。在任何情况下,部门报告中总是需要单独包括一份统一的投资支出报告,这类报告应以规划/方案为基础提供以下信息:
- 财政年度中取得——核实阶段的实际支出(不仅仅是现金付款);
- 前一财政年度的实际支出;
- 持续性规划/方案未来3~4年的估计成本。

在少数国家,投资支出以方案(projects)为基础提供信息,但多数国家的投资支出报告以规划(programs)为基础提供信息。无论如何,那些具有国家重要性的大型持续性方案应单独报告。对于每个方案,报告都应反映未来3~4年中该方案的年度成本、总成本以及其他重要的信息。

另外,在应计会计基础上提供反映方案进度的信息十分重要,尤其是对于交通、通信、能源以及公共工程,付款计划并不与工程进度吻合,提供方案进度方面的信息尤其重要,因为资产价值可以根据实物进度而增加。如果是在规划的级别上进行报告,则应计量所报告的规划的绩效指标,尤其是社会部门(如防治结核病)和农业部门(如灌溉)的规划。

结语

- 政府报告系统必须设计得足以满足不同报告使用者——公众、预算管理者、政策制定者等——的需要。最低报告要求提供:用以反映拨款和支出变动的预算管理报告,对立法机关的受托责任报告,汇总的关于一般政府的财务报告、拖欠报告、债务和或有负债的报告与借款报告,以及评估预算规划的报告和部门报告。
- 多数发展中国家需要改进政府会计和报告系统。作为改革的第一步,在那些只是对付款(阶段)进行记录和报告的国家,需要立即采取措施记录和报告承诺,并为未清偿的付款建立备查账。更一般地讲,应建立一个全面的预算会计系统,以及在支出周期的每个阶段记录支出,在此基础上提供能够反映支出周期各个阶段的预算执行报告。如果不存在这样一个预算会计和报告系统,就需要开发一个针对债务的应计会计系统,并且准备全面的债务报告。如果存在政府性基金,那么所提供的关于一般政府合并的财务报告中,应将这些基金的营运情况合并进来，并确保所有政府实体都在相同收支分类的基础上提供报告。更深入的改革包括：实施某个修正应计会计系统，为报告负债提供一个全面的框架，系统地记录或有负债，编制和公布财务状况报告书，记录政府资产（至少是那些需要仔细监督的资产）。

- 相对于现金会计模式而言，在应计会计模式下编制财务报告似乎更好。然而，无论会计基础和会计模式如何，每个国家都应提供满足某些最低要求的财务报告，并设立适当的会计账户（包括备查账）。
- 一般有四种方法用来确定政府财务报告主体的范围：（1）资金的授权分配办法；（2）法定机构办法；（3）政治义务概念；（4）控制概念。国际上大多采用控制概念作为界定政府财务报告主体的标准。

本章要点

- 政府报告的目标是达成合规性、透明度和受托责任的关键因素。通过报告这些方面的信息，政府报告为评估在这些目标方面"政府做得怎样"提供一个适当的手段。反映一般政府总体（合并）财务状况的报告是所有政府报告中最重要和最基本的报告。
- 根据报告主体的不同，政府报告可区分为政府（整体）报告、部门/机构报告和基金报告；根据报告目的的不同，政府报告区分为一般目的报告和特定目的报告；根据所提供的信息的性质不同，政府报告可区分为财务报告、财政报告、预算报告和绩效报告。在所有这些报告中，合并的一般政府财务报告是最重要和最基本的报告。与侧重报告资产与负债信息的财务报告不同，财政报告着眼于提供那些有助于分析政府财政状况和财政政策的信息。
- 政府报告必须考虑不同类别的信息使用者对信息的需要，信息使用者包括内部使用者和外部使用者两大类。向使用者提供的报告应遵循全面性、合法性、亲善用户、可靠性、相关性、一致性、及时性、可比性和有用性原则。
- 如果在公共部门中引入应计会计对于预算管理是合适的，则在这一会计模式下可编制出较为全面的关于政府财务状况的报告，并可提供更具一致性和全面性的所有前述报告。另外，由各部门和支出机构在完全应计基础上准备的财务报告，也可用于评估绩效。应计会计模式下，通常应提供关于财务状况、财务（营运）绩效、净值变动以及现金流量方面的报告。
- 报告主体指需要提供报告的实体。政府（公共部门）财务报告的主体包括作为一个整体的政府、单个的政府组织（机构）以及政府管理的基金。

非政府公共实体也是报告主体。专门对基金的财务绩效进行报告的会计,称为基金会计。基金会计在许多国家引发了问题。

● 目前国际上大多采用控制概念作为界定政府财务报告主体的标准。根据这种方法,政府财务报告主体包括政府控制的所有机构和交易。这一方法在私人部门中广泛采用。在公共部门中,该方法通常被理解为通过所有权机制实施控制。

关键概念

政府报告 财务报告 财政报告 报告主体 部门报告 一般政府 基金会计 一般目的财务报告 特定目的财务报告 预算执行报告 绩效报告 合规性报告 报告主体 政府财务报表 资产负债表 现金流量表 运营表 会计基础 现金基础 应计基础 现金会计 应计会计 投资报告 后续承诺报告 受托责任 税式支出报告 资本预算表 有效控制标准

复习思考题

1. 政府报告的目标和意义是什么?
2. 应计会计下一般应提供哪些财务报告?
3. 政府财务报告的主要使用者有哪些?
4. 部门报告应包括哪些内容?
5. 什么是合并的一般政府财务报告?其要点有哪些?
6. 政府报告应遵循的一般原则有哪些?
7. 界定一个组织是否属于"政府财务报告实体"的主要标准有哪些?
8. 政府财务报告应遵循哪些最低报告要求?
9. 政府财政报告与财务报告有什么不同?

参考文献

1. A. 普雷姆詹德:《有效的政府会计》,中国金融出版社 1996 年版。
2. B. J. 理德、约翰·W. 斯韦恩:《公共财政管理》,中国财政经济出版社 2001 年版。
3. 孟凡利:《政府与非营利组织会计》,东北财经大学出版社 1997 年版。
4. 徐仁辉:《公共财务管理——公共预算与财务行政》,台湾智胜文化事业有限公司 2000 年版。
5. 张鸿春:《政府会计》,台湾三民书局 1987 年版。
6. IFAC(PSC Study 8). 1998. The Government Financial Reporting Entity. Available at

internet site, http://www.ifac.org.

7. IFAC (PSC Study 6). 1995. Accounting for and Reporting Liabilities. Available at internet site, http://www.ifac.org.

8. IFAC (PSC Study 11). 2000. Government Financial Reporting—Accounting Issues and Practices. Available at internet site, http://www.ifac.org.

9. The Fiscal Affairs Department of IMF. 1998. Manual of Fiscal Transparency, Box 11. This manual can be accessed through web of http://www.imf.org.

第10章 在预算管理中融入绩效导向

公共组织和公共管理的基本目标是促进合规性和绩效，但在组织机构中，合规通常是绩效的敌人。管理者规定自身职责，并在遵守既定的规则和程序下完成任务，从此意义上言，他们会减少对结果的注意力。因此，绩效的推进需要较松的控制和较少的合规性。① 公共预算与支出管理的全球趋势是从强调预算投入的控制（财政纪律）转向强调服务成果的责任（确保政府运营产生意欲的成果/强调资源配置），其核心是结果导向管理与评估。② 绩效导向虽是所有预算管理系统共同追求的一般目标，但绩效导向的方法并不相同。③ 与私人部门相比，在公共部门中计量和加强绩效导向是一件更为紧迫和复杂的任务。为改善绩效，公共部门以非货币指标衡量绩效是必需的。没有关于正在生产什么（产出）、花费成本多少（投入）以及获得什么（成果）的信息，就不可能在公共部门内做出有效率的资源分配。④ 绩效指标的目的包括对受托责任要求、改善服务提供、降低成本并最大化产出以及提高实体的生产率做出反应。本章探讨的重点问题如下：

- 绩效及其相关概念的界定
- 公共部门中绩效信息的重要性

---

① Schick, Allen. 2003. The Performance State: Reflection on an Idea Whose Time Has Come but Whose Implementation Has Not. *OECD Journal on Budgeting* 3 (2): 71–104. p. 86.

② John L. Mikesell. 2007. Fiscal Administration in Local Government: An Overview. Edited by Anwar Shah, *Local Budgeting*. The International Bank for Reconstruction and Development/The World Bank, Washington, D. C., 15–52, p. 30.

③ Schick, Allen. 2003. The Performance State: Reflection on an Idea Whose Time Has Come but Whose Implementation Has Not. *OECD Journal on Budgeting* 3 (2): 71–104.

④ IFAC Public Sector Committee. 2001. Governance in the Public Sector: A Governing Body Perspective, International Public Sector Study. August, Study 13, p. 53. Issued by The International Federation of Accountants, International Federation of Accountants.

- 绩效标尺（计量指标）
- 绩效基准
- 规划层次的绩效信息
- 绩效导向公共预算管理的要点

10.1 与绩效相关的术语

绩效是一项特定目的、任务或功能所取得的成就（achievement）。构成绩效的要素包括资源的使用（投入）、生产了什么（产出）、实现了什么成效（成果）以及获得和使用资源、生产产出与实现成果的方式是什么（过程）。这些关键性绩效标尺可以进一步组合为有效性、效率和其他绩效标尺。有许多途径去收集和获取绩效信息，如客户调查、从管理信息系统中提取，或者规划评估方面的资料。绩效信息能够用于监管和评估规划和组织的绩效，监管和评估都需要绩效信息。20世纪80年代以来，部分地受源于盎格鲁—撒克逊文化传统国家（美国、英国、澳大利亚、新西兰、加拿大等）的新公共管理（NPM）运动的推动，许多发达国家和部分发展中国家的公共部门无论在其管理策略中，还是在制订和执行公共规划中，日益增多地使用绩效导向方法。在公共部门管理中，融入绩效信息的基本层次是规划（由若干活动构成）。无论在中央还是在地方层次上，预算应成为一个运营指南并按指南执行，预算支出应按单元（组织）分类以建立对资金的法定责任，也应根据基本目的或规划分类，这是设计预计体制应遵循的基本原则之一，尤其是在地方层次上。[①]

10.1.1 公共部门与私人部门中的绩效计量

绩效计量是针对一系列预先规定的标尺（例如效率和经济性）进行评估，这些标尺反映的是一个组织承担一项特定活动或一系列活动的绩效。绩效标尺指用来计量绩效的指标，它可能只与资源的使用相关联——称为投入标尺，或

---

① John L. Mikesell. 2007. Fiscal Administration in Local Government: An Overview. Edited by Anwar Shah, *Local Budgeting*. The International Bank for Reconstruction and Development/The World Bank, Washington, D.C., pp. 27–28.

者与商品与服务本身相关联——产出标尺，或者与这些商品与服务所产生的结果相关联——成果标尺。与资源的投入相对应，产出和成果反映了投资投入得到的结果。

绩效是一个要求严格的测试。当一个政府不能完成这个测试时，它的合法性和能力就会受到质疑，政策制定者和利益集团为了达到其想要的成果便会寻求其他替代者。可以说，在执政阶段，结果比过程更重要。现代政权的重要性仅在于其所体现的象征性意义。政府要效忠国家并确保税收收入，并以绩效强化其统治的合法性。若政府无果而终，其统治就岌岌可危了。[①]

任何组织（和个人）都要面对这样一个问题：我们干得怎么样？这里涉及的就是绩效。当我们关注某个特定的个体（组织或个人）是否以及在何种程度上取得了成功时，我们实际上关注的就是这一个体的绩效。简单地讲，绩效是用来测度个体是否以及在何种程度上取得成功的一系列标尺。

私人公司的成功可以由一系列的绩效标尺来计量：股票价格、利润、股利分配、周转率及市场份额，然而这些标尺中没有哪个标尺可运用到公共部门的活动中。因此，从经济分析的角度看，机械地将私人部门的管理策略与方法应用于公共部门是不正确的，也是不适当的。私人部门中管理技术（如目标管理），可为公共部门提供有用的指南，但不能简单地移植或机械地追求绩效导向的管理方法，虽然有些国家（尤其是英国、澳大利亚和新西兰）在这方面已经走得相当远。

对于竞争性市场中的私人产品而言，以及对于作为一个整体的企业而言，活动的价值最容易通过购买者意愿支付的价格来计量；厂商为社会创造的贡献可由给定期间内的净利、盈亏平衡和亏损来计量，长期亏损将把厂商逐出市场，因为社会对一个不成功的企业的最大容忍度就是让其破产。

然而，只是在购买者得到产品的全部利益并且同时支付所有成本时才是如此。这里的要求就是不存在微观经济学中揭示的外部性（externalities）和公共产品所特有的不可分割性（indivisibilities），并且需要（假设）存在一个竞争性的市场结构。如果这些条件不存在，那么使用绩效标尺来界定私人部门为社会创造的净效用就会变得十分困难。在此环境下的活动就可能需要转交公共部门承担，这时由于缺乏合适的绩效标尺，对公共部门活动产生的影响进行计量

[①] Schick, Allen. 2003. The Performance State: Reflection on an Idea Whose Time Has Come but Whose Implementation Has Not. *OECD Journal on Budgeting* 3 (2): 71–104. p.73.

就会成为一个十分困难和复杂的问题。①

概括地讲，计量公共部门绩效比计量私人部门的绩效要困难得多。虽然如此，20 世纪 80 年代以来，许多国家（尤其是发达国家）在公共管理中做出了不懈努力，在开发公共部门的绩效计量与管理系统方面已经取得了相当进展。绩效所要表达的基本含义是政府应该提供有效的服务和执行有效的规划。②

10.1.2 绩效的主观性与客观性

绩效的特性是主观性（subjective）和客观性（objective）的结合。主观性指的是个体付出的努力，客观性指的是客观上产生的结果（results）。一个例子如下：警察的绩效如何？可以这样回答：警察的绩效相当好，这不仅因为警察非常努力，也因为治安情况非常好（犯罪率很低）；当然也可以有另一种相反的答案：警察的绩效相当差，这不仅因为警察不努力，也因为治安情况很糟（犯罪率很高）。在这个例子中，"努力"涉及的是主观性的东西，在定义和计量绩效时，显然这种主观性是不能被忽视的。事实上，完全忽视绩效的主观特性是不适当的，因为主观努力在决定一个组织达成其目标的有效性方面，是一个很重要的因素。

考虑一下这样的情形：一个组织中有两类人，一类人的能力较弱但非常努力地工作，另一类人能力较强但不那么努力工作。为了成功地实现组织的目标，实行绩效导向的管理是非常重要的。为了激励个人绩效，如果完全忽略个人的主观努力，只是根据客观结果实施激励，将会发生什么呢？可以想象，前一类人得到的信息是，即便自己努力工作也不会获得奖赏；后一类人得到的信息是，自己不发挥潜力——不努力工作——也可能获得奖赏（因为能力较强）。这样一来，整个组织将最终会被那些不愿意发挥潜力的人们操纵。因此，承认真正（即便不奖赏）的个人努力将有助于鼓舞士气，这会产生广泛的示范效应，从而促进组织达成其目标的有效性。

这里强调的是绩效可以根据"努力"或"结果"加以定义，以及在绩效计

---

① 私人公司的成功可以很容易地通过净利、股票价格、周转率、股票价格和市场份额等标尺加以定量化计量，但没有哪一类标尺可直接应用于公共部门。与此类似，私人部门采用的管理技巧（比如目标管理）能够为公共部门提供一个有用的指标，但不能直接被移植到公共部门。

② Schick, Allen. 2003. The Performance State: Reflection on an Idea Whose Time Has Come but Whose Implementation Has Not. *OECD Journal on Budgeting* 3 (2): 71–104, p. 73.

量中考虑主观性的重要性。但实际上，经济和公共管理文献强调的是绩效的客观性特征，这主要是因为主观的东西是不太可能加以计量和加总的。[①] 以此而言，在预算管理中为引入较强的绩效导向方法，多数情况下考虑"结果"是相当明智的。虽然如此，主观努力对于加强绩效导向的重要作用仍需牢记在心。

10.1.3　绩效的相对性

在任何情况下都应认识到，绩效概念表达的只是一个组织用以实现其目的的工具，而不是目的本身。同样重要的是需要认识到，绩效是相对的而不是绝对的。记住以下要点对于理解绩效是有益的：
- 绩效是相对于特定经济体制而言的；
- 绩效是相对于特定的国家/政府作用而言的；
- 绩效是相对于治理质量而言的；
- 绩效是相对于某种支配性文化而言的；
- 绩效是相对于特定的经济部门而言的。

绩效的相对性意味着引入绩效标尺和绩效导向方法时，必须考虑到不同经济体制、国家/政府作用、治理质量、支配性文化和经济部门的特性，因为没有哪种绩效标尺和绩效导向的管理方法能够放之四海而皆准。由于在不同国家、不同的时间和不同的部门中，对于绩效标尺的选择是不同的，因而唯一正确的规则是，如果计量绩效是适当的并且具有成本有效性，就应该将产出、成果和过程标尺结合起来进行评估；对于特定活动、部门和国家而言，这些标尺应该是现实的和合适的。

10.1.4　绩效计量、绩效评估与绩效预算

与绩效概念相关的常用术语有"绩效导向"、"绩效标尺"、"绩效评估"、"绩效基准"以及"绩效（规划）预算"。这些术语常常被混为一谈，而实际上各自的含义各不相同。

绩效导向是在管理系统中采用的一整套方法，其目标在于加强绩效。这里

---

① Salvatore Schiavo-Campo and Daniel Tommasi. 1999. Managing Government Expenditure. Published by the Asian Development Bank, p. 328.

涉及的一个重要问题是，不要把目标同手段（方法）混为一谈。需要清醒地认识到：在一个公共支出管理系统中加强绩效这一目标，与达到这一目标的方法是完全不同的问题。对绩效给予更多考虑，可以通过多种手段来实现，除了使用绩效标尺来计量绩效外，其他绩效导向方法包括道德劝告（moral suasion）、定期接受质询、向公众曝光以及施加压力等。

绩效导向的重要方法之一是对绩效进行计量，而绩效的计量是通过制定一系列的指标进行的，这些联结绩效的指标就是绩效标尺。例如，应用于警察部门的犯罪率就是一个绩效标尺。

为了考核和控制绩效，预先需要建立一套绩效基准——例如规定犯罪率不能高于1%，然后对一个组织的实际绩效与绩效基准（计划绩效）进行比较，找出其中的问题，提出改进绩效的建议，这项工作被称为绩效评估。更一般地讲，绩效评估是按照一系列预先规定的绩效基准——尤其是关于效率和有效性方面的基准，对个体完成其预定的一系列任务进行评估。

绩效预算是一种将预算拨款同绩效直接联结起来的正式制度。在此制度下，没有绩效就不可能得到预算拨款。作为一个预算系统，绩效预算用来展现资金申请的目的和目标、旨在达成这些目标的规划和活动的成本，以及通过每个规划生产的产出或服务。[1] 目前加拿大、丹麦、瑞典和美国的许多地方政府已经采纳了绩效预算。美国在20世纪50年代初实行的规划预算和20世纪80年代以来新西兰等国家实行的产出预算，都是绩效预算的特定模式。美国地方政府绩效预算经历表明它在地方层次上较易实行，也较易得到公民支持。绩效预算可以在局部性的部门也可在政府整体层面上实行，同时应建立绩效管理和报告系统。[2] 绩效预算是实现绩效导向的方法之一，但并不是促进绩效导向的唯一方法。实际上，一个组织可以采取许多绩效导向方法，以此来加强绩效。

10.1.5 目标并非量化

对绩效计量问题常见的一个误解是，绩效必须量化，而且最好是量化到精确（precise）的地步。事实上，对于计量绩效而言，量化（quantification）是

---

[1] Anwar Shah and Chunli Shen. 2007. Citizen-Centric Performance Budgeting at Local Level. In *Local Budgeting*, ed. Anwar Shah. Washington, D.C.: World Bank. p. 154.

[2] Anwar Shah and Chunli Shen. 2007. Citizen-Centric Performance Budgeting at Local Level. In *Local Budgeting*, ed. Anwar Shah. Washington, D.C.: World Bank. p. 162.

必要的，但并不是最重要的，因此不应过分强调。另外，绩效标尺的模糊固然会产生问题，但也不必量化到十分精确的地步。

确实，在许多情况下，对绩效的计量都涉及量化问题，而且量化并非易事，尤其是质量特征。绩效既涉及数量又涉及质量。接受治疗的患者人数涉及的就是卫生部门绩效的数量方面，而治愈率涉及的就是绩效的质量方面。数量特征的量化较之质量特征的量化要容易得多，但并不是说质量特征就不能量化。实际上，对质量的计量可以通过调查、来自使用者的系统性的信息反馈和对使用者进行评估的方式而使之量化，例如计量教育质量的一种方式是，统计对孩子所在学校"完全满意"的父母所占的比率，这里的"满意率"就是量化了的质量特征。

需要牢记的是，对于计量绩效而言，重要的并不在于量化，而在于绩效的可解释性（accountability）。① 在许多情况下（正如在制定法律时遇到的情形一样），相对于使用量化方法而言，人们可以通过使用更为清晰的语言，来更为精确地阐述绩效问题。因此，最重要的目标并非量化而在于其可解释性。使用绩效标尺的目的就在于形成和增强可解释性，虽然这些标尺对于评估者和被评估者而言，其含义可能是模糊的。绩效的可解释性要求所使用的绩效标尺，以及使用这些绩效标尺进行计量得到的结果，应该能够说明问题，而不要使人一团雾水，不知所云。

易于量化的绩效标尺不一定具有可解释性——评估者和被评估者不一定能够明了其真正的含义，这反过来会诱使人们采纳带有偏见性的或者带有误导性的绩效观念。某个警察局在"严打"中抓了多少个嫌疑犯是很容易量化的。问题在于，如果认为在严打中抓的嫌疑犯越多，该警察局的绩效就越好，就会产生很大的误导性。②

10.2 绩效信息与公共管理

传统的公共管理强调的是合规性，体现在预算管理方面就是"预算资金的取得和使用是否符合规定"。毫无疑问，合规性在任何管理系统中都是十分

---

① accountability 一词有三重含义：受托责任、会计责任和可解释性。
② "嫌疑犯"本身很难精确界定，警察局也有许多办法增加抓捕嫌疑犯数量。其中的一个简单的策略是抓了又放，放了再抓。

重要的目标。然而，公共支出的最终目的在于最大限度地促进公共利益，为此必须追问：公共资源的使用或政府活动取得了怎样的结果？因此，如果仅仅将"绩效"限定为确保预算拨款的合规性，或者说确保遵守规则和管制，那么就会忘记公共支出的真正目的，这种认识完全忽视了公众对于政府和公共管理的想法和意愿。

10.2.1 从追求合规到关注结果

政府的主旨就是提供公共服务。因此，政府的规划管理者必须自问：什么是我们的目标？什么是（实际）成果和意欲的成果？我们如何知道取得了成功？什么样的程序用来实现成果最有效？公众（顾客）是否正在得到适当水平的服务并且被公平而道德地对待？

回答和评估以上问题需要持续地监管和定期评估绩效，而评估绩效依赖于绩效信息。正是绩效信息使绩效评估成为可能，其目的和价值在于帮助我们改进和解释绩效，以及更好应对在向公众公共服务时面临的越来越多的挑战。从过去经历中得出的教训是，在公共部门中计量和评估绩效并不是一个可以自由裁量的活动，而是必须进行的意义重大的活动。更一般地讲，在对规划、组织或个人进行全面的管理中，在促进公共部门更好地履行受托责任方面，在实现政府目标方面，以及在确保对国会和公众的透明度方面、最终在确保公共组织取得成功方面，绩效信息都发挥着关键性的作用，它是实现这些功能的重要工具。20世纪90年代盛行于工业化国家和部分发展中国家的"为结果而管理"，已经导致公共部门从关注官僚主义过程和投入控制转向了控制基于结果的受托责任（Shah，2005）。[1] 作为公共部门改革的关键，目前结果导向或绩效基础的预算被许多发展中国家和发达国家采纳，例如澳大利亚、马来西亚和新加坡。变革的主线是从投入和产出导向转向产出与成果导向，在公共组织中引入新的绩效导向的受托责任。这一变革改变了影响预算过程和角色的预算规则。[2]

---

[1] Shah, Anwar. 2005. On Getting the Giant to Kneel: Approaches to a Change in the Bureaucratic Culture. In *Fiscal Management*, ed. Anwar Shah, Washiington, D. C.: World Bank. pp. 211-228.

[2] Matthew Andrews. 2005. Performance-Based Budgeting Reform: Progress, Problems, and Pionters. In *Fiscal Management*, ed. Anwar Shah. Washington, D. C.: World Bank. p. 33.

10.2.2 作为规划管理的工具

绩效信息本身并非目的,目的在于为改进规划管理提供一个基础,对于确保受托责任也是关键性的。好的绩效信息使公共规划的管理者确定规划资源是否以最有效的方式被引导到实现意欲的成果方面。如果收集的绩效信息并未帮助改进规划绩效和受托责任,它就变成代价高昂而无回报的东西。

作为管理的工具,绩效信息帮助规划管理者改进规划和绩效。它能告诉我们应往何处去,我们如何到达那里,我们是否走向正确的方向,以及我们是否在以最低的成本有效性方式使用资源。正是好的绩效信息为制定好的决策提供了基础,成为一个使管理者能够采取预防性行动的早期预警系统。

规划是一系列旨在促进同一目标的活动的集合。支出部门和支出机构每年都需要实施大量的规划,这些规划在预算中预先做出安排,并且从预算中获得资源。规划的成功有赖于良好的规划管理,而良好的规划管理依赖于在构成规划的纵向的等级序列中的绩效信息。每项规划都由政策目标→规划目标与战略→规划的营运(活动)构成。在这个等级式序列中,目标和战略层次上的管理者集中关注的是绩效信息中的成果,营运层次则集中关注过程、投入和产出方面的绩效信息。在这里,有用的绩效信息在帮助制定、评估和改进规划中起着不可替代的作用。

绩效信息也是一个沟通机制,促进所有层次的规划参与者对规划目标的普遍理解,从而有助于:

- 制定旨在促进组织目标的战略;
- 制订计划与目标的制定、分配资源以及为组织确立重大活动或事项;
- 反馈和学习:如果发生问题,组织借助于这些信息在早期即可采取补救措施;
- 提供支持规划营运和公众受托责任的报告。

10.2.3 作为受托责任的工具

受托责任存在于所有委托代理关系中。政府与纳税人在一个国家的最高层次上形成了委托代理关系,因此,政府应该就公共资源的使用向提供这些公共资源的人们(纳税人)承担责任。在公共部门或组织内部的不同管理层中,委托代理关系涉及好多层次，这就要求区别不同层次的受托责任。大型机构的当地管理者应直接对高级管理人员负责，后者可能（比如）集中关注关键性的过程绩效信息，这类绩效信息反映是否以公正、道德和令人满意的方式取得资源、提供服务（生产产出）和实现成果；在国家层次上，政府部门对国会和公众的受托责任大多关注所有公共规划的效果和影响如何。这些不同层级之间和不同机构之间的绩效信息应相互关联，这对改进绩效和受托责任都十分重要。

为实现适当的受托责任，所使用的绩效信息必须足以对规划所产生的结果进行精确地计量和报告。这进一步要求规划的目标、目的必须有清晰的框架设计，以便他们的结果能够被清楚地评估，否则，受托责任就会成为一个空壳。具体地讲，受托责任与以下问题密切相连：

- 政府用纳税人的钱正在做什么？
- 政府干预的目标是什么？
- 政府达成了这些目标或至少在朝这一方向前进吗？
- 政府花了多少钱？多于达到目标所需要的吗？
- 谁对支出行为和成果负责？

以上的每个问题都与绩效直接或间接相关，它们共同形成了20世纪90年代以来公共部门新的受托责任概念。[1] 这里的受托责任概念涉及的是管理受托责任（managerial accountability）。一般地讲，管理受托责任必须基于产出而不是成果，后者不能为管理者所直接控制，难以界定与量化，很难做成本核算。将成果直接与管理性活动及决策直接相连是困难的和无益的，因为成果在时间和空间上都是遥远的。成果也难以与规划的预算周期对称。计算努力（旨在达成成果的努力）的成本比计算产出的成本更困难。成果一般并非由某项规划单独带来，它受许多因素影响。因此，让管理者对成果负责是不适当的，不现实的。[2]

10.2.4 作为报告的工具

从政府对公众承担的受托责任而言，涉及的主要问题是报告规划的绩效。

---

[1] Matthew Andrews. 2005. Performance-Based Budgeting Reform: Progress, Problems, and Pionters. In *Fiscal Management*, ed. Anwar Shah. 31-67. Washington, D.C.: World Bank. pp. 36-37.

[2] Kristensen, Jens Kromann, Walter S. Groszyk, and Bernd Buhler. 2002. Outcome Focused Management and Budgeting. *OECD Journal of Budgeting* 1 (4): 7-34. p. 16.

在绩效报告（特别是年度绩效报告）中，无论是成功还是缺陷都应坦率地加以解释，以便提供充足的信息使国会和公众能够对公共机构如何实现其目标做出良好的判断。报告应包括关于绩效趋势的信息，并且应在各时间段进行比较，而不是对一个时点上的"快照"进行比较以免产生误导。另外，公共组织的内部报告应阐述组织的目标和战略，并包括管理者所负责的那些关键性因素。

随着对公共资源需要的日益增长，以及随着市场力量更多地引入到公共服务领域中，绩效信息及其报告变得日益重要。

10.2.5 融入绩效信息的管理改革

实施以绩效为基础的预算管理需要对各支出机构（甚至个人）建立绩效（核心是产出与成果）指标，确立需要努力达到的绩效标准，从而告诉各支出机构和工作人员应该做些什么事情，目标和方向是什么，并可借助实际绩效与目标绩效的比较，测定各支出机构绩效标准的实际完成情况。新西兰等国家在这方面已经走得很远了，它们不仅在各支出部门中建立了较为系统的完整的绩效指标，而且据此确定预算拨款（绩效/产出预算）。考虑到在各支出部门建立完整的绩效指标并进行绩效评估的艰巨性，作为过渡办法，一些国家（如法国）首先在公务员队伍中建立一种绩效评估的机制，作为绩效管理的一个内在要素。

一旦绩效管理或绩效预算模式建立起来，支出控制者（立法机关或政府核心部门）就可以放松对各支出机构的预算控制，确切地讲，就是只控制一个支出总量，而这笔总的开支究竟如何在内部进行分配，则由它们自己来处理，由它们基于一种负责任的态度（遵守正式的预算规则）来处理。与此同时，审计部门也会放松对各支出机构的投入控制，不再如同过去那样去审计它们的开支是否合法合规，而更多的是注重它们花的这笔钱是否取得了预期的绩效。传统的投入预算转向这种以产出或绩效为中心的预算，可以说是预算管理（目前更流行的术语是公共支出管理）理念和实践上的革命，它标志着在预算过程中各支出部门的部长从传统的角度考虑合规性问题，更多地转移到考虑经济效益和政策目标方面。正是绩效预算和绩效管理模式的实施，使得绩效成为各部门和支出机构申请预算并获得资金的正当理由，同时也使立法机关、支出控制者和支出机构得以了解有关政府绩效的一些关键问题："我们花了纳税人的钱得到了什么"、"我们如何判断是否取得了成功"、"我们在多大程度上完成了任务和政策目标"等等。

虽然大部分国家未以产出作为基础编制预算，但在预算体系中引入不少绩效管理的内容。例如澳大利亚在 2000 年开始要求，产出预算前，各支出机构的预算资金按规划进行分配，每个规划的预算草案中都应包括一揽子绩效指标，这些指标定期公布并且分阶段进行评估，以利于提高预算执行效率，强化预算执行效果。

美国也是在预算体系中引入绩效导向因素的国家。1993 年通过的《美国政府绩效和产出法》规定：截至 1997 年底，所有联邦项目都必须实行与预测预算效果相关的 5 年战略性计划；到 1999 年，每个支出机构都必须制定详细的绩效计划，并且将这些计划与业务活动和预算程序连接起来；按照美国《财政部部长法》的有关规定，每个机构的运作效果和效率都必须接受全面的审计。

注意不要把绩效导向的预算或绩效导向的管理与正式的绩效预算混为一谈。绩效导向的预算（或管理）包含了许多具体方法，绩效预算只是其中的一种方法（较为极端的方法）。几乎每个把关于工作量、活动或服务的信息融入预算中的国家都声称自己进行了绩效预算。广义的绩效预算是指能提供关于"机构已经做了什么并且希望用给他们的钱做什么"信息的任何预算。如果进行严格的定义，绩效预算仅指那种将资源的每个增量都与产出或其他结果的增量明确联系起来的预算。[①]

10.2.6 需要应计会计和成本系统

发达国家在开发可信度高且便于管理的产出指标方面已经做出了多年的努力，有些国家目前已经取得了相当的进展。计量绩效不仅要求计量产出，还要求同时计量成本。在以产出为基础收集与之相关的成本数据和资料的过程中，需要对政府报告的内容进行修改，理想的是将现金会计核算口径调整为应计会计口径。目前，新西兰、澳大利亚、英国等国已经将传统的政府会计由现金制基础转向应计制基础，并且在政府预算、拨款和财政报告系统中引入了应计制

---

① Schick, Allen. 2003. The Performance State: Reflection on an Idea Whose Time Has Come but Whose Implementation Has Not. *OECD Journal on Budgeting* 3 (2): 71–104, p.100.

基础。采用应计制便于监督政府活动的成本，而传统的现金制只记录支出，忽略了折旧、资产变动和应计支出（债务与拖欠）。

包括新西兰、澳大利亚等国在内的一些OECD成员国已经将应计制会计和绩效（产出）预算结合起来，以更好地促进以绩效为导向的公共支出管理。对于大多数国家而言，将应计会计基础引入政府报告系统（更不用说实行应计制预算）存在种种困难。即使如此，对绩效进行计量仍是可行的和必要的。在绩效管理模式下，要求每个支出机构在提出预算申请时详细说明支出的预期绩效，并且定期公布绩效指标和进行审计，这在OECD成员国中已经成为预算程序中的核心成分。随着人们对政府和支出机构财政绩效问题的日趋关注，各国对绩效的定义和计量方法也在不断改进。

10.3　绩效标尺与绩效基准

计量客观（并非主观）效绩的前提是使用一系列的绩效标尺，大体上包括两大类：非组合标尺和组合标尺，前者由那些反映"结果"的标尺构成，包括产出、成果、影响和过程。这些标尺回答的问题是，某个特定的组织、规划或个人花费公共资源产生了什么样的结果？需要注意的是，投入（在预算中安排开支资源）也可以作为计量绩效的标尺，但与反映结果的标尺相比，投入标尺与绩效的关联度较弱，相比之下，结果标尺与绩效间的关联度要高得多。因此，计量绩效虽然需要使用投入标尺，但在更高的程度上依赖于使用一个或多个关于结果的标尺。

10.3.1　非组合绩效标尺

非组合标尺由投入标尺、反映结果的标尺和过程标尺构成。其中，反映结果的标尺包括产出、成果和影响。一般地讲，绩效标尺需要在时间约束下根据预定的目标进行量化。即使衡量质量可能存在困难，绩效指标也应努力反映质量和数量两方面的信息，尤其是关于成果的信息。①

---

① IFAC Public Sector Committee. 2001. Governance in the Public Sector: A Governing Body Perspective, International Public Sector Study, August, Study 13, Issued by the International Federation of Accountants, International Federation of Accountants, p. 54.

1. 投入

投入是在预算中安排的用于生产产出（服务与商品）所使用的资源。投入通常可理解为支出的数量或资源本身。就医疗保健领域而言，投入包括如医生、护士、医疗设备和药品。从货币价值的角度看，投入指标表明为取得成果和产出所动用的财力（包括用财力测度的人力和物力）。因此，投入的价值可通过成本概念加以计量。对于投入而言，预定的绩效标准是"合规性"（compliance），例如严格遵循预算限额、事前的预算配置以及适当的采购程序。[①] 如果管理者所关注的是投入，那么对绩效的评估所关注的就是合规性，也就是是否按照预定的程序和规则获得和使用预算中安排的资源。在这里，好的绩效意味着在合规性方面令人满意。

传统的做法是，政府只是在预算和报告系统中计量投入，而且是现金制意义上的投入。目前主要在新西兰等"盎格鲁—撒克逊"传统的国家中，这种做法正在逐步被应计制基础上的"完全成本法"计量所取代：计量的不再是现金支出，而是从事一项活动或实施一项规划的全部成本，包括未发生现金支付的成本（如折旧）。

一般地讲，投入信息能够告诉你某个特定规划或活动的投入情况，从而可以间接地反映是否有效率。比如教育方面的规划可以通过教师、行政人员的投入比例来判断其效率情况。但是，投入信息不能清楚地告诉你这个规划或活动的成败与否，绩效如何。因此，目前多数 OECD 成员国的预算管理者认为，投入信息的意义不大，但在美国的预算体系中仍然需要提供每项规划的投入信息。

2. 产出

产出是由一项投入资源的活动所生产的商品与服务，例如接受免疫的儿童数量。在政府的绩效评估中，产出通常被定义为政府机构所生产的商品或服务，例如提供的教学时数、被支付的福利数。公共部门中，产出的社会价值大体上可以用相同商品与服务的价格来计量；或者在缺乏相同服务的情况下，用相似服务的价格来计量。与产出相对应的组合绩效指标是效率（efficiency），

[①] 经济性（economy）意味着以最低的成本及时得到所需要的投入。它是一个被广泛使用的绩效标尺，它显然直接与采购功能相关。

也就是使每单位产出的投入成本达到最低水平；或者给定数量投入所生产的产出达到最大。

对于计量规划的绩效而言，产出标尺非常重要，但它本身并不表明该项规划的目标被实现的程度或进展。依据各类产出特性的不同，产出可能易于计量也可能不易计量。一般地讲，医疗服务的产出比政策咨询的产出更容易计量。

产出可以看做是投入带来的直接结果。确认和计量产出在编制预算中是一项技术性很强的工作。如果产出界定不明确则整个规划可能会无效。

产出可以用数量指标描述，也可以用质量指标描述。例如教育方面的产出可以用"毕业生人数"（数量指标）计量，也可以用"12岁儿童中具备阅读和计算能力者的比例"（质量指标）计量；卫生方面的产出指标可以用"接受免疫者人数"（数量指标）计量，也可以用"因注射哪几种疫苗而使人们免患哪几种疾病"（质量指标）计量。

产出虽然比成果较易计量，但也不是一件简单的事情。主要原因是，计量绩效不仅要求计量产出，而且要求计量成本，而成本是在产出基础上进行计量的。在以某项产出为基础收集与之相关的成本数据的过程中，通常需要对现有的政府报告和报表进行修改——理想的做法是将报告和报表调整为应计制会计基础，用以计量和管理各项政府活动的全部成本。在这里，传统的现金制会计基础所记录的是支出而不成本，这两者是不同的，前者忽略了折旧、资产以及负债的变动。①

3. 成果

成果是由所生产的产出所要实现的目的，也就是一项活动最终取得的成绩是什么，例如降低儿童死亡率或疾病率。与产出相比，成果与政策/规划目标之间的关联更为紧密。但是，成果比产出更难计量。一般地讲，除非通过政治程序中公众的信息反馈清楚地显示出来，否则成果的社会价值是"主观性"的并且是武断的。相对于成果的组合式绩效标尺是有效性，也就是使相对于某项产出而言的成果极大化。

成果反映的是政府战略和政策的最终目标。例如，提高生产力和人们的收入水平可以看做是教育政策取得的成果；提高人口的预期寿命可以看做是卫生政策取得的成果。当然，生产力和预期寿命的提高并不完全取决于教育和卫生

---

① 支出是所取得的商品与服务的价值，成本是为某个特定目的所消耗的资源。

政策，因为其他因素也会发生影响，这使得政策成果具有不确定性。政策研究的目的之一，就在于说明特定的政策如何对成果产生影响。

目前多数OECD成员国仍然通过概括条目（line-item）和/或规划（program）来定义和控制预算。与此相反，新西兰和英国等国已另辟蹊径，要求各公共机构对其资源使用所产生的结果负责。结果可以用产出和成果（或其他标尺）来计量。这些国家承认，与使用产出标尺相比，以成果标尺计量绩效更有意义，但是，鉴于影响成果的因素很多，并且其中的大部分超出了各机构所能控制的范围，因此，单个的支出机构没有能力对成果进行计量。

实际上，开发可靠的和易于监督的成果标尺的工作一直在进行中，但是进展较为迟缓，充分表明在这一领域中存在的一些难点。相比之下，在计量产出方面的进展更为明显。这是因为，与成果标尺相比，产出标尺由于其特性而更具有可计量性。当然，在一个要求对结果负责的预算管理系统中，计量成本与计量产出都是不可或缺的。问题的实质在于：使用什么样的标尺进行绩效计量取决于计量的目的是什么，如果目的是对政策进行评估，那么使用成果标尺进行计量最为恰当；如果目的是评估公共服务供应水平，使用产出标尺计量通常更为适宜。[①]

4. 影响

影响通常作为成果的同义词，但更恰当的定义是"净成果"：影响乃是一项活动或所带来的增加价值，即总的成果减去其他实体或活动所做出的贡献。举例而言，对于一个医疗机构而言，发病率如果降低了80%，如果其中有90%应归结为该医疗机构实施的旨在控制传染病的规划，另外10%归结为其他原因（例如药品质量的改进），那么可以将总的成果表述为"发病率降低80%"，净成果表述为"发病率降低72%"（=80%-80%×10%）。在此例中，发病率的降低究竟在多大程度上应归结为内部因素，在多大程度上应归结为外部因素，是非常难以界定和计量的。所以一般地讲，影响（净成果）极难计量，本章不做进一步的讨论。

5. 过程

过程是指取得投入、生产（创造）产出或实现成果的方式。对于投入

---

① The World Bank. 2000. China: Managing Public Expenditures for Better Results, Report No. 20342-CHA, April 25, p. 23.

而言，好的过程意味着严格地遵循获得和使用投入方面的规则，此外当然还有诚实。在某些公共活动——例如法律和政治学领域，"适当的过程"有其特定的内涵，并且被看做是良好治理的关键因素。例如，通过侵害公民权益逮捕许多人并不表明有"良好绩效"。也就是讲，实现产出的方式（过程）存在问题。

在其他领域，过程标尺在产出——更多时候是成果——难以清楚界定时，可以作为衡量绩效的一个有用的替代指标。过程指标可以量化，例如专门用于学生提问的时间占上课时间的百分比，但是，过程指标通常是质量方面的，例如制定政策所涉及的"自由辩论的规则"，涉及的就是（制定政策）过程的质量方面。过程指标经常可以通过源于使用者的信息反馈加以量化，例如通过对患者的调查，可以得出住院病人对住院本身的满意度（满意者占全部住院者的百分比）。

各种非组合绩效标尺的简化关系如图10.1所示。

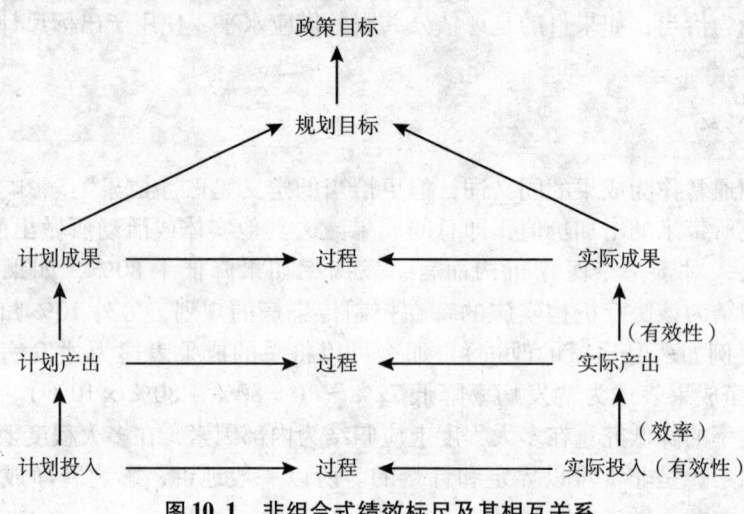

图10.1　非组合式绩效标尺及其相互关系

图10.1表明了关于公共服务的一系列复杂的生产功能：一个阶段的成果是下一阶段的一项产出。相应地，在最贴近用户的下游性活动（如市区交通）中，产出—成果的联结是清楚的，并且足以直接采用产出标尺代替成果标尺。在上游性活动中，情况就不一样，例如在制订规则的活动中，使公共规则"最大化"就不是计量公共部门绩效的良好标尺。

表 10.1　　　　　　　　　绩效标尺：解释性例子

部门	标尺类别			
	投入	产出	成果	过程
行政管理	雇员人数	政策文件数	更好的决策	公开辩论
教育	师生比	留级比率	较高的识别率	鼓励学生表达
司法系统	预算	审理案件	低上诉率	帮助受害人
警察	警车数量	逮捕人数	降低犯罪率	尊重权利
惩戒	每位犯人成本	犯人数量	再犯罪率	防范滥用刑罚
卫生	护士占人口比	接种疫苗人数	较低的发病率	服务态度
社会福利	工作人员	受帮助人数	不再享受福利人数	被体面地对待

在表 10.1 说明性的例子中，各部门使用的绩效标尺有相当大的差异，而在每个特定部门中，有些标尺可能并不合适。鉴于绩效的相对性，应该清楚地界定某些特定部门中难以很好计量绩效的标尺。

10.3.2　区分投入、产出与成果

投入、产出与成果的关系链可以表示为：投入是为了实现产出，而产出是为了实现成果。进一步讲，成果是支持规划目标的，规划目标是支持政策目标的。这里讲的是相关性问题。

在医院的例子中，投入包括医疗基础设施、医生、设备、医药等，产出指的是给病人治病（数量与质量），成果指的是提高人们的健康水平。在儿童保健的例子中，提供足够的营养物质（事前预防）以及在生病时提供治疗服务（事后补救）是两种不同的产出，虽然两者实现的成果是相同的：促进健康。但是，在不同的产出中，有些产出能够更好地促进成果，并且不同产出的成本可能相差很大——比如提供营养物质的成本可能仅仅是提供治疗服务成本的 1/3。

计量绩效可以采用不同的标尺，这取决于计量绩效的目的究竟是什么。从发达国家的实践看，目前计量绩效采用最多的两个标尺是产出和成果。一般地讲，如果目的是对政策或决策进行评估，那么，最恰当的标尺就是预算单位取得的成果；如果目的在于评估支出机构提供公共服务的水平，则产出标尺更为适当。此外，绩效计量还应考虑到可计量性问题。

与成果标尺相比，产出标尺更为具体，更具有可计量性。由于公共部门活

动旨在促进公共政策目标，因此可以说，产出标尺是用来支持成果标尺的，特定的成果标尺要求使用与成果最具相关性的产出标尺。例如，毕业生人数（产出指标）越多，越有利于提高社会整体的生产力和人们的收入水平。在预算管理中需要牢记的是，如果没有产出，成果也就无从实现和完成；在绩效预算模式下，对于各部门和支出机构而言，提供特定的产出是得到预算拨款的前提条件，而得到拨款的多少取决于提供特定服务的成本（或价格）高低。

在有些情况下，"产出"与"成果"之间的界限并不是那么分明的。一个例子是卫生部门通过使用预算拨款建造儿童护理中心。该项规划的目标是增加政府提供的儿童护理服务，每新建一个儿童护理中心都有助于促进这一目标，同时也有利于提供更多更好的儿童护理服务，因此，新建的儿童护理中心的数量既是"成果"指标也是"产出"指标。

明确地区分投入、产出和成果概念对于预算管理和预算改革十分重要。绩效预算要求明确地区分投入产出。当产出十分具体时，如建设数百公里长的公路，从大火中挽救森林以及兴建新校舍等，确定投入产出关系就很容易，但是，如果涉及一些无形服务——比如教育和卫生、非常规性业务活动——如数据处理、咨询和研究以及有争议的公共服务——如军队、法律和秩序，确定投入产出关系就变得非常困难。

区分产出和成果对于预算和决策的重要性，可以举一个美国的例子。在美国，关于穷人住房的问题，过去直接由政府拨款给穷人盖公房，好多这样的规划搞得不成功，其中既有房屋维修的问题，也有把很多穷人集中在一起产生的社会问题。为什么如此？关键的原因在于对"产出"和"成果"界定得不清楚，因而两者在实践中产生了矛盾：产出（低租金公房）增加了，但成果并未实现——穷人的住房状况并未改善。认识到产出与成果之间的关系和矛盾之后，政府现在改发实物券，穷人可以用实物券支付房租，同时可以自由选择到哪里去居住，同时由私人部门来提供和维护这些穷人需要的住房。实际上，OMB（联邦预算与管理办公室）花了数十年的时间探讨如何完善解决穷人住房问题的规划，开始时注重的这类规划的产出（盖了多少房），建了房子后才意识到实际上政府的长远目标是改善穷人的住房状况，反思后得出的结论是，用产出来替代成果的做法是完全错误的。

产出与成果是不同的，成果反映某个规划对社会最终产生的比较长远的影响，就医院而言系指改进健康状况等。与产出相比，成果指标更难量化，有时产出增加了，成果则没有什么变化。比如一个由政府提供资金的护士培训规划，目标是提高受培训者的就业率，很多人经过培训具备了工作技能，但社会上从事护士工作的人很多，因此培训合格的人员有许多仍然找不到工作。在这个案例中，培训规划有产出，但没有具体的、看得见的成果（从促进就业的角度讲）。区分产出与成果是很重要的，这是正确地设计一项规划的前提条件，而各部门和支出单位只有在提出合适规划的基础上才能纳入预算，从而得到拨款。

10.3.3 绩效的质量属性

计量和评估绩效不仅要考虑数量方面，也要考虑质量方面。需要评估质量的绩效标尺主要是产出，过程和成果标尺也涉及质量属性，因此同样需要进行评估。有了质量信息，就可以对一个组织、产品或服务的质量特征做出判断，这是公共服务的使用者或其他与政府预算具有利害关系的个人或组织所关注的问题。

在绩效计量和评估中，应预先建立公共服务和成果方面的质量标准或改进目标。在开展这项工作时，应特别关注服务使用者的愿望和看法，关注不同客户群体的需求，也应考虑到规划目标和资源的可得性。非常重要是，绩效导向的管理需要与鼓励公共参与的改革结合起来。没有某种程度的公共参与，绩效会冒变成内部官僚主义作业的风险；缺乏公民支持和帮助，管理者与员工不可能理解结果导向方法的潜在价值，或者有效执行这一方法。[1] 理想情况下，话语权机制（voice mechanism）应允许公众通过某种形式的参与影响最终的服务成果。[2] 另外，除了立法机关的有限参与外，还需要有来自外部管理者的支持。绩效改革应为政府得益相关者提供直接利益以换取其支持。[3]

鼓励公民参与和加强公民支持的方法之一是开展消费者调查，以获得消费者关于服务质量信息方面的反馈。不过，对消费者调查以确定服务质量的办法存在局限性，除了需要花费成本外，还因为通过调查获得的"满意度"和其

---

[1] Perrin, Burt. 2002. Implementing the Vision: Addressing Challenges to Results-Focused Management and Budgeting. Organization for Economic Co-operation and Development Conference on Implementation Challenges in Results-Focused Management and Budgeting, Paris, February 11 – 12, p. 11.

[2] Paul, Samuel. 1992. Accountability in Public Service: Exit, Voice and Control. *World Development* 20 (7): 1047 – 60. p. 1048.

[3] Wang, Xiao Hu. 2000. Performance Measurement in Budgeting: A Study of County Governments. *Public Budgeting and Finance* 24 (2): 21 – 39.

他信息,并非总是衡量公共服务好坏的良好标尺。

由于绩效涉及质量方面的计量,因此在建立绩效基准时,质量标准也是非常重要的。一个组织或一项规划的各个方面都可建立起质量标准。以下是两个假设的关于公共服务质量方面的标准:

- 消费者服务标准,涉及时间(如在 28 天内处理消费者投诉)、精确性(如要求正确处理率达到 100%)以及消费者满意度(如使 80% 的消费者满意);
- 消费者满意指数。

10.3.4 可计量性、相关性与可解释性

各个绩效标尺都应满足可计量性、相关性和可解释性标准。

1. 可计量性

绩效的可计量性取决于两个因素:组织所从事的活动的性质及绩效标尺的属性。一些活动明显比另一些活动易于计量,同样,有些标尺明显比另一些标尺易于计量。一般的规律是,与远离服务使用者的上游性活动相比,较贴近服务使用者的下游性活动更易于计量;在所有的非组合式绩效标尺中,最具有计量性的是投入标尺,最不具有可计量性的是成果和影响(净贡献)标尺,产出与过程标尺则介于两者之间。

对成果进行计量的困难是显而易见的。有些学者将成果定义为"考虑质量因素进行调整以后的个人价值"。据此可解释为:成果 = 价值 = 产出 × 质量。公式是有用的,因为它关注的不仅仅是质量因素,而且也关注"谁的价值"应加以关注这个困难的问题。问题是,对"谁的价值"进行计量非常困难,因为个体对价值的评估带有相当的主观性,因此在通过询问受益人(如某种疾病的痊愈者)获得关于受益大小的信息时,如何对这些带有主观性的价值进行加总来判断成果,以及如何考虑利益分配这一政策问题,都是困难的。

进一步讲,在多数社会中,对于某些公共服务(如医疗服务),仅仅根据个人的支付能力来判断服务成果的价值是难以让人接受的。总之,需要牢记的是,对成果进行适当的计量并不是一个简单的问题。更复杂的是绩效评估,因为许多影响成果的因素是公务员或政府组织所不能控制的。这样一来,某个组

织的成果实际上并非完全都是该组织贡献的。

可计量性涉及控制问题。一般地讲,越是具有可计量性,越是具有可控性。对于复杂任务——如促进心理健康——而言,产出很少具有可控性(可操作性);相比之下,对于过程简单的任务——例如垃圾收集——而言,产出的可控性要高得多,而且在这种情况下,控制产出比控制投入更为恰当,因为产出比投入更具有相关性。

2. 相关性

绩效标尺用来对"我们干得怎么样"做出判断,这就要求所使用的绩效标尺应尽可能与这一问题相关,也就是说,绩效标尺与所关注的目标应是相关的。这样,关注绩效计量与管理才是有意义的。

对相关性的理解需要联系到管理系统的特性。在一个强调合规性这一绩效目标的管理系统中,与合规性最相关的绩效标尺是投入,事实上,"资源的获取和使用是否合规"本身就是个投入问题,然而,在一个强调"结果如何"的管理系统中,与投入标尺相比,结果标尺(核心是产出与成果)的相关性要好得多。在这类管理系统中,投入标尺虽然也能部分地体现绩效,但相对而言,产出和成果标尺与绩效的关联更密切。因此,与关注投入(传统预算的特点)相比,关注结果(现代预算的特点)更有意义。但问题在于,与投入标尺相比,结果标尺的可计量性和可控性要差一些。当然,如果由于计量困难转而更加依赖那些相对而言易于计量的标尺,那么相关性就会减弱。

在预算管理实践中,有时确实会使用那些易于计量的标尺去计量绩效,但需要牢记的是,简单(易于计量)的标尺可能会导致对计量结果的误导,这可能会进一步扭曲被管理者的行为。一个例子是,消防队员和消防设备的数量易于计量,但如果使用这类标尺去计量消防机构的绩效,消防机构就可以简单地通过增加消防人员和设备去提高,而实际上真正的绩效可能并没有提高。

3. 可解释性

在绩效计量与管理中,可解释性极为重要。可解释性可理解为:以特定标尺所测度的绩效,可在多大程度上解释为由负责该项绩效的个体所带来的。如果这项绩效完全是由负责实施该项绩效的个体带来的,那么可解释性就非常强,反之则会很弱。只是在具有高度的可解释性的情况下,使用绩效标尺对绩效进行计量所得出的信息，才能够清楚地说明问题，也就是说，这些绩效标尺的信息含义才是清楚的而不是模糊的。

关于可解释性的一个例子是，假如预算中为某个支出机构的A、B两个投入项目各安排了1 000万元和2 000万元的资金，而且在执行预算时严格遵循预算中确定的这一投入配置结构，那么可解释性最清楚和最直接：在合规性方面取得的绩效几乎完全从该支出机构本身的行为中得到解释，而不需要从其他方面寻求解释。这样，由该支出机构负责执行其预算就是十分合适的。事实上，投入标尺的可解释性是最强的；相比之下，如果使用最广义的绩效标尺——比如某项政府规划或政策对社会产生的净影响（net impact），那么，可解释性最为模糊不清。在这种情况下，要求某个特定机构对成果或净成果（即净影响）这样的绩效负责就是不合适的。

将以下两种情形进行对比有助于更清楚地说明可解释性问题：让一个乡村护士严格地对免疫（接种疫苗）这项活动的产出负责，并且相应地对其实施奖励或惩罚，通常是相当容易的，但让这个护士对改进乡村儿童健康这一成果负责是十分困难的。在这里，成果标尺比产出标尺的可解释性要弱得多，因为与让更多的儿童接种疫苗相比，卫生条件、营养和其他影响健康的因素都可能对改进儿童健康这一成果产生相当大的影响。这样，儿童健康的改进就不能完全（只能在较低程度上）解释为这个护士的行为产生的结果。明白了这种可解释性，卫生部门同该护士签署一个专注于产出的正式合同，或者采取其他激励系统去鼓励护士为更多的儿童接种疫苗，就会产生偏差和误导。

进一步讲，在缺乏密切监督的情况下，很难区分哪些人需要接种疫苗，哪些人不需要接种疫苗。如果实际接种疫苗的人数少于应该接种疫苗者的人数（卫生服务交付系统存在漏出），或者使用的疫苗质量不佳，那么就会对儿童卫生政策的成果（保护儿童健康）产生更多的不利影响。

这个例子也生动地说明，放弃对投入和质量的控制而偏好于对产出标尺的控制，可能会带来重大风险。实际上，在一个结果导向的管理系统中，除了控制产出标尺外，还可以通过加强投入和质量控制来改进绩效。

这些考虑并不意味着成果标尺一定"好于"产出标尺，或者相反。这需要具体分析：从相关性来讲，成果标尺好于产出标尺，后者又好于投入标尺；但从可解释性和可计量性讲，投入标尺好于产出标尺，后者又好于成果标尺。一般的规则是，就绩效标尺本身而言，可解释性与相关性是兼容的，但与可计量性是不兼容的。

当然，对可解释性、相关性和可计量性的关注还要联系到活动的性质。那些贴近最终用户的活动——比如垃圾清扫，可计量性（如每天清扫了多少吨垃圾）、可解释性（是否完全可以由清扫者负责清扫）和相关性（清扫垃圾的数量是否与街道的洁净度相关）都相当高。

缺乏可解释性意味着，让某个特定的个体对那些缺乏可解释性的绩效标尺——如上面提到的儿童健康——承担完全责任是困难的和不适当的。

10.3.5 组合式绩效标尺

在投入、产出、成果和其他绩效标尺等非组合式标尺中，将其中两个相关的标尺组合起来，可以得到（营运）效率、有效性等组合式绩效标尺。与非组合式标尺相比，组合式标尺能够提供更好的、更有用的绩效信息。

1. 效率

效率被定义为在产出质量已知或既定的情况下，某项活动的投入与产出间的对比关系。高效率意味着较少的投入和较多的产出。对于既定的投入，产出的增加意味着效率的改进；对于既定的产出，投入的减少同样意味着效率的提高。反过来也一样。对于绩效评估而言，效率计量显然要好于单纯的投入计量或单纯的产出计量，因为效率指标同时考虑了产出与投入信息，更具有综合性和可靠性。

实际生活中，提高效率通常考虑到改进过程，而不是直接提高投入产出比。这是因为，在公共部门中，组织中的单个员工的工作大多不是独立进行的，而是一个更大的、一连串活动中的一部分。由于具有很高的互补性，某些（甚至某个）人的工作将影响到其他人和整个组织的工作，而且每个人都知道，自己"工作得更好"将有助于提高整个组织的产出数量和（或）质量。另外，效率绩效信息通常与生产产出的过程（活动、战略、营运）相关联。

对效率进行评估要求设立参照系进行比较，包括将提供特定服务的成本与预先确立的基准进行比较，将公共机构提供信息技术服务的成本与私人公司提供相同服务的成本进行比较，将每个员工每天处理的文件数同某个标准进行比较，等等。

2. 有效性

有效性指某项活动实际取得的成果正在实现规划目标的程度，反映成果同规划目标间的对比关系。比如，假设教育政策的目标是将受教育者的生产率提高20%，A、B两个不同的教育方面的规划分别使受教育者的生产率提高10%和20%，则说明A没有达到政策目标要求（只达到目标要求的一半），不能通过有效性评估，B恰好达到了政策目标的要求，可以通过有效性评估。对有效性进行评估需要有关于的成果适当信息，理想的是，关于成果的绩效信息应能直接联结到规划的战略和目标上，并使评估目标实现程度成为可能。

与有效性相关的另一个绩效标尺是成本有效性，这一概念有时也称为经济性。成本有效性指的是以最低的经济成本实现政策和规划目标的程度。两者的相同点在于都是关注政策/规划目标的实现程度；不同点在于，有效性涉及的是成果与目标的比较，成本有效性涉及的是成本与目标的比较。

3. 成本效益比

成本效益比指规划所投入的资源（货币形态）与成果之间的比较。仍以教育政策为例，如果规划A投入的资源为1 000万元，受教育者每年因此增加收入1 200万元，那么成本效益比即为1∶1.2，也就是1元的投入可以取得1.2元的成果。不过，在有些国家（如澳大利亚）成本效益比分析中，只是投入指标转化为货币形态，而成果指标通常是不加以货币化的，因此对于诸如旨在改进生活质量的健康规划特别有用。

10.3.6 数据可得性

不同的绩效标尺的数据可得性是大不相同的。越是具有可计量性的标尺，数据越容易获得；反之则越难以获得。据此，那些使用投入标尺计量绩效的管理系统具有最低的信息成本；如果某个预算管理系统引入非投入基础的绩效标尺被证明是适当的，那么，使用产出标尺还是成果标尺来计量和管理绩效，就严重依赖于数据的可得性和信息技术。良好的数据和监督可以更好地界定产出，从而表明更多地依赖产出标尺是正确的。相反，如果缺乏必要的数据、数据不可靠或者监督乏力，那么使用产出标尺（更不用说成果标尺）来计量绩效只不过是在玩游戏和自我沉醉而已。在这种情况下，在考虑引入基于结果标尺的绩效因素之前，需要更优先考虑的事项就是坚定地关注合规性，并且在改进相关性数据能力和监督能力方面双管齐下。此外，在考虑转向应计制会计和规划预算之前，必须坚定不移地完善和加强现金基础的会计和预算体系。

另外，收集数据的成本——更一般地讲是以系统地引入绩效标尺的交易成本，可能是相当大的。这些成本必须加以现实地评估，并且与预期可以得到的利益进行比较。应该关注的不应只是引入绩效标尺带来的预期利益，更应关注的是是否确实应该引入绩效标尺，最重要的是要牢记"没有免费的午餐"。

10.3.7 良好绩效标尺的 CREAM 标准

对绩效标尺本身的含义进行界定，以及清楚地区分各个绩效标尺的界限，并不会存在什么困难。在有些情况下（例如制定政策），虽然存在质量方面的计量困难，但对界定和计量产出（更不用说投入）而言，在方法上并不存在大的困难，真正的问题在于相关性（relevance）。类似地，对成果标尺的理解也几乎不会产生疑问，真正的问题在于将成果标尺当作对取得更佳绩效的激励是否可行。成果标尺更富意义（更具相关性），但产出标尺更加可行。综合这两方面的考虑可知，产出标尺更适合于这样的部门：它们的产出与意欲的成果之间存在着直接的、清晰可见的联系。

然而，在公共部门中如何计量绩效是个十分复杂的问题，从投入计量转向计量过程标尺和其他标尺后，计量问题变得更加复杂。一般认为，良好的绩效标尺必须满足以下五个标准（CREAM 标准）：

- 清晰的（clear）：需要精确而不含糊，但不一定要量化。
- 相关的（relevant）：对于目标而言是适当的。
- 经济的（economic）：应能以合理的成本获得需要的数据。
- 充分的（adequate）：绩效标尺本身或与其他标尺结合起来，必须足以为评估绩效提供一个充分的基础。
- 可监督的（monitorable）：除了清晰性和信息可得性外，绩效标尺必须经得起独立而详细的检查。

如果以上五个标准中的任何一个得不到满足，就不应引入绩效标尺，而应采取其他方法来评估和加强绩效，包括采用"老式"的方法：与胜任而诚实的管理者展开对话。与此同时，也应努力创造条件以逐步满足 CREAM 规则，最终在未来的某个时候引入良好的绩效标准。在发展中国家，环境因素对于引入基于结果的绩效标尺而言通常是不利的。然而，通过对那些最了解情况的用户进行的调查，或者采用其他信息反馈的方法，对于那些所提供基本社会服务，仍有可能开展绩效评估。

10.3.8 绩效计量对行为的影响

引入对个体（组织和个人）活动的绩效进行计量和评估的新方法，总会导致个体行为的改变。绩效标尺的引入和使用自然也会导致公务员行为的改变。引导公仆们改变其行为正是引入绩效标尺的目的所在，然而必须注意，绩效计量的不当可能会导致将个体行为引向"坏的方向"，从而产生非意愿的结果；也可能遇到来自各方面的阻力和抵制，从而使最初的情形趋于恶化。以下的例子表明绩效计量如何影响到对个体行为的激励：

- 如果按照犯罪率来计量警察的绩效，给警察隐含的激励就是关注较低的犯罪率；如果绩效是根据以某种特定类别的犯罪（如抢劫）为基础来评估的，那么就可能激励低报这种犯罪，以及忽视采取防范措施。
- 如果医疗补贴是根据等待治疗的患者人数发放的，那么管理者和医生就有动力让这种患者多等候一些时间，而把较高质量的医疗服务给予那些得不到补贴的患者。如果绩效是根据被治疗的患者人数来评估的，那么，医疗质量就可能变坏。
- 在澳大利亚曾有这样一个案例：某个机构根据厕所的清洁情况计量卫生人员的绩效，结果，卫生清洁人员采取的最有效的办法是干脆关闭厕所，不对公众开放。

以上举例说明具有普遍意义：成功引入绩效标尺必须具备直接的部门知识，了解特定部门的特殊情况。否则，不假思索地引入绩效标尺经常会产生非意愿的后果。

考虑到绩效计量对行为的影响，将计量与管理联结起来是非常重要的。为了在一个组织中加强绩效导向，仅仅对绩效进行计量是远远不够的，其原因不仅在于有许多方法可用于加强绩效，也在于通过计量绩效去加强绩效的同时，必须将计量的东西纳入到管理系统中。一般的规则是，有怎样的计量，就应有怎样的管理。这一规则的正确性取决于三个条件：（1）有些东西必须加以计量；（2）对这些东西的计量必须是正确的；（3）对于得到正确计量的东西，必须妥善管理，否则必定会产生某些后果。对于合规性而言，上述规则也可以表述为：得不到计量的东西，也就得不到管理。另外，需要牢记的是，规则的变化必定导致行为的变化，在长期内尤其明显。

10.3.9 绩效基准

一旦选定了正确的绩效标尺，就需要确定这个标尺应该达到的目标水平应是多少，这个目标水平称为绩效基准。关于绩效基准的一个例子是：选择了升学率作为教育的一个绩效标尺后，接下来应解决的问题是，应该达到的升学率是多少——比如95%还是80%？这里涉及的就是绩效基准问题。建立绩效基准的目的在于绩效评估，后者需要将实际绩效同绩效基准进行比较。一般的原则是，绩效基准既应具有挑战性但又是可以达到的。如果可以轻而易举地达到规定的基准，很可能产生的结果就是当事人不去付出足够的努力，这样反过来会损害成果。

绩效基准与绩效计量密切相关。公共部门的绩效通常需要由某个激励系统加以支持。为改进公共部门组织的绩效导向，首先需要实施的第一个步骤就是进行绩效计量，因为绩效计量将公共组织的关注点从投入转向了产出和成果方面，从而有助于改进效率和有效性。然而，绩效计量所带来的真正利益在于为公共组织进行内部与外部的绩效比较，以及将实际绩效与计划（目标）绩效进行比较提供基础。这种比较的基础就是基准，使用这些基准有助于改进一个组织的经济性、效率或有效性。

有两种方法建立绩效基准：标尺基准法和流程基准法。

1. 标尺基准法

标尺基准法指通过计算一系列的绩效标尺如成本、反应时间（比如在政府咨询中）以及消费者抱怨等，然后与相同领域中其他组织的类似数据进行比较。这种方法是一个有用的诊断的工具，因为它能帮助一个组织鉴别出缺乏效率的领域，并提出应达到的目标。问题在于，这种方法不能告诉你能够做些什么改进以及如何改进。为此，需要转向流程基准法，它有助于找到解决问题的办法。

2. 流程基准法

实施流程基准法的第一步是在所选择的领域建立活动的流程图，收集这些活动的资源耗费方面的信息，并对决定绩效的策略、方式和政策进行分析。一般地讲，在这一阶段可以揭示出当前明显缺乏效率的地方，哪些地方可以做出重要的绩效改进。第二步是获得相关数据，在过程中进行比较，提出建议，以及采取必要的改进措施。在采取新的措施以后，可重新使用绩效标尺对绩效改进情况进行计量，在此基础上继续采取改进措施。

标尺基准法和流程基准法都需要对有关数据进行比较。比较可以是内部比较，也可以是外部比较。内部比较涉及同一个组织内部各个分支之间的比较，这些分支由于有着相似的过程而具有可比性。一个例子是，在税务、卫生保健或教育部门，内部各分支之间或不同城市之间的比较属于内部比较。内部比较往往需要借助内部基准——用以对同一组织内部相同活动的不同组成部分之间进行比较的参照物。

外部比较是提供相同产品或服务的组织间的比较，比如公立学校和私立学校的比较。其他执行相同过程的实体也可进行外部比较，例如土地登记和车辆登记机构之间的比较。类似的还有会计核算、信息系统、采购、工薪支付以及消费者服务，这些都属于相似性的商业性活动，许多公共组织从事这些活动。外部比较往往需要使用外部基准——用于同其他组织的相同活动进行比较的参照物。

一般地讲，与首先从外部比较开始相比，首先从内部基准开始进行比较更好一些，后者也就是对组织内部各分支间的绩效计量结果进行比较，这种比较可以得出许多有价值的信息和结论。

建立绩效基准的工作有许多要求，包括弄清楚产品或服务的重要属性，应该计量什么，如何计量，以及组织之间的绩效是否具有可比性。当然，最重要的还是高层管理者对改进组织绩效的坚定承诺，这是基准的制订取得成功的关键所在。

10.4 规划层次上的绩效信息

绩效信息可以是某个组织或机构的绩效信息，也可以是个人的绩效信息，还可以是某个政府规划的绩效信息。究竟需要开发哪个方面的绩效信息，取决于你要对谁的绩效进行评估。然而，最基本的绩效信息是关于特定规划的绩效信息，而且针对个人尤其是组织的绩效评估，通常也需要有规划方面的绩效信息。

10.4.1 政策/战略向规划目标的转换

规划（program）可定义为旨在促进某项可确认的政府目标（如开发或推广某种农业技术）的一系列活动的集合，这些活动都与某个特定的政府目标相关联。因此，开发绩效信息需要确认规划的目标和活动，在实现目标的过程中相互分离的各个阶段和其他构成规划的要素，以及它们之间的关系。只有在这项工作到位以后，才有可能设计出良好的绩效标尺，用以计量和评估绩效。

为在规划的层次上开发绩效信息，首先应根据政府政策决策和社区需求，阐明规划的目标和实现目标所采取的战略。鉴于绩效信息最重要的功能之一就是用以评估规划目标的实现程度，因此必须注意的是：（1）规划层次的目标应与政府的政策决策相联系，以确保政策目标清楚地转换为易于计量的规划目标；（2）规划目标应具有可计量性，确保所使用的绩效标尺（尤其是成果标尺）能清晰地说明规划所要实现的真正目标、所要计量和所要评估的东西究竟是什么，以此作为绩效报告的基础。

清楚地阐明规划目标和战略（目标以及实现目标的手段）并不是一件容易的事情。这里通过一个关于"建立和实施残疾人养老金规划"的例子，说明目标和战略应如何恰当地表述。该项规划的目标可表述为"确保残疾人有充足的收入水平和尽可能多的机会参与社会生活"，实现这一规划目标的战略应与有效性、效率以及过程等绩效标尺联系起来，因此该战略的内容可确定为：

- 目标限定为向那些最需要的人提供养老金（有效性）；
- 按照与政府承担的受托责任要求相一致的最低成本促进规划目标，并维护社会保障系统的完整性（效率）；
- 以谦恭有礼、及时和公正的方式服务于消费者（过程）。

有时，各部门对政策目标和/或战略的表述可能是模糊的，比如，"通过致力于在高等教育部门发展有效的教育和教育培训，巩固和增强国民的素质与技能，并以此促进经济发展、国际竞争和社会目标的实现"。这是一项对政府高等教育战略的表述，但这一表述并不易于转换成规划管理者易于理解的术语，因为他们很难确定自己的活动对经济发展、国际竞争和社会目标的影响。在这种情况下，需要在规划层次上对目标作更为清晰和具体的表述，而且这种表述最好能够转化为可以计量的成果标尺。在此例中，联结政策目标/战略和成果标尺的规划目标或许可表述为：

- 提高学生获取知识的能力；
- 培训更多的高质量毕业生；
- 加快研究成果的产业化；
- 促进高教领域的国际联系。

通过这样的表述，机构层次的规划管理者就能够使自己的活动与可量化评估的成果标尺联结起来，而成果标尺明确以后，从而也为建立旨在实现成果的产出标尺、用以实现产出的投入标尺、过程标尺以及组合式绩效标尺奠定了良好的基础。

10.4.2 开发对决策有用的绩效信息

在规划的每个步骤或层上都可以开展绩效计量，但关键是开发那些对于制定决策有用的信息，这些信息有助于促进动态的资源有效配置。这意味着高级别核心层——如内阁和财政部——不需要拥有大量来自低层支出机构或规划方面的详细信息，而应关注那些与主要的政策利益密切相关的绩效信息，虽然较低层级的绩效信息也是需要的。就负责具体规划和活动的支出机构而言，对决策有用的绩效信息主要是与运营决策（operational decisions）密切相关的信息。例如，在需要向供应商采购实施规划所需要有商品与服务时，如果各供应商之间存在竞争，那么进行成本核算就显得十分重要；如果资源配置涉及的是实施那些直接向使用者提供服务的活动或规划，那么产出基础的绩效信息是相当合意的。

图10.2描述了开发规划层次的绩效信息涉及的关键方面。

在图10.2中，绩效信息涉及规划的各个方面，因此设计良好的规划、清楚地阐明构成规划的各个要素（包括绩效标尺）之间的逻辑联系非常重要。在实践中，建立这种联系的第一步是要求各支出部门将其运营概念化为"做什么"（规划预算的特点）而不是"使用什么投入"（条目预算的特点），这类概念化形成在规划、活动与工程中联结拨款与绩效的基础。[①]

[①] Matthew Andrews. 2005. Performance-Based Budgeting Reform: Progress, Problems, and Pionters. In *Fiscal Management*, ed. Anwar Shah. Washington, D. C. : World Bank. p. 38.

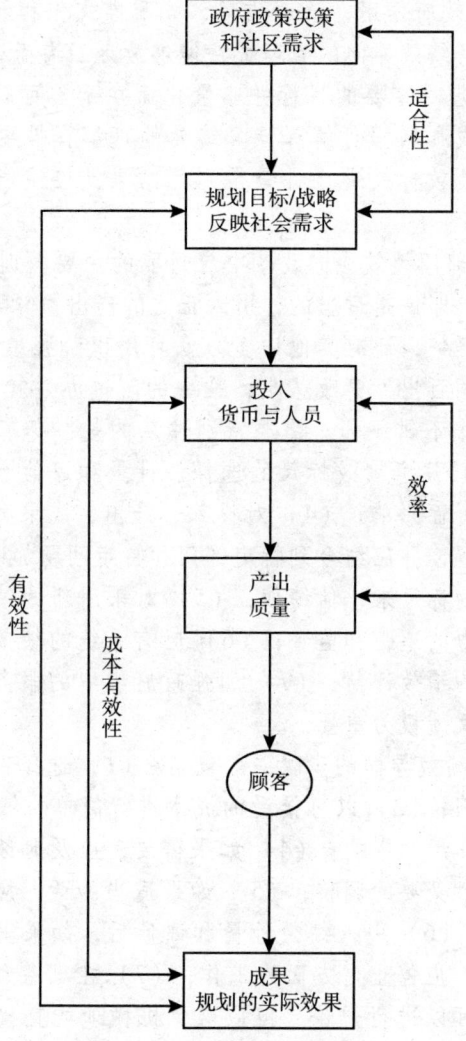

图 10.2 规划绩效的关键方面

结语

- 在预算管理系统中引入和加强绩效导向是改进预算管理的关键。在实践中,经常可能使用许多错误的方法来推动这一进程,而实际上只有很少的方法是正确的。
- 绩效的相对性意味着引入绩效标心和绩效导向方法时,必须考虑到不同经济体制、国家/政府作用、治理质量、支配性文化和经济部门的特性，因为没有哪种绩效标尺绩效导向的管理方法能够放之四海而皆准。

- 绩效导向管理最重要的目标并非量化而在于其可解释性。使用绩效标尺的目的就在于形成和增强可解释性。绩效的可解释性要求所使用的绩效标尺，以及使用这些绩效标尺进行计量得到的结果，应该能够清楚说明问题的实质。

- 从全球公共部门绩效导向改革中应吸取的主要教训是：（1）绩效导向是目标而不是手段，即便是适当的，引入正式的产出预算或规划预算也只是加强绩效导向的方法之一，还有其他许多方法可用以加强绩效；（2）如果一国的预算管理系统漏洞百出、腐败丛生，唯一的改进办法就是做出重大的变革，但如果系统本身运作不错，那么需要特别注意的是，变革可能会带来"情况变糟"的风险；（3）注意绩效标尺的选择、计量和评估考虑对个体行为可能造成的影响，包括负面影响；（4）对投入、产出、成果和过程标尺的用途与局限性有清楚的了解，并应结合到特定部门和特定问题加以应用，凡是可能应尽量避免使用单一的标尺来评估绩效；（5）对采用新的绩效导向方法所产生的结果，进行强有力的追踪和监督；（6）应有系统的绩效评估报告，包括对绩效报告系统本身的绩效评估；（7）加强政府组织的服务意识，及时地从服务用户中获得信息反馈极为重要。

- 改进和加强绩效导向的步骤一般包括：（1）选择一到两个直接向公众提供服务的政府部门；（2）以可接受的成本进行简单的绩效计量；（3）密切地监督绩效计量的作用和影响；（4）如果需要，应及时改进绩效计量中出现的任何缺陷，或进行必要的调整；（5）如果适当的话，应逐步将绩效计量扩展到其他政府领域；（6）引入绩效计量和评估后，如果出现了重大的"情况变得更糟"的后果，应停止这方面的工作；（7）在准备预算的过程中，对绩效标尺本身的使用可以进行辩论，但应避免机械地或直接地与预算拨款联系起来。

本章要点

- 公共组织和公共管理基本目标是促进合规性和绩效。绩效的推进需要较松的控制和较少的合规性。只是在合规性目标得到强有力保障的情况下，推进目标指向绩效导向的预算管理改革才是适当的。

- 从一般意义上讲，每个国家的政府预算管理都应高度重视绩效导向，但绩效导向并不必然要求引入或实施正式的绩效预算。绩效预算是促进绩效导向的手段，而不是绩效导向本身。每个国家在编制和准备预算的过程中，引入正式的绩效预算（如产出预算）只是可供选择的方法之一，还有其他方法可用于加强绩效导向。引入正式的绩效预算可能成功也可能失败，这取决于各国特定的环境因素。

- 绩效是个相对的概念，可以根据（主观）努力或根据（客观）结果来界定。虽然多数情况下根据客观结果来界定绩效更为明智，但在绩效评估和实施激励绩效的管理措施时，不应忽视绩效的主观特性。此外，应注意的是绩效还具有质量属性，而且质量属性是可以计量的。

- 绩效的客观标尺主要包括投入、产出、成果和过程。某个阶段的产出往往是前一阶段的成果，又是后一阶段的投入。同服务供应商签订合同时，规定产出（而不是其他绩效标尺）是一个更好的办法。在上游性活动如医学研究中，绩效的计量要模糊得多。在计量和评估绩效时，注意绩效可计量性、相关性和可解释性是很重要的。

- 将两个相关的单一绩效标尺组合起来，可以得到诸如效率、有效性（和成本有效性）、成本效益比等组合式绩效标尺。

- 好的绩效标尺应同时满足 CREAM（五个）标准：清晰性、相关性、经济性、充分性和可监督性，并且需要有良好的政府会计和成本计量系统。只有满足这些条件，才可考虑将新的绩效导向方法引入预算管理系统中。

- 在任何情况下，对服务的质量都需要有明确的监督，否则，绩效标尺的使用可能会导致质量的降低。如何选择适当的绩效标尺，取决于服务的性质以及各国的环境。唯一的一般性规则是，如果对绩效进行计量是适当的并且具有成本有效性，对绩效就应综合投入、产出、成果和过程标尺进行评估，这些标尺对于特定的活动、部门和国家应具有成本有效性的、应是现实的和合适的。当绩效标尺选择不适当时，很可能会对个体的行为造成消极影响。

- 一旦选定了绩效标尺，就需要建立绩效基准，据以进行绩效评估。建立绩效基准的一般原则是，基准应具有挑战性（需要付出努力），同时又是可以实现的。

- 开发规划层次的绩效信息需要对规划进行精心的设计，特别是需要将政策目标和战略转换为清晰的、具有可计量性的规划目标。

- 对绩效给予更多考虑，可以通过多种手段来实现，除了使用绩效标尺来计量绩效外，其他绩效导向方法包括道德劝告（moral suasion）、定期质询、公众曝光以及施加压力等。

- 建立适当的公民参与机制，对为获得适当的绩效信息和创立支持性环境以确保绩效导向改革的成功十分重要。

关键概念

绩效　绩效导向　绩效评估　绩效标尺　绩效计量　投入　产出　成果　影响　过程　绩效基准　效率　有效性　成本有效性　成本效益比　绩效信息　参与　发言权机制　规划　条目　规划管理　客户满意度　绩效的主观性　绩效的客观性　绩效的相对性　合规性　可计量性　可解释性　消费者调查　结果导向管理　相关性

复习思考题

1. 绩效计量与绩效评估的关系是什么？在公共部门中计量和评估绩效的意义何在？
2. 与私人部门相比，为什么在公共部门中计量和评估绩效的难度大得多？为何说规划是公共部门计量与评估绩效的基本层次？
3. 什么是绩效和相对性？为什么不能不假思索地从将别国的绩效导向方法引入本国的预算管理系统中？
4. 产出与成果标尺如何区分开来？试举例说明之。
5. 建立绩效基准的目的和意义是什么？
6. 试举例说明：如果绩效标尺的选择不当，将使一个组织的激励系统（个体的行为）发生偏差。
7. 什么是绩效的可解释性？清楚地认识到绩效的可解释性有什么意义？
8. 什么是好的绩效标尺的"CREAM"标准？
9. 为什么说绩效导向管理最重要的目标不是量化而是可解释性？
10. 如何理解"没有某种程度的公共参与，绩效会冒变成内部官僚主义作业的风险"？

参考文献

1. Anwar Shah and Chunli Shen. 2007. Citizen-Centric Performance Budgeting at Local Level. In *Local Budgeting*, ed. Anwar Shah. Washington, D. C.: World Bank. 151－178.

2. IFAC Public Sector Committee. 2001. Governance in the Public Sector: A Governing Body Perspective. *International Public Sector Study*. August, Study 13, Issued by The International Federation of Accountants, International Federation of Accountants.

3. John L. Mikesell. 2007. Fiscal Administration in Local Government: An Overview. Edited by Anwar Shah. *Local Budgeting*. The International Bank for Reconstruction and Development/The World Bank, Washington, D. C., pp. 15－52.

4. Kristensen, Jens Kromann, Walter S. Groszyk, and Bernd Buhler. 2002. Outcome Focused Management and Budgeting. *OECD Journal of Budgeting* 1 (4): 7-34.

5. Matthew Andrews. 2005. Performance-Based Budgeting Reform: Progress, Problems, and Pionters. In *Fiscal Management*, ed. Anwar Shah. Washington, D. C.: World Bank.

6. Paul, Samuel. 1992. Accountability in Public Service: Exit, Voice and Control. *World Development* 20 (7): 1047-1060.

7. Perrin, Burt. 2002. Implementing the Vision: Addressing Challenges to Results-Focused Management and Budgeting. Organization for Economic Co-operation and Development conference on Implementation Challenges in Results-Focused Management and Budgeting, Paris, February 11-12.

8. Schick, Allen. 2003. The Performance State: Reflection on an Idea Whose Time Has Come but Whose Implementation Has Not. *OECD Journal on Budgeting* 3 (2): 71-104.

9. Shah, Anwar. 2005. On Getting the Giant to Kneel: Approaches to a Change in the Bureaucratic Culture. In *Fiscal Management*, ed. Anwar Shah, 211-28. Washington, D. C.: World Bank.

10. The World Bank. 2005. China: Managing Public Expenditures For Better Results, Report No. 20342-CHA, April 25, p. 23.

11. Wang, Xiao Hu. 2000. Performance Measurement in Budgeting: A Study of County Governments. *Public Budgeting and Finance* 24 (2): 21-39.

第 11 章 公共预算改革

虽然工业化国家的公共预算变革在促进建立回应性政府、责任政府和公共治理中扮演了关键性角色，但公民和政府并不满足所取得的进展，因为仍然存在的政治机会主义和财政管理方面遗留的重大问题，促使它们进一步推动范围更加广泛的、联结预算的政府改革和政治改革。[①] 本章讨论发达国家（主要是 OECD 成员国）早期和当前的预算管理改革，以及早期、中期改革与近期改革之间的逻辑关系，主要涉及四个重点问题：

- 早期（20 世纪 20 年代及以前）的预算改革；
- 中期（20 世纪 50~70 年代）的预算改革，以及这一改革所涉及的规划预算、计划—规划—预算体制和零基预算三个主要阶段及其失败的原因；
- 近期（20 世纪 90 年代以来）的预算改革，主线是某种"改进版"的绩效预算[②]和在中期预算框架（MTBF）下准备年度预算的体制；
- 从投入预算转向产出预算需要具备的条件。

11.1 早期和中期的预算改革

发达国家预算改革的早期历史可以追溯到 19 世纪前期，当时改革的主要目标是加强预算的功能，使预算在社会经济生活中发挥更大的作用。加强预算的功能需要加强负责管理和监控预算的组织机构，这方面出现了以美国和英国

---

① Anwar Shar. 2007. Budgeting and Budgetary Institutions, overview, The International Bank for Reconstruction and Development/The World Bank, Washington, D. C., p. 1.

② 改进版的绩效预算是相对于 20 世纪 50~70 年代主要由美国发动的早期绩效预算，包括规划预算、计划—规划—预算体制（PPBS）和零基预算（ZBB）而言的现代产出预算（以新西兰为代表）和成果预算（以澳大利亚为代表）。

为代表的两种改革模式：英国模式侧重加强中央政府对于预算监控的力量，美国则侧重于加强立法机关对于预算监控的力量。到20世纪20年代，英国模式和美国模式都产生了新的问题。英国模式的问题是中央政府对预算执行施加了过多的干预，支出机构的管理权限过小，而在美国模式下，人们发现由立法机关主导预算制定被证明难以达成预算的任务。结果，从那时起，英国开始了一个加强支出机构管理自主性的改革进程，美国则开始了一个旨在加强行政部门在预算决策中的作用的改革进程，并大约持续到整个20世纪40年代。自此以后，改革的方向从关注预算过程的组织方面转向了绩效方面，包括50年代的规划预算、60年代的计划—规划—预算体制（PPBS）和70年代的零基预算。一般认为，与付出的努力相比，主要由美国推动的中期改革效果令人失望，在个别情况下甚至适得其反。[1]

11.1.1 美国早期的预算改革

美国早期的预算改革源于预算制度的混乱不堪。直到20世纪初，预算不过是一堆杂乱无章的事后报账单，对政府支出部门的拨款只是一个总数，开支分类没有，细目也没有，数据不准确，更谈不上完整，支出与收支决策并不综合考虑，国会的拨款委员会和立法委员会都掌握着支出决策的控制权。早期改革集中于立法——行政部门的预算控制权。1921年《预算与会计法案》颁布实施，建立了一个预算部门（隶属财政部）、一个立法部门控制的正式的预算机制，以及向国会负责的会计总署。围绕这一法案的政治斗争相当激烈。[2]

早期预算制度的混乱与核心部门（主要是国会、总统与行政部门）在预算过程中的角色与权力结构有关。在联邦宪法实施后的很长一段时期里，政府预算的传统做法是由各个行政机构准备年度收支估算，然后以概算报告（Book of Estimates）的形式呈递给财政部部长。国会总是强调其控制意图的重要性，试图运用其力量建立针对各行政部门的控制。财政部部长在呈递支出估算数（有时是收入估算数）方面的作用被忽视并受约束。总统也没有直接的预算责任，行政部门在决定预算时也只是应付国会委员会的要求。这种局面在

---

[1] Salvatore Schiavo-Campo and Daniel Tommasi. 1999. *Managing Government Expenditure*. Published by the Asian Development Bank，p. 62.
[2] 阿尔伯特·C·海迪（Albert C. Hyde）等著，苟燕楠、董静译：《公共预算经典（第2卷）——现代预算之路》，上海财经大学出版社2006年版。

很大程度上反映出当时对预算方面的行政集权的厌恶,其历史超过了一个世纪。总统在预算决策中虽然有时也以评估年度收支估算等方式发挥作用,但其责任并不清楚,在行政部门中也不存在任何有效的预算集权,这种集权存在于国会。直到 1880 年,美国事实上并不存在任何真正意义上的现代预算制度。①

矫正这些明显的缺陷和堵塞制度漏洞成为引发早期改革的动力。在这些改革中,纽约市政当局的改革走在最前面,该州在 1908 年推出了美国历史上第一份现代预算,此后预算制度日趋完善,预算文件从 1908 年的 122 页增加到 836 页。纽约的改革及其成果引起很大反响,并带动了其他许多州、地方和联邦政府的预算改革。到 1919 年,美国有 44 个州通过了预算法;到 1929 年,除阿拉斯加外所有的州都有了自己的预算法。在各州的推动下,美国联邦政府也大刀阔斧地进行了预算改革,改革的主要成果集中体现在《预算与会计法》中,至此,美国的预算改革大功告成(王绍光、王有强,2001)。②

毫无疑问,早期改革对公共部门绩效计量的观念和实践起了很大的推动作用,但计量与报告绩效的观念早在 19 世纪 70 年代即已萌发。当时一些组织比如美国注册会计师研究所(AZCPA)、政府会计全国理事会(NCGA)、美国审计总署(GAO)及财务会计准则委员会(FASB)已认识到,政府和非营利性机构的财务报告中若不包括绩效信息将是不充分的。③

在绩效理念的驱动下,美国一些州和地方政府开始采用绩效计量,并利用绩效信息帮助推动公共部门改革。20 世纪初,纽约市政研究局已经追踪规划的成本与产出,并推荐使用可量化的绩效量度标准来评估政府活动的经济性和效率,以帮助公共部门管理者分析服务的单位成本和投入产出关系,发现改进服务交付效率、防范舞弊和腐败的途径。④ 此后,越来越多的州和地方政府在管理实践中逐步采用绩效计量工具以帮助改进绩效。州和地方层次的这些改革最终波及联邦政府。实际上,从 1907 年至 20 世纪 40 年代,联邦政府的许多预算官员已经参与规划与绩效预算运作(只是没有正式反映在预算方面),直

---

① Dennis S. Ippolito. 1978. *The Budget and National Politics*. W. H. Freeman and Company, San Francisco, pp. 39 – 65.
② 王绍光、王有强:《公民权、所得税和预算体制——农村税费改革的思路》,载《战略与管理》2001 年第 3 期。
③ Willian Earle klay, DPA, CGFM, and Sam. Mccall, MPA, CGFM, CPA, CIA, CGAP, 2005. Confronting the Perplexing Issues of Sea Reporting. *Journal of Government Financial Management*. Fall, Vol. 54, No. 3.
④ Alfred Tat-Kei Ho and Anna Ya Ni. 2005. Have Cities Shifted to Outcome-Oriented Performance Reporting? —A Content Analysis of City Budgets. *Budgeting & Finance*. Summer, Vol. 25, No. 2.

到1949年在胡佛委员会大力倡导下，联邦政府才于1950年编制与实施了世界上第一份正式的绩效预算——规划预算。自此至20世纪70年代，美国公共绩效计量与应用进入了其发展历程中第二个高峰阶段。

11.1.2 20世纪50年代的规划预算

20世纪50年代至70年代，许多发达国家和部分发展中国家对其预算管理系统实施了重大改革。本章所称"中期"特指这一时期的预算改革，其突出特点是，在对传统投入预算模式的局限性进行的反思，促使这些国家寻找补救办法，其核心就是将绩效概念引入预算管理中。作为早期预算管理改革的先锋，美国于1949年采纳了胡佛委员会关于"联邦政府全部预算应更新为以功能、活动和规划为依据的预算"这一建议，这种类型的预算被普遍认定为规划预算（program budgeting），有时也称为绩效预算，在20世纪50年代盛极一时。鉴于这一阶段的改革并不成功，60年代和70年代又分别推动了计划—规划—预算体制和零基预算（ZBB）的改革，这是近期预算改革的第二个和第三个重要阶段。

鉴于传统的条目预算只是与投入相联系，而且预算过程主要受政治因素支配，实施绩效预算——其显著特征是将绩效计量应用于预算系统以确保预算资源的配置与绩效信息挂钩——是绩效计量的诸多应用领域中最具挑战性的一个领域。20世纪50年代，联邦政府吸收纽约市政研究局的早期改革经验以帮助实施绩效导向的预算改革，当时正式的术语称为规划预算，其重点是计量完全成本、评估工作量和单位成本。1951年联邦预算文件中包含了由预算账户反映的规划或活动，以及关于规划和绩效的描述性报告书，后者包含基于应计基础计算出来的关于工作量和成本的信息。规划预算是美国式绩效预算的最早版本，它的改进形态一直延续至今并被其他许多国家采用。

第一阶段改革的基本成分是描述各政府组织承担的各种活动，在不同的活动之间分配成本，以及为所展开的活动进行绩效计量，其中的某些方面在今天OECD成员国的预算改革中仍能反映出来。规划预算的主要含义是通过对预算资源的配置，实现对支出机构的营运性活动的恰当控制。具体地讲，就是首先要明确一个机构的工作和工作量方面的情况，然后确定投入和产出的关系。与传统的投入预算相比，规划预算的出现标志着政府预算模式的历史性转折，人们开始从"对机构的预算资源配置"的关注，转移到"对业务活动的预算资源配置"方面：（1）从强调关注机构到强调关注规划；（2）从强调关注投入到强调关注绩效。

按照胡佛委员会的设想，美国早期的规划预算由三部分组成：①
- 按规划和活动进行预算分类；
- 绩效计量；
- 绩效报告。

绩效计量源于成本会计和科学管理理论，它所关注的问题是，资源的使用（成本）产生了什么结果？为此，规划预算要求各个部门对其任务和工作提出描述性说明，对于负责实施的规划则要求阐明规划的目标，并采用具体的绩效标尺——包括生产能力、工作量和成果——进行描述，希望通过这样的描述把对预算过程的监控，从注重投入转移到注重绩效方面来。当时人们坚信，如果有适当的尺度来计量公共组织的绩效，政府财政管理问题就能在很大程度上得到克服。②

继美国实施绩效预算后，加拿大也于20世纪50年代开始倡导规划预算。由于种种原因，早期只是注重控制和有效管理的绩效预算并没有取得成功。这些原因包括：确定投入产出关系的困难，政府会计改革的相对滞后，以及缺乏对达到预算目标的各种方案进行充分的比较分析。

根据预算文件揭示的所开展的活动的绩效信息可知，规划预算改革仍然取得了相当成效，主要表现为，在预算编制中采用了计量工作量和计量活动成本的方法，提高了人们对成本与效率问题的关注。但是，在成本分配和绩效计量方面，这一改革在很大程度上失败了。第一，当时有许多新奇的概念没有得到政府组织的支持，而这些组织却需要实践这些概念，包括对投入、产出、成果等绩效标尺的含义及其相互关系的理解；第二，从实施这些改革中，没有产生多少看得见的利益；第三，以今天的标准看，改革所涉及的政府组织的会计系统和绩效计量系统是非常原始的。

11.1.3 计划—规划—预算体制（PPBS）

第二次大规模的中期预算改革是20世纪60年代美国兴起的计划—规划—预算体制。美国的这一改革掀起了其他发达国家实施预算改革的浪潮，OECD

---

① A. 普雷姆詹德：《预算经济学》，中国财政经济出版社1989年版，第289~290页。
② A. 普雷姆詹德：《预算经济学》，中国财政经济出版社1989年版，第290页。

的许多成员国也在60年代采纳了这一系统。引入PPBS是一项试图在政策目标（policy goals）与规划目标（program objectives）之间、在规划与活动之间以及在各项财务资源之间建立起更好联结的雄心勃勃的改革。PPBS的基本内容是创造出系统的分析与评估能力，用以对政府预算的目标以及实现这些目标的各种竞争性方案进行深入的检验，其核心是使用成本—效益（cost-benefit）和成本—有效性研究，用以对不同规划和活动进行比较，以此作为实现给定目标的手段。与早些时候的规划预算一样，PPBS系统也寻求"忽视"预算过程中的组织边界，并将预算的时间尺度扩展至5年期而不是某个财政年度。

美国在20世纪60年代转而实施的PPBS被认为是公共政策和资源配置的决策系统，它由三个相互关联、相互支持而又界限分明的步骤组成：

● 第一步是战略计划，核心内容是通过对备选方案的比较决定实现目标所需要采取的适当行动，包括制定关于支出机构业务活动方向的长期和短期目标，以及实现这些目标和目的的相应策略；

● 第二步是短期规划，内容主要是确定、分析和选择一定时期内的规划、项目和业务活动，并用所需资源实现战略计划中确定的目标；

● 第三步是预算，就是设计出实现这些目标的途径，主要涉及一些具体的决定，比如为完成所选定的方案所需的人工、材料、设施以及必要的资金，每个支出机构提出的支出预算申请必须与某个特定规划的产出挂钩。

PPBS被证明是很难实施的。第一，政治因素在预算过程中的作用没有得到确认。预算过程的政治现实是，政府目标和活动乃是不同价值判断之间的相互妥协，这一点在PPBS中并没有得到充分地理解。第二，理性方法（如成本效益分析和成本有效性分析）的作用被夸大了，因为政府目标之间和政府活动之间缺乏可比性并且多是非商业性的。第三，PPBS所试图忽视的部门界限，实践证明是非常活跃的，成为实施PPBS的重大障碍。第四，PPBS要求有经过高质量培训的管理人员去指导各种分析与研究，而这些人员当时十分短缺。此外，当时的信息系统（政府会计和报告）也不支持这一预算方法。[1]

在把原来未被应用于预算的经济学和社会学的许多概念引入预算方面，PPBS做出了重要贡献。这些概念今天仍在使用，但是它们是在一个一个案例

---

[1] The World Bank. 2000. China: Managing Public Expenditures for Better Results, Report No. 20342 - CHA, April 25, p. 12.

的基础上使用。在用这些技巧代替传统预算方面，PPBS 显得过于雄心勃勃，脱离了当时的实际情况。

鉴于规划预算实践并未产生预期效果，联邦政府在20世纪60年代采用了改进版的规划预算（绩效预算），即著名的计划—规划—预算体制（PPBS），70年代又实行了零基预算（ZBB）。一般认为，由于管理不力、会计和信息系统的建设滞后，以及没有出台旨在强化与公共部门绩效相关的法律措施，20世纪50～70年代这段历时约30年的大规模绩效改革大多以失败告终。[①]

11.1.4 零基预算

近期最后一次重大的预算改革是零基预算（ZBB），在20世纪70年代末由某些OECD成员国采用。它要求每年都对预算中的每个支出项目的正当性加以证明并得到批准。另外，它要求所有决策都应进行评估，并在系统分析的基础上按重要性进行排序。与前几次中引入的预算模式相比，零基预算更注重预算程序而不是内容。在纯粹的零基预算要求每年对每个项目均从零开始进行评估。这种纯粹的形式从来也未曾在哪个国家采用过，但许多国家的政府都或多或少地吸收了零基预算的原则，即要求各部门在提出下年度预算申请时，只能提出相当于现有支出水平的90%或80%的预算。

ZBB被证明是短命的，因为它所面临的许多问题也是此前PPBS遇到的问题。另外，对所有规划进行年度性审查的要求被证明过于苛刻。考虑到时间限制以及ZBB运作所需要的技能，这一方法只适合对选择性的支出规划进行审查，对于每个年度预算中的每个项目的成本以及每个规划进行审查是完全办不到的。

尽管改革结果令人失望，但得益于中期绩效预算实践，联邦政府和各部门在开发绩效计量工具、技术和方法方面取得了引人注目的进展，其中包括计量公共部门活动的成本——计量成本是计量绩效的重要组成部分。在20世纪90年代开始广泛采用面向成果的绩效计量与方法之前，美国在早期和中期绩效计量的重点一直是与投入相关的成本、经济性、工作量以及与产出相关的效率指标，以此作为组织内部的绩效信息用来评估政府部门运营，以及制订计划和决

[①] Robert M. Mcnab and Francois Melese. 2003. The Implementation of "The Government Performance and Results Act": The Perspective of Federal Government Performance Budget. *Public Budgeting & Finance*. Summer.

议，绩效信息的目标用户也主要是内部员工，例如部门管理者和员工等（见表 11.1）。

表 11.1　　　　　　　　　　投入、产出和过程计量

	投入计量	产出计量	过程计量
定义	生产产出所投入的或使用的资源	投入资源生产出来的商品与服务	取得投入，生产产出或实现成果的方式
常用指标	经济性、成本、工作量	效率、产出成本	满意度、公开性等
举例	人均支出 雇员数量 医疗设备 警察巡逻里程	垃圾处理吨数 学校毕业人数 整修道路里程 抓捕嫌犯人数	对住院满意者所占比率 是否遵循适当程序 违规支出占总支出比率 学生提问占总课时比率
计量难度	较易	较难	较难
反映绩效	较弱	较强	较强

早期和中期之所以将计量重点集中于产出、投入产出关系以及过程方面，主要原因在于美国在 20 世纪 40 年代罗斯福新政时期及其之前，民众相信政府可提供更多更好的服务，故计量这些活动的效率或产出的成本即可，不必检讨政府活动的结果是否是人民所期望的。与 50 年代侧重对过去绩效与工作进度的规划预算不同，PPBS 侧重前瞻性的政策规划与成本支出预测。此外，早期与中期采取以成本—经济性—效率为核心指标的传统计量模式，也与当时尚未开发出相对成熟的成果导向绩效计量技术与方法密切相关。

11.1.5　中期改革与近期改革的关系

现在一般的看法是，以引入规划（绩效）预算、计划—规划—预算体制和零基预算为核心内容的中期 OECD 成员国的预算改革，总体上讲是失败的。其原因除了前面提及的外，其他原因包括核心部门——如内阁和财政部——在预算程序中的过度集权，导致各部门和机构陷入大量的日常工作中。此外，在引入上述预算模式或类似预算模式的发展中国家，这类模式的引入并未为公共部门创造出发挥作用的起码环境，这是导致实施结果不甚成功的关键所在。[①]

虽然如此，近期预算改革在许多方面可以视为中期改革的继续和改进，并

---

① The World Bank. 2000. China: Managing Public Expenditures for Better Results, Report No. 20342 - CHA, April 25, p. 12.

不是对以前改革的抛弃。中期改革一般与当前改革有着相同的目标，主要是强调结果导向的绩效因素在预算管理中的作用，强调预算管理应从主要关注投入到主要关注产出，以及强调从主要关注"某个机构花了多少钱、花在什么地方"转移到关注"所花费的钱是否取得了有意义的结果"。

当前改革的核心内容之一是实施产出预算，而其原型可追溯到规划预算。产出预算的主要特征是将预算拨款同产出联结起来。在产出预算下，政治领袖（委托者）同公共管理者（代理人）之间就产出签订明确的合同。一般地讲，如果产出预算十分详细，以合同为载体更为可行，虽然这一系统的管理成本和其他成本可能十分高昂。在汇总后的总量层次上，产出预算类似于规划预算，规划预算可以看做是产出预算的早期形态。

当前改革取得的成效在很多方面要归结于早期改革的实践提供的经验和教训，其中20世纪60年代引入PPBS的经历对当前改革的影响尤其明显。传统的条目预算的特征是简单地将预算资源的分配与花费开支的项目联结起来；相比之下，现代预算的一个基本特征是试图尽可能鉴别政府活动的目标，以及与这些目标相联结的产出和成果，以此为基础分配预算资源和建立预算账户。在这方面所作的早期努力就是将预算支出按照"规划"、"次级规划"和"活动"分类，它们依次在更详细的层次上对经清晰表述的政府活动的目标做出更为具体的界定。例如，如果把"儿童保健"界定为一项规划，该规划既可（向上）联结到更为广泛的政府政策目标——如促进公民健康，又可（向下）联结到诸如"预防儿童软骨病"这一次级规划上，而后者还可进一步区分为一系列诸如医生培训和药品研制等活动。

正是在按规划、次级规划和活动进行预算分类方面，以及将规划同政府政策目标相联结方面，美国在20世纪60年代实施的PPBS就是这一早期努力的主要样板。从这一意义上讲，早期的PPBS是真正意义上的现代预算诞生的主要标志。实际上，在规划和活动层次上对政府活动进行预算分类的方法已经得到进一步发展和广泛采用。这种分类方法是引入正式的规划预算模式的前提条件；进一步讲，即便没有引入正式的规划预算，采用这一分类也有助于提高财政透明度，同时也为在适当的层级上建立起正确的绩效标尺奠定了基础。现代规划预算起源于20世纪60年代的计划—规划—预算体制（PPBS），这种改革从其目标的大小上来看不那么可行——它需要有复杂的分析、大量的数据和有效的工作人员再培训来支持，同时还应对官僚体制内部和执行、立法机构进行结构性调整。不仅仅是政府部门要搜集和分析大量信息，行政和立法部门也必须拥有利用已收集信息的能力。更重要的是，PPBS 得以建立的预算基础——规划结构及其相关的目标——也提出了一些重要的问题，即谁来确定政策的优先权，是行政部门、立法机关还是政府部门。①

早期改革对现代预算的一个重要贡献是对预算分类所作的重大改进，从而使预算模式发生了重要变化。没有预算分类的突破，引入以强调目标与结果相联结的现代预算就是无法完成的任务，而现代预算对于良好的预算分类的高度依赖性，正是在早期改革中才认识到的，这首先应归结于 20 世纪 40 年代后期和 50 年代早期实施规划预算的经历。当时胡佛委员会认识到，引入新的规划预算模式的一个前提条件之一，在于应该通过把政府事务分为按功能、活动和规划三种，以此为基础构造的预算，才能作为绩效评估和监督的基础，1950 年美国的《预算与会计程序法案》的颁布和实施为此作了准备，该法案对以活动和功能作为预算基础的联邦预算作了详细规定。一般地讲，以政府优先性和规划有效性为基础的、规划层面的资源配置，是发展背景下所有预算体制的基本职能之一。②

规划预算所采用的新的预算分类基础，意味着对传统预算模式的重要突破。然而，规划预算仍然没有完全脱离传统预算模式所基于的条目分类，因为在规划预算模式下，各支出机构虽然按照规划分类（现代预算的特征）提出预算申请，但在规划分类之下仍采用条目（比如工资）分类作为二级分类，后者正是传统条目预算模式的特征。在规划预算的早期实践中人们认识到：条目分类不是过于宽泛就是过于狭窄，不能揭示重要的政府活动，也不能提供有利于年度预算决策的综合看法。③ 现在人们认为，从传统的条目预算转向正式绩效预算体制需要有规划结构的初步发展。④

20 世纪 60 年代的 PPBS 对此前的规划预算作了许多改进，预算分类也更加合理。直到今天人们仍然认为，PPBS 的兴起是政府预算管理的一场革命。当前的改革中采用的预算文献的许多专业术语虽然名称各异，但 PPBS 所采用的分析概念和技术因素继续在影响着许多国家的预算模式。当然，由于宪法、政治和技术背景的不同，各国并没有全盘接受 PPBS，只是侧重于引入该体系

---

① Carolyn Bourdeaux. 2008. The Problem with Programs: Multiple Perspectives on Program Structures in Program-Based Performance-Oriented Budgets. *Public Budgeting and Finance*. Summer, Issue 2, Vol. 28.
② Schick Allen. 2004. Twenty-Five Years of Budget Reform. *OECD Journal on Budgeting* 4 (1): 81–102.
③ A. 普雷姆詹德：《预算经济学》，中国财政经济出版社 1989 年版。
④ Carolyn Bourdeaux. 2008. The Problem with Programs: Multiple Perspectives on Program Structures in Program-Based Performance-Oriented Budgets. *Public Budgeting and Finance*. Summer, Issue 2, Vol. 28.

的个别部分，当然也有不少国家开发了与 PPBS 相似的预算体系，而其核心就是产出预算。

总体而言，早期改革的目标同当前改革的目标在很大程度上是一致的，但今天主要在 OECD 成员国中进行的预算改革由于政府组织对改革本身的良好理解，而比早期改革取得了更为明显的成效。与采纳规划预算时的情形不同的是，在近期的预算改革中，作为一种控制机制的产出控制已经代替了投入控制，信息技术系统的发展也降低了改革的成本。

11.2 近期预算管理改革

一般认为，将绩效计量融入预算系统的中期实践未能取得成功。在 20 世纪 80 年代和此后很长一段时期，人们对此进行了深入反思，也使 20 世纪 80 年代成为绩效计量与管理的相对沉寂的时期。受一系列因素的推动，美国的公共部门绩效计量运动在 90 年代进入一个新的高峰阶段。与此前的绩效计量相比，这一阶段最具革命性的变化是绩效计量的重点与方向，从面向投入、产出与过程的计量转向了面向成果的计量。阿尔佛雷德·泰特—基·豪和安娜·亚·尼（Alfred Tat-Kei Ho and Anna Ya Ni, 2005）对 90 年代绩效计量重点作了简要的评论："焦点从依据法律条规要花掉多少钱，变为这些资源怎么使用的，以及对社会产生了什么结果。通过绩效衡量体系产生的信息变成了管理过程的一部分，它被指定为对绩效成为一个系统负有责任……它的使用已经超越了内部等级而到达了外部领域。"[①]

绩效计量和绩效信息被融入绩效导向的预算管理改革中，成为近期全球范围内公共管理领域最热门的话题。早在 1907~1940 年间，美国许多预算官员已经参与规划与绩效预算运作，只是没有建立起正式的绩效预算。自 20 世纪 80 年代中期以来，以新西兰和澳大利亚等为代表的一批 OECD 成员国以政府预算管理改革为核心，进行了一系列影响深远、被誉为新公共管理（NPM）的改革，包括在预算管理中引入全新的理念、应计基础政府会计、绩效导向的管理，以及将传统的投入预算转向产出预算。

---

① Alfred Tat-Kei Ho and Anna Ya Ni. 2005. Have Cities Shifted to Outcome-Oriented Performance Reporting? —A Content Analysis of City Budgets. *Budgeting & Finance*. Summer, Vol. 25, No. 2.

11.2.1 改革背景

20世纪70年代及80年代初期，由于经济业绩恶化（部分原因是石油价格冲击），那些长期奉行凯恩斯主义财政政策的国家，普遍出现了与恶化的经济业绩相伴随的恶化的财政业绩：公共财政膨胀，赤字居高不下，使得传统的财政扩张成为导致宏观经济失衡的原因而不再是解决失衡问题的药方。财政绩效的恶化清楚地表明传统的预算管理模式存在严重缺陷，它无力对支出机构的额外支出需求施加有效的控制，最终导致公共支出总量超过财政资源的可得性，财政可持续性面临威胁，政府的施政绩效亦趋恶化。

为什么会如此呢？许多文献涉及这一主题：制定决策所依托的制度特征如何导致了过高水平的政府开支，最终导致"公共悲剧"(the tragedy of the common)。其实质在于，没有人能够从自我约束中获利。每个支出机构和部门都愿意多申请和增加自己的开支，都不愿意失去某笔预算资金，而不会考虑到政府可得的税收总量是否能够与要求增加开支相匹配。①

之所以如此，是因为在传统的公共管理模式下，个体的政治或经济利益不能够通过关注总体状况——总的公共开支是否会超过经济的承受能力——而得到促进（唯有财政部在保护整体利益方面拥有自己的利益），而且总体状况是否会受到内阁总理和选民的重视，取决于他们对在预算中披露特定风险这一问题的看法。如果总的公共开支年复一年地超过政府的征税能力，由此产生的赤字和债务累积将引发未来的财政风险，并可能最终导向财政崩溃。如果政府预算能够将这些风险充分地披露出来，那么，公共支出总体状况就有可能在政治程序中受到重视。问题在于，政治家和选民在许多时候并没有如此行事的足够动机和愿望，这就为机会主义行为留下了余地。

当前改革的第二个背景就在于认识到传统公共管理模式的制度性特征，正是导致财政绩效恶化（尤其是支出和赤字膨胀）的根源，因为这些制度性特征导致预算过程的参与者具有强烈的"向上偏见"(upward bias)。这些制度性特征包括：

- 公共服务的生产市场不发达，使得公共部门成为公共服务的垄断性供

---

① 关于这一问题的讨论可参见 Schiavo-Campo, Salvatore. 1994. Institutional Change and the Public Sector in Transitional Economies. Discussion Paper No. 243. Washing: World Bank.

应者,成为武断地要求增加公共开支的痴迷者;
- 缺乏有效的控制市场,使公共部门的服务供应不受市场基础的监督和压力;
- 公共组织(政府/政府机构)目标复杂、不连贯且模糊不清,导致无法做出那些旨在将资源配置于最有价值用途的决策,会计核算的不清晰加剧了制订和实施最优决策的困难;
- 只是将有限的权威赋予了支出机构,而这些机构却拥有决策与管理所需要的更为全面的信息;
- 相对于较低级别决策而言,信息的不对称使得较高层级别的决策产生了严重的劣势。

当前的改革在很大程度源于对传统公共管理所具有的一系列制度性特征的反思,这些制度性特征决定了它不可能为解决决策做出问题带来帮助,其中最典型的例子是无法克服所谓"公共悲剧"问题。为了解决这些问题,OECD成员国逐步将公共治理的一系列理念和方法引入到预算管理系统中。公共治理主要从三个方面与预算管理系统的效率相联结:

- 公共部门对资源总量提出的需求,这是总量配置效率(aggregate allocative efficiency)问题;
- 引导资源投入到最具价值用途的能力,这是个配置效率问题;
- 与生产相联系的技术效率(technical efficiency),[①] 也就是公共部门以最低的成本生产出所需要的特定商品与服务。

良好的公共治理(善治)是实现总量配置效率、配置效率和技术效率的关键。基于此认识,从不同的速度和起点出发,OECD成员国目前正在或已经引入了大规模的改革,以处理财政绩效恶化问题,这是20世纪末公共治理的一个极为深刻的方面,[②] 引起了国际上的广泛关注。公共治理指的公共部门治理,即公共部门行使权力、制定和执行政策所依赖制度环境和机制,包括如何做出决策、权力和部门的平衡,以及使政治家和管理者保持责任感的途径。有效的公共部门治理并没有一个统一的模式或结构,但普遍认为具有以下基本要素:

- 透明——过程公开,对政策目标的实现情况进行系统的报告;

---

① 技术效率也称运营效率,指与服务交付相关的投入产出关系。技术效率要求以尽可能少的投入实现既定要求的产出,或以既定的投入达到尽可能多的产出。

② Salvatore Schiavo-Campo and Daniel Tommasi. 1999. *Managing Government Expenditure*, Published by the Asian Development Bank, p. 351.

●负责——行动、决策及决策制定过程公开，以接受公共机关、国会及公众的公开检查；

●敏感——具有足够的能力和灵活性，以适应不断变化的国内和国际环境；

●未来导向——具有预测未来问题并制定与未来成本和预期变化相一致的政策的能力；

●法律与正直规则——公平地维持透明的法律、法规和制度，使其成为公共部门支持道德行为、严厉惩治腐败的文化的一部分。

OECD坚信，这些良好的治理因素组合起来，可以促进政府的可信度，从而对内带来法治，对外带来声誉。因此，健全的治理是经济稳定和社会团结所必需的，也是从现代经济和日益增长的全球贸易与投资中获益的一个前提条件。20世纪80年代以来，OECD成员国致力推动的以政府预算为核心的所谓"新公共管理改革"，锋芒所及直指公共治理。

11.2.2 近期改革的理念

近期预算改革的理念主要有五个：善治与透明度、重新分配资源、预算的重心从投入转向为结果、强调预算的未来导向和重视应计会计。

1. 善治与透明度

公共治理指行使权力、制定和执行政策所依赖的制度环境和机制，包括如何做出决策、行使权力以及使政治家和管理者保持责任感的途径。有效的公共部门治理并没有统一的模式和结构，但普遍认为好的治理依赖于四个支柱：受托责任、透明度、预见性和参与。① 其中，受托责任要求公共官员对其活动负责的能力，透明度要求以低成本获得相关信息，预见性要求法律与法规的清晰、预先可知以及统一和有效地实施，参与要求一致同意（consensus）、可靠的信息供应以及对政府活动的现实审查。②

---

① Salvatore Schiavo-Campo and Daniel Tommasi. 1999. *Managing Government Expenditure*. Published by the Asian Development Bank, p. 9.

② Salvatore Schiavo-Campo. 2007. The Budget and Its Coverage. Edited by Anwar Shar, *Budgeting and Budgetary Institutions*. The International Bank for Reconstruction and Development/The World Bank, Washington, D. C., p. 54.

在推动善治的各种因素中，除了财政绩效的持续恶化外，全球性的经济自由化和资本自由流动也产生了新的压力。公共机构的质量以及经济当事人对它们的信任对市场行为会产生显著的效应。导致失去市场信任的公共部门治理系统不仅对国内经济施加很高的经济成本，也会使全球经济增长水平达不到潜在水平。从20世纪90年代末亚洲金融危机中，人们看到正是那些公共治理脆弱的国家在金融危机中受到冲击最大，损失最为惨重。

目前OECD成员国正致力推动的核心工作是促进良好的公共治理，健全而透明的政府预算和政府会计建设被认为是建设良好的公共治理的基石，"健全的预算和会计实务对于一国的经济增长有着深远的影响，同时也是良好的治理结构的关键因素"[①]。

财政透明度是金融市场得以良好运作的一个基本的前提条件。如果金融市场是开放性的，则政府财政绩效恶化（尤其是公共开支、赤字和债务膨胀）必须会导致金融市场做出反应，典型的情形就是投资者撤走资本，或者要求有较高的利率作为他们冒险把资金投入财政绩效恶化国家的补偿。然而，与具有透明度的情形相比，缺乏透明度情形下的金融市场做出的反应是完全不同的。形形色色的预算投机者（从讨好选民而宁愿少征税多开支的政治家到逃避管制的预算管理者）总是试图掩盖其机会主义行为，想方设法使保持警觉金融市场发现不了他们的伎俩。然而一旦这些伎俩——包括数字游戏——被揭穿，金融市场将迅速做出激烈反应——通常是大规模撤走资金和减少新的投资。相比之下，在财政透明度的情形下，金融市场反应将平缓得多。

通过开放性金融市场对财政绩效恶化施加的经济甚至政治成本，财政透明度也是约束和减少预算领域的机会主义行为的一剂良方。即便在发达国家中，这种机会主义行为也是广泛存在的：低估预算支出，出售政府资产并把该项收入计作的政府的财政收入，把本财政年度的开支拖延到以后财政年度，提前收税，在预算报告中把国有企业的利润合并到政府预算报告中（缩小预算赤字或扩大预算盈余），以欠款单据（打白条）代替现金来"清偿"债务，等等。1997年国际货币基金组织在其工作报告中，指出了欧洲国家可能用来证明其遵守了《马约》（The maastricht Treaty）的赤字和债务规则的28种投机性收支行为。一般地讲，只有在预算是透明的、能够适当提供有关公共财政的准确和

---

① Alex Matheson（OECD公共管理服务部）："更好的公共部门治理：西方国家预算及会计改革的基本理论"，2001年政府预算与政府会计国际研讨会（北京）会议论文。

全面的信息时，约束财政机会主义行为的各种制约手段才会是有效的。[①]

提高财政透明度需要开发良好的会计标准和专心敬业的审计人员。否则，财政透明度更多的是幻想而不是现实。随着金融市场的日益全球化，相互联系变得日益紧密，国际社会已经采取行动以精心制定和协调各国的政府会计标准，而推动这些工作的动因在于对付形形色色的财政机会主义行为的努力。可以预料，今后除了要求对政府财务报告执行这些标准外，要求政府预算文件也采用这些标准的压力也将有增无减。[②]

2. 重新分配资源

资源的重新分配是预算的核心。政府的战略方向进而政府的预算，需要随着环境和问题的变化而做出相应调整，以使资源流向最有效益的地方。但在预算系统中，由于存在着抵制重新分配的强大力量，要想实现预算资源在各部门、支出、用途和项目上的重新分配是非常困难的，结果就是大量的资源长期滞留在低效益的地方，而不能适时转移到更有价值、更符合政策目标的优先级的地方。

预算改革的一项核心课题就是要创建一种预算过程，能够使多数人的未来利益压倒少数人的既得利益。通过给支出机构的管理者以更多的自主性，扩大预算范围，特别是将注意力更多集中在产出上，以及延长预算的时期范围（多年期预算），都有助于实现资源再分配目标。这些方面也正是 OECD 成员国预算改革的重要内容。

3. 预算的重心从投入转向结果

传统的预算管理关注的中心问题是：谁花了多少钱？钱花在什么地方？是否按预先设立的规定花钱？这里讲的花多少钱、花在什么地方，实际上就是讲预算中安排的（资源）投入，是否按规定花钱讲的是合规性。所以，关注"投入"和"合规性"是传统预算的两个支点。至于花的钱是否产生了有意义的结果（如产出和成果），传统预算并不过问。

当前 OECD 成员国公共管理改革的一项主要课题，就是将预算的重点从投入转向结果（核心是产出）。在产出预算模式下，"产出"是计量和评估绩效的核心指标。在这方面，首先是新西兰，随后是澳大利亚和英国等走在了其他

[①②] 艾伦·希克：《公共支出管理规范》，经济管理出版社 2001 年版，第 3 章（总额财政规范）。

国家的前列，这些国家已经用产出预算取代了传统的投入预算，从而促成了预算编制和管理模式的重大变革。由于管理者侧重于对结果负责而不是对投入负责，投入控制被大大放松，这使得管理者在预算资源的营运管理方面有了更大的自主性和灵活性。

4. 预算应是未来导向的

预算从定义上看就是与未来相关的，但年度预算将关注的问题放在过于短促的时间内，限制了政府对未来的更为长远的考虑。在"政府为将来而预算"的理念下，多数 OECD 成员国已采用了 3～5 年甚至更长时间的中期预算框架，以弥补年度预算的不足。

为实现政府目标，预算体制必须在政府政策和资源配置之间建立强有力的联结。由于大部分政策在短期内不能被执行完毕，准备年度预算的程序必须置于一个未来数年的框架下。未来具有内在不确定性。未来期间越长，政策相关性与确定性之间的平衡越是需要关注。极端地说，如果按月度制定预算，预算的不确定性限制到最低程度，但月度预算与政策工具之间几乎无关。另一个极端是，如果以 10 年或更长时间制定预算，倒是可以为政策提供广阔背景，但同时也带来巨大的不确定性。因此，预算的中期展望通常不应超过预算年度后的 4 年。①

中期预算框架并不是一个法定的多年期预算资金分配方案，其作用只是在于为未来若干年提供一个支出导向或目标。推动这一制度的动力在于，由于它们已被公开，如果不遵守的话，政府将受到来自公众和金融市场的压力。

年度预算的一个主要缺陷就是忽略潜在的财政风险。许多当前的政策或政府承诺隐含着导致未来开支或损失剧增的财政风险，但在年度预算框架下，由于这些开支不能在预算中体现出来，这些可能造成高昂代价的潜在风险在预算过程中就被忽略了，一旦潜在风险转化为现实的损失或支出责任时，采取防范措施已经为时太晚。因此，预算的年度性从立法机关的角度讲是绝对必要的，但它不能使决策者在早期阶段就确认风险，并采取相应的措施以防患于未然。相比之下，多年期预算的一个突出优点在于把注意力导向当前政策的长期可持续性，使人们在早期阶段就能鉴别和暴露那些不利的支出趋势，这样便于早做打算，及时阻止、减缓这些支出或为其筹资。

---

① Salvatore Schiavo-Campo. 2007. Budget Preparation and Approval, Edited by Anwar Shar, *Budgeting and Budgetary Institutions*. The International Bank for Reconstruction and Development/The World Bank, Washington, D. C., p. 236.

5. 需要应计会计

目前超过一半的 OECD 成员国在政府报告中采用了应计会计，而新西兰、澳大利亚等国家还将应计会计基础引入政府预算，使传统的现金预算转向了应计预算。在以应计会计取代（或部分取代）传统的现金会计方面存在着广泛的争议，但澳大利亚和新西兰的实践表明，在支持绩效导向的政府预算改革、确认与控制财政风险以及改进政府对长期资产管理等方面，应计会计起着十分关键的作用。此外，在那些实行应计预算的国家，转向应计基础的政府会计是一个必要的前提条件。

基于上述理念，20 世纪 90 年代以来，由新西兰、英国、澳大利亚等 OECD 成员国发起的新一轮政府预算管理改革，所关注的是从根本上变革预算管理的游戏规则，重点涉及六个方面：

- 建立和改进确保财政责任的制度与机制；
- 转向中期预算框架；
- 采纳新型的自上而下的预算程序；
- 放松投入控制；
- 采用产出基础的受托责任体制；
- 引入应计会计和应计预算。

11.2.3 为确保财政责任创造制度条件

财政责任概念表明政府应就其财政资源的取得、使用或/和所产生的结果负责。在现代民主与法制社会中，政府要取信于民，非常重要的一点就是要让公众、立法机关和其他与公共财政具有利害关系的人们确信政府将履行自己的财政责任，这就需要通过法律或政治程序做出承诺。如果利害关系者相信政府能够坚定地兑现其承诺，那么承诺（从而政府本身）就具有很高的可信度（credibility），否则，政府的可信度就会很低。

建立和实施两类针对政府的制度性约束有助于增强政府可信度。

一是具有强制性的外部约束——核心是法治。法治的必要性与政府权力内在扩张性密切相关，因为政府的权力天然大于企业或个人，如征税、使用警察与军队，特别是在现代社会中，由于技术的进步，政府可支配的权力远大于传统社会，因此不受约束的政府行为后果更加严重。当政府行为不受法律约束时，政府部门和官员便会侵犯产权，任意干预和限制企业活动，表现在财政领域中就是乱收税费，过度开支，甚至酿成"公共悲剧"。在这种情况下，政府对经济人的承诺往往变得不可信，产生政府的不可信承诺问题。政府的权力越大，越可以我行我素，承诺变得越不可信。相反，通过法治约束政府的行为，可以达到可信承诺（credit commitment），形成双赢结局，这就是法治的第一个作用，而法治是现代市场经济作为一种有效运作的体制的前提条件。①

二是政府的自我约束。由于法治可能不健全，即便健全的法治也不可能覆盖到社会生活的细节性领域，因此仅有法律基础的外部性约束是不够的。政府的自我约束不仅是弥补法治不足所必不可少的，而且"政府的自我约束是建立一个适宜的制度结构的关键。在缺少这样的制度能力的时候，对发展中国家而言，通向现代经济增长的道路就会变得非常困难……"②

认识到政府拥有随时改变其想法的能力约束政府的重要性，OECD 成员国自 20 世纪 90 年代以来预算管理改革中开发的许多新的财政框架，无论是以法律形式还是以政治承诺的形式出现，都被设计成旨在增强政府承诺的可信度的行动过程。这里的基本思想是创立这样的规则和机制：假如政府违背（至少是反复无常地违背）自己承诺履行的财政责任，那么必须承受一个相应的成本。一旦政府能够令人信服地承担起自己的财政责任，那么就可通过发出强有力的信息而影响市场预期。理论分析和实际经验都表明，金融市场——尤其是资本市场能够对政府财政信息做出反应，这反过来又会影响到政府的财政行为。③

在预算中建立承诺的可信度方面，财政框架中特别富有价值的创新有两项：

- 建立中期预算基准，核心是确立中期财政支出、赤字和债务约束基准（目标值）；
- 要求财务报告的透明度与及时性。

在建立中期预算基准方面，欧盟将综合财政基准作为一项趋同标准写入《马约》就是一个十分清楚的例子。这是对追求相同目标的多个国家提出的财政约束基准。目前多数欧盟成员国将赤字标准作为其基本的财政总量基准。这

---

① 钱颖一：《市场与法治》，载《经济社会体制比较》2000 年第 3 期。
② ［美］古斯塔夫·拉尼斯：《向现代经济增长转变中制度的作用——东亚新兴工业经济的实例》，载《经济社会体制比较》1992 年第 6 期。
③ 王雍君：《政府财政绩效与金融市场约束》，载《财贸经济》2001 年第 10 期。

一基准也会激励那些赤字与债务居高不下的欧盟以外的国家去控制赤字与债务。所选择的基准的适当性并非没有争论，但统一货币区使财政整合能够为区内成员带来好处已经获得广泛的共识。

除了欧盟设立共同的财政基准来约束成员国外，许多国家自己也通过法律建立了自己的财政约束基准，用以增强政府履行其财政责任的可信度：

● 从1985年以来，美国已经通过了一系列的立法来支持削减预算赤字，其中包括1997年的《平衡预算法案》（The Balanced Budget Act）；

● 瑞士政府已经建立了自己的财政基准并打算写入宪法中，新的宪法条款将为未来年度确立经授权的财政赤字，从而对政府形成强有力的约束；

● 新西兰于1994年通过了《财政责任法案》（The Fiscal Responsibility Act），针对关键性的预算参数和财政总量，阐明了负责任的财政管理原则和透明度原则，要求政府必须清楚地阐明五个关键性的财政指标值不应超过规定的水准，如果出现违背政策承诺的情形，政府必须说明将如何重新回到限定目标水准上；

● 澳大利亚的《预算诚实章程》（The Australian Charter of Budget Honesty）旨在增强财政政策制定和财政结果的透明度，引人注目的是它吸收了新西兰的方法，即要求对所有公民公布有关财政信息，以防止政府隐藏关于真实财政状况，这种做法产生了大量意欲的结果，包括政治程序中的参与者可分享关于国家未来经济与财政展望方面的信息，以免新一届政府一上任就对政府财务状况感到震惊；

● 英国颁布实施了《财政稳定章程》（Code for Fiscal Stability），许多方面非常类似于新西兰的法律，该章程包括严格遵守"黄金规则"，即约束债务以及真实的营运支出水平。

11.2.4　转向中期预算框架

传统的预算理念是强调预算的年度性，这正好适应了立法机关的要求。问题在于，从增强政府承诺的可信度方面考虑，年度预算是不够的。这是因为，从财政意义上讲，政府承诺的可信度与财政政策的可持续性密切相关。当财政政策不可持续时，其可信度就会很弱。对可信度的考虑要求对政策做出清楚的阐述，要求制定财政政策必须关注可持续性问题，这进一步要求在编制和准政府预算时，需要将支出总额与税收总额、债务总额综合起来考虑。

转向中期预算框架（MTBF）能够满足这些要求。通过建立和阐明政府在未来年度财政政策目标，通过基线筹划——在假设继续现行政策的基础上筹划未来年度的财政总量——来反映继续当前政策的最低成本，以及通过阐明以引入新的决策对于预算含义（如增加预算开支），制定和公布多年期预算将有助于增强财政纪律和政府承诺的可信度。一旦多年期预算公之于众，来自金融市场的压力也将促使政府自觉或不自觉地遵守自己承诺的财政约束（核心是支出和赤字）水平。应特别强调，中期预算"框架"并非中期"预算"。把"框架"混同于"预算"产生严重误导，因为在 MTBF 下为后续年度建立的部门限额并非立法机关批准的限额（只是 MTBF 中当前年度的硬限额才是如此），前者构成健全的年度预算准备程序中的起点。①

MTBF 的基本功能是确立中期财政约束基准。在形成和决定预算政策过程中，MTBF 可在年度预算过程一开始就起到约束公共支出需求的作用，因为它向政治家、利益集团、官僚以及公共资金的其他申请人清楚地表明了支出限额，以此限制支出需求。MTBF 通常并不对政府的意图进行详细的定性描述，但它至少表明了未来若干年度中政府的财政趋势（fiscal trends）或者政府打算前进的方向，从而有助于公众和其他利害关系者对政府财政承诺的可信度做出判断。

OECD 成员国的综合财政基准包括三类：

• 比率——通常表述为对 GDP 的某个百分比，包括预算差额、收入或支出、公共债务或政府借款相对于 GDP 的百分比；

• 收入或支出的变动（升降）比率；

• 目标变量的绝对水平，这些目标可以是未来的支出或赤字水平，或者前期基线筹划的预期变化。

什么是好的财政约束基准？一般认为应满足以下几个要求：

• 数据和口径难以被操纵；

• 违背这些基准必须承担政治成本；

• 必须有充分的灵活性，以使财政政策可以用来处理经济的周期性波动；

• 应该易于与公众沟通。

在欧盟国家中，《马约》及《稳定与增长公约》（The Stability and Growth

---

① Salvatore Schiavo-Campo. 2009. Potemkin Villages: The Medium-Term Expenditure Framework in Developing Countries. *Public Budgeting & Finance*. Summer, Vol. 29, No. 2, p. 16.

Pact）中包含了许多中期财政报告方面的要求。自1993年以来，欧盟成员国已经有义务定期公布其"中期趋同规划"（medium-term convergence programs），该规划由欧盟理事会进行详细审查。此外，欧洲货币联盟（EMU）成员有义务每年呈递一份"稳定规划"，该规划包含了至少覆盖未来3年的政府赤字和债务筹划及其所基于的主要假设，并阐述未来拟采取的用以促进预定目标的预算措施。在所提出的主要预算措施中，需要提供一份评估报告，用以量化这些预算措施对预算状况产生的影响。最后，还需要对主要假设的变动如何影响预算和债务状况做敏感性分析（sensitivity analyses）。在稳定与增长公约中，稳定规划是早期预警程序的关键因素，理事会可以就此向其成员国提出建议，以便其采取正确行动，避免与MTBF目标或朝向这一目标的调整路径产生偏离。欧元区外的成员应连续提供趋同规划（不同于稳定规划），该规划应包含中期货币方面的目标及其与价格、汇率稳定的关系。

多数欧盟区外的成员国也公布中期财政战略规划（medium-fiscal strategy programs），这些规划包含着与稳定规划相同的信息。例如，新西兰的《年度财政战略报告》（Annual Fiscal Strategy Report），澳大利亚的《财政战略报告书》（Fiscal Strategy Statement），以及美国的《经济与预算展望》（Economic and Budget Outlook）。当然也有些国家并不喜欢宣布中期财政基准，因为多年期预算不确定性太大，关注短期问题会更加精确；在实现能见度目标和公众支持目标方面，MTBF也不会有所帮助。另外，多数OECD成员国公布关于当前和未来年度预算方面的详细信息，包括预算前报告（pre-budget reports）和在预算开始时的财务报告等，这使得提供多年期预算的必要性减弱了。

长期性的预算预测目前尚未普及，而且也不如中期计划与预测那样制式化。美国、澳大利亚、新西兰以及丹麦等国已经走得很远，它们编制覆盖30～40年的长期计划与预测，主要用来捕捉未来的人口变动趋势对预算的影响，其中人口年龄因素是迄今为止影响政府未来开支的最大因素。鉴于对未来经济活动的筹划具有很高的不确定性。长期预算预测倾向于指向性（indicative）而不是预见性（predictive）。

11.2.5 采纳新型的自上而下的预算程序

除了创造旨在确保财政责任的制度条件以及转向MTBF外，近期改革中许多国家采纳了新型的自上而下的预算程序。这项创新的核心内容是：（1）在预算准备过程的起始阶段即由核心部门①建立和公布总量预算限额、部门预算限额，各支出部门与机构则在给定的部门限额内确定预算资源在各项规划间的配置；（2）尤其重要的是，总量预算限额与部门预算限额问题，以及部门预算限额与规划配置（program allocations）问题，是两类相关但又不同的问题，在预算过程中分别考虑。

对两类问题分开考虑有助于硬化增强预算约束，因为预算限额本来就表明了政府的政策承诺必须受到限制，这样，传统预算程序中创造的各支出部门与机构总是超过税收能力（公共资源可得性）的额外开支需求，可以通过将承诺降到硬预算限额的水平来施加约束。另外，分开考虑作为一个重要的承诺装置，有助于使那些需要若干部门采取协调行动才能实现的政策目标在预算决策中得到更优先的考虑。②

由于预算限额代表了政府在高级别上的承诺，一旦制定并公之于众之后，如果再去重新修订，很可能具有相当高的可见成本，包括政治上的失信于民和资本市场的反应。违反承诺的较高成本本身就表明承诺具有较高的可信度，并且预算过程中较低级别的参与者会清楚地意识到这一点，这会提高它们对预算约束的可接受性，增进对政府削减预算行动的理解和支持，同时也有助于促使支出部门及其下属机构减少那些旨在实现预算极大化的各种措施。

许多国家已经在不同程度上采取了自上而下的支出控制措施，包括为各部门的支出预期建立较高级别的预算限额和支出削减目标，这些措施促进了预算资源从低价值领域转向高价值领域，激励各部门和支出机构建立自己的支出优先性排序以促进配置效率。

加拿大、瑞士、爱尔兰、荷兰、芬兰以及英国已经采纳了自上而下的预算程序。斯堪的纳维亚国家的预算系统尤其典型：在预算过程的起始阶段即由内阁制定公共政策，以此为各部门下一财政年度的预算设定支出框架，并对新的支出需求产生了强有力的约束作用。由于预算限额明确且有相当可信度，预算申请者得以认真考虑减少自己负责实施的效益低下的现有规划数目，这反过来为新规划的引入开辟了道路。法国也遵循这一新型的预算程序，它以部门会议

---

① 预算过程两类主要角色是核心部门和支出机构。核心部门包括立法机关、政府内阁和财政部等，其角色是指导预算编制、预算审查、实施外部控制和监督预算执行；支出机构的角色是提出预算申请和执行预算，其动机通常被认为是预算极大化。

② See, for example, Robert D. Putnam. 1993. Diplomacy and Domestic Policy: The Logic of Two-Level Games. In p. B. Evans et al., *Double-Edged Diplomacy*. University of California. pp. 431–468.

的形式为各部门确立各个项目的预算。

在发展新的预算决策程序方面，立法机关也参与进来。许多国家的立法机关参与了总量预算限额的确定，这使承诺在行政层次上更加具有可信度，并且有助于抑制各支出部门寻求增加开支的企图。

11.2.6 放松投入控制

在了解机构自身的预算资源如何配置和使用才最有效率方面，支出机构具有核心部门并不具备的独特优势。在每个预算管理系统中，核心的预算部门都不是全知的（all-knowing），不拥有足以做出涉及较低级别预算资源配置决策的信息，而且获得这些信息的成本通常很高。在这种情况下，核心部门如果大量介入低层支出机构的营运决策，比如在某个用途方面花多少钱比较合适，虽然有助于减少低层机构的财政机会主义行为，但难免会有强烈的主观随意性并且会增加不必要的信息成本。

许多国家对此做出反应：在营运决策方面赋予支出机构较高的自由度，也就是资源配置的决策被移交给支出机构。包括澳大利亚、新西兰、瑞典、英国在内的许多国家在预先规定总的营运成本的基础上，在支出方面几乎赋予支出机构以完全的自由裁量权：预算投入的组合决策——用多少钱"买酱油"、用多少钱"买醋"，支出机构在很大程度上可以自己说了算，在资源使用方面具有很高的灵活性。

在把原来由核心部门实施的投入控制移交给支出机构的同时，这些国家在其他方面设立了严格约束，以此确保支出机构的支出增长率低于通货膨胀。对资源使用的灵活性进行的约束，主要涉及对机构内部较高级别官员的数量及其薪酬标准加以限制。另外，支出机构在各项规划之间的资源转移仍然会受到一些限制。

放松投入控制也包括允许机构将未使用完毕的资金递延至下年度使用，这使得各财政年度间的资源转移已经自由化了。各支出机构在下一财政年度可获得的预算资金，并不会因为以前年度低估（递延）支出而减少。典型的做法是设置一个递延的百分比，即本年未使用完毕而可以递延到未来年度的资金，占本年拨款额或营运成本的某个百分比。在许多国家，支出机构可以就其被递延的资金收取利息，同时也应对当前资金（视为从政府那里得到贷款）支付利息。在这里，利息收付成为激励系统的一部分。允许预算资源的年度间递延

(结转)大大减弱了年末突击花钱的动因,也使得因武断的时间界限(只能在本年度使用)而导致的资源低效率使用问题得以缓解。

允许支出部门或机构保有全部或部分使用者收费(即便在预算紧张的情况下也是如此),是另一种赋予支出机构管理灵活性的制度安排。这一做法的目的是对那些在征集使用者收费方面取得成功的机构提供激励,但也带来了一些问题,包括削弱支出控制和刺激支出机构通过销售资产获得额外收入,引起核心部门和立法机关的关注。

放松投入控制后,支出机构在预算资金运作方面有了相当高的管理灵活性。由此引发的问题是,投入控制的放松是否会削弱财政总量(核心是支出、赤字和债务)控制和财政纪律?OECD成员国近期已经展开了对两者间关系的研究。与具有低灵活性的国家相比,管理灵活性的国家财政总量控制出现失败的可能性最低。

11.2.7 建立基于结果的受托责任体制

放松投入控制和赋予管理者更多的灵活性,是以让管理者对结果负责为前提的。由于核心部门不再直接控制预算资源的投入方面,预算执行控制所关注的重点就转向了成果和产出。多数国家着重强调的是发展结果导向的绩效标尺,其年度报告和预算文件包含了大量的绩效信息。在这里,合约安排已经发展成为一个用来确定预定结果和受托责任的工具,用以在公共部门中增强绩效。

具体做法是,传统上关于购买者与供应者之间签订合同的思想,被广泛引入到核心预算部门(尤指财政部)同支出机构相互关系方面,甚至被引入到各部部长同其下属的主执行官(chief executives)之间的预算协议(budgetary agreements)方面。英国与新西兰已经在部门与支出机构之间普遍采用了关于绩效的合约制度。新西兰已经发展出依靠合约来界定部长和管理者之关系与职责的体制。与政府外部各方间的合约一样,政府内部合约通常规定要提供的资源和生产的物品和服务。购买协议(purchase agreements)指定由部长从各部门购买服务,这些契约一般由主要官员起草、由部长在稍作修改后批准执行。如果管理者不能根据预期履行职责,政治家通常必须重新考虑别的办法。部长们需要各部门管理者提供公共服务,而管理者则需要部长们为其带来资源和政治上的支持。签订并执行一份合约会为双方提供定期讨论事情进展与存在问题的机会,这样就会加强各方的联系。管理者会获得与部长接触的机会,而部长也有机会得到更多关于结果的信息。[1] 澳大利亚已经开发的关于财政部与单个部门机构之间的资源协议(resource agreements)与此类似,多数资源协议针对的是单项的营运成本(比如工资),也有些用来处理整个规划的支出,许多资源协议中规定有关于所提供的资金、追加的投资、保留的使用者收费,以及它们与产出或成果相联结的内容。

建立基于产出的受托责任体制要求开发良好的绩效标尺或绩效导向方法。两个主要难题是技术问题以及将绩效导向引入预算资源配置领域的方式问题。就前者而言,计量和评估绩效需要使用一系列的绩效标尺,采用过于狭窄或单一的绩效标尺可能会导致个体行为的扭曲。就后者而言,为实施促进基于绩效的资源配置和激励措施,需要有良好的资源配置系统和人员绩效管理系统来与绩效标尺相配合,否则,绩效标尺的开发、计量和评估就不能发挥实际作用。

11.2.8 应计会计与应计预算

预算管理中对结果与产出的日益关注,同时也使得政府当局更多地关注基于产出与结果的财务信息,而更多的国家正在寻求完全成本信息,以便向其公民提供关于服务供应的完全成本信息。为此,许多 OECD 成员国引入了应计制政府会计,而有些国家甚至还一并引入了应计预算,大体上有以下三种情况:

• 有些国家(如冰岛、新西兰、澳大利亚和英国)已经采纳了完全应计会计和应计制预算或者打算在不远的将来这样做;

• 有些国家(如加拿大、芬兰、瑞典和美国)已经采纳或正在采纳应计制会计原则,用以提供政府整体的财务报告,但并不实行应计制预算;

• 有些国家(如德国、爱尔兰和荷兰)已经在为数有限的公共机构中试验性地采纳了应计制会计标准,或者(如韩国)已经宣布打算这样做。

许多人认为,一般性地转向应计会计实际上是一个不可停止的进程,而且一个开放的金融市场很可能会对那些做出转向应计基础承诺的国家产生良好反应,这会促使政府加快向应计会计转轨的进程。金融市场"奖赏"这一转轨

---

[1] Schick, Allen. 2003. The Performance State: Reflection on an Idea Whose Time Has Come but Whose Implementation Has Not. *OECD Journal on Budgeting* 3 (2): 71–104. pp. 90–91.

的例子是，在美国，有证据表明，与那些只是使用现金会计的州相比，使用应计信息的州可以更好的条件借到款项。类似的情形也很可能出现在国际背景下。另一个令人惊奇的事实是，当新西兰放弃传统制式的现金总量报告时，金融市场做出了积极的反应。可以预料，转向应计基础的趋势可能不可阻止，但在某些情形下，放弃传统的现金基础转而采用应计基础的变革，对于许多国家（尤其是发展中国家和转轨国家）显得过于雄心勃勃，并且可能带来很高的改革成本。

此外，需要牢记的是，转向应计基础很可能会导致机构与个人与会计基础变动之间的冲突。部分原因在于，与现金会计相比，应计会计要求计量和披露更多的与公共财政和预算管理相关的信息，从而明显加重支出机构与有关人员的信息工作量，更重要的是，那些绩效不佳的机构和人员再也不能隐瞒自己真正的绩效情况。

与在政府会计系统和财务报告系统中引入应计基础的变革相比，采用应计预算的变革更具挑战性，因为这意味着政府预算的重点从投入转向产出方面，这代表了政府预算模式方面的重大变革。

11.3 从投入预算到产出预算

近期预算改革的内容虽然十分丰富，但其主线是从投入预算转向产出预算。从历史和现实的角度看，这是政府预算领域中最具革命性的变革，其意义和影响十分深远。

11.3.1 关于投入（条目）预算

根据实施控制的基础不同，公共预算可区分为两种基本类型：投入预算和产出—成果预算。预算在传统上都是投入预算。在20世纪90年代以来，许多发达国家已从投入预算转向产出—成果预算，引发了预算管理的诸多变革。

1. 投入预算的两个阶段

顾名思义，投入预算是对预算资源的投入进行预算，对预算执行过程的监控也着眼于投入方面；预算中安排的投入（资源）取得了什么结果，并不是需要特别关注的问题。由于投入是通过数量通常众多的条目列示和控制，投入预算也称条目预算。另外，由于条目预算在传统上采用的是现金会计基础，因此也称为现金基础的条目预算。

投入预算的形成和发展经历了两个阶段。早期的投入预算是"总量投入预算"：在预算中只是给每个支出机构列出资金总额，不列示这笔资金落实到哪些具体的项目（items）——如工资与办公用品。由于既不需要对投入进行分类，也不需要过问资金的使用取得了什么结果，总量投入预算是一种最为简单的预算模式，预算过程所需要的和所产生的信息量也是最少的，因为它所反映和关注的只是这样一个问题："××机构（单位）在预算中安排多少钱？"

20世纪以前，总量投入预算在许多国家得到广泛的采用。它的主要缺陷在于政府无力对各部门和机构的支出在行政上进行管理和控制。此后，许多国家对投入预算模式进行了改进：在预算中不仅列示总的资源投入，也在投入总额下按对象（objectives）或条目列示出这笔资金的用途，主要目的是加强支出控制。在此预算模式下，财政部的主要作用是对预算执行过程进行监控。

与总量投入预算相比，分项式条目预算提供了更多的信息，但条目预算难以适应政府作用日趋扩大的要求，采用这种预算编制方法无法说明"钱花在何处"、"效率如何"以及"产生了哪些作用"。[①]

2. 投入预算的弱点

在投入预算模式下，支出控制者（核心部门）着眼于通过对投入的控制，实现对预算过程的控制——核心是支出控制，包括控制支出总量、支出结构和支出机构资源使用方面的具体决策，如每一笔预算资金用来干什么，每个条目上花多少钱，等等。在投入预算下，给每个支出部门、支出单位、支出项目安排多少预算，都是根据各种各样的标准定额确定的。编制、审查和执行预算，以及对预算进行审计时，也以这些标准是否得到良好的遵守为基础，因为各类支出标准都是强制性的。

投入预算方法的一个主要特征是，对于支出部门和单位仔细查看其支出（投入）条目的增减，尤其是人员、设备和办公用品方面的情况；对于预算合理性的判断，侧重于"投入（数量）—价格（支出标准）—数量（金额）"关系的有效性。比如，给某个支出机构安排100万元的人员经费预算是否合

---

① The World Bank. 2000. China: Managing Public Expenditures for Better Results, Report No. 20342 – CHA, April 25, p. 12.

理，首先要考虑该机构投入的人力资源（编制数）是多少，再考虑人员支出（工资）标准是多少，然后两者相乘，如果结果是100万元，那么可以认为安排100万元的预算是合理的。这样，在预算中作了安排以后，对预算执行的审计和检查就侧重于投入方面的问题：实际的人员经费比预算中规定的数额是多了还是少了？是否有挪用现象？人员数是否超过编制数？

在投入预算模式中，预算按照一个个互不交叉的条目编列和呈报立法机关审核，每个列入预算的条目都能得到一笔预算拨款，例如工资、利息、办公用品、水电费、邮资费等。预算中列示的这些条目及其资金，都预先规定了具体的用途，在预算执行中各个项目之间的资金转移通常受到严格的管制，也就是所谓"打酱油的钱不能用来买醋"。至于预算执行中花掉的公共资源究竟产生了怎样的结果，并不需要进行度量，公共部门被假定（或推定）只需要对投入负责——确保公共资源的取得和使用的合规，但并不需要对公共资源的使用结果负责。此外，条目预算关注的是支出的基数。在每个特定预算年度中，以前年度形成的基数是给定的，因此预算过程关注的只是增量。一旦规划被认为令人满意，那么就会变成预算基数的一部分。也就是说，所有前些年被批准的规划与活动都保持在相同的水平上，少有挑战。这种条目增量预算体制造成的预算僵化在发展中国家特别严重。①

许多国家的预算中详细地编列了许多具体的支出条目，这使得条目预算成为一个十分复杂和难于管理的系统，决策者和管理者都不得不花大量的时间、精力和资源去应付琐碎而大量的投入控制问题：谁花的钱？钱花在什么地方？取得和使用这些钱是否符合有关法律、法规的规定？至于是否有必要花这些钱，所花的这些钱是否产生了有意义的结果，纳税人或一般公众从这些开支中得到了什么（产出），实现了什么样的成果，这些成果是否有效地促进了政府在预算中所阐明的政策目标（有效性），某个机构或项目"凭什么"获得（那么多）预算资源，并不是投入预算所关注的问题。

投入预算方法不仅未能说明支出原因和正当性，也无法说明政府规划（program）的绩效问题，以及与绩效密切相关的政府活动的成本问题。对这些问题的说明需要有建立在产出和成果计量基础上的绩效评估和应计制基础上的政府会计系统，据以评估预期的目标是否实现，以及用于各项规划的开支是否

---

① Anwar Shar. 2007. Budgeting and Budgetary Institutions, overview, The International Bank for Reconstruction and Development/The World Bank, Washington, D. C., p. 6.

适量，投入预算无法做到这一点。

20世纪90年代以来，人们越来越深刻地认识到，传统预算所以会产生许多问题，最重要的原因之一在于预算过程中核心部门在投入管理方面的过度集权，这使得各支出机构对于预算资金的运作和管理缺乏必要的自主性和灵活性。在投入预算下，对于预算资金用来干什么、按什么标准开支这类问题，都在预算中规定好了，支出机构没有运作和管理上的自主权；另一方面，投入预算方法并不过问预算中安排的资金取得了什么成效、产出和成果情况如何、是否实现了政策目标——更一般地讲是否取得了（结果导向的）绩效。这样，每个支出机构都把工作重心用在争夺预算拨款上，而不是用于如何用好花好预算资金以取得成效上，导致预算执行的结果总是偏离预算所应该体现的政府政策意图，不能令人满意地实现预期的政策目标。实践证明，对投入采取严格控制的传统预算方法是事倍功半的，对此人们已经获得了广泛的认知，并成为发达国家致力于推动预算管理改革的重要思想渊源。

应指出的是，投入预算模式并没有忽视绩效，但它所关注的是投入导向的（input-oriented）绩效——核心是合规性。[①] 从公众/纳税人的角度看，他们更加关注的是结果导向的（result-oriented）绩效：政府花我们的钱给我们带来了什么？是否有效地促进了政府自己所承诺的那些政策目标？由于投入预算并不对公众和纳税人所关注的这些问题给予特别的关注，也由于投入预算不考虑投入同结果（产出和成果）间的联结，投入预算模式下的绩效导向（投入导向）是一种低层次的弱绩效导向。[②]

3. 投入预算的优点

从原则上讲，投入预算的主要优点在于便于进行支出控制，确保支出不会超过支出控制者预先设定的支出限额。由于明确规定了投入（支出）的用途，对支出实施监管也较为便利，同时有利于与过去年度进行比较。此外，部分地由于无须考虑（结果导向的）绩效因素，投入预算的编制方法相对简单。

虽然如此，以投入为导向的预算方法是远远不够的，它无法说明支出的原因和正当性。比如，给某个卫生局安排100万元预算支出的正当理由在哪里？

[①] 广义的绩效概念包括了合规性绩效。但现在人们通常在狭义上理解绩效——与服务交付相关的绩效，通常采用产出、成果、经济性、效率和有效性等指标计量。

[②] 弱绩效导向关注的只是与资源"取得"和"使用"相关的合规性问题，并未涉及与资源使用"结果"相关的绩效。

在投入预算下是说不清楚的。如果非得说清楚，那么只好说"卫生局是政府的机构，肩负着提供卫生服务的职责，所以应该安排预算"。这个说法颇显勉强，因为一个部门或一个厅局的名称并不能完全说明其工作性质，其雇员的数量和类型也不能作为衡量其正式职责的标准。一般而言，获得和使用公共资源的正当性必须从结果方面去说明。从私人公司的角度讲，某种产品是否值得花费（大笔）资金去研究、开发和生产，并不取决于这一产品本身是否存在，而是取决于这一产品能否为带来正值的部门净贡献毛利。① 类似地，政府预算是否应为某个项目安排资金，从原则上讲并不取决于是否存在这个项目，而在于这个项目能否为社会（公众/纳税人）带来有意义的结果——核心是产出和成果。以此而言，传统的投入预算模式的局限性是十分明显的。

虽然如此，目前多数国家（包括发达国家）仍然实行严格的投入预算模式，其中最有代表性的是韩国的预算，诸如人员经费、公用经费等预算安排，都以非常详细的各类支出标准为依据。与此同时，另一类国家则已完全转向产出预算模式，其中新西兰、澳大利亚、英国、爱尔兰等最为典型。但在美国，投入预算目前仍然是最常见的一种预算模式。②

与那些采用了正式产出预算体制的国家相比，目前美国的预算模式介于投入预算与产出预算之间，其特点是有些类别的支出预算仍以规定的标准确定。比如支出机构给拥有不同技能的工作人员付多少工资，政府有明确的规定，支出机构几乎没有灵活性；给顾问付多少钱，则有金额限制和时间限定（能雇多少天）；政府官员出差的住宿标准由联邦政府规定。另一个由联邦直接控制的、与差旅费不太一样的方面是，总后勤管理机构通常与办公用品的制造商和航空公司讨价还价以协商出一个比较合理的价格，然后定期向航空公司招标，比如对两个城市之间的航班向各航空公司招标，在竞标中选出一个最合理、最低廉的航空公司作为投标单位，所有在这两个城市之间的旅行都由这两个招标的航空公司提供机票，所有政府部门在这方面的开支都要基于提供此项服务的招标公司的价格确定预算。在这里，传统的定员定额标准已经变成一种相对松散的形式了，最终目的在于确定这些方面的开支得到节省。其他类别的支出预算安排中，近年来过去强制执行的支出标准也已经大为放松，变成非正式的标准了。

---

① 部门净贡献毛利是管理会计中一个重要的术语。部门净贡献毛利等于产品贡献毛利减去部门变动（相关）成本，其中，产品净贡献毛利等于产品销售收入减去该产品的变动成本。
② B. J. 理德、约翰·W. 斯韦恩：《公共财政管理》，中国财政经济出版社2001年版，第13页。

11.3.2 产出预算：绩效预算的现代形式

以近期改革中，新西兰和英国等国家独辟蹊径，要求各支出机构按照政府设计的产出指标来加强对预算执行结果的考核。在这些国家中，新西兰对产出预算的研究和实施最为深入，并最终废除了投入预算法。

相对于投入预算而言，产出预算有三个基本特征：
- 以产出指标作为编制预算的基础；
- 以各支出部门的预算拨款以特定产出的成本费用为基础；
- 各部门负责人在议会批准的拨款限额内可以自由地分配财力。

产出是测度政府部门和支出单位的财政绩效（fiscal performance）的主要指标，因此产出预算是绩效预算的一种典型模式。在产出预算模式下，对预算投入的控制已经大为放松，各部门和支出机构有很大的权限自主管理预算中的各种投入要素，包括人力资源和货币资金。澳大利亚和英国等国目前已经不再对工作人员的数量和工资设定严格的限制（无定员定额标准），取而代之的是对营运成本（完成特定产出所需要的成本费用）施加全面的限制，这些限制在预算中规定得清清楚楚。

表11.2是新西兰产出预算模式架下部门预算的一个案例。

表 11.2　　　　　　　　新西兰的产出预算：解释性例子

提 供 者：	警察
产出名称：	监管服务
详细说明：	在警察局和法院对于被捕者或按照法院规定应该实行监禁者提供监禁服务，包括为运送在押犯和已判刑的犯人至刑罚机关提供的押送服务
费　　用：	15 503 000 新西兰元

资料来源：The World Bank. 2000. China: Managing Public Expenditures for Better Results, Report No. 20342-CHA, April 25, p.21.

即使在发达国家中，当今仍有一些（比如法国）采用传统的投入预算。在这种模式下，给某个支出机构项开支多少预算，主要是根据投入的类别（例如是人力资源还是商品或资本物品）及其开支标准确定的。从经济意义上讲，只是在假设国家不干预经济并且预算非常简单的情况下，投入预算才是合适的。但目前的情形显然不是这样，因为政府大规模地干预经济生活，预算变得非常复杂。在这种情况下，投入预算的缺陷日益暴露出来。当人们打开这样一份预算时，所看到的是许多不同类别的支出的简单罗列，看不出各个支出机构活动的实质。这种不同投入类别开支年复一年的简单罗列，会促使支出部门关心自己的支出，而不是所从事的活动取得了什么结果。每个支出机构都认为自己的支出预算越多越好，并且努力地争夺支出，只想花更多的钱而不去想花出去的这些钱取得了什么绩效（实现了哪些"产出"和"成果"）。产出预算（或更一般地讲是绩效预算）就是人们在对传统投入预算进行深刻反思的基础上，在最近15年来被越来越多的国家所采用，然而，转向产出预算是需要一定条件的。

11.3.3 引入产出预算的条件

实行产出预算需要具备一系列的条件，其中最重要的是要求明确测度财政绩效，要求在预算程序中培养"遵守规则文化"，要求公共支出的管理权限下放以使支出机构在资金运作和管理方面具有高度灵活性，并且还要求有良好的应计制基础上的政府会计和成本计量系统。当这些条件不具备时，实施绩效预算。在这种情况下，政府行政部门和立法机关对预算过程的控制和管理就需要沿用传统办法，即控制预算过程的投入——资金、人员、办公用品等。

建立产出预算是一个艰难的过程，需要政府和各部门花许多时间与精力去建立。如果实施绩效预算（例如新西兰等国家的产出预算）条件尚不成熟，那么在预算体系中引入绩效管理因素也是非常有意义的。

实施以绩效为基础的预算管理需要对各支出机构（甚至个人）建立绩效（核心是产出与成果）指标，确立需要努力达到的绩效标准，从而告诉各支出机构和工作人员应该做些什么事情，目标和方向是什么，并可借助实际绩效与目标绩效的比较，测定各支出机构绩效标准的实际完成情况。新西兰等国家在这方面已经走得很远了，它们不仅在各支出部门中建立了较为系统的完整的绩效指标，而且据此确定预算和拨款，也就是说，这些国家已经形成了名副其实的绩效（产出）预算。考虑到在各支出部门建立完整的绩效指标并进行绩效评估的艰巨性，作为过渡办法，一些国家（如法国）首先在公务员队伍中建立一种绩效评估的机制，作为绩效管理的一个内在要素。

一旦绩效管理或绩效预算模式建立起来，支出控制者（立法机关或政府核心部门）就可以放松对各支出机构的预算控制，确切地讲，就是只控制一个支出总量，而这笔总的开支究竟如何在内部进行分配，则由它们自己来处理，由它们基于一种负责任的态度（遵守正式的预算规则）来处理。与此同时，审计部门也会放松对各支出机构的投入控制，不再如同过去那样去审计它们的开支是否合法合规，而更多的是注重它们花的这笔钱是否取得了预期的绩效。

投入预算转向产出（绩效）预算，标志着在预算过程中各支出部门的部长从传统的角度考虑法律上的问题，更多地转移到考虑绩效和政策问题。绩效预算和绩效管理使得（结果导向的）绩效成为各部门和支出机构申请预算并获得资金的正当理由，同时也使立法机关、支出控制者和支出机构得以了解有关政府绩效的一些关键问题："我们花了纳税人的钱得到了什么"，"我们如何判断是否取得了成功"，"我们在多大程度上完成了任务和政策目标"等等。

一些发达国家虽然未以产出作为基础编制预算，但在预算体系中引入不少绩效管理的内容。例如澳大利亚在2000年开始实施产出预算前，要求各支出机构的预算资金按规划进行分配，每个规划的预算草案中都应包括一揽子绩效指标，这些指标定期公布并且分阶段进行评估，以利于提高预算执行效率，强化预算执行效果。

美国也是在预算体系中引入绩效管理因素的国家。1993年通过的《美国政府绩效和产出法》规定，截至1997年底，所有联邦项目都必须实行与预测预算效果相关的5年战略性计划；到1999年，每个支出机构都必须制定详细的绩效计划，并且将这些计划与业务活动和预算程序连接起来；按照美国《财政部部长法》的有关规定，每个机构的运作效果和效率都必须接受全面的审计。

结语

- 20世纪40年代以后，发达国家预算改革的方向从关注预算过程的组织方面转向了绩效方面，包括50年代的规划预算、60年代的计划—规划—预算体制和70年代的零基预算。90年代以来，许多发达国家采纳了产出预算（以新西兰为代表）和成果预算（以澳大利亚为代表），这是现代绩效预算的两个主要类别（现代版本）。
- 预算管理改革是当前世界范围内公共管理领域最为热门的话题，也是对早期预算管理改革的继续和创新。OECD成员国的预算管理改革包含了丰富的内容，主线是将传统的投入预算转向结果导向的绩效预算，在这一过程中相应改革了预算程序，采纳了在中期预算框架下准备年度预算的体制。

- 应计会计基础在公共部门中有三个主要的应用领域：政府会计、政府财务报告和公共预算。实施应计预算意味着从传统的投入预算模式转向产出预算模式，这是预算模式的重大变革。

- 预算改革的一项核心课题就是要创建一种预算过程，能够使多数人的未来利益压倒少数人的既得利益。通过给支出机构的管理者以更多的自主性，扩大预算范围，特别是将注意力更多集中在产出上，以及延长预算的时期范围（多年期预算），都有助于实现资源再分配目标。

- OECD成员国旨在加强承诺可信度的预算改革有两个主要方面：建立中期财政基准以及确保政府财务报告的透明度和及时性。

- 除了创造旨在确保财政责任的制度条件以及转向 MTBF 外，近期改革中许多国家采纳了新型的自上而下的预算程序。

- OECD成员国的预算改革旨在处理自己所遇到的特定问题，不太可能简单地适用于发展中国家和转轨国家。即使问题相关或相似，这些国家通常缺乏足够的管理能力或其他前提条件来有效实施这些改革。

本章要点

- 在20世纪50~70年代，许多发达国家和部分发展中国家对其预算管理系统实施了重大改革，其核心就是将绩效概念引入预算管理中。早期的预算改革（美国是这一改革的先锋）经历了三个阶段：从50年代的规划预算到60年代的计划—规划—预算，再到70年代的零基预算。早期的改革由于种种原因而未取得成功，但它为当前的改革提供许多有价值的经验教训。

- 最近20年部分发达国家和发展中国家开启了将绩效信息融入预算系统的改革。目的在于将关注投入控制转向关注产出和成果，以改进运营效率和促进结果导向的受托责任。持续恶化的财政与经济绩效、对传统公共管理模式局限性的反思是推动这一改革的基本背景。改革的核心理念是，促进良好的公共治理，提高财政透明度，重新分配预算资源，预算应是未来导向的，将预算的重心从投入转向结果方面，以及认识到公共部门需要引入应计会计基础。

- OECD成员国近期预算改革的重点集中在六个方面：为确保财政责任和政策承诺的可信度创造制度条件，转向中期预算框架，采纳新型的自上而下的预算程序，放松投入控制，建立基于结果的受托责任体制，实施应计会计和应计预算。

- 引入应计预算意味着预算的重点从投入转向了产出，有些国家已经放弃了传统的投入预算，转而实施产出预算。投入预算在支出控制、强调合规性绩效和满足立法机构的要求方面有其优势，但也存在明显的弱点：不过问公共资源的使用产生的结果，因此，绩效导向是相当弱的。在加强基于结果的绩效导向方面，产出预算要好得多。然而，转向产出预算需要具备一系列的条件，因此对于多数发展中国家和转轨国家来讲必须十分谨慎。

- 为实现政府目标，预算体制必须在政府政策和资源配置之间建立强有力的联结。由于大部分政策在短期内不能被执行完毕，准备年度预算的程序必须置于一个未来数年的框架下。中期预算框架并不是一个法定的多年期预算资金分配方案，其作用只是在于为未来若干年提供一个支出导向或目标。

关键概念

投入预算　产出预算　规划预算　计划—规划—预算体制　零基预算　公共治理　财政透明度　财政责任　基于结果的受托责任　条目　应计预算　中期预算框架　基线筹划　敏感性分析　预算基数　条目增量预算体制　预算透明度　公共治理　规划预算　成果预算　应计会计　应计预算　成果预算　公共悲剧　财政责任　合规性　规划　次级规划　配置效率　技术（运营）效率　受托责任　预见性　参与　合约安排　购买合约　综合财政基准

复习思考题

1. 发达国家早期预算改革的主要内容是什么？
2. 发达国家中期预算改革经历了哪几个阶段？这些改革为何没有取得明显的成功？
3. 当前的预算改革有哪些主要的理念？其背景是怎样的？
4. 为了确保政府履行财政责任，增强政府承诺的可信度是非常重要的。哪些财政措施或制度安排有助于增强政府承诺的可信度？
5. 为什么说放松投入控制对于提高营运效率是十分重要的？
6. 投入预算的主要弱点是什么？从投入预算转向产出预算需要具备哪些基本条件？
7. 中期预算框架的时间跨度为何通常不应超过未来4年？
8. 什么是公共预算管理中的"公共悲剧"？其实质是什么？
9. 传统公共管理模式的制度性特征有哪些？
10. 举例说明什么是"规划"、"次级规划"和"活动"。
11. 为什么不能把"中期预算框架"理解为"中期预算"？
12. 什么是政府内部的（绩效）合约安排？如何评价它在促进绩效导向的公共预算管

理改革中的作用？

13. 自上而下的预算程序的主要内容是什么？

14. 什么是采用产出基础的受托责任体制？

15. OECD 成员国的综合财政基准包括哪三类？

16. 绩效预算的显著特征是什么？

参考文献

1. A. 普雷姆詹德：《预算经济学》，中国财政经济出版社 1989 年版。

2. 阿尔伯特·C·海迪（Albert C. Hyde）等著，苟燕楠、董静译：《公共预算经典（第 2 卷）——现代预算之路》，上海财经大学出版社 2006 年版。

3. 艾伦·希克：《公共支出管理规范》，经济管理出版社 2001 年版。

4. 王绍光、王有强：《公民权、所得税和预算体制——谈农村税费改革的思路》，载《战略与管理》2001 年第 3 期。

5. 王雍君：《政府财政绩效与金融市场约束》，载《财贸经济》2001 年第 10 期。

6. Alfred Tat-Kei Ho and Anna Ya Ni. 2005. Have Cities Shifted to Outcome-Oriented Performance Reporting? —A Content Analysis of City Budgets. *Budgeting & Finance*. Summer, Vol. 25, No. 2.

7. Anwar Shar, Budgeting and budgetary institutions, overview. The International Bank for Reconstruction and Development/The World Bank, Washington, D. C., 2007.

8. Carolyn Bourdeaux. 2008. The Problem with Programs: Multiple Perspectives on Program Structures in Program-Based Performance-Oriented Budgets. *Public Budgeting and Finance*. Summer, Issue 2, Vol. 28.

9. Dennis S. Ippolito. 1978. *The Budget and National Politics*. W. H. Freeman and Company, San Francisco, pp. 39 – 65.

10. Robert M. Mcnab and Francois Melese. 2003. The Implementation of the Government Performance and Results Act: The Perspective of Federal Government Performance Budget. *Public Budgeting & Finance*. Summer.

11. Schick, Allen. 2003. The Performance State: Reflection on an Idea Whose Time Has Come but Whose Implementation Has Not. *OECD Journal on Budgeting* 3 (2): 71 – 104.

12. Schick Allen. 2004. Twenty-Five Years of Budget Reform. *OECD Journal on Budgeting* 4 (1): 81 – 102.

13. Salvatore Schiavo-Campo. 2009. Potemkin Villages: The Medium-Term Expenditure Framework in Developing Countries. *Public Budgeting & Finance*. Summer, Vol. 29, No. 2.

14. Salvatore Schiavo-Campo. 2007. Budget Preparation and Approval, Edited by Anwar Shar, *Budgeting and Budgetary Institutions*. The International Bank for Reconstruction and Development/

The World Bank, Washington, D. C. .

15. Salvatore Schiavo-Campo. 2007. The Budget and Its Coverage. Edited by Anwar Shar, *Budgeting and Budgetary Institutions*. The International Bank for Reconstruction and Development/ The World Bank, Washington, D. C. .

16. Salvatore Schiavo-Campo and Daniel Tommasi. 1999. *Managing Government Expenditure*. Published by the Asian Development Bank.

17. Schiavo-Campo, Salvatore. 1994. Institutional Change and the Public Sector in Transitional Economies. Discussion Paper No. 243. Washing: World Bank.

18. The World Bank: China: Managing Public Expenditures for Better Results, Report No. 20342 – CHA, April 25.

19. Willian Earle Klay, DPA, CGFM, and Sam. Mccall, MPA, CGFM, CPA, CIA, CGAP. 2005. Confronting the Perplexing Issues of Sea Reporting. *Journal of Government Financial Management*. Fall, Vol. 54, No. 3.

第 12 章 管理财政风险

随着政府越来越多地参与包括过度借贷和贷款担保在内的高风险交易，财政风险问题日益突出，如果管理不善，极易酿成财政危机，损害财务可承受性和可持续性，降低政府履行职责的能力。因此，加强和改进财政风险管理已成为预算管理的重大课题。本章讨论的重点问题包括：

- 管理财政风险的意义必要性
- 财政风险的鉴别与报告
- 管理财政风险的策略
- 地方政府债务与财政风险监控

12.1 管理财政风险：目的与意义

风险（risk）定义为一个组织在未来发生经济或财务损失（理论上也包括收益）的可能性或不确定性。在现实世界中，任何组织（无论其规模和特征）都会面临风险，虽然风险的来源和严重性各不相同。一旦风险损失成为现实，组织就需要调配资源来处理损失。如果一个组织所拥有或控制的资源有限，而风险损失又相当大，那么组织就会面临严重的财务困难，这会对组织完成自己的目标和任务产生重大的不利影响，甚至招致组织的破产。因此，即使在公共部门，风险管理也极端重要。

12.1.1 风险来源与风险管理

组织面临的风险有许多来源，包括：

- 自然界的力量。任何组织都是在一定的自然环境下开展其活动的，因而自然灾害（洪水、地震、台风等）可能在未来的某个时候对一个组织造成经济损失。

- 人类活动。正如自然活动一样，许多人为的因素如偷盗、抢劫、罢工、环境因被污染而退化、人造设备的振动（噪音）、纵火和勒索也是风险的来源，其中有些因素可能会对一个组织造成重大损失，除非它们得到有效控制。
- 经济力量。在今天的全球市场中，许多经济力量影响组织的营运。虽然经济学家们做了最好的努力，但它们在很大程度上仍然是不可预测的，诸如资产折旧与报废、技术突破、通货膨胀和衰退、股票市场波动以及全球货币市场的涨落不定。这些经济风险源能够给那些没有准备的组织造成损失。
- 组织本身的不当行为。一个组织实施的针对某个其他组织的任何行动都可能产生法律风险，因为可能会因为"处事不当"而被告上法庭，而原告声称该组织卷入了导致其遭受了某些损害或伤害的法律不当（in legal wrongdoing）行为。

不当行为引发高风险的典型例子是过度借款，以及大量从事包括财政担保在内的准财政活动。财政担保对赤字和财政不平衡的长期和严重影响，直到20世纪80年代早期才为人们所充分认识。担保在原借款者身上的失败，还本付息不得不由政府承担，对一个时期的预算造成严重压力。除财政担保外，政府贷款和税收支出（通过税收优惠放弃的收入）是另外两类常见的准财政活动的另外。贷款、税收支出和公共支出对经济的影响与直接支出是一致的，但后者的影响更为广泛。由于贷款一般都与减少支出或者增加税收相联系，贷款对经济的预期影响可能被其他方面抵消。这样，在分析财政政策的宏观经济影响时，通常在支出中增加净贷款，以便对预算的所有影响都能做出评估。此外，许多由政府拥有或控制的金融机构的呆账与坏账、社会保障基金缺口、拖欠（工资、办公经费和其他欠款），政府承诺补贴但尚未弥补的国有企业亏损，以及政府对自然灾害造成农作物歉收隐含的救济承诺，都会形成隐性或显性形式的政府负债，成为财政风险的重要来源。地方政府大量从事高风险交易的原因很多，包括市场约束缺失（地方债券市场和信用评级制度尚未形成）、选民约束（受托责任机制）不健全、立法机关预算监管能力不足、地方政府运作缺乏透明度和职能过度扩张。

应对风险的最佳方法是妥善地管理风险，包括控制风险损失。通过采用各种风险管理方法和技术，每个组织都可以将风险损失降低到最低水平。风险管理指一个组织运用其资源来减少损失的一系列渐进式的活动。风险管理通常有五个步骤，依次为：（1）确认风险和风险的来源，尤其是那些对组织实现其目标及目的具有重大影响的风险与风险源；（2）评估风险损失，包括确定损失发生的可能性（频率和时间）及其财政影响（严重性），后者指的是损失的程度；（3）选择一种适当的风险管理方法，用以消除或控制损失可能对组织造成的消极影响；（4）实施选择的风险管理方法，为此必须有充足的资源和能够胜任风险管理的专家，并确保与风险管理者与其他领域的管理者和雇员之间的良好合作；（5）评估风险管理规划，确定组织所实施的风险管理规划的效果是否令人满意。

注意所采用的风险管理方法并不是简单地要求消除或减少风险。实际上，风险要么可以在发生之前被消除或避免，要么可以被转移给其他组织，要么被控制以减弱其频率和/或严重性，所有这些方法都可归为"风险控制"。如果风险不能被消除、转移或减少，就需要确认一项适当的融资方法以支付损失或权利要求（如官司落败时）的成本，这被称为"风险融资"。

12.1.2 财政风险与财政危机

财政风险定义为"政府财政收入、支出（或费用）因各种原因产生出乎意料变动的可能性"。这是一个相当宽泛的定义，它表明财政风险可以是消极的，即政府可能遭遇收入减少、支出或损失增加；也可以是积极的，即政府可能遭遇收入增加、支出减少，或获得其他形式的利益（例如在诉讼中获胜而获得赔偿）。[①] 从理论上讲，既然将不确定性因素导致的不利财政后果视为财政风险，因此将不确定性因素导致的有利财政后果当做财政风险也是非常恰当的，虽然大多数有关财政风险的讨论涉及的只是不利财政风险。无论如何，在分析中将财政风险界定为既包括不利也包括有利风险是有益的。

最严重的财政风险意味着一旦风险损失成为现实，将会引发严重的财政危机（fiscal crisis）。国际上关于财政危机有两类定义。美国政府间关系咨询委员会（1985）采用广义的定义：一旦出现以下情形中的一种，即被视为财政危机：[②]

---

① The Fiscal Affairs Department of IMF. 1998. Manual of Fiscal Transparency. Box10. This manual can be accessed through web of http：//www.imf.org.

② 马骏（德意志银行）："对地方财政风险的监控：相关的国际经验"，政府间财政关系与地方财政管理国际研讨会（财政部与世界银行发展学院共同主办）会议论文，2001年11月。

- 破产。只适用于那些按照《联邦破产法》第9章的规定，正式提出破产申请以要求正式宣告破产的情况，提出申请的前提条件是政府必须宣布自己没有偿付能力。
- 政府债券/票据/支票的不兑付，即无力支付其利息或本金。
- 无法履行其他义务，如支付工资、供应商货款和养老金等。

狭义的财政危机仅仅指上面提到的第二种情况，即政府无力偿付直接债务。在那些破产法不适用于政府或者预算会计无法充分记录和报告欠款情况的国家，使用狭义的财政危机概念较为适合。但是，由于许多国家不允许地方政府借债，狭义的财政危机概念不适合应用于地方政府。在这种情况下，地方政府的财政危机表现为大规模的拖欠（养老金、工资、失业救济金等）和无力提供最基本的社会服务。由于地方政府在财政上不可能完全独立于中央政府——即使在联邦制国家中也是如此，地方政府的财政危机必定会直接或间接地连累到中央政府，进而可能演化为全面的财政危机。

为了避免严重的财政风险由此引发的财政危机，确保政府财政的可持续性，加强和改进财政风险管理非常重要。

12.1.3 强化财政风险管理

许多难以进行有效控制的干扰因素会导致政府收入减少，损失或支出增加，这使政府（或组织）面临财政风险。所有的政府或机构都在不同程度和范围上从事一些与风险相关的活动和交易，因而或多或少地存在着财政风险。许多转轨国家和发展中国家中，经济、金融和社会政治领域中的风险都有最终集中导向政府财政的趋势，由此削弱了财政的可持续性、政府施政能力和可信性。财政风险还会压缩政府的财政空间。财政空间指政府在其预算中留出一定空间，使其能够在不危害该国财政状况的可持续性和经济稳定性的基础上，为特定用途提供财力资源。① 财政空间对于发展中国家更重要因为它们在当前有更多、更重要、更紧迫的项目需要资金支持。要想使富余的资金用于支持有价值的政府支出，就必须预留或创造出财政空间。低收入国家必须有一定的财政空间来应对预想不到的财政危机。政府必须确保眼下一个有价值领域比如健康方面不断增长的支出，最终不会影响甚至挤垮其他高效益领域的支出。

---

① 彼得·赫勒（Peter Heller）：《财政空间：含义》，载《金融与发展》（IMF刊物）2005年6月号。

更严重的问题在于，许多发展中国家和转轨国家公共部门的风险交易常常并不透明，因为政府预算只反映了一般预算收支（中国当前还包括基金预算收支和国债转贷地方政府等事项），地方政府的多数融资活动（借款、贷款与贷款偿还）以及其他风险交易与事项，并未包括在预算中。信息披露机制不完善、缺乏对地方政府的信用评估和资本项目的事后评价制度，也加剧了地方政府的债务累积和财政风险。在这种情况下，管理财政风险已成为改进和强化财政管理的一项关键课题。

当政府面临严重的财政风险时，唯一有效的办法就是对财政风险进行及时而全面的鉴别和控制。没有这种鉴别和控制，要想全面评估政府的财政状况，实现长期的政策目标，避免随时都可能降临的财政不稳定性（甚至财政崩溃），实际上是不可能的。

与发达国家相比，发展中国家和转轨国家的政府（包括中央和地方各级政府）通常更容易遭遇财政风险，[①]承受财政风险打击的能力也更为脆弱。在这些国家，最大的问题是财政风险不能得到及时鉴别和控制。由于缺乏预先的鉴别和控制机制，当决策者或管理者发现并试图控制已经降临的风险时，一切都为时已晚。而在此之前，政府对于自己承受的财政风险及其变化情况，一般地讲是不了解的，尽管这些风险意味着政府随时都可能遭受巨大损失。

之所以如此，部分原因在于传统的政府会计、预算和报告均采用现金基础（cash basis）。现金会计与报告虽然在有些方面有其优势，但无法在财政风险发生时就确认和计量风险，尽管此时正是控制风险的最佳时机。错失这一时机后，一旦潜在的财政风险转化为现实的损失——政府收入的减少和（或）支出的增加，政府就无法控制了。

与现金会计相比，应计会计在适时地确认、计量、报告和控制财政风险方面要好得多。这一优势并不意味着只有转向应计会计，财政风险才能得到适当的鉴别和控制。实际上，在现金会计下，及时鉴别和控制财政风险仍然是可能的。目前OECD成员国中已有超过一半的成员已不同程度和范围地转向了应计会计，而且追随的国家将越来越多，但多数国家，尤其是发展中国家和转轨国家转向应计基础的条件远未成熟，因此所面对的就是在不改变传统的现金基础的前提下，鉴别和控制财政风险。

---

① 其中一个主要原因是这些国家大多缺乏完善的保险服务市场，以至于企业、金融机构和其他投资者更多地从政府那里寻求风险庇护。

12.1.4 管理财政风险的要点

现在流行的看法是，为了有效地防范和控制风险，由政府当前的或者新的支出项目和政策措施（包括承诺）引起的财政义务，都必须加以真实地评估和报告，无论其性质是隐含的还是明确的，是直接的还是或有的，而财政风险是评估和报告的重要组成部分。在确定财政政策目标，制定预算和决定各项政策的优先排序时，对包括财政风险在内的全部财政义务进行真实的评估起着关键性作用。

明确的负债和或有负债都应在政府或机构的财务报告书中予以披露。从定义上讲，隐含的和或有负债不能被量化或精确地预知，因而对此采取谨慎态度是非常重要的，而且当特定事项发生时，必须有适当的决策机制能够做出快速而适当的反应。

许多发达国家借助中期预算框架（MTBF）来评估和披露财政风险。这一工具有助于评估政府或部门现有政策承诺在中期（3~5年或更长）内的财政可持续性，以及某些类别的隐含负债（比如前期投资项目的当前成本）。采用（修正或完全）应计会计可较好地评估显性（包括确定的和或有的）政府负债，但对评估财政风险而言，应计会计既不是必需的也不是充分的。管理财政风险最重要的是要求决策者和管理者必须：

- 充分地意识到财政风险的存在；
- 评估风险；
- 报告和披露风险；
- 在制定预算过程中对风险予以明确的考虑。

12.2 财政风险的鉴别和报告

管理财政风险的第一步是在财政风险发生的时候就确认这些风险。鉴别风险要求阐明财政风险的来源和类别，尽可能量化风险，并通过适当的方式予以报告和披露，这是控制风险的前提。

12.2.1 财政风险的来源

财政风险的来源是多样化和复杂的。许多干扰因素及其综合作用，很容易将政府财政推向高风险的环境中，破坏财政稳定并使政府难以实现其财政政策目标。这些干扰因素很少受到政府财政控制，有些则完全不受财政控制。按照控制程度依次递减排序，引发财政风险的因素一般可以区分为四个方面：

- 法定财政义务：典型的是养老保障支出，这些开支没有固定的限额，因为它们受人口年龄（老龄化）、现有工资水平及其调整、预期通货膨胀以及经济周期等一系列复杂因素的影响。
- 或有财政义务：典型地如政府对第三方的贷款担保和赔偿（包括对金融机构遭受损失的赔偿），这些财政义务发生与否，只能由特定事项（events）的发生或者不发生予以证实。
- 经济（周期性）波动：许多重要类别的财政收入和支出对经济周期高度敏感，一旦经济陷入衰退和高失业中，这些类别的收入可能大量减少而支出则会大大增加，导致财政不稳定。
- 其他可以对政府造成严重负面影响的意外变故：例如重大自然灾害、战争、罢工或政治动荡。

以上四个方面的因素是交织在一起的，但其重要性却因不同国家和时期而异。在中国地方财政中，人们关注最多的是或有财政义务形式的财政风险，这些义务的一部分得到法律、合约或其他正式契约的明确承认，但也有相当一部分来自政府基于"道德义务"或"公众期待"而向那些遭受财务损失者提供的援助，例如政府可能通过提供财政拨款对陷入困境的金融机构施以援手。

12.2.2 财政风险的分类

国际上得到广泛认可的财政风险分类方法是由哈那·波拉克科娃（Hana Polackova，1998）建立的。[1] 这一分类的基础是财政预见性（fiscal predictability）。具体包括：(1) 明确的和隐含的财政义务，两者的界限在于，明确的财

---

[1] Polackova, Hanan. 1998. Government Contingent Liabilities: A Hidden Risk to Fiscal Stability. Wahsington: The World Bank.

政义务由一项法律或具有法律效力的合约所确认，隐含的财政义务则产生于政府基于公众期待或利益集团压力而承担的道德义务，这些道德义务虽不具有法律效力，但很可能导致政府支出增加或收入减少。（2）确定的和或有的财政义务，确定的财政义务意味着无论如何都将发生的财政支付，或有的财政义务意味着只有在特定事项发生时才会出现财政支付。根据以上标准，财政风险一般被分为四类：①

- 显性负债和承诺（explicit liabilities and commitments）。无论特定事项是否发生，偿付这些负债和履行这些承诺都是政府必须承担的财政义务，例如已纳入预算安排的支出项目，已纳入预算安排的多年期投资合同，已纳入预算安排的公务员薪金、养老金和负债。
- 显性或有负债（explicit and contingent liabilities）。由可能发生或不发生的孤立事项触发的法定义务或合约性义务，例如政府的贷款担保和政府对金融机构的存款保险。
- 隐性负债（implicit liabilities）。由公众期待而非法律引起的支付义务或者预期的财政负担。例如公众一般会期待政府维修基础设施，支持社会保障计划，即便法律并不要求政府这样做。
- 隐性或有负债（implicit contingent liabilities）。这类财政义务具有最低的可预见性，是由可能发生（或不发生）的特定事项引起的"非法定的"财政义务，例如当大的金融机构破产或大的自然灾害发生时，人们预期政府会进行干预。

在以上四类财政风险中，各国的政府预算和财政决策大多关注第一个类别，部分关注的是多年期法定承诺，例如偿付政府到期债务。多数国家的政府预算并不关注其他长期财政义务，以及隐含的和或有的财政义务。只是当政府陷入严重的财政困难或必须做出重大的财政调整时，才去检查未来的和或有的财政风险。有时为了克服当前的困难，政府会做出更多的在未来解决当前问题的承诺，这会使未来的财政状况变得更加糟糕。

由此看来，许多国家的政府预算只是覆盖了很小一部分财政风险，大部分主要的财政风险都未能在预算中得到明确的考虑，而且没有适当的机制来评估、报告和披露这些风险。

---

① Salvatore Schiavo-Campo and Daniel Tommasi. 1999. *Managing Government Expenditure*. Asian Development Bank, first published April, pp. 48–49.

12.2.3 财政风险的报告

许多国家的财政管理制度不健全,特别是缺乏能够完整和全面地反映政府财政活动的报告,不能对政府面临的财政风险和财政危机及时地进行预警,以致政府不知不觉地陷入了财政危机。等到危机逼近或暴发时,局面已经到了非常严重的程度,几乎不可能在短期内采取任何财政调整措施(比如增加税收和削减公共开支)来避免危机。

健全的财政风险报告系统是预警系统有效运作的前提。这是因为,只有在一个足以及时提供全面、完整和相关数据的财政报告系统的基础上,才可能计算出一系列有价值的风险预警指标(比如赤字比率和债务比率),并对这些指标进行中期预测。因此,防范和预警财政风险的一个关键性措施加强和改进财政报告制度,尤其是需要拓宽财政报告对于政府财政活动的覆盖面(尤其应覆盖风险交易),以及改进和加强对财政报告的审计。

债务及风险报告应包括以下债务信息:(1)政府担保的明细情况,包括提供担保的政府机构、被担保者、贷款提供者、贷款的面值,以及风险类型、风险分担率、风险可能性等;(2)政府对公共部门和非公共部门提供的各类财政支持的分类情况,比如担保、保证、融资支持、政府主导项目等,以及相关政策的受益人;(3)政府控制的金融机构或政策性投融资机构的资产负债表、或有债务情况;(4)重要的国有企业、金融机构的资产负债表和或有债务资料;(5)下级政府当前和未来年度的支出与融资需求。在上述信息中,包括政府及有关部门涉及或有债务的下期安排在内,都应建立数据库,运用计算机系统实行管理,以随时取得数据,缩短决策时滞。对各类数据,能予以量化的,要尽可能予以量化。这项工作综合性和政策性都很强,应在县财政局内部设置专门机构牵头完成,以便准确报告政府债务情况,全面掌握财政风险信息。

更一般地讲,改进财政报告需要更为全面的预算管理改革,包括建立单一国库账户(TSA)、引入部门预算和预算分类改革,这些措施都有利于提高政府财政报告的质量和扩大其覆盖面。此外,还应进一步提高财政透明度,及时公布相关的财政信息,使立法机关、公众、投资者和金融市场能够更有力地对政府活动进行监督。

随着财政风险的加剧,一些具有重要影响的国际性组织已日益关注财政风险的报告问题。国际货币基金组织（IMF）在其于2001年4月发布的《财政透明度手册》中建议，政府应在其年度预算中确认主要的财政风险，而且凡是可能应予以量化，被确认和量化的财政风险应包括经济假设（economic assumption）和特定支出承诺的不确定性成本（uncertain costs）。

作为最低要求，这些被鉴别和量化的财政风险需要通过财政风险表（Statement of Fiscal Risks）予以报告，并随同预算文件一并呈递。风险报告书应覆盖影响政府收入和支出估算数的所有重要的财政风险类别，但那些已经被特别允许建立了预算或有储备（budget contingent reserve）的风险除外。此外，风险报告书中阐述的风险可以是消极的也可以（同时）是积极的，并尽可能予以合理量化。然而，一般地讲，风险报告书中不应包括某项隐含性质的潜在负债（例如可能支付的保释金）。

财政风险报告书披露的风险信息应分为四类：

- 关键性的预测假设引起的变动，准备年度预算的两个关键性步骤是经济预测和财政预测。无论是在宏观经济预测中使用的关键性假设（GDP增长、通货膨胀率、利率和汇率等）的变动所产生的财政效应，[①] 还是在收入和支出预测（财政或预算预测）中使用的关键假设（如有效税率和公共部门工资增长率）的变动所产生的财政效应，以及特定支出承诺产生的成本的不确定性，实际上都是财政风险的一个重要来源。

- 或有负债，包括政府的担保、抵押、赔偿、针对政府的诉讼以及欠缴的资本（如应缴未缴国际金融机构的资本）等。

- 特定支出承诺规模的不确定性。某个具体项目（item）或某项活动上的支出虽然已经在年度预算中加以确认，但其可能发生的实际成本具有更高程度的不确定性，因而高于年度预算确认的水平。这类风险应在风险报告书中披露。

- 其他由于在时间、规模和事项发生的可能性难以预料，而在年度预算中没有包括的具体项目，比如政府已经宣布要在未来某个时候将文盲率降低到规定的水平，但这项政策产生的财政效应并未在年度预算得到充分考虑。

---

① 在这里，财政效应指预测假设的变动对财政收支估算产生的影响。例如，一旦经济增长率（经济预测假设）或有效税率（财政预测假设）与年度预算编制所依据的假设不同，政府的收支就会发生变化，这种变化具有很大的不确定性，因此构成财政风险的一个来源。

12.2.4 政府或有负债的报告

或有负债指的是已经发生的义务（obligations），但在某些不确定性事项发生以前，这笔义务的履行时间和金融并不确定，因此不是（现实的）负债，甚至如果特定或有事项并不发生的话，永远不会是负债。作为或有负债应同时满足以下四个条件：（1）由过去的交易或事项形成的潜在或现时的支付义务；（2）支付义务的存在与否只能通过不确定事项的发生或不发生才能证实；（3）履行支付义务很可能导致经济利益的流出；（4）该义务的金额能够可靠地计量。① 政府或有负债的例子有：

- 贷款担保；
- 汇率担保；
- 存款保险和赔偿；
- 针对政府组织的未决诉讼。

以下不属于政府或有负债：

- 公共养老金规划下的未来义务；
- 隐性担保（比如政府可能在未来挽救一家陷入严重财务困境中的公共企业或私人银行）。

虽然与未来养老金支付相关的社会保障义务通常被看做或有负债，并且因其规模大而对财政政策的可持续性具有重要影响，但它们并不满足国际会计联谊会于1998年制定的关于或有负债的典型会计标准。根据这一标准，只是到期的和应付的（due and payable）的才满足适合性标准，因此才应确认为或有负债。虽然对个人的养老金支付在满足这一适合性标准的情况下属于或有负债，但政府总的养老金义务只是在法律支配下的承诺（commitment），这些法律并不是或有负债。

在许多国家中，政府的或有负债是财政风险的最大来源，因此，在风险管理中对或有负债应予特别关注，最紧要的仍然是及时提供关于或有负债的适当报告。没有这样的报告，就无法对政府财政状况的可持续性进行适当的评估。在没有报告的情况下，一旦巨大的或有负债为公众和金融市场所知晓，就很可

---

① 参见"财政部关于印发《企业会计准则——或有事项》的通知"附件一：企业会计事项——或有事项，载中华人民共和国财政部办公厅：《中华人民共和国财政部公告》2000年合订本。

能引起很大的财政震荡，从而使财政管理复杂化。在那些有着金融危机的痛苦经历的国家，已经证明这了这一问题的严重性。

在那些或有负债相当多的国家，制定财政政策和管理财政风险时必须着重加以考虑。理想的做法是在应计会计的基础上对政府或有负债进行确认、计量和报告。因为应计会计基础能够在或有负债风险发生的当时即予确认、计量和报告，使得政府有较长的时间提前考虑和采取措施以控制风险和风险损失，从而起到帮助政府管理财政风险的作用。在尚未引入应计会计基础的情况下，应优先考虑建立政府或有债务的计量机制，首先对主要的、容易计算的、债务构成较为清晰的或有债务进行计量。在操作中，除了与直接负债一样选择适当的折现率，还要考虑或有事件发生概率的大小。在技术上可行之时，再提供关于每一类或有债务（包括尚未清偿的或有债务）的预计成本的估算数据，将其作为政府债务预算文件的一部分。

现金基础财务报告通常只是在已经发生了特定事项并且财务义务必须得到满足的情况下才会反映出来。例如，政府为第三方提供贷款担保，只是在担保并且需要兑现时，才会反映在政府账户和报告中。这样就会错过管理和控制风险的最好时机，因为风险损失发生或临近发生时，采取任何调整措施——包括为风险损失融资——都为时已晚。由于应计会计基础能够在这些风险（而不是损失）发生的当时即予确认、计量和报告，这使得政府有较长的时间提前考虑和采取措施以控制风险和风险损失。考虑到应计会计基础上的财务报告能够帮助政府对财政风险进行管理，因此，国际会计准则要求在应计基础上披露或有负债。

然而，这并不意味着只有应计会计下才可揭示或有负债。国际货币基金组织于2001年4月发布的《财政透明度手册》中指出，无论采用的会计基础是怎样的，财政透明度本身要求披露或有负债。这可以在政府预算文件中披露，也可以采用其他工具披露。《财政透明度手册》指出，最低标准的财政透明度要求预算文件中包括一份关于主要的中央政府或有负债的报告书，这些或有负债应作为更为广泛的财政风险评估的一部分予以报告。此外，各国政府做出向公众报告财政风险的承诺；最高标准的财政透明度进一步要求在预算文件中，只要在技术上可行，就应提供关于每类或有负债的预计成本的估算数据，尚未清偿的或有负债也应在一并报告。

在报告或有负债方面，已经有许多国家做出了很好的努力，美国和新西兰就是典型的例子。早在1990年，美国即通过了《联邦信贷改革法案》（The

Federal Credit Reform Act），要求政府机构估计贷款担保的预期成本，并规定应作为支出包含于预算中。新西兰在或有负债的报告方面经常被看做另一个样板。1994年通过的《财政责任法案》要求中央政府在其年度和每半年度的财政报告中，应包括或有负债的报告。国会认为，监控政府或有负债对于确保财政状况的健全性十分必要。该法案要求包括或有负债报告在内的所有财政报告须全部提交议会，并在互联网上发表。新西兰或有负债表的摘要形式如表12.1所示。①

表 12.1　　　　　　　　或有负债报告：新西兰　　　　　　　单位：百万新元

	1997/06/30	1998/06/30	1999/06/30
担保和赔偿	496	373	541
未缴资本金	2 922	2 250	2 820
诉讼程序和纠纷	363	669	464
其他或有负债	1 286	1 203	1 373
可量化的或有负债总额	5 066	4 495	4 902

表 12.1 中的或有负债范围包括新西兰储备银行（中央银行）、国有企业以及政府机构（中央政府的预算内机构），主要或有负债项目解释如下：

• "担保与赔偿"包括：政府为地方政府或企业在国内外借款提供的担保，来自私人公司和个人的有关财产损坏或价值损失提出的索赔要求，政府提供的存款保险；

• 未缴资本金指政府对国际金融机构——如亚洲开发银行、欧洲复兴开发银行和世界银行——的未缴认购股款；

• 诉讼程序和纠纷包括政府机构（如政府组织、军队、税务机构、社会福利机构等）和国有企业由于在诉讼判决中败诉而可能被要求支付的利息和本金；

• 其他可量化的或有负债包括：与政府机构补助和赔偿的履约条件有关的或有负债，公民由于人身伤害向政府要求的索赔，政府向国际金融机构签发的应付飘扬，向国有企业要求的其他索赔。

除以上可量化的或有负债外，中央政府还必须提供其他无法量化的或有负债的详细资料。

---

① 马骏（德意志银行）："对地方财政风险的监控：相关的国际经验"，政府间财政关系与地方财政管理国际研讨会（财政部与世界银行发展学院共同主办）会议论文，2001年11月。

12.3 管理财政风险：策略与监控

管理财政风险需要采取一系列策略和监控措施。策略包括确定哪些风险需要消减（消除或减少）、哪些风险自己承担以及哪些风险转移给第三方。如果考虑自己承担，那么建立风险储备就是必不可少的。监控风险要求计量风险损失、根据风险损失确定风险管理的重点和优先性排序，也要求监控地方财政风险。

12.3.1 转移、消减和承担风险

管理财政风险的目的是要控制财政风险，包括政府转移、消减和承担财政风险三种情形。

- 转移财政风险。如果不愿意承担风险，那么可以考虑将风险转移给市场或第三方承担。转移风险的措施包括一个长长的清单，例如出售经营不善、财务脆弱的国有企业，撤销对金融机构的担保，拒绝对陷入严重财务困境投资者进行赔偿，从而把风险推向市场。
- 消减财政风险。如果不愿意承担风险，还可以考虑采取措施消除或减少（降低）承担的风险。对贷款担保实施严格的监督和管理是典型的消减风险的措施。政府有必要为申请担保者规定清楚而严格的条件，包括要求这被担保的项目必须与政府的财政目标密切关联，被担保者具有较低的违约风险。政府也有必要定期对担保的贷款和项目进行定期评估检查，要求当事人提供与被担保项目相关的专门财务报告。如果没有满足规定的标准，政府可以明确地告知将取消担保。政府不轻易做出将导致沉重财政义务的承诺（例如对提高公务工资、放宽失业救济和养老保障领取资格或标准）持谨慎态度，对于消减风险也非常重要。
- 承担财政风险，即通过风险融资由自己承担风险。风险融资的目的在于为所承担的风险建立风险储备，或者用来购买再保险，以便一旦风险转化为实际损失时，可以用这些储备或由保险公司来冲销全部或部分损失。

12.3.2 在预算中建立或有储备

或有储备基金通常有两个来源：向受益人收费和在年度预算中安排（预留）。向受益人（接受政府担保者）收取的担保费应依据风险大小确定，这就要求对政府面临的风险进行确切的评估。但在发展中国家，有两个障碍使风险评估变得困难。

首先，例如在中国，大部分风险集中于为数有限的大型金融机构和国有企业（企业集团），而不是如同许多发达国家那样广泛分布于大量风险投机者，这使得收取基于风险的担保费难以合理确定，而政府与这些大型企业（金融机构）之间的"剪不断、理还乱"的关系，进一步加剧了合理收费的困难。

其次，许多类别的财政风险评估，在技术上仍然存在困难。不过，利用相对简单的技术计算预期损失。例如政府几年内出具了大量同一类担保并记录了有关的违约信息，按照汽车保险费的计算方法，担保的预期代价就能被准确地估计出来；在其他情况下，建立经济模型或者根据不同情况做多方案模拟的方法，也具有较高的可行性；在过去25年中发展起来的金融衍生工具的定价技术，也能测定担保和其他或有财政义务的价值，进而计算出政府的预期损失和需要收取的相应费用。①

与拒绝对蒙受损失者进行赔偿一样，要求受益者支付担保费用的也是一种基于市场的解决（风险控制）办法，这种做法一般在私营保险业相对完善的发达国家中得到采用，但对发展中国家或转轨国家也是有效的，如果这些国家不想采取妨碍私营保险发展的政策的话。②

从中国目前的情况看，控制财政风险最重要的措施之一是在年度预算中建立或有储备，也缺乏全面的风险报告与披露制度，只是当或有风险转化为实际损失而加诸政府财政后，才临时性地安排开支去冲销损失，这种"临时抱佛脚"的做法是危险的。由于缺乏预先的防范机制，当招致大量损失的特定事项发生后，不仅风险控制为时已晚，而且政府财政将承受巨大冲击而变得脆弱不堪，甚至触发严重的财政危机。在政府预算中预先建立了或有储备，情况就会好得多，对那些在缺乏可预见性环境下进行运作地方财政来讲，建立或有储

---

① 马丁·索巴尼（Mateen Thobani）：《基础设施私有化和公共风险》，载《财政风险及其防范研究文集》，经济科学出版社1999年版，第33页。

② 艾伦·希克：《当代公共支出管理方法》，经济管理出版社2001年版，第3章。

备对防范财政风险尤其重要。一般地讲，这些储备应区分为"技术储备"和"政策储备"两大类。前者针对由经济参数（如通货膨胀率）和现有项目（已在预算中安排但其成本可能出现难以逆料的变化）引起的财政风险，后者针对由新的政策（或承诺）引发但又未在预算中加以确认的财政义务。①

12.3.3 量化风险：损失频繁与损失严重性

对于已经暴露出来并得到鉴别的各类财政风险应进行量化，以便评估风险损失和确定风险管理的重点。计量财政风险应集中关注两个关键指标：损失的"频率"（frequency）和"严重性"（severity）问题。量化的风险应予以报告和披露，以引起管理者和决策者的重视并考虑采取适当的行动。

任何类别的财政风险都可能造成未来损失，但损失的程度因具体情况而异。计量（量化）风险的两个关键指标是损失频繁和严重性。

1. 损失频率

损失频率涉及所发生的相同或相似损失的数目或次数，例如未来一年中发生（担保）违约事件、火灾、交通事故的可能次数。这些事项会造成未来损失。发生的频繁越高，损失越大。因此，在风险管理中，损失发生的频率是一个重要的计量指标。

2. 损失的严重性

损失的严重性涉及的是一个组织的损失的大小或规模。有些小事件即使发生的频繁很高，也不足以造成重大的风险损失。例如，某个机构一年内小型计算器被盗 50 次，损失也是有限的，因为小型计算器价格相对较低。这个例子说明，只是考虑损失频繁是不够的，一并需要考虑的还有损失的严重性。即使重大的贷款担保违约事件发生频繁较低，也要高度关注，因为只要发生一次，就有可能给组织造成重大损失。所以，在风险管理中，损失的严重性是另一项重要的计量。

图 12.1 描绘的是损失频率与损失严重性的关系。

---

① Salvatore Schiavo-Campo and Daniel Tommasi. 1999. *Managing Government Expenditure*. Asian Development Bank, first published April, pp. 294-295.

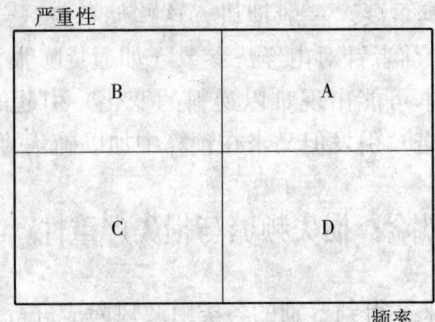

图 12.1 量化财政风险：严重性与频率

一项既有高严重性又有高频率的风险在风险管理中应予以最高程度的注意。图 12.1 中 A 类风险就是如此。在财政风险管理中，C 类风险发生的概率低，严重性也低，因此不是风险管理的重点。

频率和严重性分析应以历史数据的分析为基础。理想的做法是，应用过去 5 年的数据以精确地确定未来趋势和筹划风险管理重点。

12.3.4 确定风险管理重点与优先性排序

风险损失的大小取决于频繁和严重性。准确地讲，风险损失等于损失频繁和损失严重性的乘积。举例而言，如果贷款担保的违约频繁是一年 5 次，每次平均损失 500 万元，那么，预期的风险损失就是 $2 \times 500 = 1\ 000$（万元）。

表 12.2 给出了旨在确定风险管理重点的信息。

表 12.2　　　　　　　　　　财政风险管理优先性排序

严重性分类	对分类的描述
1——灾难性的	可能导致死亡或财产损失。一个单独的事件即可威胁到组织的生存（价值=1）。
2——危急的	可能导致严重伤害/病患或严重的财产损失。单独的损失可对组织的全面预算产生严重影响（价值=2）。
3——严重的	可导致一般性的严重伤害或财产损失。单项损失事件对组织的预算产生较温和的影响（价值=3）。
4——边际性	可导致轻微伤害/病患或财产损失。个人的损失将不会对组织的预算产生重要影响（价值=4）。
5——轻微的	很可能不会导致伤害/病患或可计量的财产损失（价值=5）。

续表

频率分类	对分类的描述
1——经常的	损失事件经常或持续发生（价值＝1）。
2——可能的	损失事件至少在年度基础上发生（价值＝2）。
3——偶尔的	损失事件在组织的寿命期内很可能发生，如25年一次（价值＝3）。
4——遥远的	损失事件在组织平均寿命期内不可能发生（价值＝4）。
5——极端的	损失发生的可能性不能与零相区分（价值＝5）。

根据表12.2的信息，财政风险管理的重点可以量化方法予以确定，步骤如下：

- 第1步：确定损失事项发生频率的类别。

比如某个风险事项持续发生，则可归为上表中"1类"（经常发生），如果每年都发生，则可归入"2类"（每年发生）。某建筑物的火灾损失可能在组织的寿命期内发生，故可归入"3类"（偶尔）。余可类推。

- 第2步：确定损失事项严重性的类别。

如果可能导致一般性严重伤害，则可归入"3类"（严重）；如果一个单独的风险事项导致对整个预算产生严重影响，故可归入"2类"（危急）；如果建筑物的火灾导致生命和/或财产的极大损失，则应归入"1类"（灾难）。余可类推。

- 第3步：将来自第一步的频率价值和来自第二步的严重性价值相乘。

由此得到的结果就是按照频率和严重性进行量化排序的依据。比如，如果第一步的频率是"1"，而源于第二步的严重性是"3"，那么就用$1 \times 3 = 3$。

- 第4步：排定所有损失暴露的优先性序列。

通过第3步得到的数值如果为"1"，则在风险控制中应给予最高的优先性；如果为"25"则为最低排序，在发展风险控制战略中给予最低程度的关注。这种量化排序的结果可用频率/严重性矩阵描述如下（见图12.2）。

1	2	3	4	5
2	4	6	8	10
3	6	9	12	15
4	8	12	16	20
5	10	15	20	25

图12.2 损失频率/严重性矩阵

在采用上述方法计量风险和确定风险管理重点时，还应考虑各类风险的差异。在前面所述的四类地方政府债务风险中，由于包含的内容和表现特点各不相同，其计量的特点和难度也各有差异，但是，可以遵循一些共同的原则：

● 对于政府直接负债，可以用负债绝对额的大小加上其持续时间内的时间价值来表示。在时间价值的计算中，涉及折现利率的选择，可以考虑以同期国债利率为基准利率进行显性负债折现的计量。

● 在或有负债的计量方面，一些发达国家已经有了成熟的做法。例如美国就要求政府机构估计贷款担保的预期成本，并规定全部的预期成本应作为支出纳入预算中。在我国，由于技术手段滞后和其他一些因素的影响，很少有地方政府对本地区的或有负债做过计量。但在债务与风险管理中，仍有必要对或有负债予以特别关注。因为如果没有对或有负债进行计量，就无法对政府财政状况的可持续性进行准确的评估。在这种情况下，一旦巨大的或有负债为公众和金融市场所知晓，就很可能引起很大的财政震荡，从而使财政管理复杂化。

12.3.5 监控地方财政风险

在许多国家，地方政府在向当地居民提供了公共服务方面扮演关键性角色，而地方财政状况也在很大程度上影响整个国家公共财政体系的稳定性与财务绩效。由于地方政府在财政事务上不可能独立于中央政府，地方政府的财政风险一定会波及中央政府，并影响到整个公共财政体系的风险状况。因此，中央政府（通过法律或其他手段）对地方财政风险进行监控是非常必要的。

一般地讲，凡是那些导致地方政府债务增加的所有活动，都属于风险交易活动。经常可以见到的这类活动包括地方政府与地方国有资产担保公司的担保与隐性担保，地方金融机构、养老基金、再就业和失业保险计划，以及其他导致地方政府债务增加的财政和准财政活动。这些活动的很大一部分是在预算外进行的，而中央政府（财政部）最缺乏了解的就是这块具有高风险活动的信息。财政部通常了解地方政府对预算交易，因为在大部分国家中，地方政府通常需要向财政部报告预算收入和支出方面的月度报告。

有效监控地方财政风险的要点包括：

● 改进和加强政府会计、报告与审计，其范围应扩展到覆盖所有的风险交易，这应该作为近期内致力采取的主要行动。

● 建立地方财政风险预警系统,该系统通过对一系列风险指标的测算和其他相关信息,一方面据以对各地方财政的财政风险状况进行排序,为中央政府进行干预提供依据,另一方面可为地方政府的信用评级提供一个基础,从而为有条件地允许地方政府发债和发展地方债券市场创造条件。

● 中长期中应着眼于逐步建立一个处理地方财政紧急状况的法律框架,并对中央与地方政府的财政责任在法律更明确地加以规范。

作为第一步,中央政府可以强制规定地方政府应报告其债务和主要财政风险。债务及风险报告的具体途径是:(1)下级政府对上级政府的报告。上级政府应要求下级政府提供直接债务和或有债务的各种情况,包括具体项目、种类、期限以及资金数额(对或有债务应尽可能的量化)等。这需要制定相关的政策规定,对债务的统计口径、报告形式、报告期限等都做出明确的规定,以此作为政府决策的依据。(2)政府行政部门对立法机关的报告。行政部门每年人代会开会之际,应将债务(包括直接债务和或有债务)情况作为财政预算报告的组成部分提交立法机关审查和辩论。(3)向社会(公众)披露政府的债务情况。政府债务及风险信息适时向社会公布有助于公众和市场监督政府的财政状况。

12.3.6 地方财政风险预警:美国与哥伦比亚案例

美国(俄亥俄州)模式是各国地方财政风险监控体系中较为成熟的一个,专门为预警目的设计。该模式源于20世纪70~80年代美国经历许多重大的地方政府违约事件(担保、工资和各种社会保障支出方面的违约现象在中国也十分普遍)。美国政府间财政关系委员会(ACIR)对地方财政危机问题进行了一系列研究,建议各州加强对地方财政的监控以阻止地方财政危机。俄州采纳建议建立了"地方财政监控计划"的体系。1979年通过、1985年修订了《地方财政紧急状态法》,详细规定该体系的操作程序。该体系类似全国天气服务中心发布的监控报告,是一个预警系统,防止地方政府(包括郡、市、学区和州立大学)进一步陷入财政困境,由州审计局负责执行。该系统运作步骤如下:

● 步骤1:宣布进入"预警名单"。

只要符合以下四个标准之一即可被宣布进入预警名单:(1)(年末一般预算中逾期超过30天的应付款 – 年末预算结余)>该年预算收入1/12;(2)(年末一

般与专项预算中逾期30天应付款 – 一般与专项预算结余）>该年可支配收入的1/12；（3）上一财年未予弥补的总赤字>本年一般预算收入总额1/12；（4）（年末地方政府金库现金及可售证券 – 已签发支票和担保余额）<本年一般和专项算结余，但>前一财年金库收入的1/12。一旦出现上述情形或其一者，州审计局即发布书面通告，宣布对地方财政进行监控。地方政府和机构获预警名单后，立即开始提高其现金储备。州审计局亦提供免费咨询服务（比如建议削减预算和改进政府运营方案）。此外，只要发现进一步恶化并达到"财政危机"程度即从"预警名单"移至"危机名单"。

- 步骤2：宣布进入"危机名单"。

确定进入危机名单时须通过以下六项测试：（1）测试1 = 债务违约过30天；（2）测试2 = 未能在30天内支付雇员工资（除非2/3雇员同意延迟支付90天）；（3）测试3 = 要求从其他地方政府向该地方政府进行税收再分配（额外转移）；（4）测试4 = 逾期未付30天以上的应付款减去现有现金余额后，超过前一年一般预算或全部预算收入的1/6；（5）测试5 = 预算总赤字减预算结余超过前一年收入的1/6；（6）测试6 = 未兑现承诺支出的现金与可售证券余额超出前一年预算收入的1/12。

表12.3是俄州采用的地方财政危机测试表（说明性例子）。

表12.3　　　　　　美国俄州地方财政危机测试表

	测试1	测试2	测试3	测试4	测试5	测试6
A县	X		X			X
B县		X				
C县		X			X	
D县						
E县				X		

- 步骤3："财政计划与监督委员会"介入。

被宣布进入财政危机名单后，即由州"财政计划与监督委员会"监督和控制地方政府财政管理。在委员会举行首次会议的120天内，地方政府主要负责人（作为委员会成员）须向委员会提交一份"财政改革计划"。"财政改革计划"主要内容包括：消除目前财政危机状况，消灭所有预算赤字，收回被挪用的投资基金和专项基金的资金并恢复其余额，避免今后出现财政紧急状况，恢复地方政府发行长期债券的能力。财政计划与监督委员会职责与权力主要有：审查所有税收、支出和借款政策并要求其完全符合财政改革计划，确保会计账目、会计系统和财务程序与报告符合该州审计长的要求，协助地方政府调整债务结构和发行债券。

哥伦比亚的"交通信号灯系统"是另一个常被称道的、用以预警和监控地方财政风险的样板。相关法律规定，授权中央银行监控商业银行对地方政府的贷款，地方政府向商业银行的借款申请首先需提交中央政府之后再提交参议院，授权机构监控地方政府的偿债能力，银行为地方政府贷款评级，建立"交通信号灯系统"监控地方债务。信号灯系统中的两个主要监控指标是：(1) 流动性＝利息支出/经常性收支盈余；(2) 偿债能力＝债务余额/经常性收入。两者被用于评估中长期债务的可持续性。表12.4列示了交通信号灯系统。

表12.4　　　　　　　　地方财政风险预警：交通信号灯系统

指标	绿灯区	黄灯区	红灯区
流动性	小于40%	40%~60%	大于60%
偿债能力	小于80%	小于80%	大于80%
借款规定	地方可自行签订新借款合同	债务增长未超过央行P目标可自行借新债，否则需财政部授权	借款须经财政部授权并与贷方签订合同

为有效监控地方财政风险，以下措施通常是必需的：
● 通过有效的预警系统为中央政府干预提供决策依据，迫使那些高风险地方政府迅速采取行动调整财政政策，扭转危局。
● 建立适当的法律框架用以处理地方无力偿债问题，避免采用就事论事方式处理。相关法律应明确规定并公开有关向地方政府提供紧急援助和贷款的标准与程序。
● 设计更好的风险监测指标。风险监测指标应反映主要可量化的政府负债和或有负和地方对中央政府紧急援助的需求，并得到经验数据支持。风险监测指标应包括预期最低借款需求/本期收入和预期最高借款需求/本期收入。

结语

- 风险（risk）定义为一个组织在未来发生经济或财务损失（理论上也包括收益）的可能性或不确定性。有效管理财政风险要求改进政府会计、报告和审计系统、建立风险预警系统以及加强对地方债务与财政风险的监控。

- 应计会计比现金会计可以更好地确认和计量或有负债和其他财政风险。然而，即使在现金会计上，仍有必要（也有可能）采用适当的方法和技术计量、报告和管理财政风险。

- 计量财政风险应集中关注两个关键指标：损失的"频率"（frequency）和"严重性"（severity）。量化的风险应予以报告和披露，以引起管理者和决策者的重视并考虑适当的应对措施。

- 从中长期来看，管理财政风险要求建立良好的法律框架来处理发生紧急情况时的地方财政危机，以及改进中央和地方政府间责任划分框架。

本章要点

- 任何组织都会面临风险，风险可能来自自然力量、经济力量、人类活动或其他因素。许多政府和公共组织大量从事高风险交易，包括过度借贷和各种类型的准财政活动。这些风险交易常常没有得到妥善的计量、报告和监管。

- 引发财政风险的四类主要因素是：法定财政义务，或有财政义务，经济波动，其他引发财政义务的意外变故（如大的自然灾害）。随着财政风险的加剧，一些具有重要影响的国际性组织（如国际货币基金组织）已日益关注财政风险的报告问题。

- 或有负债在许多国家是财政风险的主要来源。政府或有负债的例子包括贷款担保、汇率担保、存款保险和赔偿、针对政府组织的未决诉讼。公共养老金规划中的未来义务和隐性担保并非或有负债。

- 目前国际上一般根据财政义务的可预见性，将财政风险分为四类：显性负债和承诺，显性或有负债，隐性负债，隐性或有负债。

- 风险管理的目的在于控制风险和减少风险损失。除非得到妥善管理，否则风险损失很可能造成财政危机，损害财政可持续性和组织履行其职责的能力。

- 管理财政风险的目的是要控制财政风险，策略包括风险转移、风险消减和风险承担。承担风险要求在年度预算中建立或有储备，以应不时之需。

- 有效管理财政风险的要点是：决策者和管理者必须充分意识到财政风险的存在，评估风险，报告和披露风险，在制定预算过程中对风险予以明确的考虑（包括建立风险储备）。
- 改进财政报告系统需要更为全面的预算管理改革，包括提高财政透明度和及时公布相关的财政信息，创造条件使立法机关、公众、投资者和金融市场对政府活动进行强有力监督。
- 加强对地方政府财政风险的监控对于确保财政可持续性非常重要。美国（俄亥俄州）模式是各国地方财政风险监控体系中较为成熟的一个，专门为预警目的设计，该模式包括了三个主要步骤。哥伦比亚的"交通信号灯系统"也提供了预警地方财政风险的有用方法。

关键概念

财政风险　或有储备　风险管理　或有债务　风险融资　风险转移　显性负债　显性或有负债　隐性负债　隐性或有负债　财政危机　损失频率　损失严重性　风险消减　风险承担　风险储备　技术储备　风险交易　准财政活动　财政担保　税收支出　政府贷款　风险预警　政策储备　或有储备

复习思考题

1. 国际上一般是如何对财政风险进行分类的？试举例说明之。
2. 风险管理的五个常规步骤是怎样的？
3. 什么是财政风险报告书？按照财政透明度的最低标准，财政风险报告书应报告哪些主要的财政风险？
4. 为什么说公共养老金规划下的未来义务不属于或有负债？
5. 为什么有必要在年度预算中建立针对财政风险的或有储备？或有储备应分为哪几类？
6. 加强对地方财政风险的监控一般应采取哪些措施？
7. 什么是广义和狭义的财政危机？
8. 根据量化的预期风险损失确定财政风险管理重点的五个步骤是怎样的？
9. 有效监控地方财政风险的要点有哪些？

参考文献

1. A. 普雷姆詹德：《公共支出管理》，中国金融出版社1995年版。
2. 艾伦·希克：《当代公共支出管理方法》，经济管理出版社2001年版。

3. 彼得·赫勒（Peter Heller）：《财政空间：含义》，载《金融与发展》（IMF 刊物）2005 年 6 月号。

4. 马骏（德意志银行）："对地方财政风险的监控：相关的国际经验"，政府间财政关系与地方财政管理国际研讨会（财政部与世界银行发展学院共同主办）会议论文，2001 年 11 月。

5. Polackova, Hanan. 1998. Government Contingent Liabilities: A Hidden Risk to Fiscal Stability. Washington: The World Bank.

6. Salvatore Schiavo-Campo and Daniel Tommasi. 1999. Managing Government Expenditure. Asian Development Bank.

7. The Fiscal Affairs Department of IMF. 1998. Manual of Fiscal Transparency. Box10. This manual can be accessed through web of http://www.imf.org.

第 13 章 中期预算框架与基线筹划

20 世纪 80 年代以来，发达国家和许多发展中国家与部分转轨国家引入了在中期预算框架（midterm-tern budget framework，MTBF）下准备年度预算的体制，基线筹划（baseline projections）作为支持这一体制运作的技术基础随之被广为采用，并逐步取代了陈旧过时的基数法（base approach），引发公共预算方法的革命。目前在采用 MTBF 的许多国家中，使用基线筹划技术预测政策提议对预算的影响，已然成为预算部门最重要的任务。[①] 随着预算在经济社会事务中扮演越来越重要的角色，中国引入基线筹划技术的必要性日益凸显。本章讨论的重点问题如下：

- MTBF 的背景、运作流程与意义
- 发展中国家引入 MTBF 的挑战和应汲取的经验教训
- 基线筹划在预算过程中的应用及其意义
- 发展中国家引入基线筹划的策略和配套措施

13.1 中期预算框架

中期预算框架（MTBF）早在 20 世纪 60 年代便开始在一些发达国家（例如德国）实施，但当时只是作为鉴别项目优先性并预留资金给优先项目的计划机制。从 70 年代开始，那些长期奉行凯恩斯主义的国家普遍出现伴随经济业绩恶化而来的财政绩效恶化：赤字居高不下，公共部门膨胀，导致财政刺激成为宏观经济失衡的原因而不再是解决失衡问题的药方。作为回应，80 年代以来，发达国家纷纷采纳了将年度预算置于 MTBF 之下的预算体制。经过多年

[①] Allen Schick. 2002. Does Budgeting Have a Future? *OECD Journal on Budgeting*. Vol. 2, No. 2, p. 27.

努力，目前发达国家的 MTBF 预算已经制度化了，有些国家还采用了长期财政评估（包括代际会计、环境会计和或有负债计量技术）方法，来弥补 MTBF 在长期（通常在 10 年以上）视角上的不足。在发达国家示范效应和国际机构（主要是世界银行）的推动下，许多发展中国家（大多为非洲国家）和一些转轨国家（例如俄罗斯、乌克兰和哈萨克斯坦）也相继引入了 MTBF，并对其公共预算体制的其他许多方面进行了相应改革。今天，全球范围内 MTBF "在公共财政的日常用语中就像夏天下午的阳光一样普遍，而过去并不是如此"[①]。然而，发展中国家和转轨国家引入 MTBF 需要谨慎，并从其他国家吸取相关的经验教训。

13.1.1 定义与构成

许多相关术语被用于描述 MTBF。其他常用的包括中期财政战略规划、多年期展望、多年期支出方法、多年期支出规划和中期支出框架（midterm-tern expenditure framework，MTEF）。狭义的 MTEF 仅指 MTBF 中的一个特定模块，主要作用在于为政府各部门和政府关注的主要政策领域建立支出限额；广义 MTEF 可以泛指 MTBF 的所有四个模块：宏观经济筹划、财政政策报告、MTEF（狭义）以及衔接上述三个模块的年度预算。除特别场合外，本章使用 MTBF 概念描述中期框架的预算体制。这里的"中期"指包括本预算年度在内的 3~5 年（或者包括下一个预算年度在内的 2~4 年）。在实践中，多数国家采用的是 3 年期滚动式 MTBF。隐含的逻辑是，过短不足以提供政策实施所需要的前瞻性，过长则会面对非常大的不确定性从而使"预算"变成"估计"甚至"猜测"。需要强调的是，无论覆盖的时间跨度如何，把 MTBF 描述或理解为"中期预算"殊为不当。[②]

各国 MTBF 的范围、详细程度和运作流程不尽相同。全面、正式的 MTBF 的核心部分是包含所有政府支出的、关于政府整体（a whole-of-government）

---

① Daniel R. Mullinns and Michael A. Pagano. 2005. Changing Public Budgeting and Finance: A Quarter Century Retrospective. Silver Anniversary Issue. *Public Budgeting & Finance*. Special Issue. p. 96.

② 严格意义上的"预算"必须是一份获得立法机关批准的法律文件。在民主社会中，立法机关代表公民意志授权政府征集收入和开支公款。作为一份法定的公共资金分配方案，预算必须是年度性的。"中期预算"使人误以为立法机关在中期确定公款分配的法定方案，事实上并非如此。"中期"视角的预算在严格意义上只能理解为一个"预测"（forecast）、"概算"（budgetary estimate）或收支"筹划"（projections）的框架。

的中期支出框架（MTEF），它是在中期宏观经济与政策筹划的基础上制定的。在严格意义上，MTEF 指的是一个将中期概算与政府现行（财政）政策联结起来的约束性程序，这一程序要求以基线（baseline）分离和评估现行政策与新的政策提议的未来成本，并要求预算申请者以成果（outcomes）为基础证明其支出合理性。从形式上看，MTEF 包括三个核心要素：

- 当前支出水平；
- 假设未来提供同样服务需要增加的支出；
- 假如改变服务水平或质量需要增加的支出。

其中前两个要素通常被描述为继续执行"现行政策"需要的支出，第三个要素被描述为假如采纳"新的政策"需要增加的支出。[1] 除了在第一个规划年度必须与年度预算保持完全一致外，MTEF 并非一个法定的年度资金分配方案（立法机关只审查不表决），而是导向性的或指示性的（indicative），主要作用在于促进年度预算的准备，以及为改进公共支出管理和确保预算与政策的联结，提供一套有效的工具和方法。另外，资本性支出和经常性支出限额单独建立是 MTBF 的一个重要特征。[2]

MTBF 包含四个关键成分：预算的宏观经济框架（宏观经济筹划）、财政政策报告、MTEF 以及与 MTEF 相衔接的年度预算。准备一份完整、可靠的宏观经济框架是任何良好预算过程的起点，也是制定财政政策和 MTEF 的起点，目的是在预测的基础上，为制定宏观经济目标（尤其是产出、就业和物价目标），以及检验预算总量是否与这些目标相一致，建立一个一般性框架。[3] 在此基础上，应准备一份清晰的财政政策报告，用以阐明政府所关注的范围广泛（并非限于宏观经济）的政策目标及其优先性，当前财政政策对未来年度的影响（财政效应），以及中长期财政状况的可持续性。

在理想情况下，MTBF 应致力达成三重一致：（1）与预算年度的宏观经济框架（经济与财政预测及预测假设）相一致；（2）与财政政策（与其他政策）目

---

[1] Salvatore Schiavo-Campo and Daniel Tommasi. 1999. *Managing Government Expenditure*. Asian Development Bank, p. 288.
[2] 正式和全面的 MTEF 要求采用基线筹划技术并覆盖所有政府部门和支出类别，包括区分经常性支出和资本性支出限额。资本性支出定义为增加公共部门资产（包括固定资产和流动资产）、受益及于未来若干年的支出。另外，英国采用权责发生制预算，支出部门的经常性支出限额是在"资源消耗"的意义上建立的，所以需要考虑折旧。
[3] 如果两者不一致，那么需要调整政策目标值（例如把增长目标降低一个百分点），要么需要调整预算的总量水平，或者两者都做出调整。这是一个需要反复"磨合"的过程，最终要求是确保预算在总量层面上与宏观经济政策目标保持一致。

标相一致；（3）与财政约束（比如赤字相对于 GDP 的比率上限）相一致。MTEF 能否保成这三重一致是衡量预算好坏和预算准备工作质量高低的显著标志。

除了给出中期各年度的支出总额估计数外，MTBF 还应按功能类别和按经济分类——如工资、其他商品与服务、转移支付、利息和资本支出——得出的支出总额估计数。这些限额在年度预算准备的早期阶段，即应连同预算的宏观经济框架、财政政策报告书一同公布，作为预算申请者制定预算必须面对的"硬约束"（资源框架）。预算申请者（支出部门）与财政部门的预算互动必须安排在预算限额公布之前。预算限额一经公布即应确保严格遵守。

MTBF 的第四个关键要素是与 MTBF 相衔接的年度预算。"相衔接"意味着在中期的第一年（下一财政年度），MTBF 的分类、范围和详细程度应与立法机关要求的年度预算保持一致。这种一致性清楚地表明：MTBF 不是取代而是补充年度预算体制，只不过它要求将年度预算置于一个中期框架下加以准备和编制，以帮助我们从更长远的眼光审视政府预算、公共政策及其相互作用。

MTBF 的兴起隐含的逻辑是，如果预算缺乏前瞻性（年度预算的特点与弱点），那么期待政府远见是不现实的，因为预算与政府密不可分。研究表明，若能与 MTBF 匹配，年度预算通常是成功的。[1] 其他研究表明，MTBF 有助于增强预算的前瞻性，并为制定、评估和实施财政政策提供了更好的和更透明的工具，但只是当存在真正的透明度和强有力的支出承诺控制时，才是有效的。此外，MTBF 必须以基本的制度改进、可持续的政治承诺、改进的预测、规划成本的严格核算，以及有约束力的预算管理为基础。[2]

13.1.2 运作流程

预算程序因国家而异并且是变化的，但所有良好的预算程序都应有助于达成公共财政管理的四个主要目标。[3] 为此，无论是否引入了 MTBF，良好的预

---

[1] IFAC. 2001. Governance in the Public Sector: A Governing Body Perspective, International Public Sector Study, August, Study 13, Issued by The International Federation of Accountants, International Federation of Accountants.

[2] IMF. 2001. Manual of Fiscal Transparency. It can be accessed thorough the fiscal transparency web site of imf. org. p. 42.

[3] 四个目标分别是：确保预算适合宏观经济政策和资源约束（收入预测）的要求，资源分配应遵循政府政策（多收多支的"收入驱动预算"是不可取的），为良好的营运管理创造条件（要求按规划申报、执行与评估预算），以及对财政风险予以明确的考虑。规划（program）定义为旨在促进某一特定政策目标的若干活动的集合，对应的是政策实施环节。公共服务通过规划被交付给服务使用者。

算准备程序应包括六个步骤：准备预算的宏观经济与政策框架，制定和公布预算指南，支出部门编制预算，部门（尤指支出部门与财政部门）间协调，核心部门审议并形成预算草案，向立法机关呈递预算草案。如果一个国家的年度预算程序与此一致，那么这样的程序就能够满足 MTBF 的要求；否则，年度预算程序就需要进行调整。图 13.1 直观地描绘了 MTBF（以 3 年期为例）的运作流程。图中 t 表示即将到来的下一个预算年度，(t+1) 表示紧随其后的第一个年度；(t+2) 表示预算年度后的第二年。这样，从当前正在执行的预算年度看，预算估计需要包括未来 3 年。

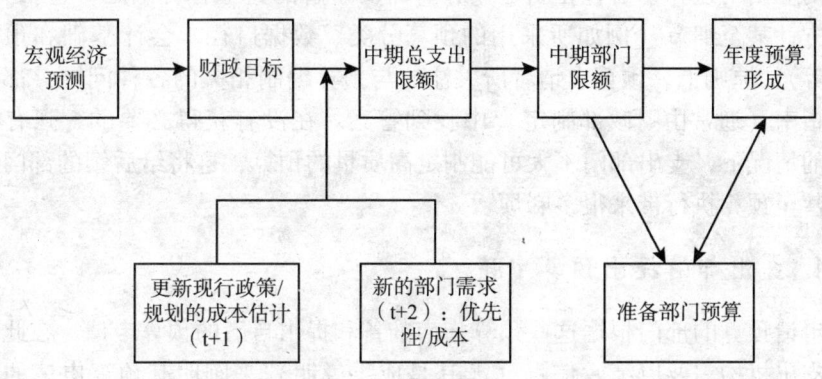

图 13.1　中期预算框架的运作流程

以上流程的主要步骤如下：

1. 准备预算的宏观经济与政策框架

预算准备过程的起点是由核心部门（政府内阁、财政部等）为预算制定准备一份宏观经济框架，以及随后准备一份财政政策报告书。这项极为重要的基础工作应在支出部门提出预算申请（编制预算）之前完成。

2. 内阁会议审议

宏观经济框架、财政政策报告以及 MTEF 由财政部提交政府内阁会议讨论、审议和修订。会议应由政府内阁（总理或主持财政预算工作的副总理）主持。各部部长和立法机关代表或由其组成的支出审查委员会，应参与整个的讨论、审议和修订工作。在这一过程中财政部应根据内部会议的决议形成一份较详细的预算指南,确定预算申请的指导方针、原则和技术细节,以及必须遵循的预算限额。这一程序极端重要,它确立了预算制定所高度依赖的政策与资源框架。

3. 制定和公布预算指南

预算指南的主要目的在于将支出限额通知各部门,并为各部门编制部门预算(sector budget)提供指导方针。虽然在随后的部门间协调中需要适当的调整,但限额本身对于支出部门的预算申请是"硬"约束的。此外,良好的预算指南应阐明预算申请者在制定预算时需要了解的其他各种问题,包括原则、指导方针甚至细节(例如所采用的预算分类、数据口径、会计基础和预算的范围等)。原则上,预算申请者所关注的与预算编制相关的各种问题,都应在预算指南(通常由财政部制定)中找到答案。在没有获得必要的、强有力的指导的情况下,支出部门不太可能制定高质量的预算,这将给后续的部门间协调、甚至预算执行带来很多麻烦。①

4. 支出部门提出预算申请

申请预算的部门根据这些预算指南准备和提出自己的预算申请。在此程序中,支出机构需要以绩效信息(尤其是成果说明)来阐明其预算申请的理由和适当性。尤其是在要求将绩效因素融入预算过程的体制中,以成果(以及其他绩效信息)证明其预算申请的合理性和适当性十分重要。更一般地讲,支出机构应制定一份中期财政战略报告,用以说明其职责、任务、目标(绩效)以及为实现这些目标打算采取的战略和行动。财政战略报告还要说明已经和打算实施的规划,以及实现规划目标需要克服的主要困难和关键措施。

5. 部门间协调

部门间协调的主要内容是在支出部门与财政部门之间进行预算谈判,以确立双方都认可的适当的支出水平。未能解决的分歧应在随后提交给内阁会议裁决。MTBE一个突出特征(和优势)是,以基线(baselines)作为预算谈判的基础。

---

① 一个好的范本是美国联邦政府的预算指南,即每年6、7月份,OMB将给每个机构发放的A-11通告(Circular No. A-11)。这份对预算编制重要的文件不仅包括表格,还包括预算制定的背景等重要信息。对于美国的预算编制部门,它相当于一本"圣经",任何支出机构对预算有问题,几乎均可在A-11通告中找到答案。

6. 核心部门审查后形成预算草案

在中期基础预算下,核心部门(主要是立法机关、政府高层和财政部门)审查预算的两大要点是:(1)是否使用了基线法,即预算申请是否清楚地区分了线下和线上部分,以及两者之和构成的总的支出水平是否过高(最终导致不可持续支出);(2)预算文件中是否包含了相关的绩效信息,这些信息是否足以证明其预算申请的合理性和适当性。在任何情况下,财政部门都应坚定地捍卫总额财政纪律和预算限额。为此,法律应赋予财政部门足够的权威和资源以来承担这一使命。经财政部门审查和修订后的预算申请需要提交政府高层批准,之后才可以提交立法机关审批。

7. 提交立法机关审批

MTBF 并非一个法定的资金分配方案,因而只需要提交立法机关审查(无需表决)。立法机关审查这些文件有助于判断年度预算的合理性,也有助于参与辩论和评估宏观经济与政策问题。无论在年度还是 MTBF 下,提交立法机关的预算文件都应清楚地区分资本预算和经常性预算。

成功实施 MTBF 所要求的预算程序本质上是一种集中性的预算程序。中国当前的部门预算程序就其性质而言主要是自下而上的和分散性:它由机构驱动,而支出机构只拥有某些基本的关于预算约束和优先性的基本指导。在此类高度分散性的程序中,支出机构倾向于以先前的配置格局为基础制定预算,导致资源分配的僵化。[1] 一般而言,理想的预算程序应引导政策制定者就预算融资的所有公共政策采取全面的成本受益观;不当预算程序不能做到这一点,并且鼓励政治家只关注租金以及那些能够吸引他们的分配性政策。在后一种情况下,预算程序是支离破碎的;与之相对应的是集中性的预算程序,它比分散性程序能够更好地协调支出决定,从而也能更好地控制过度支出、赤字和债务水平。[2]

---

[1] Donald P. Moynihan. 2007. Citizen Participation in Budgeting: Prospects for Developing Countries. Edited by Anwar Shah, *Participatory Budgeting*. Public Sector Governance and Accountability Series. The World Bank. Washington, D. C., p. 66.

[2] Jurgen von Hagen. 2005. Budgeting Institutions and Public Spending. Edited by Anwar Shah, *Fiscal Management*. The World Bank, Washington, D. C., pp. 12-13.

13.1.3　发达国家引入 MTBF 的改革

以中期和长期展望取代年度预算程序的努力最迟可以追溯到 20 世纪 50 年代关于发展计划的文献。近期的中期支出预测由英国引入，而当前的范式主要追溯到澳大利亚，后者在控制支出增长的改革方面扮演发达国家的领导者，其前向估计（forward estimates）的预算方法现在广为人知，① 它是一个采用严格意义上的、以基线筹划（baseline projections）为关键性技术特征的中期支出框架（MTBF）。20 世纪 70 年代，英国、澳大利亚、加拿大等国家开始采用初步的基线筹划技术，把 MTBF 当做确定新规划以及在未来预算中分配资源的工具。由于实施中遇到的种种问题，其并未取得预期的效果。其中的两个主要问题是：高估经济增长情况的倾向和高估预测期可获得资源的倾向；支出机构将中期支出预测视为其未来权利的倾向，这使得随后的向下调整支出很困难。即使基本的经济假设明显过于乐观，或者政策优先性已经发生变化，向下调整支出仍然非常困难。其中，英国的 MTBF 是按真实变量准备的，而不是按名义变量准备的。当经济增长率下降而通货膨胀率迅速上升时，支出预测自动得到调整，这进一步给财政带来压力。加拿大在 20 世纪 80 年代早期开始采纳的"政策与支出管理系统"（PEMS），包括准备为期 5 年的滚动的财政规划，也未取得成功，原因之一是支出部门把 MTBF 当做增加未来开支的机制。其他国家也在不同程度上遇到了多少类似的问题，例如缺乏强有力的财政纪律（过度的讨价还价），支出部门只是把 MTBF 当做增加未来支出的机会和工具，以及技术和方法上的缺陷。

从 20 世纪 80 年代中期开始，考虑到之前遇到的问题和控制支出水平的需要，很多 OECD 成员国开始重新定位 MTBF：从最初只是作为一个确定新规划的工具，转向作为支出控制和在硬预算约束下分配预算资源的工具。其中最引人注目的一项措施是，为了对未来年度的支出提供强有力的约束机制，许多国家要求预算估计和预测必须建立在政策不变的基础上，即仅仅估计继续现行政策与规划的未来成本。基数筹划自此应运而生，它为评估现行政策的中期财政影响提供了一个有用的起点，并且为支出部门和机构提供了强烈的背景性信息：现行规划已经在预算中覆盖了所有未来的资源，采纳任何新的支出项目都

---

① David Corbett. 1998. Australian Public Sector Management. Sydney: Allen & Unwin.

没有资金余地。

目前发达国家采用基线筹划方法在 MTBF 下准备年度预算的做法已经制度化了。德国、新西兰（1994）、瑞典（1996）、法国（2001）、西班牙（2003）、美国、韩国等所有 OECD 成员国都采纳某种形式的 MTBF，用以改进年度预算体制的运作。MTBF 并非对年度预算的取代，而是通过矫正其内在局限性（尤其是在预算与政策之间建立联结方面）来支持年度预算的功能。研究表明，通常只是在 MTBF 下，年度预算体制才能运作良好。

目前除了单个国家外，一些重要的国际组织（比如欧盟）也已经采纳 MTBF。欧盟作为一个整体，从 1988 年开始，除每年编制共同财政预算外，还定期提出一份跨年度的中期共同财政预算方案，主要由 4 部分组成：农业补贴（约占 45%）、地区发展基金（约占 33%）、行政开支（约占 6%）和其余部分（包括用于对外援助、教育、科研和基础设施等开支）。

图 13.2 简要刻画了发达国家中典型的 MTBF 的基本结构与运作流程。

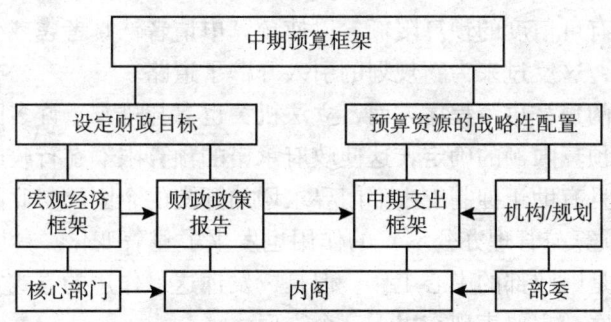

图 13.2　中期预算框架的基本结构

1993 年以来，欧盟成员国已经有义务定期公布其"中期趋同规划"（medium-term convergence programs），该规划由欧盟理事会进行详细审查。此外，欧洲货币联盟（EMU）成员有义务每年呈递一份"稳定规划"，该规划包含了至少覆盖未来 3 年的政府赤字和债务筹划及其所基于的主要假设，并阐述未来拟采取的用以促进预定目标的预算措施。在所提出的主要预算措施中，需要提供一份评估报告，用以量化这些预算措施对预算状况产生的影响。最后，还需要对主要假设的变动如何影响预算和债务状况做敏感性分析。《马斯特里赫特条约》和《稳定与增长公约》中包含了许多中期财政报告方面的要求，特别是要求披露成员国的稳定规划是否突破财政约束基准（包括不高于3%的赤字比率和不高于60%的债务比率）。在面临可能的突破时，理事会可以就此向其成员国提出建议，以便采取正确行动，避免与MTBF目标或朝向这一目标的调整路径产生偏离。

在引入MTBF过程中，许多国家普遍改革了传统的预算程序，主要是在不同程度上采取了自上而下的支出控制措施，包括为各支出部门（提出正式的预算申请之前）建立较高级别的预算限额和支出削减目标，这些措施促进了预算资源从较低优先级转向较高优先级的用途，也有助于激励支出部门建立自己的支出优先性排序。

目前加拿大、瑞士、爱尔兰、荷兰、芬兰以及英国已经采纳了自上而下的预算程序。斯堪的纳维亚国家尤其典型：在预算过程的起始阶段即由内阁制定公共政策，以此为各部门下一财政年度的预算设定支出框架，并对新的支出需求产生了强有力的约束作用。法国也遵循这一新型的预算程序，它以部门会议的形式为各部门确立各个项目的预算。自上而下的程序要求在预算准备的早期阶段即公布具有可信度的预算限额，以使预算申请者认真考虑减少效益低下的现有规划数目，这反过来为新规划的引入开辟了道路。

在发展新的预算决策程序方面，立法机关也参与进来。许多国家的立法机关参与了总量预算限额的确定，这使政府承诺的预算限额在行政层次上更加具有可信度，并且有助于抑制支出部门寻求增加开支的企图。与此同时，财政部（以及美国的预算与管理办公室）的作用也发生了显著变化。具体地讲，管理预算过程仍然是财政部的中心工作，但是，发挥这一作用的方式方法却与传统的做法大相径庭，主要表现在以下三个方面：

1. 负责中期预测

具体做法上各国有异，有些国家（如澳大利亚）由财政部自身从事这项工作，也有不少国家只是由财政部牵头负责，具体预测工作由各部门分工进行。在后一种情况下，财政部通常会提供主要经济数据，指导预测工作，包括如何采集预测数据。

2. 管理战略性政策选择

预算决策的三个层次依次是总量决策（确定适当的财政收入、支出和其他财政总量水平）、配置决策（基于政府战略优先性和政策重点在各部门间或规划间配置预算资源),以及运营决策(如何以较少的投入获得较多的产出并支持政策成果)。与配置决策相对应的工作是管理战略性政策选择。在采用MTBF的国家中,总量决策通常由政府高层内部运作完成,战略性政策选择的管理大多通过财政部与支出部门的互动过程完成。财政部的角色不再是单纯地制定支出政策,而是约束各部门在总的支出限额内,对支出部门在本部门层次上的支出政策排序、取舍提供强有力指导,包括为各部门提出新的政策建议和评估现行政策制定方针和操作程序。

3. 从控制到监管和提供信息

传统上,财政部在预算执行的作用主要是控制(确保公款被用于指定的目的并符合预算的初衷)。改革后,财政部的这一角色仍然保留,但强化了对预算执行过程的监管,以及为各部门旨在改进资源配置和提高资金使用效益的努力提供信息。此外,在改进预算编制方法和政府会计系统,修改预算报告内容使其与绩效导向管理更好地兼容,以及确保定期公布财政预算信息方面,财政部的作用也大为加强。

13.1.4 发展中国家和转轨国家的 MTBF

目前包括加纳、几内亚、肯尼亚、马拉维、莫桑比克、卢旺达、南非、坦桑尼亚和乌干达等在内的至少 9 个非洲国家,以及包括乌克兰和俄罗斯在内的部分转轨国家已经引入了某种形式的 MTBF,① 主要目的在于改革传统的年度预算制度与程序,以便在政策制定、计划安排和预算编制之间建立有效联系。大体上包括两种情况:全面引入和局部引入。南非和乌干达等国家一开始就制定了全面的、政府整体层次上的 MTBF,由财政部采取自上而下的办法在部门间分配资源。另一些国家(如马拉维)采取一种更为自下而上的办法,把重点放在建立部门层次的 MTEF 上。这种局部方法旨在控制各个部门内部的资源分配,也有助于在开始阶段降低操作难度和改革成本。

虽然所有国家都在一定程度上具有相似性,但基本的差异依然十分明显,这些差异既反映在整体设计方面,也反映在中期基础预算所采用的技术方法与

---

① 2006 年,俄罗斯开始试行编制 MTBF,2007 年正式全面推开。从这一年起,俄罗斯正式开始编制为期 3 年的 MTBF,俄罗斯联邦预算第一次成为长期财政计划的一部分。

组织层面上。就整体设计方面的差异而言，有些国家覆盖了政府整体的全部支出，有些国家只覆盖到特定的支出类别——尤其是资本性支出，也有些国家只是覆盖经常性支出而将资本支出排除在外。局部方法虽然有助于降低操作复杂性，但导致中期基础的范围相对狭隘从而减弱其支出控制功能。①

与发达国家不同，发展中国家和转轨国家的 MTBF 普遍缺乏良好的分类系统予以支持。虽然几乎所有国家都采用了功能分类和经济分类，但功能分类由于过于笼统，因而很少能够提供特定支出部门内部预算资源（在各项功能与次级功能间）配置的信息，这反过来促使支出部门把关注的重点放到了争夺预算资源方面。另外，关于部门分类的详细程度也远远不够，以至于支出部门下属机构（通常涉及好几个纵向的层次）缺乏支出方面的详细信息。这种情况也表明，只有在引入 MTEF 能够在公共支出管理的关键目标方面起到重要和持久的促进作用时，才能证明是成功的。反之，如果没有发挥这样的作用，或者支持这一作用的基础条件不能达到，那么这项改革就要三思而行。

另一个显著的特点是，发展中国家和转轨国家大多由中央政府采纳 MTEF，地方政府很少使用。许多国家地方政府的行政管理能力相当欠缺，这反过来影响 MTBF 在地方层次上的可行性和有效性。一般地讲，中央政府的行政管理能力高于地方政府，如果决定引入，那么，率先在中央政府层级上引入是较为明智的选择，但需要在适当的时候，并且需要积极创造条件将这项改革引入到地方政府，否则其意义就会大打折扣。

MTBF 在两个层面上涉及采用相关技术：宏观经济与财政政策（总量）框架（MFF）以及部门支出框架（SEF），后者系按经济分类、功能分类和组织分类建立的支出框架。建立 MTBF 时常用的模型技术包括：（1）可计算的一般均衡模型（computable general equilibrium model，CGE model）；（2）电子数据表模型（spreadsheet models）；（3）计量经济模型（econometric models）；（4）IMF 的财务规划筹划（financial programming projections）。这些模型的选择各不相同，非洲国家也是如此。②

---

① 由于工资等经常性支出即使在中期也具有刚性，排除资本支出还会加剧预算僵化，从而削弱 MTEF 在优先性配置方面的作用。

② 选择模型方法的通用原则是必须适合特定的行政管理能力。完全依赖 IMF 的宏观经济和财务资源数据（如几内亚和卢旺达的做法），在起始阶段是有用的，但长期未必如此，因为它没有考虑到各国的具体情况。在行政管理能力相当欠缺的国家，选择可靠性和简便性较高的电子数据表模型或计量经济模型或许是明智的，但仍然应该充分考虑本国的具体情况进行选择和应用。数据可得性和运用模型的能力对 MTEF 的质量影响重大。

SEF 的筹划要求在部门战略报告（阐明目标、优先性以及实现规划目标的策略）的基础上，以产出为中心（对产出负责）、以成果为导向核算规划（旨在促进同一政策目标的若干活动的集合）的成本。在理想的情况下，各支出部门对规划或活动的成本核算采用标准化的方法（例如活动成本法），但很少有非常国家做到了这一点，甚至不能区分和提供规划必须包含的经常性成本（比如工资和维护成本）和资本成本信息。

在组织与程序方面，只有少数国家将中期基础预算完全融入年度预算程序中，其他国家则按照两套程序运作。这意味着引入 MTEF 的国家，没有能够通过此项改革来改善其通常有问题的（年度）预算程序。另外，有些国家的 MTBF 并不提交政府内阁和议会审查，而是由财政部颁布实施。①

13.1.5 应汲取的经验教训

虽然越来越多国家引入或打算引入 MTBF 导向的预算改革，但整体而言，只是发达国家的此项改革才比较显著地改进了公共支出管理，发展中国家和转轨国家的效果参差不齐，多数国家的成果有限甚至经历了许多失败。全球最近 20 多年来引入 MTBF 改革的实践，为中国下一阶段改革公共预算制度提供了宝贵的经验和教训。概括起来，应汲取五个方面的经验教训。

1. 清晰和正确定位：矫正年度预算的弱点与局限性

虽然各国的情况不尽相同，但引入 MTBF 首要的战略意图必须清楚地定位为改进年度预算的运作，矫正年度预算的内在缺陷。以 2000 年引入部门预算为主要标志，中国近期的公共预算改革已历时 10 年。期间，中央和地方政府推动了范围广泛的预算改革。部门预算、预算分类、标准支出定额、预算法修订、政府采购、国库单一账户（TSA）与集中支付等方面的改革尤其引人注目。这些改革在不同程度上取得了积极成果。另一方面，由于所有这些改革都是在年度预算的时间框架内推动的，因而不可避免地存在局限性：年度预算固有的缺陷不能在保留这一体制的前提下得到矫正。明显的是，由于前瞻性的缺失，当前政策和政府打算出台的新政策必然产生的未来支出情况，在年度预算

---

① 这种未能得到高层审查即予颁布的做法损害了 MTEF 的权威性和实施效果，容易造成这样的印象：MTEF 只是财政部的一个技术性文件，而不是政府需要致力实施的一个战略框架。

中形成一个巨大盲点,以至于难以开展实质性的政策(可持续性)评估和政策筹划(政策取舍、建立政策目标与优先性排序)。另外,由于强大的支出刚性以及可调整的预算增量过小(发展中国家典型地不超过总支出的5%),在年度预算框架内进行任何有意义的支出结构优化调整都是困难的(甚至不可能)。年度预算中的这些(以及其他)固有缺陷,在实践中还会被支离破碎的预算程序、不良预算策略(例如基数法)和预算行为(例如隐藏支出和故意高估或低估预算)而进一步放大,导致预算作为政府施政利器的潜能无法充分发挥。

年度预算的弱点通常需要引入 MTBF 加以弥补。一般地讲,预算的时间框架越长,预算与政策之间的联系越紧密;反之则越松散。假如预算是按"月"制定和实施的,那么几乎可以断定预算与政策将形成风马牛不相及的局面,因为在如此短的时间跨度内不可能有效地制定大多数公共政策,更不应说严格实施和评估其效果了。年度预算的时间跨度是一年(12个月),虽然比月度长了许多,但对于公共政策周期(从形成到评估)而言,还是过于短促了。广泛的实证研究表明,政府要想实现意欲的成果,技术上的健全性和政治方向的正确性必不可少。为此,以下三个基本的前提条件必须在预算准备(从发布预算指南到预算草案提交立法审批)中得到满足:采纳 MTBF、早做决策和建立硬预算约束。① 很清楚,年度预算不能满足(至少不能完全满足)这些条件。理想的解决方案是引入全面的和正式的 MTBF,它包括所有上述三个关键因素。

即使不能采用正式和全面的 MTBF,年度预算体制也必须就以下三类支出建立多年期视角:

(1)资本支出的未来(后续)成本,这类支出在发展中国家通常受到特别重视并且占总支出的很大比例;

(2)公民权益性规划的资金需求,包括养老金和转移支付,即使基本的政策保持不变,这类支出水平也会发生变化;

(3)导致未来支出需求的或有事项,典型地如政府贷款担保。

这三类支出的财政影响需要多年才能完全展现出来,采用 MTBF 尤其合适。

---

① Salvatore Schiavo-Campo. 2007. Budget Preparation and Approval. Edited by Anwar Shar, *Budgeting and Budgetary Institutions*. The World Bank, Washington, D. C., pp. 236 – 237.

2. 采纳自上而下方法启动的预算程序并衔接年度预算

在实务层面，引入 MTBF 需要改革传统的预算程序和有问题的预算策略。① 改革后的预算程序应确保按照自上而下方法启动预算准备过程，而不是保留原来按自下而上方法启动预算准备过程的程序，或者保持两套不同的程序；在此程序中，核心部门与支出部门之间、支出部门之间以及核心部门之间的协调机制必须建立起来并且能够正常运作。为此，支出部门在形成正式的预算申请之前，必须获得核心部门的强有力指导，以及在资源可得性和政策筹划方面的预见性。

实践中，许多国家没能正确定位此项改革的战略意图，以至于引入 MTBF 后，传统的预算程序以及某些不良预算方法与策略（例如过于乐观或脱离现实的预测）并未发生根本变化，MTBF 在改进公共支出管理方面的潜力和优势未能显现出来。

中国引入全面和正式 MTBF 时必须汲取这一教训，其中最具挑战性的方面是改革现行的"两上两下"的预算程序（见图 13.2），采纳以自上而下方法启动预算准备过程。进一步讲，无论是否伴随引入 MTBF，好的年度预算准备必须始于某个自上而下的阶段，财政部在其此阶段发布预算指南，针对每个支出部门和机构规定支出限额以约束预算申请。在此方法下，作为预算过程起点的资源可得性含义对于尽早做出困难的预算选择是必需的，它有助于将预算谈判中不可避免的讨价还价保持到合理的最低限度，也有助于促进资本支出与经常性支出的整合。②

与年度预算的衔接要求 MTEF 遵守与（改进后的）年度预算相同的程序，包括预算文件的提交。作为预算文件的 MTEF 可在预算程序的起点提交（如奥地利），也可以与年度预算同时提交（大多数国家如此），或者在预算过程中不止一次提出（如新西兰）。与年度预算文件同时提交可使政府从中期视角处理当年的预算争论，从而有助于强化年度预算过程的财政纪律，特别是有助于形成符合政府中期目标的财政政策，以及预警与中期财政战略不吻合的预算政策。通过将预算争论置于中期框架中考虑，这些预测还能提高预算过程的透明度。

---

① 有问题的预算策略包括基数法、不现实的预测、收入驱动预算（有多少钱就安排多少预算支出）、反复预算（频繁的预算调整）、"黑箱"预算（隐藏公款）以及计划、政策和预算的脱节。

② Salvatore Schiavo-Campo. 2009. Potemkin Villages: The Medium-Term Expenditure Framework in Developing Countries. *Public Budgeting & Finance*. Summer, Vol 29, No2, p. 17.

3. 与行政能力和管理能力相适应

引入全面和正式的 MTEF 隐含着对一国行政与管理能力的高度依赖，但许多发展中国家和经济转轨国家的行政与管理能力严重不足。在公共部门的政策筹划（政策取舍、建立目标与优先性排序），部门间协调，以及在既定资源约束基于政策与战略优先性安排公共支出方面，能力欠缺问题尤其明显。技术能力不足也很普遍，尤其是在经济与财政预测、发展良好的预算分类系统、规划管理（要求界定产出、成果并核算产出或活动的成本）以及会计系统和政府财务管理信息系统（GFMIS）方面。支出审查和预算分析能力的不足也会妨碍中期基础预算的变革和有效运转。另外，计划与预算的脱节在许多发展中国家和转轨国家相当常见（制定资本支出计划和制定预算分别由不同部门负责并且缺乏协调与整合），造成许多问题，包括计划（比如中国的国民经济与社会发展规划）僵化和缺乏可实施性（脱离实际或者没有配合以必要的资源）。将计划过程与预算过程有机地结合起来，要求有较高的行政与管理能力。

管理和行政能力因国家而异，发达国家的做法不能简单照搬。发展中国家（和转轨国家）之间行政与管理能力相差很大。这意味着没有任何一个适应于所有国家的最优 MTEF 模式。推动这项改革的战略、路径、步骤和进度安排也是如此。在 OECD 成员国中，这项改革比较成功的是奥地利、澳大利亚、德国、新西兰、英国和美国，但具体做法又各具特色，前三个国家的预测期都是 3 年，新西兰和英国为 2 年，美国为 4 年；奥地利和新西兰的中期预算估计每年分别更新 4 次和 2 次，其他国家都只更新一次。其他方面的差异更为明显。

4. 避免成为增加支出的借口

引入 MTEF 的一个风险是，支出部门（与机构）把它看做是满足其增加支出要求的工具，并且想方设法趁机提出增加支出的种种借口。如果这样，这项改革就会失败，因为它与 MTEF 的下述基本逻辑背道而驰：只应着重考虑纳入年度预算的现行政策决策的财政影响，并且排除没有确定资金来源的新规划。为避免中期基础预算"变异"为支出部门增加开支的工具，牢记以下要点非常重要：

- MTEF 所确认的支出总量应适应低于计划的、从所有来源得到的收入（收入预测）；

- MTEF 和据此形成的预算限额应严格地基于预算的宏观经济与政策框架构造；
- 预算限额应在支出部门提出正式的预算申请前予以公布；
- MTEF 中只应包括那些有确定融资来源的规划（以此确保这一规划关注的是现行政策），以及那些在年度预算准备过程中确定采纳的新政策；
- 支出估计和支出限额应包括按功能和按大的经济类别（工资、其他商品与服务、转移、利息和投资）分类得出的部门估计和部门支出限额。

5. 从简单方法和鼓励合作开始

中国引入 MTEF 的必要性和重要性虽然毋庸置疑，但考虑到相应的行政与管理能力仍然欠缺（尤其在地方层级），在开始阶段即引入全面且复杂的中期基础预算模式是不明智的。因此，应从一个比较简单的（局部性的）MTBF 开始。只在这些相关能力和配套要求大体具备的情况下，才应考虑引入包含所有部门的 MTBF。后者的运作成本和对能力的要求相当高，并要求政府部门广泛参与。

在引入此项改革的所有阶段，都应致力发展和强化支出机构和财政部之间的相互合作、遵守预算纪律的理念。这是因为，MTBF 的运作多半会由财政部负责，而财政部的责任多年集中于所属预算司或预算司下面的某个处。在这种情况下，具体负责形成 MTBF 的其他核心部门（例如中国的发展与改革委员会和国家税务总局），应与财政部所属的其他机构（特别是负责宏观经济政策和收入预测的机构）保持密切协调与合作。①责任集中于财政部的模式有助于在启动这项改革的早期阶段降低成本和积累经验。这一模式随时间推移和改革取得的进展，应逐步调整，主要是将较多的责任分担给其他核心部门（包括政府内阁和立法机关），并鼓励支出部门积极参与到运作程序中来。

6. 不能代替旨在消除脆弱性的深层改革

与其他许多发展中国家和转轨国家一样，中国当前预算过程的脆弱性典型

---

① 法国的中期基础预算主要是由财政部预测司和预算司共同形成。预测司负责预测财政经济发展趋势，提出计划安排的基本原则和重大的财政改革措施，预算司则负责测算财政收支具体情况，编制年度预算和财政收支计划，提出具体财政政策措施。这种分工协作，有利于集思广益，发挥各部门的优势。

地反映在以下方面：行政性和政治上的压力导致有时过于乐观、有时过于保守的预测，政策与预算之间的脱节，支出控制的乏力，以及预算资源配置的僵化（源于强大的支出刚性、过多的法定支出和预算外资金）。在这些弱点未能矫正的情况下，简单地延长预算程序的时间跨度只会导致频繁地变动限额和拨款，很快就会陷入形式主义的操作，降低这一方法本身的可信性，正如俄罗斯最近发生的情形那样。[①] 一般而言，只有当旨在克服脆弱性的改革努力取得进展时，延长预算准备的时间跨度才会带来实质收益。这些改革对于发展更好的政策和预算优先性排序机制也深具意义。

13.2　从基数法到基线筹划

20世纪80年代以来，作为引入中期预算框架（MTBF）的重要组成部分，许多国家采用基线筹划取代陈旧过时的基数法，引发公共预算方法的革命。随着预算在经济社会事务中扮演越来越重要的角色，中国引入基线筹划技术的必要性与日俱增。

13.2.1　基线筹划兴起的背景

基线筹划的兴起可追溯到20世纪80年代发达国家引入MTBF的实践。这项改革的早期努力始于70年代。当时，英国、澳大利亚、加拿大等把MTBF当做确定新规划以及在未来预算中分配资源的工具。由于实施中遇到种种问题，因而并未取得预期的效果。[②] 从80年代中期开始，考虑到之前遇到的问题和控制支出水平的需要，很多OECD成员国开始重新定位MTBF：从最初只是作为一个确定新规划的工具，转向作为支出控制和在硬预算约束下分配预算资源的工具。其中最引人注目的一项措施是，为对未来年度的支出需求建立强

---

① 2008年11月，俄罗斯杜马批准了2009~2011年间的三年期预算。然而，2009年4月通过了修订版的预算，作为对金融危机的回应，因而又回到了年度预算循环中。

② 其中的两个主要问题是：高估经济增长情况的倾向和高估预测期可获得资源的倾向；支出机构将中期支出预测视为其增加未来支出权利的倾向，这使得随后的向下调整支出很困难。即使基本的经济假设明显过于乐观，或者政策优先性已经发生变化，向下调整支出仍然非常困难。

有力的约束机制，许多国家要求预算估计和预测必须建立在政策不变的基础上，即仅仅估计继续现行政策与规划的未来成本。基线筹划自此应运而生，它为评估现行政策的中期财政影响提供了一个有用的起点，并且为支出部门和机构提供了强烈的背景性信息：现行规划已经在预算中覆盖了所有可供使用的未来资源，采纳任何新的支出项目都没有资金余地。年度预算由于时间尺度过于短促，不能为跨年度的支出控制和结构调整留下足够的空间。多数国家引入 MTBF 和基线筹划的主要目的在于改进年度预算的运作。现在人们已经认识到，只是在 MTBF 下，年度预算体制才会运作良好。[1]

MTBF 的技术精华集中体现在基线筹划上。在德国、英国、澳大利亚和美国等成功实施了 MTBF 的国家中，MTBF 清楚地反映出维持当前的政府政策和引入新政策的跨年度成本，它为行政部门的受托责任和结果导向的预算奠定了基础。MTBF 的五个关键特征是（IMF，2001）:[2]

- 一份财政政策目标的报告书；
- 一份完整的中期宏观经济和财政预测；
- 支出部门和机构在预算年度以外的 2~4 年的支出估计数；
- 以当前年度正式的前期估计（forward estimates）作为即将到来年度预算谈判的基础；
- 部门和机构的预算拨款在硬预算约束下实施的。

第三个特征通常称为中期支出框架（MTEF），它是根据预算的宏观经济框架和财政政策筹划建立的、将中期支出估计与预算政策联结起来的约束性程序，主要作用在于为政府关注的政策领域和各支出部门建立支出限额。MTBF 包括三个核心要素:[3] 当前支出水平、假设未来提供同样服务需要增加的支出、假如改变服务水平（比如师生比变动）或质量需要增加的支出。其中前两个要素通常被描述为继续执行"现行政策"需要的支出，第三个要素被描述为假如采纳"新的政策"需增加的支出。基线筹划要求明确区分这两类支出。

虽然 MTBF 与基线筹划密切相关，但引入 MRBF 并不是引入基线筹划的必要条件。经验和教训表明，成功实施全面和正式的 MTBF 需要具备一系列

---

[1] IFAC. 2001. Governance in the Public Sector: A Governing Body Perspective, International Public Sector Study. Study 13, August.

[2] IMF. 2001. *Manual of Fiscal Transparency*. It can be accessed thorough the fiscal transparency web site of imf. org. p. 42.

[3] Salvatore Schiavo-Campo and Daniel Tommasi. 1999. *Managing Government Expenditure*. Asian Development Bank, p. 288.

严格的条件。① 许多发展中国家和转轨国家不具备这些条件。即便如此，仍有必要在年度预算体制下采用基线筹划以确保：②

（1）在审查支出部门的预算申请时，系统地估算现有公共规划的后续成本，特别是新的公共投资项目的各期成本；

（2）总额支出估计数与中期宏观经济框架相一致。

估计后续成本是困难的，但没有这样的中期支出估计会导致一个短视的和狭隘的预算准备过程。

以基线筹划作为技术基础的、严格意义上的 MTBF 始于澳大利亚。正是通过这一方法，澳大利亚在控制支出增长的改革方面扮演发达国家的领导者，其预算程序采用的前向估计（forward estimates）方法现在广为人知。前向估计系指将采用基线筹划方法估计各支出部门执行现行规划的后续成本，这一方法对于核心部门和支出机构具有重要的技术优势，它为支出机构的预算申请和规划执行提供了很高的预见性与清晰度。对于核心部门，通过前向估计得到的支出基线本身就向支出机构发出强烈信号：除非政府政策变动，否则，谁也别想轻易增加开支。这个信号功能有助于增强预算过程的财政纪律。财政纪律关注的焦点是建立适当的、得到有效控制的财政总量（首要的是支出总量）。相对于既定的政策目标而言，财政总量要么事前要么事后都不可承受时，政府就会被视为缺乏财政纪律。③

目前许多发达国家都将包含前向估计的预算前报告（pre-budget report）作为预算文件的重要组成部分，有些国家（如澳大利亚）还要求预算准备过程的前期运作应集中于准备预算前报告。鉴于基线筹划对于捍卫预算过程的财政纪律、评估财政稳定性（政策可持续性）和强化预算审查的重要性，一些国家已通过法律强制要求披露预算前报告。

表 13.1 是英国 2008~2009 财政年度的相关例子。④

---

① 其中特别重要的是政府高层具有建立政策目标和战略优先性排序的能力，裁决冲突的机制，计划、预算和财务管理协调一致的行政程序。

② Salvatore Schiavo-Campo and Daniel Tommasi. 1999. *Managing Government Expenditure*. Asian Development Bank, p. 90.

③ Alta Folscher, Local Fiscal Discipline. 2007. Fiscal Prudence, Transparency, and Accountability. Edited by Anwar Shah, *Local Budgeting. Public Sector Governance and Accounting Series*. The World Bank. Washington, D. C., p. 81.

④ 英国财政部网站。

表 13.1　2009 财政年度英国中期预算框架下的预算前报告

	决算①	估计②	筹划				
	2007~2008	2008~2009	2009~2010	2010~2011	2011~2012	2012~2013	2013~2014
净借款额（10 亿英镑）							
2008 年预算	36.4	42.5	38	32	27	23	
经常性预算的变化	-1.2	31.6	74	77	65	56	
净投资的变化	1.4	3.5	5.5	-4	5.5	-8	
2008 年预算前报告	36.6	77.6	118	105	87	70	54
经常性预算的变化	-1.4	11.1	53.5	64.5	57	54	53.5
净投资的变化	-0.6	1.2	3.5	3.5	-3.5	-6.5	-10.5
2009 年预算	34.6	90.0	175	173	140	118	97
经常性预算盈余（10 亿英镑）							
2008 年预算	-7.6	-9.6	-4	4	11	18	
修订和预测变化的影响	1.2	-23.3	-61	-78	-75	-72	
相机抉择的影响③	0.0	-8.3	-13	1	10	16	
2008 年预算前报告	-6.7	-41.2	-78	-73	-54	-37	-21
修订和预测变化的影响	1.3	-11.1	-48	-64.5	-63.5	-66.5	-71
相机抉择的影响③	0.0	0.0	-5.5	0.5	7	12.5	17.5
2009 年预算	-5.3	-52.3	-132	-137	-111	-91	-74
净投资（10 亿英镑）							
2008 年预算	28.5	32.9	35	37	38	41	
修订和预测变化的影响	1.4	2.5	2.5	-0.5	-2	-1.5	
相机抉择的影响③	0.0	1.0	3.5	-3.5	-4	-6.5	
2008 年预算前报告	29.9	36.5	40	33	33	33	33
修订和预测变化的影响	-0.6	1.2	1.5	2.5	-2	-1.5	-1.5
相机抉择的影响③	0.0	0.0	1.5	1.0	-1.5	-5	-9
2009 年预算	29.3	37.7	44	36	29	26	22
净债务（占 GDP%）④							
2008 年预算	37.1	38.5	39.4	39.8	39.7	39.3	
2008 年预算前报告	36.3	41.2	48	52.9	55.6	57.1	57.4
2009 年预算	36.5	43.0	55.4	65.0	70.9	74.5	76.2

注：①"2008 年预算"中的 2007 年数据为估计数；②"2008 年预算"中的 2008 年数据为预测数；③包含对 2011 年和 2012 年支出增长的预测的变化；④债务数据截至 3 月底，GDP 数据截至 3 月底，不包括金融部门形成的债务和未实现损失。

资料来源：英国财政部网站。

经过多年实践，预算前报告在增进财政透明度、评估财政稳定性等方面的积极作用在国际上已逐步得到广泛确认。一般地讲，为确保透明度，政府预算文件首先应包括阐明预算政策（优先性）和预算总额的预算前报告，然后依次是预算概览、详细的收支计划以及补充性文件与信息。① 经济合作与发展组织将准备和披露预算前报告确认为预算文件"最佳实践"的必备要素。②

13.2.2 基线筹划的理论基础

理解基线筹划这一革命性的预算方法的产生背景，可从理解公共预算致力达成的支出管理目标开始。在现代社会中，公共预算是政府"唯一最重要的政策文件"，③ 确认通过预算实施公共资源配置乃是现代社会"最基本、最频繁和最正式的治理程序"，④ 那么，采纳适当的预算方法和预算程序就变得十分重要。在理想的情况下，预算方法与程序的选择应致力达成公共支出管理的三个关键目标：⑤（1）加强财政纪律（fiscal discipline）以确保对支出和赤字（进而债务）总量的有效控制；（2）在部门间或规划间支出配置方面建立基于配置效率和公平的战略优先性；（3）加强预算资源使用的技术效率（以最低的成本得到产出）。⑥

与上述目标相关联的预算方法主要用于解决三个基本预算问题：（1）预算年度中可得资源总量预测，即政府整体和预算申请者"有多少钱可花"？（2）预算申请者合理和真实的支出需求，即"需要花多少钱"？（3）将这两

---

① Carol W. Lewis. 2007. How to Read a Local Budget and Assess Government Performance. Edited by Anwar Shah, *Local Budgeting*. Public Sector Governance and Accounting Series. The World Bank. Washington, D. C., pp. 185 – 186.

② OECD. 2001. Best Practices for Budget Transparency. Report JT00107731, OECD, Paris. http：//www. olis, p. 185.

③ UNECA (the United Nations Economic Commission for Africa), Committee on Human Development and Civil Society. 2005. Participation and Partnerships for Improving Development and Governance in Africa. Issues paper E/ECA/CHDCS. 3/2. Addis Ababa, Ethiopia. http：//www. uneca. org/chdcs/chdcs3/Issues_Paper. pdf, p. 2.

④ Donald P. Moynihan. 2007. Citizen Participation in Budgeting：Prospects for Developing Countries. Edited by Anwar Shah, *Participatory Budgeting*. Public Sector Governance and Accountability Series. The World Bank. Washington, D. C., p. 21.

⑤ Ed Campos, Sanjay Pradban. 1996. Budgetary Institutions and Expenditure Outcomes-Binding Governments to Fiscal Performance, Public Economics Division of Policy Research Department of The World Bank, working paper, No. 1646, September, p. 1.

⑥ 技术效率有时称为运营效率，反映支出机构和规划运营层面上的投入与产出关系。公共支出管理的这一目标也可一般性地理解为与公共服务交付相关的绩效（performance），即通常所谓的支出绩效。

个方面（资源供给与需求）联结起来的预算程序，包括预算运作的政治和行政程序。① 鉴于预算总是在有限资源供给面对无限资源需求的环境下运作，财政纪律要求支出申请的总额不能突破可得资源总量，否则，过度支出、赤字和债务将破坏财政可持续性，最终酿成"公共悲剧"。② 财政纪律的首要价值就在于避免预算过程出现此类悲剧，可定义为在给定风险下，将预算的和实际的支出、收入与借款维持在与财政可持续性和政府短期/长期宏观经济目标相协调的水平上，预算程序的一项重要功能就是最优地建立和达成这些目标。③ 在此前提下，预算方法与程序亦应致力于支出管理的其他两个关键目标，即确保预算资源的分配准确反映国家战略优先性和政府政策的重点，以及在运营层面促进公共服务交付的效率。

虽然概念相当清晰，但许多国家在设计和实施恰当的预算方法与程序以促进上述目标方面遇到了极大困难。主要困难在于传统上广为采用的基数法的局限性，导致政府不能有效运用预算促进这些目标。作为回应，20世纪80年代以来，发达国家相继采用基线筹划取而代之，许多发展中国家和部分转轨国家也加入了这一行列。

13.2.3 基线筹划与基数法：解释和比较

基数法的原理很简单，在制定预算时，把当前年度或基年的实际收支水平（基数）看做预算存量（A0），在此基础上附加一个调整系数（α），两者的乘积被当做预算年度的增量（A0×α），存量与增加量加总得出的预算（估计）数 A1 可表示为：

$$A1 = A0(1+\alpha)$$

上式表明，基数法只就增量部分制定预算资源配置决策，存量被当做固定不变的部分自动延续到预算年度中。由于每个预算年度的基数很大、增量很小，采用基数法制定预算意味着预算程序只考虑很小一部分资金的配置

---

① 预算过程的政治运作集中反映在总量决策和配置决策方面。确定适当的收入、支出、赤字与债务的总量，以及在总量约束下资源在各部门间与各规划间的资源配置，通常由政治家（政策制定者）做出。行政运作主要反映为预算申请者（支出机构）准备预算申请和执行预算的活动。
② Hardin, Garrett. 1968. The Tragedy of the Commons. *Science* 162：1243–1248.
③ Alta Folscher. 2007. Local Fiscal Discipline, Fiscal Prudence, Transparency, and Accountability. Edited by Anwar Shah, *Local Budgeting*. Public Sector Governance and Accounting Series. The World Bank. Washington, D. C., p. 81.

决策问题。因此,预算僵化不可避免并随时间推移而加剧,以致市场经济中活跃的再分配机制在预算过程中丧失殆尽。① 基数法的另一个显著特征是收入—利益导向而不是政策导向:预算支出总量和哪些活动或事务纳入预算,取决于基数(反映既得利益)和收入多少而非政策上是确有必要。这种收入—利益驱动的不良预算策略明显有利于强势组织,并且很容易诱发浪费性支出行为和低效率,以及政府支出部门(甚至部门内部)之间财政利益分配的巨大不平衡。②

与基数法不同,基线筹划破除了将当前收支水平看做"基数"(既得利益)的观念。在基线筹划下,政府整体和支出部门的预算安排并不取决于基数,而是取决于环境参数、预算进度和政策变化。预算作为政策工具理念的确立,要求预算以公共政策为导向,致力促进政府的经济和社会目标。③ 因此,制定预算考虑的焦点必然是政策因素及其变动:如果政策没有变化,只是环境参数和预算进度发生变化,那么,合理的收入(预测)和支出需求(估计)便形成预算的基线(baseline);另一方面,现行政策不可能总是保持不变,其中某些政策将停止执行,同时需要采纳某些新的政策提议。这种纯粹由于政策变动导致的收支变动,形成基线筹划视角下的预算增量。举例而言,如果预算年度的收入基线是 10 000 亿元,则表明政府整体在现行税收政策不变的前提下,只是由于环境参数(例如通货膨胀和纳税人数目)的变动和执行进度的变动(例如税收减免到期),预算年度的收入预测数为 10 000 亿元。另一方面,假设政府的税收政策发生变化,例如政府决定把税率提高 3 个百分点,收入预测将增加(比如)1 000 亿元。在此例中,收入预算的线下(基线)部分为 10 000 亿元,线上部分为 1 000 亿元,总的收

---

① 在市场经济中,竞争引导资源从效益低的用途转入效益高的用途,资源配置效率由此得到促进。预算僵化意味着类似的竞争机制不能引导预算资源从优先级较低用途转入较高用途,从而削弱配置效率。

② 强势组织可定义为权力相对较大并有能力和机会影响预算—政治过程的组织。发达地区因财力相对充足,基数法诱发大量的浪费性支出行为,包括年末突击花钱和数不清的"政绩工程"。贫困地区虽然财力相对有限,但浪费性支出行为并不鲜见。国内关于"收入分配问题"的文献经常忽视中国数目庞大的政府部门间的预算利益不平衡:强势组织借助基数法获得的预算资源支配权远甚于弱势组织。

③ 希克(Schick)最早指出:预算从强调控制支出转向管理政府活动,是通过把预算作为计划工具来预测多年期支出实现的。萨马罗和科思伦(Thurmaier and Gosling, 1997)扩展了他的框架,20 世纪 90 年代开始强调预算作为政策工具。参见:Schick, Allen. 1966. The Road to PPB: The Stages of Budget Reform. *Public Administration Review* 26 (December): 243-58; Thurmaier, Kurt and James Gosling. 1997. The Shifting Roles of Budget Offices in the Midwest: Gosling Revisited. *Public Budgeting and Finance* 17 (4). 48-70.

入预测（概算）为 11 000 亿元。

基线筹划也被用于估计各部门的支出需求。鉴于政府的基本职责是向公民提供公共服务，而公共服务是通过特定规划（programs）提供的（例如通过儿童保健规划向儿童提供保健服务），部门层次的基线对应的是执行现行规划或提供当前服务的支出需求。与收入基线一样，即使没有政策变动，环境参数（预测假设）的变动，例如价格上升（导致燃油支出增加）和失业率下降（导致失业救济金减少），预算执行本身（例如某项公共工程完工），以及其他非政策因素的变动，[1] 也会导致支出需求发生变化。但就其性质而言，这些因素变动与政府政策变化的财政效应截然不同。基线筹划要求明确区分这两类变动的资源含义，这也是区别于基数法最显著的特征和优势。国际货币基金组织在著名的财政透明度手册中指出：清楚地确认现行政府规划的成本以及对新的政策提议进行严格的成本核算，是极重要的预算纪律因素。[2]

基线筹划的上述优势使其能够提供政策可持续性评估的关键信息，这是基数法无法做到的。假如下一年度的收入预测（包括线下与线上部分）为 11 000 亿元，支出基线（线下）为 12 000 亿元，表明可得资源总量不足以支持现行政策。在中长期中，这意味着除非调整现行政策，否则现行政策是不可持续的；另一方面，如果支出基线小于可得资源总量，例如为 10 000 亿元，那么两者的差额（1 000 亿元）便形成了政府可用于支持新政策提议的财政空间（fiscal space）。财政空间可定义为应对新的支出需求所能自由支配的财政资源。由于用于发展的资源相对紧张，低收入国家创造和保留足够的财政空间尤其重要，这也是应对预想不到的财政危机所必需的。[3]

由于典型的政策执行需要若干年的时间尺度，实务上的基线筹划通常被用于中期收入预测和支出估计，这是两个关键性的、高度依赖特定技术方法的预算运作过程。其中，收入预测涉及的是政府整体的运作，支出估计涉及的主要是各个支出部门的运作，财政部需要适时掌握支出部门的支出估计，最终形成政府整体各年度的支出估计。在这里，"中期"指的是包括即将到来的下一个预算年度的未来 3~5 年（多数国家为 3 年）。如果将当前（正

---

[1] 最明显的是，支出部门可能采取某些节约措施，或者采用更好的技术降低成本。
[2] IMF. 2001. *Manual of Fiscal Transparency*. It can be accessed thorough the fiscal transparency web site of imf. org. p. 42.
[3] 彼得·赫勒（Peter Heller）：《财政空间：含义》，载《金融与发展》（IMF 刊物）2005 年 6 月号。

在执行的）预算年度表示为 t，那么，3 年期中期预算框架（MTBF）下的基线筹划可直观地表示为图 13.3。

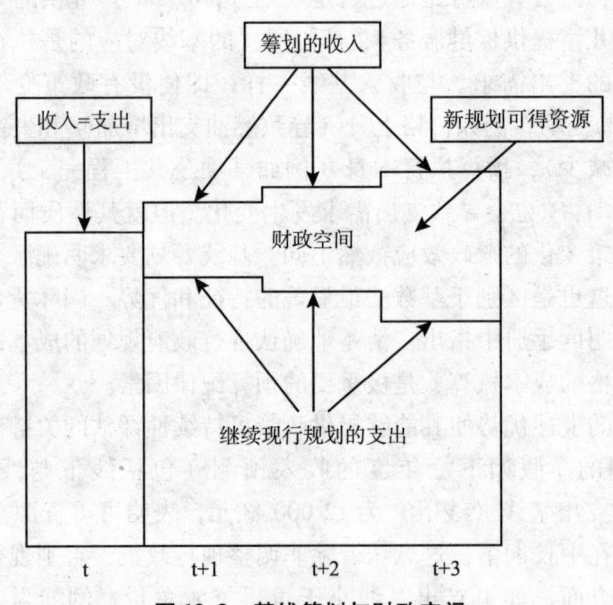

图 13.3　基线筹划与财政空间

图 13.3 假设定当前年度收支平衡，但在随后的 3 年中，现行规划的总支出随时间推移而减少，这可能源于两个常见的原因：现有规划的数量因执行进度延伸而减少了支出需求，技术改进与管理效率的提高节省了执行现行规划的了资金（由此形成储蓄）。收入预测的增加和支出基线的下降形成未被指定用途的、可用于为新政策（或规划）提供资金的财政空间。这些为新的支出需求建立的财政空间将被分配到各个支出部门，这使各部门的预算制定具有资源流量的清晰性和预见性。在基数法下，资源流量的预见性要么十分模糊，要么完全消失了。

13.2.4　引入基线筹划：意义与必要性

基数法具有简明易懂的优点，但其固有的局限性表明这是一种没有前途的预算方法，基线筹划是取代基数法的理想方法。另外，虽然在年度预算中采纳基线筹划也是必要的，但如果与引入 MTBF（MTEF）的改革结合起来，基线筹划的独特优势将更加充分发挥出来。① 概括起来，以基线筹划取代基数法带来的直接收益是大大改进预算文件的质量与透明度，根本意义则在于为改进公共支出管理提供理想的预算方法。

1. 改进预算文件的质量与透明度

预算文件必须具有最低限度的透明度和可信性。这是因为，作为预算制度、程序和技术方法直接产物并经立法机关批准的预算文件，不只是一份关于公共资金分配的法定文件，也是一份政府对社会做出如何解决经济社会问题的庄严承诺，一份阐明政府致力追求的政策目标及其优先性的施政纲领和行动宣言。从政府与公民的关系看，预算文件也是公民观察政府的窗口和评估受托责任的工具。在预算文件所扮演的多重角色和承载的诸多功能中，特别重要的是作为政策工具的角色和功能。经济合作与发展组织在其预算文件的"最佳实践"中，将预算文件确认为政府的政策声明（policy statement）——一份关于将公共目的和政策转换为财务资源配置的声明，所以，"不同政策选择之间的权衡应予评估"②。

对于评估政策可持续性而言，中国当前各级政府的年度预算文件所包含的有用信息相当有限。究其技术原因，主要在于采用基数法制定的预算文件，既不能提供关于"假设当前政策不变收入、支出、赤字将是多少"的（线下预算）信息，也不能提供"政策变化对预算的影响"（线上预算）的信息，这使人们难以评估"继续当前政策是否将威胁财政可持续性"，以及"政府在未来年度可以创造多大财政空间来支持新政策"。财政政策的不可持续定义为公共债务超过政府在中长期清偿债务的能力，通常意味着需要改变当前政策。③

基线筹划取代基数法有助于大大改进各级政府预算文件的质量。基线筹划要求预算文件区分线下和线上部分，从而提供了帮助评估政策可持续性的宝贵

---

① 基线法提供了一个旨在联预算与政策的有效方法。由于政策执行通常需要若干年（多为 3～5 年）的时间跨度，在年度预算下建立政策与预算间的联结是很困难的。当然，预算的时间框架并非越长越好。超越中期（包括当前预算年度在内的 3～5 年）的时间跨度将产生很高的不确定性，采用基线筹划（或其他方法）预测收入和估计部门支出需求将很不准确。一般地讲，中期的时间框架对于基线筹划最为适当。

② OECD. 2001. Best Practices for Budget Transparency. Report JT00107731, OECD, Paris. http：//www. olis, pp. 179 - 180.

③ IMF. 2001. *Manual of Fiscal Transparency*. It can be accessed thorough the fiscal transparency web site of imf. org, p. 43.

信息，也要求披露预算制定依赖的环境参数（预测假设），从而提供了帮助评估预算制定的合理性和可信度的宝贵信息。鉴于有些参数的微小变化可能对预算估计产生很大的影响，预测参数（及敏感性分析）通常需要在预算文件中披露。表13.2提供了英国在2007~2011预算年度的相关例子。①

表13.2　　　　　英国的经济预测概要：2007~2011　　　　　单位：%

	2007	2008	2009	2010	2011
GDP 增长					
预测范围上限	—	—	-3.25	1.5	3.75
经济增长	3	0.75	-3.5	1.25	3.5
用于预算估计的预测假设	—	—	-3.75	1	3.25
通货膨胀					
CPI 通胀	2	4	1	1	2.25
RPI 通胀	4.25	2.75	-1.25	2.5	4
GDP 紧缩指数	2.5	2	0.25	1.75	2.75

资料来源：英国财政部网站。

在基数法下，目前中国各级政府的预算文件并不包含预算制定所依据的预测参数信息。正如在政府一般账户（比如国库单一账户）之外建立特定账户、不能自下而上计量所有财政活动和仿造会计账目一样，对预算制定所依据的经济预测参数和新出台政策的财政效应不予披露，也会减少透明度另外，由于预算估计采纳的环境（预测）参数与实际情况不可避免地存在偏差，预算文件中缺乏这些参数信息将导致对政府财政风险的不充分评估，并损害预算执行和执行结果。② 鉴于预算的线下信息、线上信息和预测参数及其披露如此重要，国际货币基金组织在1998年4月16日通过的《财政透明度示范章程——宣言和原则》中确认，预算至少应规定财政政策目标、宏观经济框架、预算的政策基础以及可确认的主要财政风险，并把明确区分新政策与继续现行政策的政府支出义务作为与预算文件有关的最佳实践之一。③

---

① 表13.2中"预算估计采纳的预测假设"比GDP增长及其上限预测要保守一些，这是预算制定通常需要采取的谨慎态度，以利控制财政风险和促进良好的预算执行。目前发达国家普遍采取这种策略，但许多发展中国家盛行过于乐观的预算估计，反映出政治和行政压力对于预测和预算的影响。

② 例如，设定的经济增长率偏高将导致过于乐观的收入预测，进而推动过度支出、赤字和债务。实际收入低于（过于乐观）预测将导致收入短缺，这会使预算难以执行以及执行结果偏离预算的重点和意图。

③ 除了财政政策目标外，最佳实践中的每个要素都直接或间接地依赖于采纳基线筹划技术。

2. 作为改进公共支出管理的技术基础

从 20 世纪 90 年代中期摆脱"两个比重"逐年下降导致的财政窘境以来,[①] 中国预算规模急剧扩展(见图 13.4)。[②]

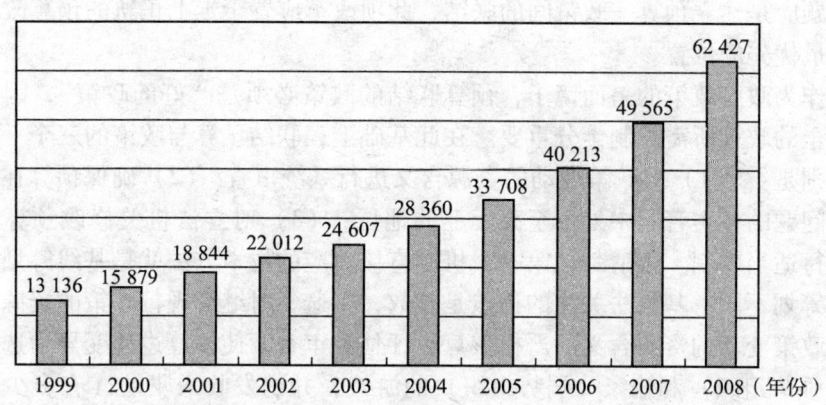

图 13.4 中国公共预算规模的扩展:1999~2008(单位:亿元)

预算规模的快速扩展表明,财政意义上作为一个整体的"贫困政府"逐渐演变为相对富裕的政府。[③] 在可预见的将来,预算规模迅速扩展的趋势还将持续下去。在此背景下,可以合理推论:提高各级政府施政能力的关键不在于强化动员资源的能力,[④] 真正的挑战在于建立确保资源分配准确反映政策重点和优先性的能力,或者更一般地讲,在于通过公共预算达成三个层次理想财政成果(财政纪律与总量控制、基于效率和公平的优先性配置以及运营效率)的能力。

研究表明,公共支出管理的所有关键目标都依赖于在政策与预算之间的联

[①] 两个比重指财政收入占 GDP 的比重和中央财政收入占全国财政收入的比重。
[②] 数据源于历年《中国财政年鉴》。
[③] 中国当前政府收入占国民可支配收入约达 50%,相当于美国这一数据的约 2 倍。按 2009 年中国一般预算支出约 7.6 万亿元计算,每个中国人平均每年为政府买单将近 6 000 元,超过占人口大约 65% 的农民的年均纯收入。这是非常保守的估计,因为没有考虑大量的、难以得到准确数据的预算外资金。
[④] 与其他多数国家不同的是,中国政府除了拥有很强的征集财政资源(税收与非税收入)的能力外,还有很强的能力通过规模庞大的国有企业和国家控制的金融机构来动员资源。

结,以及时间框架超过一年的中期展望。① 然而,当前中国各级预算实践中,预算与政策之间的脱节十分严重,以致支出控制乏力、地方隐性赤字(包括拖欠)的膨胀、频繁的追加预算、浪费性的支出行为、关键性公共服务的短缺、支出机构重支出轻管理等等,发展到相当严重的地步,显示各级政府在以预算达成支出管理目标方面困难重重。鉴于此,下一阶段中国的预算改革的核心命题应是建立预算—政策间的联结,此项改革应置于走上正轨的预算改革议程中最优先的位置。

作为政府政策的一面镜子,预算联结的政策必须是"好的政策",因而建立健全的政策所需机制十分重要。在此基础上,联结预算与政策的三个一般机制分别是:②(1)对政策变动的资源含义进行系统审查;(2)确保预算在针对财政问题的各类管制中处于至高无上的地位;(3)对立法机关修改预算的权力进行适当限制。很清楚,第一个机制直接对应的技术方法就是基线筹划。与基线筹划不同,基数法关注的论点是基数,回避了对继续现行政策的资源含义以及政策变动的资源含义的严格核算、评估和审查,使预算过程变异为选择赢家(强势组织)和输家(弱势组织)的游戏,并诱发收入驱动(有多少钱就安排多少预算)的不良预算策略,导致预算与政策之间难以形成紧密联结。

基数法的这一缺陷还会由于与条目预算(line-item budget)的结合而放大。条目预算的解释性例子如表13.3所示。

表13.3　　　　　　　条目预算:解释性例子　　　　　　　单位:元/年

条目	数量	支出标准	预算(数量×支出标准)
工资	100(人)	3 000	300 000
公车购置	10(辆)	200 000	2 000 000
差旅费	20(次)	10 000	200 000
汽油	10 000(升)	5	50 000
道路维修	10(公里)	100 000	1 000 000
房屋租金	50(间)	20 000	1 000 000
合计	—	—	4 550 000

---

① Salvatore Schiavo-Campo and Daniel Tommasi. 1999. *Managing Government Expenditure*. Asian Development Bank, p. 87.

② 这些关键性的机制一般包括:在政府内部建立政策制定的协调机制,与公民社会磋商,以及向立法机关提供详细审查政策和预算所需要的充足手段。

作为当前中国各级预算的主流模式，条目预算对于支出控制是适当的，但由于关注的是预算过程的资源投入而非结果，这一模式妨碍绩效以及政策与规划的优先性排序。事实上，条目预算并不处理与政府政策目标相关的关键性问题，包括政策目标的排序、目标与预算的联系和政府对公民的服务交付，也不寻求在投入与服务之间建立最有效的联系。

从20世纪50年代开始，发达国家和许多发展中国家即尝试各种绩效/规划预算来解决这些问题，包括50年代的规划预算、60年代的计划—规划—预算体制（PPBS）、70年代的零基预算（ZBB）以及当前深受欢迎的绩效预算。虽然许多国家和政府已经把这些综合性的分析技术吸收到预算过程中，然而，研究表明这些方法对预算资源配置决策的影响甚微。[1] 作为回应，20世纪80年代开始，发达国家和一些发展中国家开始寻求其他途径加强预算与政策间联结。引入MTBF和作为其技术精华的基线筹划，就是这一改革努力极为重要的组成部分。从趋势看，采纳MTBF和基线筹划技术的国家将越来越多，中国也不可能长期游离于这一进程之外。

结语

- 目前发达国家采用基线筹划方法在MTBF下准备年度预算的做法已经制度化了。部分发展中国家和转轨国家也引入了此项变革。
- 原则上，引入MTBF是在预算与政策之间的建立直接联结机制的最有效的方法。MTBF包括两类：预测式的MTEF（a forecasting MTEF）和筹划式MTEF（a programmatic MTEF）。后者是全面、正式的MTEF。两类模式都应覆盖并区分经常性支出和资本性支出。
- 预测式MTEF目的在于为年度预算的准备提供一个更好的、按功能和组织分类的中期预测，着眼于通过扩展预测的时间框架和提高预测质量，来加强年度预算的支出控制职能、财政政策与宏观经济框架的协调性以及促进财政政策的可持续性。该模式要求MTEF与宏观经济筹划以及财政部为支出部门建立的年度支出概算相一致，但并不要求系统地引入集中性（自上而下）的预算程序和基线筹划方法，这两个方面高度依赖公共部门与官员的行政、管理与技术能力。

---

[1] Doug Goodman and Edward J. Clynch. 2004. Budgetary Decision Making by Executive and Legislative Budget Analysts: The Impact of Political Cues and Analytical Information. *Public Budgeting & Finance*. Fall.

- 筹划式 MTEF 着眼于改进预算资源的优先性配置和提高公共支出的效率。无论哪一个模式，可靠的中期收入总额预测至关紧要。对于为改进年度预算的准备建立的 MTEF 而言，起点必须是与宏观经济框架相一致的稳健的收入概算，以此确定总支出和为各部门建立预算限额。

- 为避免支出部门利用这一改革机会扩张或推迟支出的机会主义行为，改革初期有必要将 MTBF 的范围限定于对执行现行政策和规划和中期估计，而不允许支出部门在 MTBF 中引入新的规划，这也是许多发达国家的经历。这一做法有助于削弱支出部门将应由前期承担的开支推延到未来年度，或者将 MTEF 当做要求增加开支的手段的动机。

- 以基线筹划取代基数法不失为预算方法的一场革命。基线筹划的主要优势在于为建立预算—政策间的联结提供理想的技术基础。诚然，由于政策制定是复杂的，要求在预算程序中完成所有的政策制定工作是不可行的，但努力寻求政策议程同预算的联结是绝对必要的。

- 下一阶段中国的预算改革的核心命题应是建立预算—政策间的联结，此项改革应置于走上正轨预算改革议程中最优先的位置。

本章要点

- 各国 MTBF 的范围、详细程度和运作流程不尽相同。全面和正式的 MTBF 的核心部分是包含所有政府支出的、关于政府整体的中期支出框架（MTEF），它是在中期宏观经济与政策筹划的基础上制定的。在严格意义上，MTEF 指的是一个将中期概算与政府现行（财政）政策联结起来的约束性程序，这一程序要求以基线分离和评估现行政策与新的政策提议的未来成本，并要求预算申请者以成果为基础证明其支出合理性。

- 引入 MTBF 和基线筹划为改进和加强预算过程中的基础工作创造了机会，包括宏观经济与财政政策筹划、尽早公布预算限额、建立量化的财政约束、政府内部更好的协调与冲突裁决机制、改进预算指南以及加强预算执行过程的控制和评估。然而，发展中国家引入严格意义（正式）的 MTBF 不易成功，因此应谨慎从事。

- 在引入预测式 MTBF 时，首先引入作为纯技术性规划的 MTBF，用以反映现行政策与规划因环境（预测）参数、预算执行进度、执行过程的资源节约关系到的技术性变动，积累经验后再逐步扩展到作为严格计划方法的 MTBF。

● 采纳基线筹划要求相应改革传统的部门预算编制方法和预算审查机制。要点是,在采纳一项预算提议(政策决定或规划)之前,应预先确认政策与规划变动的资源含义,即便非常粗略亦应如此。任何提出新的预算提议的支出部门,都应量化该项提议对公共支出的影响,包括对本部门的开支和其他政府部门开支的影响。同样重要的是,在预算提议进入政府高层讨论(尚未公开宣布)之前,财政部应及时掌握所有涉及支出的提议。

● 引入 MTBF 和基线筹划要求预算准备过程必须以自上而下方法启动。预算准备通常是一个在财政部与支出部门之间反复磨合的过程,因而需要自上而下方法和自下而上方法的结合,前者旨在向支出部门提供预算编制所需要的指导,后者涉及的是支出部门向财政部呈递预算申请。虽然如此,确保以自上而下方法启动预算准备程序极为重要,唯有如此才能在预算准备的早期阶段确立和公布预算政策指南和预算限额,这是支出部门制定良好的预算申请不可或缺的前提条件。自下而上方法要求支出部门的预算申请清楚地区分继续当前规划所需要的支出数量,以及建议引入的新规划并核算其成本。

● 采纳基线筹划后的部门预算准备程序应明确区分三个主要步骤:财政部门首先制定(最初)线下支出限额、其后是线上支出限额、最后是公布两者合并的部门支出限额。线下限额在评估执行现行政策所需要支出的基础上制定,也就是依据环境参数的变动、预算执行进度以及执行过程中的资源节约的可能性,对当前的支出进行纯粹的技术性修订,以此作为支出部门制定预算申请的大致框架。这一机制向支出部门发出了"不要轻易增加支出"的明确信号,从而有助于引导支出部门与财政部门之间的预算谈判集中于新的预算(政策与规划)提议的合理性和可行性方面。

● 从较长远的观点看,无论是否实施引入 MTBF 的改革,对于良好的年度预算准备而言,自上而下方法启动的集中性预算程序都是必需的,它有助于将预算谈判中不可避免的讨价还价保持到合理的最低限度,促进资本性支出与经常性支出的整合。

关键概念

中期预算框架　中期支出框架　基线筹划　基数法　预测式 MTBF　筹划式 MTBF　自上而下预算程序　自下而上预算程序　预算限额　预算指南　预算前报告　前向估计　财政空间　规划　宏观经济筹划　预测参数　线下预算　线上预算　财政纪律　财政可持续性

复习思考题

1. MTEF 包括哪三个核心要素？
2. MTBF 的运作流程是怎样的？
3. 在理想情况下，MTBF 应致力达成哪三重一致？
4. 无论是否引入了 MTBF，良好的预算准备程序应包括哪六个步骤？
5. 发展中国家和转轨国家引入 MTBF 的变革通常会面临哪些主要挑战？
6. 在考虑引入 MTBF 时，发展中国家和转轨国家应从其他国家汲取哪些经验教训？
7. 预测式 MTBF 和筹划式 MTBF 的主要区别何在？
8. 相对于传统的预算基数法而言，基线筹划的主要优势是什么？
9. 为何良好的预算准备过程必须以自上而下方法启动？
10. 为什么说 MTBF 和基线筹划为在预算与政策之间建立直接联结提供了理想的方法？
11. 发展中国家和转轨国家引入 MTBF 和基线筹划通常需要具备哪些技术能力？
12. 中国现行的预算准备程序与 MTBF 和基线筹划通常要求的预算程序存在哪些差异？

参考文献

1. Allen Schick. 2002. Does Budgeting Have a Future? *OECD Journal on Budgeting*. Vol. 2, No. 2.

2. Alta Folscher. 2007. Local Fiscal Discipline, Fiscal Prudence, Transparency, and Accountability. Edited by Anwar Shah, *Local Budgeting*. Public Sector Governance and Accounting Series. The World Bank. Washington, D. C..

3. Carol W. Lewis. 2007. How to Read a Local Budget and Assess Government Performance. Edited by Anwar Shah, *Local Budgeting*. Public Sector Governance and Accounting Series. The World Bank. Washington, D. C..

4. Daniel R. Mullinns and Michael A. Pagano. 2005. Changing Public Budgeting and Finance: A Quarter Century Retrospective. Silver Anniversary Issue, *Public Budgeting & Finance*. Special Issue.

5. David Corbett. 1998. Australian Public Sector Management. Sydney: Allen & Unwin.

6. Donald P. Moynihan. 2007. Citizen Participation in Budgeting: Prospects for Developing Countries. Edited by Anwar Shah, *Participatory Budgeting*. The World Bank. Washington, D. C..

7. Doug Goodman and Edward J. Clynch. 2004. Budgetary Decision Making by Executive and Legislative Budget Analysts: The Impact of Political Cues and Analytical Information. *Public Budgeting & Finance*. Fall.

8. Ed Campos, Sanjay Pradban. 1996. Budgetary Institutions and Expenditure Outcomes-Binding Governments to Fiscal Performance, Public Economics Division of Policy Research Department of The World Bank, working paper, No. 1646, September.

9. Hardin, Garrett. 1968. The Tragedy of the Commons. *Science* 162: 1243 – 1248.

10. IFAC. 2001. Governance in the Public Sector: A Governing Body Perspective. *International Public Sector Study*. August, Study 13, Issued by The International Federation of Accountants, International Federation of Accountants.

11. IMF. 2001. *Manual of Fiscal Transparency*. It can be accessed thorough the fiscal transparency web site of imf. org.

12. Jurgen von Hagen. 2005. Budgeting Institutions and Public Spending. Edited by Anwar Shah, *Fiscal Management*. The World Bank, Washington, D. C..

13. OECD. 2001. Best Practices for Budget Transparency. Report JT00107731, OECD, Paris. http://www.olis.

14. Salvatore Schiavo-Campo. 2009. Potemkin Villages: The Medium-Term Expenditure Framework in Developing Countries. *Public Budgeting & Finance*. Summer, Vol. 29, No. 2.

15. Salvatore Schiavo-Campo. 2007. Budget Preparation and Approval. Edited by Anwar Shar, *Budgeting and Budgetary Institutions*. The World Bank, Washington, D. C..

16. Salvatore Schiavo-Campo and Daniel Tommasi. 1999. Management Government Expenditure. Asian Development Bank.

17. UNECA (the United Nations Economic Commission for Africa). 2005. Committee on Human Development and Civil Society. Participation and Partnerships for Improving Development and Governance in Africa. Issues paper E/ECA/CHDCS. 3/2. Addis Ababa, Ethiopia. http://www.uneca.org/chdcs/chdcs3/Issues_Paper.pdf.

第14章 预算过程的公民参与

预算是现代社会最基本、最正式和最频繁的治理程序,它通过稀缺公共资源的有效分配和使用,使政府得以履行服务公民这一基本职责。因此,预算过程如何充分和准确反映公民的真实偏好和需求,成为预算制度和程序需要致力解决的最根本问题。如果没有偏好的及时、真实和适当的表达,那么,任何政府也不可能对公民需求做出(适当)回应,而一个缺乏回应性(responsiveness)的政府不可能是责任政府。正因为如此,近期全球范围的公共管理改革运动强调对公民需求的回应性,与此相适应的有效和有效率的公共支出管理改革强调绩效受托责任和公民参与(citizen participation)。① 遵循参与原则要求在预算过程的各个阶段(尤其是预算编制及辩论/审查阶段),建立公民话语表达(voice express)的渠道并使其制度化,以使公民有机会在预算过程中表达偏好和需求,以此预算构造适当的社会基础。公民参与适合所有级别的公共预算,尤其适合地方预算。本章探讨的重点问题如下:

- 预算过程公民参与的意义与作用
- 公民参与的原则与参与机制
- 预算过程公民参与的制度化设计
- 参与式预算的流程、意义与成功实施需要的条件

14.1 预算过程的公民参与:意义与机制

在相关文献中,参与(participation)系指一种话语权机制,目的在于通过参与促进话语权表达,加强政府对公民的受托责任和服务交付。这类文献强

---

① Anwar Shah and Chunli Shen. 2007. Citizen-Centric Performance Budgeting at Local Level. In *Local Budgeting*, ed. Anwar Shah, Washington, D.C., World Bank. p. 166.

调把参与作为在治理过程中加强边缘化（弱势）群体能力和作用的方法。这些群体通常较难在较高层级的治理结构中表达其话语权，但他们有更多的机会表达和影响地方（尤其是基层）辖区治理结构及其决策。地方治理结构也更容易对话语权表达做出适当回应。这种良性互动有助于改进服务交付绩效和促进受托责任。公共预算应充分融入公民参与原则，以使公民（村民）的话语权能够在预算过程的各个阶段得到清晰、广泛和有力的表达，并通过由此形成的外部压力和适当的激励机制，促使政府官员改进服务交付和有效回应公民偏好与需求。融入公民参与机制的公共预算将为建立服务导向型政府和责任政府提供最好的机会和切入点。

14.1.1 作为强化受托责任的工具

在现代社会中，公共预算被公共部门用于追求广泛的经济、社会和政治目标，其中首要的是促进政府对公民的受托责任。受托责任是任何宪政体制关注的焦点。一般地讲，宪政的首要但极困难的任务是设计一套具有重要意义的受托责任制度。①

受托责任概念的丰富内涵可以从许多方面进行解读，但真正的受托责任系指委托人对代理人的强有力控制，以及约束代理人追求委托人目标的能力。②在公共财政意义上，这一基本含义的受托责任要求政府得自人民的资源，必须按人民的意愿使用，并致力产生人民期望的结果。然而，问题也随之出现：建立受托责任意味着需要代理人同意建立针对自己的自我约束，这将限制其行动自由，在某些情况下甚至会让其处于为难和痛苦的境地。既然如此，我们凭什么期待代理人（政府）对委托人（公民）的受托责任是显而易见的和强有力的？可以合理推论：只是在"如果代理人不如此作为公民将实施惩罚"的环境下，代理人才会同意将受托责任加之于己。③ 现实生活中，许多国家腐败的盛行、对人权和公民权利的冒犯以及公共权力的武断行使，显示纵向受托责任

---

① 罗伯特·蒙克斯（Robert A. G. Monks）、尼尔·米诺（Nell Minow）著，李维安、周建等译：《公司治理》，中国财政经济出版社2004年版，第126页。

② Roe Jenkins. 2007. The Role of Political Institutions in Promoting Accountability. Edited by Anwar Shar, *Performance, Accountability and Combating Corruption*. The World Bank, Washington, D. C., p. 148.

③ Mark Schacter. 2005. *Framework for Evaluating Institution of Accountability*. Edited by Anwar Shah, Public Sector Government and Accountability Series. The International Bank for Reconstruction and Development/The World Bank, Washington, D. C., p. 232.

十分脆弱。

作为回应，可以通过"公民惩罚"来加强委托人对代理人的控制，以及强化委托人约束代理人追求委托人目标的能力，贯彻真正的受托责任，从而在治理者（代理人）与被治理者（委托人）之间形成一种健全的关系。在西方民主政体下，达成这一目标的正式机制是选举安排：通过投票箱方法建立针对公民的（纵向）受托责任。根据后向投票范式（the retrospective-voting paradigm），选民用选票保持政治家对事后绩效负责。隐含的假设是，寻租活动和租金可以通过严格的受托责任和残酷的竞争加以限制。①

然而，正如公共选择理论强调的那样，选举过程足以约束自行其是的政府的假设是极其脆弱的。② 对许多发展中国家和经济转轨国家而言，建立有效的选举体制更是一项重大挑战。中国基层民主实验（村民选举村干部和县级人大代表直选）遭遇的窘境就是有力例证。③

与公民以选票淘汰令其不满的代理人的选举机制相对应，另一种公民惩罚的机制是竞争性的政府范式。该范式涉及多个维度，包括政府间竞争、政府内部的竞争以及政府内外间的竞争。④ 最经典的范式是蒂伯特模型的以足投票（voting by foot），涉及多个地方政府间的财政竞争，政府对财政资源展开的竞争以及人们为追求财政收益而进行的辖区间迁移，能够部分甚至是全部取代对征税权明确的财政约束和改进公共服务交付的效率。⑤ 对于约束代理人对权力负责而言，这一机制的作用类似资本市场上出售股票。出售股票就像政治避难：通过以足投票的方式离开（公司管理层中的）独裁者，但在解决个人问题的同时不能终结独裁，不能赶走甚至不能对其产生威胁。进一步言之，如果持不同意见者离开，可能正中代理人下怀。⑥ 由此可知，以足投票是一个有缺

---

① Persson, Torsten and Guido Tabellini. 2000. *Political Economics: Explaining Economic Policy*. Cambridge, MA: MIT Press.
② 杰弗里·布伦南和詹姆斯·M·布坎南（Geoffrey Brennan and James M. Buchanan）：《征税权——财政宪法的分析基础》，载杰弗里·布伦南和詹姆斯·M·布坎南：《宪政经济学》，中国社会科学出版社 2004 年版，第 20 页。
③ 实践证明，选举体制的有效性在很大程度上取决于权力相互制衡（checks and balances）的基础结构的支持。即使在工业化民主国家中，这个问题依然没有很好地解决。
④ Breton, Albert. 1996. *Comparative Governments: An Economic Theory of Politics and Public Finance*. New York: Cambridge University Press.
⑤ Tiebout, Charles M. 1956. The Pure Theory of Local Expenditures. *Journal of Political Economy* 64. pp. 416–424.
⑥ 罗伯特·蒙克斯（Robert A. G. Monks）、尼尔·米诺（Nell Minow）著，李维安、周建等译：《公司治理》，中国财政经济出版社 2004 年版，第 82 页。

陷的理论，这不在于假设前提不现实，而在于即便是成熟的以足投票机制，也不能解决委托代理问题，只能解决个人（股东）问题，而在公共领域或政治场合，即使是个人问题也难以解决。①

鉴于以手投票和以足投票式的公民惩罚机制均不充分，约束代理人履行受托责任的努力需要在其他方向上展开。其中最基本的是在政府内部创立和维护独立的公共受托责任机构（IAs：public institutions of accountability）以赋权公民（empower citizens）监督政府活动，要求其加以解释，以及建立奖励机制和为违规或非法活动实施惩罚。② 在此类制度安排下，政府自身创设公共 IAs 以约束行政部门对其负责，形成相对于纵向（政府对公民社会）受托责任的横向受托责任（horizontal accountability）。IAs 的范围因国家而异，通常包括立法机关、司法机关、选举委员会、审计机构、反腐败机构和人权委员会。这些部门需要保持对行政部门的独立性，代表和赋权公民（包括选民、公民社会组织、非政府组织和独立媒体）监督政府行政部门的活动，执行正式的法定功能，在约束行政权力方面扮演支配性角色。为确保可信度，这些机制必须被置于国家机构的中心位置。③

在建立和强化政府对公民的纵向受托责任方面，IAs 的作用是关键性的。没有 IAs，纵向受托责任就不可能以有意义的方式存在。就公共财政而言，横向受托责任意味着行政部门对国家承担了受托人责任（fiduciary responsibility），即确保预算按照立法机关批准的那样被执行。受托人风险定义为政府支出对预算授权的背离的风险。④ 受托人风险表明，正如公民在约束政府承担受托责任方面遇到的困难一样，IAs 本身的存在并不足以确保在政府与公民间形成强有力的纵向受托责任。困难在于，如同纵向受托责任的情形一样，横向受托责任的建立需要政府同意加诸自我约束。世界上没有哪个政府愿意在没有某种适当激励或压力性的环境下，对自己实施自我约束。毕竟，任何一个政府都

---

① 与私人产品不同，在公共产品（包括腐败、专制、环境污染、糟糕的治安等坏公共产品）场合，个人没有退出权（移居国外对于多数人并非易事）。在缺乏有效选举制度和公民参政门槛极高的国家，情形尤其如此。

② Mark Schacter. 2005. *Framework for Evaluating Institution of Accountability*. Edited by Anwar Shah, Public Sector Government and Accountability Series. The International Bank for Reconstruction and Development/The World Bank, Washington, D. C., p. 230.

③ Schedler, Andreas, Larry Diamond, and Marc F. Plattner, eds. 1999. The Self-Restraining State: Power and Accountability in New Democracies. Boulder, Co, and London: Lynne Rienner.

④ World Bank. 2003. Country Financial Accountability Assessment Guidelines to Staff. World Bank, Washington, D. C. http：//www1. worldbank. org/publicsector/pe/CFAA Guidelines. Pdf.

想无拘无束,都想拥有广泛的裁量权。①

至此,问题的焦点就是,既然不能寄望政府加诸自我约束,迫使政府以横向受托责任约束自己的纵向(外部)机制应该是怎样的?一种方法是改进选举体制以确保政府充分感知到如此作为(自我约束)带来的益处。研究表明,横向受托责任只是在能够引导政府从中看到益处的选举程序下,纵向受托责任才会有效和持续,这种嵌入了纵向受托责任因素的选举程序,应作为创设横向受托责任的激励机制而发挥作用。②

然而,包括中国在内的许多发展中国家和经济转轨国家,在发展有效选举体制方面困难重重。这意味着不应对通过建立和改进选举体制以强化纵向受托责任的努力抱有过高的、不切实际的期待(尤其是在短期内)。这为发展公民社会参与以强化受托责任提供了客观基础和历史机遇。相关研究强有力表明,积极和有组织的公民社会(选举体制之外)是另一个迫使政府以横向受托责任来约束自己的纵向因素。③ 各种形式的预算参与是其中特别重要的组成部分。预算过程公民参与的第一个逻辑(假设)就在于,公民参与是强化受托责任的关键因素,尤其是在选举体制和以足投票机制双重失效的环境下。据此,没有作为一种防御机制的公民参与,政府行政部门将不会有充分的激励和压力来强化其横向受托责任,纵向受托责任因此有被削弱甚至落空的危险。

14.1.2 把地方民众带入发展进程

传统治理模式典型地具有排斥参与的特征,它着眼于在缺乏公民参与的情况下,单纯从政府角色(服务供应者)的方向上推动善治,包括自上而下制定和实施大量法律和部门法规、能力建设、"现场办公"、结果(绩效)导向的管理,以及分权和授权(delegation)。④ 这种侧重供应面方法(supply-side approache)的传统治理模式在发达国家取得了有限的成功,但在许多发展中

---

① 乔恩·埃尔斯特:《导言》,载埃尔斯特、斯莱格斯塔德:《宪政与民主——理性与社会变迁研究》,三联书店1997年版,第5页。
② Schedler, Andreas, Larry Diamond, and Marc F. Plattner, eds. 1999. The Self-Restraining State: Power and Accountability in New Democracies. Boulder, Co, and London: Lynne Rienner. p. 334.
③ Tendler, Judith. 1997. *Good Government in the Tropics*. Baltimore and London: Johns Hopkins University Press.
④ 分权要求中央赋予地方政府以独立的决策权,这些权力通常不可"回收"(除非变更法律),授权则没有这一限制。

国家和转轨国家并未改进治理，甚至经历了许多失败。[1] 究其根本原因，在于自上而下的供应面治理模式只是单向强调政府角色和正式组织的作用，未能将地方人民有效地带入发展进程。事实上，即使在那些经济获得高速增长的国家（中国尤其典型），大量地方民众（例如农民和其他弱势群体）依然游离于发展议程和政治过程之外，成为消极的旁观者，从而无法公平和充分地分享改革和发展的成果。

政府质量和治理能力是发展进程的关键因素，但同样重要的是，有效的治理必须把民众带入发展进程，培养他们自己解决自己问题的（自主治理）能力。鉴于公民社会中蕴涵着解决社会问题的无穷潜力、专业知识、技能与经验，为构造全面和可持续发展的基础，政府应致力于培养公民的自治能力，正如人们期待政府为经济市场顺利运转提供稳固的法律基础那样。研究表明，参与是绝对必要的，不仅在动员地方人民和资源用于发展方面，而且在最初外部的或中央政府的帮助撤出以后，保证计划成功和可持续性方面也是如此。[2]

为使地方人民更有效地步入发展进程，20世纪80年代以来，许多发展中国家和经济转轨国家推动了自上而下的分权化改革，把更多的权力从中央转移给地方，但大多以失败告终。主要原因在于，此类分权化改革的目的不是指向促进自治——激励人民以他们自己的方式解决他们自己的问题的创造性，而是作为加强中央对地方控制的一种方法，因此，分权产生的变化只不过是决策地点（从中央到地方）的变化。这种控制导向的分权，与那种将资源和责任转移给地方人民的真正的政治分权——容纳自治原则的分权——存在根本差异。[3] 一般而言，政府行政、财政和政治上的分权是改革过程中的关键所在，但需要一个促使将权力和资源转移给地方政府并将中央和地方政府之间的制衡制度化的法律框架。尤其重要的是，有效的分权化改革需要与提高公民自主治理能力的考虑充分结合起来，发展各种形式的公民参与有助于达成这一目标。研究表明，公民参与具有引向自治——由人民自己管理和控制地方社区的事

---

[1] Andrews Matthew and Anwar Shah. 2005. Citizen-centered Governance: A New Approach to Public Sector Reform. In *Public Expenditure Analysis*, ed. Anwar Shah. Washington, D. C.: World Bank.

[2] Cemea, Michael M. 1987. Farmer Organizations and Institution Building for Sustainable Development. Regional Development Dialogue 8, No. 2: 1–19.

[3] 德莱·奥罗乌：《地方组织的发展》，载迈克尔·D·麦金尼斯：《多中心治道与发展》，上海三联书店2000年版，第266~288页。

务——的潜力,① 这是参与式预算的第二个逻辑基础：将地方民众带入发展进程。

除了通过自治途径外，参与式预算还通过提升公民素质来达成这一目的，它为公民学习基本治理语言、政策制定与实施、公民权利与义务、政府权力与责任等一系列知识创造了机会。这是身为合格的和高素质的公民必须掌握的知识。然而即使在发达国家，许多公民也缺乏这类知识。参与性预算也为公民开辟了进入和接近政策制定过程、获得信息、提高所获得的服务质量的崭新渠道。在参与性预算程序中，公民能够向公民代表提出他们的问题，表达自己的见解和要求，目睹自己的见解和要求如何影响政策和活动，并与公民代表和政府官员一同工作，致力通过集体行动以合作的方式解决这些问题。所有这些都有助于提升公民的能力，从而也有助于将公民带入发展进程。

14.1.3 作为地方民主的催化剂

由于各种原因，设计大规模的、正式的政治改革方案（例如选举和政党体制改革）以推进政治民主化进程的努力，在许多发展中国家和经济转轨国家要么不现实，要么以失败告终的概率相当高。设计这类改革方案过于复杂以致超出多数国家的能力，更不用说付诸实施了。另一方面，这些国家普遍面临改进公共治理绩效的巨大压力，尤其是在消除腐败与贫困、缩小收入与财富分配差距、确保普通公民获得最低标准的基本公共服务、促进社会公平和包容（减少社会排斥和偏见）、保护生态环境与资源以促进可持续发展方面。随着经济社会的发展和民主意识的逐步觉醒，这些国家推动民主进程的压力和动力将越来越大。在此背景下，精心设计的预算参与机制可为地方民主和善治开辟一条崭新途径：在确保中央控制、社会稳定和具有成本可接受性的约束条件下，开启自下而上的民主化进程。

在西方民主政体中，参与连同其他工具一样，被当做民主的工具用于防范和限制政府权力的可能滥用，从而发挥着与宪政类似的作用。公开性和由那些受行政决策影响最大的人参与行政决策，这些程序性原则是民主的价值，而不是从宪政思想中推导出来的。② 作为民主理念融入预算过程最生动的例子之一

---

① 德莱·奥罗乌：《地方组织的发展》，载迈克尔·D·麦金尼斯：《多中心治道与发展》，上海三联书店 2000 年版，第 271 页。

② J. L. Mashaw. 1985. *Due Process in the Administrative State*. New Haven, Yale University Press.

是，在某些情况下，预算方案在立法机关通过前甚至要求提交给公民投票。艾伦·希克（Allen Schick，2002）认为，将将预算决策向公众投票转化对民主政治来说具有深远的意义，因为选举者有直接的渠道表达自己的意愿。他甚至设想过进行全民投票的预算，认为这将促使利益集团更为主动，并游说投票者让其支持预算的内容。① 这些融入民主价值的公民参与有助于形成一个对官僚体制的外部制衡。② 在此意义上，发展中国家与转轨国家并无特别的不同。

大量案例表明，公民素质确实影响参与的质量，但并不构成对民主参与本身的妨碍。几乎所有案例都涉及大量具有不同社会经济背景的参与者，其中许多是普通公民和素质很低的公民。无论多么不完善和取得的成果多么有限，预算过程公民参与的全球扩展（其实许多是类似孟加拉和印度这样的低收入国家）和许多低素质公民参与其中的事实本身就强有力地表明：如果说政治改革的民主化道路高度依赖于公民素质的话，那么，预算过程的公民参与可为公民素质整体偏低国家的政治民主化进程带来希望的曙光。较高的公民素质无疑有助于提高民主（和治理）的质量，但并非民主的前提条件。通过增进公民见识和提升公民素质，预算过程的公民参与可以作为民主进程的催化剂而发挥正面作用，使公民在民主艺术方面变得更加老练成熟，约束政府负责和加强绩效的能力因此得以增强。③ 如此，公共预算得以成为名副其实的"公民学校"，为培养更好的公民、发展自己解决自己问题的自主治理能力以及推进民主化进程做出独特贡献。

14.1.4 预算参与的各种机制

由于公民数目如此众多和其他原因，预算参与机制需要精心设计和谨慎操作。在全球范围看，预算参与的程度和方式因国家而异。在全球范围内，美国和瑞士的预算程序比其他任何国家包含了更多的公众参与。许多重要的预算提

---

① Allen Schick. 2002. Does Budgeting Have a Future? *OECD Journal on Budgeting*. Vol. 2, No. 2, pp. 29–30.

② Donald P. Moynihan. 2007. Citizen Participation in Budgeting: Prospects for Developing Countries. Edited by Anwar Shah, Participatory Budgeting, Public Sector Governance and Accountability Series. The International Bank for Reconstruction and Development/The World Bank. Washington, D. C., p. 57.

③ Donald P. Moynihan. 2007. Citizen Participation in Budgeting: Prospects for Developing Countries. Edited by Anwar Shah, Participatory Budgeting, Public Sector Governance and Accountability Series. The International Bank for Reconstruction and Development/The World Bank. Washington, D. C., p. 60.

案经常被公民团体讨论，需要进行公民投票或者意见调查，甚至在提议呈交国会并为立法行动定下基调前由选民进行投票，信息和通讯技术的发展以及预算通过电子媒体渗透到千家万户，使年度预算发展到公民电子化参与的新纪元。[①]

预算听证、公共服务调查和预算对话都是重要的预算过程的重要参与机制。立法机关可以在其中发挥特别重要的引导和组织作用。可以预料，公民基于自己利益判断所偏好的预算方案与政府选择的预算方案必将存在差异。为使预算充分反映公民偏好，促进预算资源的公平有效分配和减少腐败，发展和鼓励公民对话团体，建立政府（由立法机关或财政部门代表）与公民团体之间的对话机制深具意义。这些工作可以率先在基层和社区的层上推动，也可以先进行试验。无论结果如何，预算过程中各种形式的公民参与机制建设都是中国社会政治民主进程和政治改革不可或缺的重要组成部分。作为第一步，预算需要成为一个公开的文件，预算程序和决策制定必须保持最低限度的透明度。一般地讲，对预算过程的参与需要政府提供可靠的财政信息，以及对政府活动的详细而真实的检查，因此，预算透明度对于促进有效参与至关紧要。

预算听证会作为加强公民参与预算过程的方法，在发达国家和部分发展中国家中已得到广泛应用，在促进地方政府履行财政义务和公共服务义务方面起着重要作用。1996年中国制定的《行政处罚法》，首次引入了听证制度。1998年实施的《价格法》规定：制定关系群众切身利益的公用事业价格、公益性服务价格、自然垄断经营的商品价格等政府指导价、政府定价，应当建立听证会制度，由政府价格主管部门主持，征求消费者、经营者和有关方面的意见，论证其必要性、可行性。2002年1月全国首次铁路价格听证会举行。2004年的《行政许可法》大大扩展了听证制度的适用范围。此后听证制度作为一个重要决策程序被引入各个领域，包括价格听证收费听证信访听证等。然而时至今日，预算领域的听证制度仍未建立起来。

在引导公民预算参与各种机制中，参与式预算是意义和影响最为深远的预算参与机制。精心设计和组织的参与式预算确保公民可以在较高程度上直接决定预算方案，从而使预算最大限度地贴近公民。越来越多的发展中国家开始在地方（基层和社区）一级尝试这项改革。从1989年起，在巴西南里奥格兰德

[①] 罗伊·T·梅耶斯（Roy T. Meyers）等著，苟燕楠、董静译：《公共预算经典（第1卷）——面向绩效新发展》，上海财经大学出版社2005年版，第74页。

州（Rio Grande do Sul）的首府波多—阿雷格里（Porto Alegre）市诞生世界上第一个参与式预算项目以来，参与式预算迅速扩展到拉美、中东欧、亚洲和非洲等许多国家的次中央级政府和地方政府，其中包括许多低收入国家（如孟加拉国、印度、菲律宾、泰国、南非）和经济转轨国家（如俄罗斯和乌克兰）。中国浙江省温岭市新河镇也于2005年以民主恳谈方式引入了首例参与式预算，引起学界与媒体的广泛关注。[①] 参与式预算的兴起，对发展中国家公共部门治理产生了深刻影响，被认为是消除腐败、鼓励公民参与的典范，其主要意义在于促进分权式管理、决策制定的分权和政府治理的透明度，以及提升公民能力和改进治理绩效。更一般地讲，与传统的、自上而下的预算改革不同，参与式预算致力将直接民主的声音传播到预算过程中，以此形成的公民社会信息反馈有助于改进预算决策制定，从而提升治理能力与绩效。在为地方政府建立政治支持的基础、促进稀缺资源的平等分配、加强公共学习和促进透明的治理方面，参与式预算的积极作用已得到广泛确认。[②]

14.1.5 正式和非正式治理结构中的公民参与

"正式"和"非正式"的主要界限在于两类治理结构的合法权力来源存在差异。正式结构具有明确的宪法和法律地位，依据宪法与法律建立。非正式结构最初要么不存在，要么是自发形成的，此后在某个阶段，才由正式结构创立法律、法规赋权公民创立此类的机构，或者对业已存在的此类机构予以确认以赋予其合法地位。正式结构与非正式结构的主要差异在于合法权力的来源不同：公民（通过投票选举产生）形成正式治理结构的合法权力的唯一来源，非正式结构中的组织由公民社会自愿创立，或者通过法律赋权公民创立，但其权力来源并非源于公民选举。

与正式结构不同，非正式结构由公民社会（普通公民和公民集团）创立，参与者在其中扮演的典型的非国家角色（state-roles），而不是正式结构中诸如立法机关、行政部门、审查机关以及中国背景下的执政党（包括属于党派系统中纪委）和政协这类国家角色。在现代西方民主政体背景下，正式结构指

---

① 林敏：《参与式预算的实践与探索》，载《财政研究》，2008年第11期。
② Brian Wampler, A Guide to Participatory Budgeting. Edited by Anwar Shah, Participatory Budgeting, Public Sector Governance and Accountability Series. The International Bank for Reconstruction and Development/The World Bank. Washington, D. C., pp. 39–45.

的是合法权力来自公民授予的（广义）政府结构，包括政府的行政部门、立法机关和司法机关。非正式结构由社会团体、普通公民和媒体构成。社会团体包括公民社会组织（CSO）和非政府组织（NGO）。广义上，NGO和各种志愿者组织都可以包括于CSO概念中。

预算和决策过程的公共参与既可以在正式结构、也可（同时）在非正式结构中得到发展。公民话语权的表达及其对资源配置决策、服务交付和公共受托责任的影响，正是通过各种形式的公民参与机制得到促进的。这些参与机制包括选举、公共会议、公共听证、服务调查、民意调查、公民评估（评估公共支出绩效）和公民报告（由公民评估政府绩效）。参与的范围原则上可以覆盖一切公共领域，尤其是公共计划（发展计划）、公共预算和公共决策过程。其中，衔接计划和决策的公共预算为公民参与提供了最正式、最基本和最频繁程序。

在现代社会中，公共治理中的公共参与主要是通过预算过程的公民参与实现的。作为处理公共事务最重要的工具和程序，公共预算覆盖了预算准备、预算审查与辩论、预算执行以及事后的评估与控制（包括审计）四个主要阶段，前两个阶段的公民参与最为重要，主要作用在于将公民话语权表达机制嵌入其中，以使公民社会的"声音"（话语权）能够清晰有力地传递给预算决策者。这进一步以适当的方式（通过法律）赋予公民参与的权利，以使公民从"无权参与"的初始状态转向具有事实参与权的状态。一般地讲，赋权需要通过特定法律进行，并且需要制度化以使其融入预算过程的各个阶段。多数国家的宪法和法律规定了公民的参与权，但参与权利从"法律状态"转向"事实状态"需要额外的赋权机制。近期（20世纪80年代以来）全球范围预算改革的主要取向是，公共预算日益被当做赋权公民参与的工具。自此，预算的功能从传统上侧重控制（合规性）扩展为公民赋权这一全新的功能。据此，公共预算不仅被用于控制公共支出确保财务合规性，也被用于建立制度化的公民参与过程。制度化意味着如果某个阶段没有公民参与或话语权表达，即使所有其他工作都已经结束，这个阶段的运作也不能被看做已经完成，因而不能进入下一个阶段。这也是预算过程公民参与的基本含义。

正式治理结构和非正式治理结构提供了发展公民参与的两个平行渠道。借助非正式结构（例如中国基层辖区的村民委员会、村民会议和村民代表会议）发展预算过程的公民参与之所以具有重要意义，关键原因之一在于这一渠道有助于增强预算过程的代表性（representative）。代表性之所以特别重要，是因为缺乏代表性也意味着民主的缺乏,因而也意味着政治、决策和预算过程远离民意,而民意的缺失不仅导致公共资源的错误配置,也会为腐败、社会不公和损失浪费创造广泛的机会。

代表性与参与密切相关。代表性是有效参与的最重要的前提条件(另一个是透明度)。没有代表性(以及没有透明度)就不可能发展有效的参与。没有有效的参与就不可能公民话语权在政治、预算与决策程序中的表达,责任政府和回应性政府也就无从谈起。因此,预算过程的公民参与需要一并通过非正式结构加以促进。

14.2 指向公民参与的制度设计与预算改革

有效公民参与要求在预算过程的各个阶段清晰、有力和持续地表达话语权(声音),并通过适当的回应机制确保公民话语权融入和影响预算(决策)过程。在话语权表达与预算过程相脱节情况下,公民不能向地方官员施压以使其考虑其需求和对预算执行负责,限制了公民对地方官员的影响力,进而限制了公民对地方官员回应其需求和改进服务决策的影响力。为使各种参与机制(包括参与式预算)在促进发言权表达以及影响决策与服务交付方面更加有效,在预算过程中融入公民磋商(consultation)机制是必要的,但也是不够的。更为重要的是,必须将某些社会团体的"到场"(presence)和代表性(representation)转换为一个常规性的决策制定渠道,并使其制度化以确保即使弱势群体也有进入计划与预算辩论的制度化机制。[①]

14.2.1 话语权表达和回应机制

预算过程可以看做是一个投入资源以向公民交付服务(产出)的过程,包括预算草案准备、审查—辩论—批准、执行与监督以及评估审计等主要阶段。服务交付是通过预算执行达成的,服务交付体制因而与预算过程紧密相连。如果预算改革与服务交付改革相脱节,那么,预算改革就难以惠及公民,

---

① ECA (the Economic Commission for Afric). 2004. Best Practices in the Participatory Approach to Delivery of Social Services. Addis Ababa, Ethiopia: ECA. p. 11.

很容易演变为官僚式的内部作业。另一方面，如果没有预算改革的支持，服务交付体制改革也就失去了最主要的依托。如果改革的根本目标锁定为改进服务交付，在公共预算和服务供应体制的改革中充分融入公民导向和回应性原则至关紧要。可以合理推论，在地方政府具有回应公民对政府服务需求的能力时，它们就能对改进公共福利做出贡献。

在传统的服务交付体制下，公民只是消极地"等候"公共部门（垄断性）的服务交付。服务交付的数量、质量、时间等完全由公共部门决定，公民只是服务的被动接受者。由于服务交付决策制定主要反映政府的政策偏好和行政部门的意志，而不是来自外部公民的需求和利益，因此很少具有回应性。改进服务交付要求改革者致力促进公民话语权在预算过程中的表达，并对预算过程施加积极影响。公民参与的直接目的也在于此。各种类型的参与机制，包括公共会议、公共听证、选举、服务（绩效）调查和参与式预算，都有助于促进话语权的表达。预算过程的话语权表达是否以及在何种程度上改进服务交付，主要取决于公共官员的回应性。如果没有回应，话语权表达即便十分通畅、清晰、及时和有力，也可能无法对预算资源配置决策和服务交付绩效施加任何积极的影响。因此，"公民参与——话语权表达——回应性"作为一个完整的链条，只有充分融入预算过程时，才会有效。

在话语权表达和回应性机制设计适当并正常运转时，公民将有较强的意愿了解政府在做什么和做得如何。激发这种初始的参与意愿在地方（基层）辖区较易进行，因为服务交付状况与地方公民的切身利益息息相关，也因为基层民众通常对下水道、道路和建筑物维护、护理等地方服务的数量、质量、问题与改善情况具有高度的可观察性。然而，现行预算和财务管理过程中限制了公民参与和回应性，从而限制了公民为改进服务交付、形成代表和寻求救济（redress）方面做出贡献的能力。代表性非常重要。公民期待在预算过程和政治程序中形成自己的利益代言人。地方辖区中这种愿望更为强烈。当公民发现服务交付不能令其满意时，或者他们的合法权益受到侵害而得不到保护时，他们应该有适当的渠道寻求救济（补偿）。这些都是公民参与和回应性原则的内在要求。

为建立有效的话语权表达和回应机制，一个基本的技术要求是改革由来已久的预算和财务报告制式和形成方式。"制式"（format）指的是信息记录、表述和披露的模式和方法。公民需要了解政府在做什么、已经做了什么、花了多少钱以及结果如何。了解这些信息是参与的前提条件。但是，当前以条目列示的预算和财务报告信息不能帮助公民找到答案。当前制式的报告可以告诉我们在工薪、办公、燃料、设备采购等条目中花了多少钱,但无法提供外部公民更感兴趣的信息。改革制式的一个重要方面是建立更好的支出分类系统。为便于公民获取和理解他们最想知道的信息,预算和财务报告应以亲善公民(citizen-friendly)的方式分类,其中最基本的是按照规划(例如儿童保健规划)、工程(例如下水道改造工程)和活动(儿童保健规划中的"开发儿童药品")分类。基于规划/工程/活动的分类应在每个功能类别(例如教育)和次级功能类别(例如初等教育)下展开。当预算过程从强调组织内部的投入控制转向关注组织外部的公民参与、话语权表达和回应性时,预算和财务报告制式的改革必不可少并且极端重要。

14.2.2 指向公民参与的预算改革

预算是一个投入公共资源、促进服务交付以满足公民偏好和需求的公共选择过程。如果要求预算(进而政府)以公民利益为导向,那么,公民参与应在预算过程的早期阶段(预算草案形成、辩论和审查)即应加以考虑,但参与机制应融入预算过程的所有阶段,包括执行、评估和报告阶段。为建立参与功能,农村发展预算的构造应满足以下四个基本条件。

1. 预算数据应以对公民有意义的方式分类

这一分类必须以规划为基础。规划是指旨在达成同一目标的若干活动的集合。公共服务(例如儿童保健服务)通过特定规划(儿童保健规划)被交付给服务接受者(家庭)或使用者(儿童)。"规划"比"工程"概念更宽泛。每个特定规划需要分解为若干活动。举例来说,儿童保健规划可以设计为包括"开发儿童药品"、"开发儿童营养品"和"建立儿童保健中心"等若干活动。每项特定活动需要建立用于计量绩效的指标,包括产出和成果。每项产出需要核算成本,这通常要求在公共部门引入成本会计技术,尤其是作业成本法(ABC)。目前中国各级政府都很难具备这方面的技术能力。但在地方尤其是基层辖区,计量服务交付的产出和成果(产出比成果更易计量)通常并不存在特别是技术难题,因为基层公共服务具有高度的可观察性和可计量性,地方民众对其数量、质量、类别、位置、及时性和可获性等具有相当高的感知度。

2. 预算应以贴近公民的方式准备

预算的准备是预算过程的第一个阶段,也是最重要的阶段,通常从预算管理部门发布预算指南(用以指导支出部门与机构的编制预算)开始,到形成提交预算草案提交立法机关审批为止。这个过程需要做出资源如何在各个可能的用途上分配的决策。在民主社会中,预算资源配置决策(以及其他公共决策)的适当基础是公民偏好。公民的偏好通过话语权表达。当预算以排斥或以妨碍公民参与的方式准备时,预算资源配置决策就很难恰当地反映公民偏好。"贴近公民"要求公民的声音(话语权)清晰有力地表达到预算准备过程中,以此影响决策者的决策制定和最终的服务交付结果。

3. 预算应清晰表达公共官员的个人责任:谁对什么负责

真正的公民导向(公民参与和以绩效为基础)的预算要求预算文件清楚地表达个人责任,而不是笼统的集体责任。"政府对服务交付绩效负责"实际上与意味着"没有任何特定的官员对特定服务交付负责"。在这样的体制中,受托责任(问责制)将完全落实。这在很大程度上就是当前中国各级政府预算模式的真实写照。预算文件不能告诉公民谁对什么负责,因此公民几乎不可能借助预算文件进入问责过程,而官员也不可能感受到来自公民对服务不满的压力。由于贴近公民带来的可计量性和可观察性优势,农村发展预算报告可以(也应该)包括地方官员个人责任的清晰信息。借助这些信息,公民能够追踪绩效不佳的特定服务交付的责任官员。这种机制具有影响到改进地方官员行为与激励的极大潜力。

4. 预算应清晰地反映财政运营的关键信息:支出、收入、赤字功盈余以及产出、成果等绩效信息

公民需要了解以下基本的预算问题:政府花了多少钱?拿了多少钱?这些钱用于哪些特定规划上?这些规划产生的服务绩效如何?在预算文件没有完整清晰地报告所有公民关注的信息时,预算过程的公民参与将会因信息障碍而受到妨碍。对公民负责的基本要求是预算文件公布所有公民关切的基本预算信息。当收入或支出被隐藏起来不予报告时,可是当收入和支出全面而清晰地加以报告、但支出绩效信息十分欠缺时,受托责任(问责制)将不能通过预算文件得到有效支持。与特定规划相关的服务交付绩效(尤其是产出和成果)

信息，对于基层辖区和地方公民尤其具有意义。

14.2.3 预算过程的公民参与：制度设计

发展公民参与需要在预算过程的各个阶段建立适当的制度性机制。这些制度应衔接到预算过程的各个主要阶段，并应具体化和具有可操作性。这类制度的目的在于将公民参与实际的预算过程结合起来，旨在促进话语权表达的参与机制如果与实际的预算过程相脱节，那么，即使话语权得到了清晰有力的表达，那也只是"表达"而已，不能影响实际的决策制定和服务交付，其意义就会大打折扣。因此，即使在有关服务交付的预算和政策制定中存在真正的话语权机制，也需要程序细节的支持。没有这样的细节，没有与公民参与相关的"谁"、"什么"、"何处"、"为何"以及"如何"等基本问题的具体和精确答案，参与将难以成功。

为发展参与功能，预算过程可以区分为五个相互继起、不断循环的运作阶段（stages）。第一个阶段是预算目标的制定，主要是确定资源可得性（有多少钱可花和应该花多少钱）；第二个阶段是制定预算草案，确定预算资源的分配方案，主要是确定用于服务交付的资源数量、服务类别与优先性排序；第三个阶段是公民代表对预算草案进行辩论和审查阶段，最终批准预算并形成法定（正式）预算；第四个阶段是预算执行与调整阶段，调整预算是因为许多因素会导致预算过程不可能与预算初衷完全一致（但通常情况应避免改变预算的重点）；最后一个阶段是事后的评估和控制（包括审计与报告）阶段，这个阶段结束后，下一轮预算循环又开始了。对应于以上五个阶段的制度安排包括四个：披露和表达制度、反映和解决制度、报告制度以及回应和救济制度。

1. 披露和表达制度

这项制度对应于预算目标制定阶段和预算草案编制阶段。最重要的披露制度是知情权（right-to-know）制度，旨在形成和保护公民进入预算过程的渠道。在此阶段预算目标和预算限额以及草案被制定出来，加以协调和最终形成预算申请。在此阶段政府将决定花"多少钱"以及"花在何处"。两者明显地与公民利益相连，因为公民不只是承受财政负担，而且对服务交付有合理的需求。披露制度旨在将公民话语权的渠道制度化。表达制度与披露制度的差异在于，表达是公民的行为，披露则是政府的行为。表达制度旨在规范公民对目标的支出和收入安排的意见和建议，通常需要采取书面形式。在一些发展中国家，国家层面的立法机关要求地方理事会在此阶段举办特定的、高度公共性的会议，讨论预算战略的要点，穷人也易于参与其中。立法机关需要记录会议结果，并协调公民与支出部门的对预算安排的意见。此阶段的支出安排中应鉴别产出的类别，这些产出能够被核实和精确公布，在较高层级的政府文件和地方媒体上公布，以利公民分析。因此，地方居民能够准确地看清自己的努力如何影响预定的最终产出。

公民的需求表达也可以在非正式（参与式）结构中进行。一些国家的社区预算委员会就是这类参与机制。在巴西的一些市政（例如 Belo Horizonte 和 Porto Alegre），公民团体在城市的不同地区聚会以表达其需求，然后由代表举行较小规模的预算听证。在巴拉圭的两个市政（Asuncion 和 Villa Elisa），表达公民话语权的公民听证由地方理事会举办，后者联结了参与机制与代议机构。

2. 反映和解决制度

反映和解决制度（reflection and resolution institutions）对应预算过程的辩论与审查阶段，用以促进公民对实际支出方案和解决方案的意见表达。这一过程相当复杂，因为预算制定和决策阶段通常高度技术化和内部化，预算官员和服务供应机构的管理者通常支配此过程，包括鉴别需求和制定决策。但也正因为复杂，才需要公民加入到这一过程中。

3. 报告制度

地方预算执行通常是问题多发阶段。行政管理者技术专家在此阶段居于支配性地位。在缺乏监督时他们很少有压力或激励去采纳有效的有效率的方式。因此，如果预算决策需要以回应公民需求的方式被执行的话，预算执行过程的公民报告（citizen reporting）至关紧要。在此阶段，公民报告的制度化要求公民评论预算执行规则和执行情况。与表达制度一样，公民报告可以通过正式结构（例如代议机构）、也可通过非正式结构（例如非政府组织或公民自治组织）加以制度化。

4. 回应和救济制度

回应和救济制度（response and redress institutions）对应预算过程的评估与控制阶段。公民报告可以提交独立的外部审计机关审计。如果审计结构确认服务交付绩效不佳，包括公民缺乏进入预算过程表达话语权的渠道不畅，或者负责特定服务交付的部门和官员没有采取适当的行动解决公民的抱怨，那么，审计机关和公民代表可以要求有关部门与官员采取适当的救济。回应和救济可以在正式结构、也可以由非正式结构中推动。

14.2.4 赋权公民：预算提案与记录

融入公民参与和绩效导向，只有在预算过程的各个阶段形成制度化的机制后才会有效，其中特别重要的是在预算过程的准备赋予公民、公民代表和公民团体的预算提案权，以确保在预算中至少有一部分规划、工程和服务（产出）的需求与建议由公民提出。预算文件应以适当的制式记录和披露这些预算提案。

虽然预算过程各个阶段的公民参与和话语权表达都很重要，但最重要的是，在预算准备阶段，也就是预算资源配置决策的形成和制定阶段，公民最关切的那些公共服务与设施（或工程）的需求必须由公民直接提出，或者由地方公民的代表、团体（例如现行农村治理结构中的村民委员会）提出。这是确保预算反映公民偏好最为关键的一个环节。这些公民关切的服务与设施通常具有很高程度的可观察性和可计量性。公民关切、可计量和可观察的结合，意味着这些预算提案一旦进入预算过程并最终采纳和执行，公民也有机会和激励参与到预算过程的执行、监督和评估阶段。在预算文件（包括预算报告、决算报告以及融入公民参与的绩效评估报告）中披露这些公民关切的信息，具有发展为适当的激励和压力机制的潜力，因为此类制式的预算文件本身就向地方官员和支出机构传递了公民的关切。在包含有"谁对什么负责"的受托责任（问责制）框架下，公民关切（包括抱怨）将形成对特定官员和机构的压力，使其不至于掉以轻心。现行预算文件几乎不包含公民关切的信息（包括"谁对什么负责"的信息），预算的"语言"和制式（条目导向）也使普通公民望而却步，因而既不能引起形成对官员和机构的外部压力，也不能引起公民的关注。事实上，现行预算文件如同预算过程一样，倾向于妨碍而不是促进公民参与和结果导向。

公民的预算提案应形成相对标准化的制式。标准制式的预算提案中应包括特定规划或工程（例如道路建设）、产出类别（例如扩展 A 区街道）、产出目标（例如"五一"前完成通向学校的 10 公里道路）、预计的成本水平（例如每公里 5 万元）、质量要求（例如水泥、双车道、三级公路）以及对支出部门

（例如道路管理部门）的预算支出建议数。另外，公布对这些绩效负责的政府官员也是必要的。预算准备阶段形成的、包含以上大部分信息的预算报告制式如表14.1所示。

表 14.1　　包含公民预算提案的预算报告制式：解释性例子

准备阶段一般性的产出鉴别	对道路部门的工程/活动提案	建议的产出（以合同为准）	成本与质量标杆（要求）	部门规划或工程的支出配置
增加 A 区基础设施（道路）	扩展 A 区街道（提案 1.1）	10 公里"五一"完成通向学校	总成本 50 平均成本 5	道路建设 150（提案 1.1 与 1.2）
	扩展 A 区街道（提案 1.2）	20 公里"五一"完成通向诊所	总成本 100 平均成本 5	
	扩展 A 区街道（提案 1.3）	30 公里通向市政厅和东湖	总成本 600 平均成本 20	
更定期和有效的道路清扫	居民街道清扫（提案 1.1）	人工清扫每年总长 400 公里	总成本 = 40 平均成本 0.1	道路维护 40（提案 1.1）
	商业区清扫（提案 1.2）	拖拉机清扫每年长 100 公里	总成本 200 平均成本 2	

一旦包含公民预算提案的预算文件得到立法机关批准成为法定文件，公民就可以从中看清预算中选择了哪些工程，能够期待的东西是什么，也可以看到哪些不被选择。表14.1清楚表明，道路扩展提案1.2、1.3未被采纳，道路维护提案1.2也未被采纳。公民可以过问原由，鉴别哪些产出被提出、哪些未被提出以及为什么，还有应达到的建设和维护标准。表14.1高度简化，但很容易扩展到其他支出类别和中期的时间框架。在这一制式的预算报告与执行结果的评估报告相对照时，公民就可以参与评估特定服务交付的有效性、效率和相关目标。公民也可以通过自己的自治组织、非政府组织或其他公民团体独立和定期地开展评估。这些评估报告应予以审计和公布。在理想的情况下，应有特定的支出机构对预算报告披露的服务交付绩效负责。

在形成公民提案和使其进入预算准备过程的努力中，地方立法机关可以发挥积极作用。一个渠道是由立法机关建立预算指南，对所有支出机构和部门的预算申请提出具体和明确的要求，包括要求预算草案中必须包括公民的预算提案。在审查和辩论阶段，立法机关可以在约束支出配置反映公民偏好和需求方面发挥重大作用。这些积极作用还可以扩展到要求支出部门一并呈交如何生产产出（自己生产、合同外包、施工要求和工艺技术）的文件，包括要求在文件中披露承诺达到的特定绩效标准，比如产出的数量、位置、成本和质量方面的基准（标杆值）。在预算报告和公民的预算提案被媒体（当地报纸、广播、因特网、电视等）公布和报道时，基层预算的透明度将得到提高，这有助于进一步促进预算过程的公民参与。尤其重要的是，透明的、具有约束力的、包含公民预算提案的预算文件，以及其他旨在促进话语权表达的公共参与机制，有助于将长期以来形成的、根深蒂固的基层官僚文化改造为参与导向的绩效基础的文化，使地方官员置身于一个新型的内部激励和外部压力环境中，从而有助于形成回应式的基层治理结构以促进更好的服务交付和地方民主的发展。

14.2.5 融入结果链

如果说公共组织更关注投入控制的话，那么，公民的利益和关注点主要在于服务交付的结果，也就是"政府花我们的钱给我们带来了什么？"预算不只是为政府运转提供"保障"，更重要的是确保有效的服务交付。公民参与导向的预算改革的根本目的也在于改进服务交付。指向这一目标的改革需要两个相互关联的基本维度：将公民参与和回应性融入预算过程，以及预算过程的结果或绩效导向。三项主要的措施是：融入结果链、结果导向的预算报告制式和结果导向的管理与评估（ROME）。

结果导向要求预算过程关注作为结果链，而不是只是"钱花在哪些条目上"。完整的结果链如图 14.1 所示。

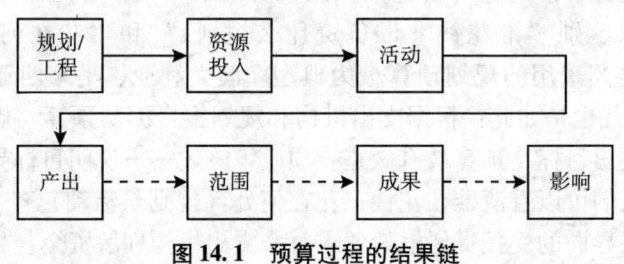

图 14.1　预算过程的结果链

结果链的一个说明性例子如下：
- 规划：改进教育服务交付。

- 规划目标：改进教育服务的数量、质量和可得性。
- 投入：按年龄、性别、城乡以及不同级别教育分类安排的教育支出，包括工薪设备工具和书籍支出。
- 中间投入：师生比，班级规划。
- 产出：成绩，毕业率。
- 成果：文盲率（降低30%），毕业生就业率（提高20%）。
- 效果：更成熟的公民，公民参与国际竞争力的强化。
- 范围（reach）：来自政府规划的输家和赢家。
- 影响（impact）：成果的95%归功于本项规划。

预算只是在被设计成结果导向时，才可帮助公民回答他们通常关键的五个基本的预算问题：

- 政府用纳税人的钱正在做什么？
- 政府干预的目标是什么？
- 政府达成了这些目标或至少在朝这一方向前进吗？
- 政府花了多少钱？多于达到目标所需要的钱吗？
- 谁对支出行为和成果负责？

政府对公民负责（纵向受托责任）就是建立在以上五个问题的基础上。当预算过程和预算文件缺失这些要素时，"政府对绩效（公民）负责"将会停留在口头上而不是反映在现实的预算世界中。由于预算是政府本身重要的组成部分，如果预算不能引导政府对公民的绩效责任，那么可以认为政府也不会就支出绩效对公民负责。一般地讲，预算关注什么，政府也会关注什么；预算忽视什么，政府也会忽视什么。

从国际经验看，超越（改进）投入预算的第一个步骤通常是引入规划预算技术，用以鉴别"谁花钱（谁负责什么规划）"和"花在何处（哪些规划）"。美国各州采用的规划预算最为典型。澳大利亚、马来西亚、新加坡在20世纪90年代也是如此：根据支出机构和规划报告编制预算。规划预算关注鉴别计划和支出目标，预算被看做是一项政策陈述——说明目标导向和相互联系的活动。人们可以看清谁在花钱，花在何处（规划与活动）。

采用结果导向的受托责任框架要求每个支出机构理解资金与目标间的联系（例如多少钱花在提高儿童体能的目标上），预算或政治程序中的公民代表可以获得服务交付目标进展情况的信息，并且拥有适当的激励机制以促进负责特定规划的机构和官员努力达成产出目标，包括服务数量、质量、时间、成本等方面应达到的基准。为此，结果或绩效导向的预算应确保预算资金的分配与这些反映服务交付结果的指标相联系。它要求公民、官员和公民代表都能看清预算如何影响服务交付的结果，以及谁应该对结果负责。

14.2.6 结果导向的预算报告制式

流行（传统）的预算报告是典型的投入（条目）导向制式。对于普通公民而言，这类制式的最大问题是他们无法理解预算信息。条目导向的报告制式也无法提供公民最关切的基本预算问题：政府的钱花在哪些规划和活动上？按照支出标准（定额），政府花的钱是否多于按照规定标准？这些规划和活动产生的服务交付结果（绩效）如何？哪些机构和官员对哪些特定的服务交付负责？当前的预算报告制式不仅缺乏亲善公民的分类，也使用过于模糊和专业化的"预算语言"，结果，预算文件"就像一个谜，普通人没有任何方法理解预算'语言'……（以至）一脸茫然"。[1]

由于地方公共服务的具体性、可观察性和可计量性，结果导向的预算报告制式较易在地方（尤其是基层）政府预算文件中得到采用。结果导向预算报告制式的解释性例子见表14.2所示。

表14.2提供了一个完全不同于当前预算制式的新型制式。这个制式提供了真正的结果导向，在技术上不存在任何特别的困难。几乎用不着任何特定的文字说明，"外行"（普通公民）也可以从中获得他们最为关切的信息：哪些服务被交付了？花了多少钱？是超支还是节约了资金？谁对特定的服务交付负责？此类无法在当前预算文件中得到信息，可以使公民不再对预算感到陌生，预算文件对他们来说从此再也不会是看不懂的"天书"。因此，这一制式的预算文件不仅是结果导向的，也是参与导向的：它倾向于促进而不是妨碍公民对于预算过程的参与，并理解自己的努力在何种程度上影响了服务交付的结果。这类制式的报告经审计和广而告之成为公开文件以后，还可以作为一项重要的激励或压力机制，促使公共机构和官员必须严肃面对来自公民社会的抱怨和建议，并激发其在未来的行动中更好地回应公民的偏好和需求。以此而言，新型制式的预算报告具有引导回应性政府的极大潜力。

---

[1] ESSET (Ecumenical Service for Socio-economic Transformation). 2000. Brazil's Participatory Budgeting Process. *Economic Justice Update* 4 (3): 3, p.1.

表 14.2　　结果导向的预算报告制式：解释性例子

部门规划/工程或活动	预算与产出目标			财务与绩效报告				责任官员
	预算	产出目标质量/位置与数据	标杆水平平均成本与质量	支出	盈余赤字	产出结果质量/位置与数据	结果与标杆比较	
道路	310			280	30			A
1. 建设	190			160	30			B
东区街道扩展	100	10公里：学校	5/公里一级公路	60	40	完成5公里	比标杆低1元/公里	C
		10公里：诊所	同上			全部完成	同上	
西区商业街建设	90	5公里：矿区	9/公里	100	-10	全部完成	比标杆高1元/公里	D
		5公里：机场	同上			全部完成	同上	
2. 维护	120			120	0			E
居民区的街道清扫	40	人工清扫共400公里	0.1/公里	40	0	全部完成	与标杆值相同	F
商业区的街道清扫	80	机械清扫100公里	0.8/公里	80	0	全部完成	与标杆值相同	F
供水	150			170	-20			G
……								

14.2.7　结果导向的管理与评估（ROME）

20世纪90年代以来，为加强预算过程的结果导向和公民参与，许多国家在公共部门（包括中央/联邦和地方政府）中采用了新型的管理工具——结果导向的管理与评估（ROME）。ROME包括四个基本要素：（1）包含产出与绩效目标及预算资金配置情况的公共规划与工程；（2）管理灵活性与结果导向的受托责任（许多国家采用合同制来约束支出部门对绩效目标负责）；（3）融入分权原则：公共部门决策制定在最贴近人民的层次上进行，除非与有关法律、法规相冲突；（4）旨在约束支出部门与官员以较低成本达成规划目标的激励机制。

农村发展预算可以从有关国家采用ROME的实践与探索中汲取经验，以促进形成结果导向和回应性的基层治理结构与预算过程。ROME应用于教育的一个解释性例子如表 14.3 所示。

表 14.3　　　结果导向的管理与评估：应用于教育的解释性例子

规划目标	投入	中间投入	产出	成果	影响	范围
改进质量与可获性	支出	师生比	成绩	文盲率	好公民	赢家与输家
	物力	班级规模	毕业率	高技能者		
	人力		留级率			

在发达国家，加拿大是较早（始于 1994 年）采纳自己版本的 ROME。作为一个磋商性的和参与式的过程，联邦政府部门通过与个人、社区团体以及私人部门及其他政府部门分享治理过程。在此框架下，作为规划评估过程的一部分，部门和机构被要求审视其活动和规划的利益，采用以下六个指导方针：

- 公共利益测试：规划或活动持续地服务于公共利益吗？
- 政府角色测试：这一规划或活动体现了政府角色的合理性和必要性吗？
- 联邦主义测试：当前联邦政府的作用是适当的吗？
- 伙伴测试：什么活动或规划可以整体或部分转移给私人部门或志愿者组织？
- 效率测试：如果规划或活动持续进行，怎样才能更有效率？
- 可承受性测试：规划与活动处在财政约束之下吗？如果不，应放弃什么规划或活动？

实践证明，加拿大的上述框架产生了引人注目的积极变化，整体效果是服务交付和公民满意度改进。

ROME 现已广泛出现在澳大利亚、加拿大、新西兰和其他国家。在发达国家中，马来西亚是一个典型的例子（虽然未受到广泛关注）。马来西亚公共部门运转不良的现象出现在 20 世纪 80 年代末。从 90 年代早期以来，马来西亚已经逐步和成功地采用结果导向管理，以建立回应性和负责任的公共部门治理结构。改革方法如下：

- 使命与价值。所有公共机构被要求规定其使命与价值，以证明其角色的合理性。
- 加强客户导向和公民中心的治理。一个"客户图谱"（clients'charter）于 1993 年被建立起来，要求以此澄清服务标准进而形成政府机构和部门的公共受托责任。支出机构被要求确认客户的服务可得性标准，按年度公布其服务改进和合规性情况，以及对违规情况公布矫正措施。客户也有权通过公共抱怨局（The Public Complaints Bureau）寻求救济。

- 管理灵活性。政府部门采用产出基础的预算体制和作业成本会计系统，引入资本付费制度和应计会计，用以支持产出预算体制。这体制要求支出部门与部长制定关于产出交付的规划协议，但支出部门管理者具有达成协议结果的灵活性。政府机构和其他服务供应者的绩效指标被广泛发布。
- 分权的决策制定。马来西亚已经寻求加强分权决策制定，将原本由联邦政府负责的某些功能分散到其他政府层级。
- 加强服务交付的诚实。马来西亚拥有强有力的反腐败法律和充足的资源支持。
- 服务交付的伙伴方法。放松管制，积极促进公私联合。
- 确保财务诚实。通过内部与外部财务审计确保财务诚实。审计报告须提交议会并广泛发布。

全球范围内最近20多年的公共部门改革的主要取向是加强对公民的回应性，以及基于结果的受托责任。发展中国家在这方面潜力更大，ROME 旨在最大限度地发掘这一潜力，被认为是对付腐败和不法行为的最有力武器。[1]

14.3 参与式预算

发展中国家的第一个——巴西南部波多—阿协格里（Porto Alegre）市——参与式预算（participatory budgeting）项目的诞生距今整整20年了。[2] 在此期间，大量公民在该项目下参与了制定地方预算公开听证会制度。这个项目对发展中国家的治理产生了深刻的影响，被认为是消除腐败、鼓励民众参与预算和其他公共事务的典范。目前巴西已有100多个市政当局采用参与式预算来建立支出优先性和配置预算资源。受其影响，参与性预算目前已经扩展到拉美、中东欧、亚洲和非洲等许多国家的次中央级政府和地方政府中，其中包括孟加拉国、印度、菲律

---

[1] Shah, Anwar, Mark Schacter. 2004. Combating Corruption: Look before You Leap. *Finance and Developmnet* 419 (4): 40－43.

[2] 波多—阿协格里是巴西南里奥格兰德州（Rio Grande do Sul）的首府。1988年，有进取心的工党赢得了市政选举，其竞选口号就是民主参与和"颠倒支出优先性"，在此背景下于1989年开始实施参与式预算，此后迅速扩展到其他地区。

宾、俄罗斯、南非、泰国和乌克兰。与传统的政府单方面主导预算决策制定的程序不同，参与式预算要求政府、公民、非政府组织（NGOs）和公民社会组织（CSOs）参与预算过程，并且允许公民在决定资源"如何使用"和"用于何处"方面扮演一个直接决策者的角色。在操作层面上，参与性预算界定了政府与公民间的责任，以及在预算过程每个阶段需要完成的任务。①

14.3.1 运作流程与步骤

在典型案例中，参与式预算的运作包括三个步骤。② 首先是年度预算开始阶段的资讯（分区）会议（information meetings）。地方政府官员、非政府组织和具有专业素养的公民活动家一起讨论预算、政府权威与责任、税收和公民权利（包括社会政治和公民权利）等一系列宽泛的问题，确定初步的支出政策和选民代表的数量。随后是第二轮分区会议，界定政府在即将到来的预算年度实施的政策和规划，这些规划和政策在选民代表的主导下建立起来；最后是实施规划，这是一个持续性的过程。此步骤运作最重要的相关改革之一是，建立一个有序的、官僚性的程序执行这些规划，取代传统上政策制定者在官僚程序中的直接干预。

在全球首个参与式预算——巴西波多—阿协格里的参与式预算——案例中，市长办公室负责制定初步的预算议案，市政府随后组织一系列的分区会议计划并公之于众。其他一些相关信息，特别是作为资源分配导向的生活质量指数信息也告知公众。16个分区每年召开两次各方代表参加的会议，包括市政官员、社区代表、青年健康俱乐部的代表以及任何有兴趣参会的当地居民，但只是该区的居民才有投票资格。

首轮会议的内容包括讨论以前年度的预算开支情况，选举若干公民代表负责确定该区的优先性事务。公民代表组织每年一次的近邻会议（neighborhood meetings）以评估该区的优先事项。在第二轮分区会议上，公民代表报告近邻会议的结果和结论，并选举两名代表和一名候选人，代表该区作为市政（参

---

① Brian Wampler. 2007. A Guide to Participatory Budgeting, Edited by Anwar Shah, *Participatory Budgeting*. The International Bank for Reconstruction and Development/The World Bank. Washington, D. C., pp. 28 - 31, pp. 21 - 22.

② Brian Wampler. 2007. A Guide to Participatory Budgeting, Edited by Anwar Shah, *Participatory Budgeting*. The International Bank for Reconstruction and Development/The World Bank. Washington, D. C., pp. 28 - 31.

与式）预算理事会的成员。该理事会也包括10名选举产生的、代表整个城市的代表，一名城市联盟代表，一名近邻协会联盟的代表，以及两名来自市政机构的高级代表。市政预算理事会7~9月间，至少每周一次提出一系列支出提议呈交市长。市长可能采纳也可以要求理事会修订这些提议。如果获得2/3多数，理事会也可以推翻市长的修订要求。市长办公室负责将这些提议（通常是公共工程）并入呈交地方立法机关审查的预算文件中。图14.2直观地描述了以上流程。

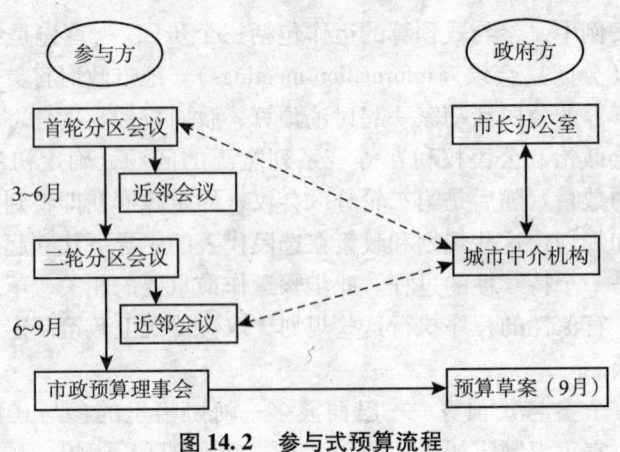

图14.2 参与式预算流程

在上述流程中，市政府以伙伴方式与市政预算理事会一同工作。政府官员提供后勤和技术性支持。市政府确定和公布会议时间。城市中介机构为市政预算理事会成员和其他代表举办预算研讨会。[1] 以上许多环节都有广泛的参与。市政当局估计，早在1996年就有超过10万人（相当于该市总人口的8%）参与了当年的预算过程。研究表明，公民参与产生了显著的成果，包括扩展了获得诸如排水、供水和道路等方面基本公共服务渠道，提高了预算透明度，并因此减少了逃税、增加了市政收入。[2]

---

[1] Wampler, Brian. 2002. A Guide to Participatory Budgeting. Paper presented at the third conference of the International Budget Project, Mumbai, November 4-9. http://www.internationalbudget.org/cdrom/papers/systems/participatory Budgets/Wampler.pdf.

[2] Wagle, Swarnim, and Parmesh Shah. 2002. Participation in Public Expenditure Systems: An Issue Paper. World Bank, Participation and Civic Engagement Group, Washington, D.C.

14.3.2 预算程序的代表性与治理能力

通过将直接民主的声音传播到预算过程中,以及充分利用公民社会所固有的偏好优势和特殊的治理能力,参与式预算具有纠正公共资源不当配置、增强预算过程代表性和治理能力的潜力。许多发展中国家公共预算的现实是,低收入群体通常没有能力与中高收入群体竞争稀缺的预算资源。通过更多地向低收入阶层倾斜和以生活质量指数作为导向,以收入、教育、物质基础设施和社会服务供应情况作为基础,参与性预算为纠正不平等的公共资源分配提供了机会。此外,赋权传统上被排斥于政治和决策过程之外的公民和公民团体分享决策制订权,或者有机会进入重大决策的制订程序中,以及引导和促进更有效率和更具社区导向的政策,也有助于促进社会公平。[①]

预算程序的代表性之所以特别重要,首先源于授权安排:公共财政可以看做一些人花另外一些人钱的游戏,在民主社会中这需要代表公民意志的立法机关的明确授权。预算授权不仅是民主的原则,也是善治(good governance)的原则。基于善治的财政管理的基本原则是,政府行政部门不得从公众那里拿钱,也不能实施任何支出,除非得到代表公众的立法机关的明确批准。[②] 在这里,特别重要的是立法机关的代表性。在公共预算过程中,立法机关的神圣使命就是守护好纳税人的钱包。更一般地讲,就要确保政府得自公民的资源,必须按公民的意愿使用,并致力产生公民期望的结果。在预算过程中实践受托责任的这一基本要求,需要一个具有高度代表性的立法机关,这也是立法机关成员最应通过选举产生的基本原因。[③] 立法机关在公共财政管理方面所扮演的三个基本功能中,[④] 第一个就是代表公民意志,在民主社会中作为政府权威的法定来源。[⑤]

发达国家的代议(间接)制民主相对完善,立法机关在预算过程中因而扮演重要角色,这在一定程度上减轻了作为民主工具的预算对直接民主(公

---

① Brian Wampler. 2007. A Guide to Participatory Budgeting, Edited by Anwar Shah, *Participatory Budgeting*. Public Sector Governance and Accountability Series. The International Bank for Reconstruction and Development/The World Bank. Washington, D. C., pp. 40–41.
② Salvatore Schiavo-Campo. 2007. The Budget and Its Coverage. Edited by Anwar Shar, *Budgeting and Budgetary Institutions*, overview. The International Bank for Reconstruction and Development/The World Bank, Washington, D. C., p. 53.
③ 公共部门中最不适合通过选举产生的是法官。法官通常需要高度的专业知识、经验和声望。
④ Pasquino, Gianfranco and Riccardo Pelizzo. 2006. Parlamenti Democratici. Bologna:Il Mulion.
⑤ 另外两个基本功能是立法和监督。

民参与）的依赖性。① 尽管如此，预算过程的公民参与程度远高于多数发展中国家。一般认为，在全球范围内，美国和瑞士的预算程序比其他任何国家包含了更多的公民参与。许多重要的预算提案经常被公民团体讨论，需要进行公民投票或意见调查，甚至在提议呈交国会并为立法行动定下基调前由选民进行投票，信息和通讯技术的发展以及预算通过电子媒体渗透到千家万户，使年度预算发展到公民电子化参与的新纪元。

就现状而言，多数发展中国家和转轨国家立法机关在预算过程中的作用相当有限，这就隐含了将直接民主的发言权机制融入预算程序以增强其代表性的内在要求。参与式预算为借助公民社会参与增强预算程序的代表性提供了希望。研究表明预算程序越是显示其代表性，对于公民和外部利益相关者而言，政府的可信度就越高。②

参与式预算也为增强公共部门治理能力创造了机会。公共治理关注作为整体的社会全面管理其政治、经济和社会事务的方法。一国公共部门治理能力在很大程度上决定了发展绩效。因此，国家官员应充分认识到什么构成发展，以及他们在面对地方人民的过程中扮演什么样的角色。特别重要的是，中央政府需要对地方社群和地方人民的自主治理能力给予更大的尊重。传统治理模式关注的只是立法机关、行政部门等国家角色间（state roles）的互动，忽视地方社群和地方民众的参与，不具有引导公民自主治理从而把公民带入发展进程的潜力和功能，导致许多公民（尤其是弱势群体）不能充分和公平地分享改革成果，甚至沦为政治和预算过程的消极旁观者。此外，在缺失公民社会参与前提下推动的预算改革，意味着公共部门无法利用公民社会的专业人才、知识、技能和经验弥补治理能力的不足。在这种情况下，参与式预算可以作为一个关键性的补救机制发挥作用。

14.3.3　成功实施参与式预算的条件

发展中国家传统上推动的公共预算与财务管理改革，但并未为公民和服务使用者开放真正的话语权机制，从而在逻辑上隐含了偏离公共支出管理改革核

---

① 公共预算的理念和实践大体上经历从控制工具到管理工具、再从管理工具到政策工具的演变。卡恩（Kahn，1997）认为美国的预算演变为民主的工具。参见 Kahn, Jonathan. 1997. *Budgeting Democracy*. Ithaca, NY: Cornell University Press, p. 272.

② Donald P. Moynihan. 2007. *Citizen Participation in Budgeting: Prospects for Developing Countries*. In Public Sector Governance and Accountability Series, ed. Anwar Shah. Washington, D.C.: World Bank, p. 59.

心命题的风险。一般地讲，发展中国家和转轨国家改革公共财政管理改革真正挑战是超越技术层面的考虑，致力将外部信息反馈和参与机制融入预算程序中，因而核心命题必定是强化社会受托责任，以此改进下游的服务供应和在上游阶段对预算申请进行现实的审查。①

然而案例表明，成功地实施参与性预算需要一系列相对严格的条件，其中最重要的是一个支持性的政治环境，尤其是地方主要行政领导的强有力支持，以确保将立法机关（必须参与其中）、财务资源和公民选择的规划紧密结合起来。在此环境中，政府在政策、财务和信息三个主要维度上的支持至关紧要：政策维度要求政府必须赋予公民分享支出决策制订权和选择规划的权力，这通常进一步要求政府必须有能力、资源和意愿改革官僚体制；财务支持要求政府提供足够的资金帮助参与者选择的项目，例如在印度喀拉拉邦的案例中，邦政府把相当于财政资源总量的 20%～25% 提供给村民，由其决定具体用途和优先性；② 信息支持要求政府详细公开其预算文件，提供关于其活动的投入、产出与结果方面的充分信息，还要说明能够提供给参与性预算的资金数量，政府当前和预计的财务状况，以及政府政策目标和优先性等方面的信息。在民主程度相对较低和缺乏民主传统的环境中，满足所有这些条件几乎不可避免地使政府处于为难甚至痛苦的境地。即使所有这些条件都得到满足，多数成功地参与性预算案例要求有深厚的公民社会根基，包括早先存在的社会运动网络、社区组织、非政府组织和其他志愿者组织提供重要的、专业性的支持。普通公民也需要有积极参与的意愿，包括选择新的政策和那些旨在促进政府改革合法化的努力（例如投票选举公民代表）。公民夹带私利的动机参与预算是不可避免的，但重要的是，必须有一批具有公共（奉献）精神的公民乐于参与，参与性预算才可能被成功实施。隐含的逻辑是，具有公共精神的公民也是维持现代民主的本质。③

结语

- 预算过程的公民参与特别重要，因为通过参与促进话语权表达和回应

---

① Salvatore Schiavo-Campo. 2009. Potemkin Villages: The Medium-Term Expenditure Framework in Developing Countries. *Public Budgeting & Finance*. Summer, Vol. 29, No. 2, p. 26.
② 刘健芝（香港岭南大学）：《印度喀拉拉邦扶贫启示》，载《参考消息》2006 年 10 月 25 日。
③ 乔纳森·卡恩著，叶娟丽译：《预算民主——美国的国家建设和公民权（1890～1928）》，世纪出版集团格致出版社、上海人民出版 2008 年版，第 43 页。

性有助于强化受托责任、促进地方民主化进程以及把地方民众带入发展进程。受托责任概念的丰富内涵可从许多方面解读，但真正的受托责任系指委托人对代理人的强有力控制，以及约束代理人追求委托人目标的能力。

- 公民参与包括预算听证、公共服务调查、预算对话、参与式预算、选举、公民抱怨等多种机制。各种参与机制旨在促进预算和决策过程的公民话语权表达和回应性，以此改进预算过程的质量和公共服务交付。在许多参与机制中，立法机关可以在其中发挥特别重要的引导和组织作用。

- 预算过程的公民参与可以通过两个平行的渠道进行：正式治理结构和非正式治理结构。一般地讲，非正式结构中的参与不能取代、只能补充正式结构的参与。一般认为具有正式代表性的地方政府是公民导向的地方政府最为适当的基础。发展公民参与机制不是力图取消正式结构（政府结构），而是确保正式结构以被设计为更有效地运作，以及在更广泛的制度背景中融入公民处理公共事务的努力。

- 预算过程的制度化参与机制至少应信息披露制度、反映与披露制度、报告制度以及回应和救济制度。

- 参与式预算要求政府、公民、非政府组织（NGOs）和公民社会组织（CSOs）参与预算过程，并且允许公民在决定资源"如何使用"和"用于何处"方面扮演一个直接决策者的角色。在操作层面上，参与性预算界定了政府与公民间的责任，以及在预算过程每个阶段需要完成的任务。

- 在典型案例中，参与式预算的运作包括三个步骤。首先是年度预算开始阶段的资讯（分区）会议，随后是第二轮分区会议，界定政府在即将到来的预算年度实施的政策和规划，最后是实施规划，这是一个持续性的过程。

- 通过将直接民主的声音传播到预算过程中，以及充分利用公民社会所固有的偏好优势和特殊的治理能力，参与式预算具有纠正公共资源不当配置、增强预算过程代表性和治理能力的潜力。

- 一般地讲，发展中国家和转轨国家改革公共财政管理改革真正挑战是超越技术层面的考虑，致力将外部信息反馈和参与机制融入预算程序中，因而核心命题必定是强化社会受托责任（social accountability），以此改进下游的服务供应和在上游阶段对预算申请进行现实的审查。

- 指向公民参与的预算改革需要两个相互关联的基本维度：将公民参与和回应性机制融入预算过程，以及预算过程的结果或绩效导向。三项主要措施是：融入结果链、结果导向的预算报告制式和结果导向的管理与评估

(ROME)。

● 成功地实施参与性预算需要一系列相对严格的条件，其中最重要的是一个支持性的政治环境，尤其是地方主要行政领导的强有力支持，以确保将立法机关（必须参与其中）、财务资源和公民选择的规划紧密结合起来。在此环境中，政府在政策、财务和信息三个主要维度上的支持至关紧要。

本章要点

● 预算过程的公民参与适合于所有级别的政府，尤其适合地方政府。

● 在预算过程中融入公民参与和绩效导向，只有在预算过程的各个阶段形成制度化的机制后才会有效，其中特别重要的是在预算过程的准备赋予公民、公民代表和公民团体的预算提案权，以确保在预算中至少有一部分规划、工程和服务（产出）的需求与建议由公民提出。预算文件应以适当的制式记录和披露这些预算提案。

● 一般认为具有正式代表性的地方政府是公民导向的地方政府最为适当的基础。在预算过程中发展公民导向的最优选择，涉及在具有代表性的地方政府的政治和行政结构内的运作，次优选择是与其相对应的、额外创立的非正式参与结构。

● 参与式改革旨在将公民带入治理过程，引导自下而上（bottom-up）治理，加强公共部门竞争，更好地利用社区能力。

● 如果代议制治理结构运作不佳，它们需要被改革以促进代表性。创立另一个平行的、有缺陷的（faulty）参与式结构并不能达到这一目的。

● 为向公民赋权，尤其是向不满意（disgruntle）公民赋权，地方政府必须被强制要求举办预算提案的公共听证，并对所有人开放。在这些听证中，地方政府必须呈交以前和当前年度的绩效报告。

● 有效的公民参与需要具备的非常重要的前提条件是，创立规则以使公民能够以无成本地、及时地获得相关信息，这进一步要求赋权公民参与预算过程的各个阶段。

关键概念

参与 回应性 公民参与 预算听证 参与式预算 参与机制 话语权表达 预算过程 披露制度 代表性 直接民主 代议制 救济制度 结果导向的管理与评估 预算制式 条目预算 规划 报告制度 结果链 公民中心治理 供应面方法 需求面方法 公

民赋权　预算提案　报告制度　地方自治　纵向受托责任　分权　横向受托责任　公共受托责任机构　预算文件　寻租　租金　后向投票范式　以足投票　受托人风险

复习思考题

1. 为什么说预算过程的公民参与有助于增强政府对公民的纵向受托责任？
2. 为发展参与功能，预算过程通常应区分为哪五个相互继起、不断循环的运作阶段？
3. 预算过程公民参与的制度化机制通常应包括哪些具体制度？
4. 结果导向的管理与评估（ROME）包括哪四个基本要素？
5. 为什么说预算程序的代表性极端重要？增强代表性的方法有哪些？
6. 如何理解"非正式结构中的参与不能取代正式结构中的参与"？
7. 相对于高层级治理结构而言，在地方（尤其是基层）治理结构中发展预算过程的公民参与具有哪些独特的优势？
8. 条目预算的哪些特征倾向于妨碍预算过程的公民参与？
9. 参与式预算的一般运作流程是怎样的？
10. 发展中国家和转轨国家成功实施参与式预算需要具备哪些条件？

参考文献

1. 德莱·奥罗乌：《地方组织的发展》，载迈克尔·D·麦金尼斯：《多中心治道与发展》，上海三联书店2000年版。
2. 杰弗里·布伦南和詹姆斯·M·布坎南（Geoffrey Brennan and James M. Buchanan）：《征税权——财政宪法的分析基础》，载杰弗里·布伦南和詹姆斯·M·布坎南：《宪政经济学》，中国社会科学出版社2004年版。
3. 林敏：《参与式预算的实践与探索》，载《财政研究》2008年第11期。
4. 罗伊·T·梅耶斯（Roy T. Meyers）等，苟燕楠、董静译：《公共预算经典（第1卷）——面向绩效新发展》，上海财经大学出版社2005年版。
5. 乔纳森·卡恩著，叶娟丽译：《预算民主——美国的国家建设和公民权（1890~1928）》，世纪出版集团格致出版社、上海人民出版社2008年版。
6. Allen Schick. 2002. Does Budgeting Have a Future? *OECD Journal on Budgeting*. Vol. 2, No. 2.
7. Anwar Shah and Chunli Shen. 2007. Citizen-Centric Performance Budgeting at Local Level. In *Local Budgeting*, ed. Anwar Shah. Washington, D. C.: World Bank.
8. Andrews Matthew and Anwar Shah. 2005. Citizen-Centered Governance: A New Approach to Public Sector Reform. In *Public Expenditure Analysis*, ed. Anwar Shah. Washington, D. C.: World Bank.
9. Breton, Albert. 1996. *Comparative Governments: An Economic Theory of Politics and Public*

Finance. New York: Cambridge University Press.

10. Brian Wampler. 2007. A Guide to Participatory Budgeting, Edited by Anwar Shah, *Participatory Budgeting*. The International Bank for Reconstruction and Development/The World Bank. Washington, D. C..

11. Cemea, Michael M. 1987. Farmer Organizations and Institution Building for Sustainable Development. *Regional Development Dialogue* 8, No. 2.

12. Donald P. Moynihan. 2007. Citizen Participation in Budgeting: Prospects for Developing Countries. Edited by Anwar Shah, *Participatory Budgeting*. The International Bank for Reconstruction and Development/The World Bank. Washington, D. C..

13. J. L. Mashaw. 1985. *Due Process in the Administrative State*. New Haven, Yale University Press.

14. Mark Schacter. 2005. Framework for Evaluating Institution of Accountability. Edited by Anwar Shah, *Fiscal Management*. The International Bank for Reconstruction and Development/The World Bank, Washington, D. C..

15. Persson, Torsten and Guido Tabellini. 2000. *Political Economics: Explaining Economic Policy*. Cambridge, MA: MIT Press.

16. Roe Jenkins. 2007. The Role of Political Institutions in Promoting Accountability. Edited by Anwar Shar, *Performance, accountability and Combating Corruption*. The World Bank, Washington, D. C..

17. Salvatore Schiavo-Campo. 2009. Potemkin Villages: The Medium-Term Expenditure Framework in Developing Countries. *Public Budgeting & Finance*. Summer, Vo. 129, No. 2.

18. Salvatore Schiavo-Campo. 2007. The Budget and Its Coverage. Edited By Anwar Shar, *Budgeting and Budgetary Institutions*, overview. The World Bank, Washington, D. C..

19. Schedler, Andreas, Larry Diamond, and Marc F. Plattner, eds. 1999. The Self-Restraining State: Power and Accountability in New Democracies. Boulder, Co, and London: Lynne Rienner.

20. Shah. Anwar, Mark Schacter. 2004. Combating Corruption: Look before You Leap. *Finance and Developmnet* 419 (4): 40 – 43.

21. Wagle, Swarnim, and Parmesh Shah. 2002. Participation in Public Expenditure Systems: An Issue Paper. World Bank, Participation and Civic Engagement Group, Washington, D. C..

参考文献

1. A. 普雷姆詹德：《预算经济学》，中国财政经济出版社1989年版。
2. A. 普雷姆詹德：《公共支出管理》，中国金融出版社1995年版。
3. A. 普雷姆詹德：《有效的政府会计》，中国金融出版社1996年版。
4. 阿尔伯特·C·海迪等著，苟燕楠、董静译：《公共预算经典（第2卷）——现代预算之路》，上海财经大学出版社2006年版。
5. 艾伦·希克：《公共支出管理方法》，经济管理出版社2001年版。
6. B. J. 理德、约翰·W·斯韦恩：《公共财政管理》，中国财政经济出版社2001年版。
7. 国际货币基金组织："中国：政府预算与国库管理：问题与建议"，研究报告，1996年。
8. 杰弗里·布伦南和詹姆斯·M·布坎南：《征税权——财政宪法的分析基础》，载杰弗里·布伦南和詹姆斯·M·布坎南：《宪政经济学》，中国社会科学出版社2004年版。
9. 林敏：《参与式预算的实践与探索》，载《财政研究》2008年第11期。
10. 罗伊·T·梅耶斯等著，苟燕楠、董静译：《公共预算经典（第1卷）——面向绩效新发展》，上海财经大学出版社2005年版。
11. 孟凡利：《政府与非营利组织会计》，东北财经大学出版社1997年版。
12. 乔纳森·卡恩著，叶娟丽译：《预算民主——美国的国家建设和公民权（1890~1928）》，世纪出版集团格致出版社、上海人民出版社2008年版。
13. 乔治·斯坦纳：《战略规划》，华夏出版社2001年版。
14. 王绍光、王有强：《公民权、所得税和预算体制——谈农村税费改革的思路》，载《战略与管理》2001年第3期。
15. 王雍君：《支出周期：构成政府预算会计框架的逻辑起点》，载《会计研究》2007年第5期。
16. 王雍君：《政府预算会计问题研究》，经济科学出版社2004年版。

17. 王雍君、张拥军:《政府施政与预算改革》,经济科学出版社 2006 年版。

18. 王雍君:《财政国库改革与政府现金管理》,中国财政经济出版社 2006 年版。

19. 王雍君:《支出周期:构造政府预算会计的逻辑起点——兼论我国政府会计改革的核心命题与战略次序》,载《会计研究》2007 年第 5 期。

20. 徐仁辉:《公共财务管理——公共预算与财务行政》,台湾智胜文化事业有限公司 2000 年版。

21. 张鸿春:《政府会计》,台湾三民书局 1987 年版。

22. Aaron Wildawsky. 1993. National Budgeting for Economic and Monetary Union. Leiden, the Netheralands: Nijhoff.

23. Alfred Tat-Kei Ho and Anna Ya Ni. 2005. Have Cities Shifted to Outcome-Oriented Performance Reporting—A Content Analysis of City Budgets. *Budgeting & Finance*. Summer, Vol. 25, No. 2.

24. Allan, William. 1998. Budget Structure and the Changing Role of the Government. New York: United Nations.

25. Allen Schick. 2004. Twenty-Five Years of Budget Reform. *OECD Journal on Budgeting* 4 (1): 81 - 102.

26. Allen Schick. 2003. The Performance State: Reflection on an Idea Whose Time Has Come but Whose Implementation Has Not. *OECD Journal on Budgeting* 3 (2): 71 - 104.

27. Allen Schick. 2002. Does Budgeting Have a Future? *OECD Journal on Budgeting*. Vol. 2, No. 2.

28. Allen Schick. 2001. The Changing Role of the Central Budget Office. *OECD Journal on Budgeting*.

29. Allen Schick. 1966. The Road to PPB: The Stages of Budget Reform. *Public Administration Review* 26 (December): 243 - 258.

30. Alta Folscher. 2007. Local Fiscal Discipline. Fiscal Prudency, and Accountability. Edited by Anwar Shah, *Local Budgeting*. Public Sector Governance and Accounting series. The World Bank. Washington, D. C..

31. Andrews Matthew and Anwar Shah. 2005. Citizen-Centered Governance: A New Approach to Public Sector Reform. In *Public Expenditure Analysis*, ed. Anwar Shah. Washington, D. C., World Bank.

32. Anwar Shar. 2005. On Getting the Giant to Kneel: Approaches to a Change in the Bureaucratic Culture. In *Fiscal Management*, ed. Anwar Shah, 211–228. Washington, D. C.: World Bank.

33. Anwar Shar. 2007. *Budgeting and budgetary institutions*. The International Bank for Reconstruction and Development/The World Bank, Washington, D. C..

34. Anwar Shah and Chunli Shen. 2007. Citizen-Centric Performance Budgeting at Local Level. In *Local Budgeting*, ed. Anwar Shah. Washington, D. C.: World Bank.

35. Anwar Shah. 2007. *Local Budgeting*. The International Bank for Reconstruction and Developing/The World Bank. Washington, D. C..

36. Breton, Albert. 1996. *Comparative Governments. An Economic Theory of Politics and Public Finance*. New York: Cambridge University Press.

37. Brian Wampler. 2007. A Guide to Participatory Budgeting, Edited by Anwar Shah, *Participatory Budgeting*. The International Bank for Reconstruction and Development/The World Bank. Washington, D. C..

38. Carden, N., and A. Wildavsky. 1990. Planning and Budgeting in Poor Countries. New York: Wiley-interscience.

39. Carolyn Bourdeaux. 2008. The Problem with Programs: Multiple Perspectives on Program Structures in Program-Based Performance-Oriented Budgets. *Public Budgeting and Finance*. Summer, Issue 2, Vol. 28.

40. Carol W. Lewis. 2007. How to Read a Local Budget and Assess Government Performance. Edited by Anwar Shah, *Local Budgeting*. The World Bank. Washington, D. C..

41. Cemea, Michael M. 1987. Farmer Organizations and Institution Building for Sustainable Development. Regional Development Dialogue 8, No. 2: 1–19.

42. Codd, Michael. 1996. Better Government Through Redrawing of Boundaries and Functions. In Patrick Weller and Glyn Davis, eds. *New Ideas, Bitter Government*. Australia: St. Leonards.

43. Craig Filtin, DBA, CGFM, CPA. 2005. Finding Your Way through the Government Performance Maze. *Journal of Government Financial Management*. Fall, Vol. 54, No. 3.

44. Daniel Tommasi. Budget Execution. 2007. Edited by Anwar Shar, *Budge-

ting and budgetary institutions. The International Bank for Reconstruction and Development/The World Bank, Washington, D. C..

45. David Corbett. 1998. Australian Public Sector Management. Sydney: Allen & Unwin.

46. David Mosso. 2005. Accrual Accounting and Social Security. *Journal of Government Financial Management*.Fall, Vol. 54, No. 3.

47. David Nice. 2002. Public Budgeting, Wadsworth Group, Thomson Learning.

48. Dennis S. Ippolito. 1978. *The Budget and National Politics*. W. H. Freeman and Company, San Francisco, pp. 39 – 65.

49. Donald P. Moynihan. 2007. Citizen Participation in Budgeting: Prospects for Developing Countries. Edited by Anwar Shah, *Participatory Budgeting*. The World Bank. Washington, D. C..

50. Doug Goodman and Edward J. Clynch. 2004. Budgetary Decision Making by Executive and Legislative Budget Analysts: The Impact of Political Cues and Analytical Information. *Public Budgeting & Finance*. Fall.

51. ECA (the Economic Commission for Afric). 2004. Best Practices in the Participatory Approach to Delivery of Social Services. Addis Ababa, Ethiopia: ECA.

52. Ed Campos, Sanjay Pradban. 1996. Budgetary Institutions and Expenditure Outcomes-Binding Governments to Fiscal Performance. The World Bank, Policy Research Department, Public Economics Division.

53. Hardin, Garrett. 1968. The Tragedy of the Commons. *Science* 162: 1243 – 1248.

54. IFAC Public Sector Committee. 2001. Governance in the Public Sector: A Governing Body Perspective, International Public Sector Study. Study 13, Issued by The International Federation of Accountants.

55. IFAC (PSC Study 8). 1998. The Government Financial Reporting Entity. Available at www. ifac. org.

56. IFAC (PSC Study 6). 1995. Accounting for and Reporting Liabilities. Available at internet site, http: //www. ifac. org.

57. IFAC (Study 11). 2000. Government Financial Reporting-Accounting Issues and Practices. Available at www. ifac. org.

58. IMF (The Fiscal Affairs Department). 1998: Manual of Fiscal Transparency, No. 52. This manual can be accessed through web of http://www.imf.org.

59. IFAC PSC. 2000. Perspectives on Cost Accounting for Government. It can be found at its internet site, http://www.ifac.org.

60. J. L. Mashaw. 1985. *Due Process in the Administrative State*. New Haven, Yale University Press.

61. John L. Mikesell. 2007. Fiscal Administration in Local Government: An Overview. Edited by Anwar Shah. *Local Budgeting*. The International Bank for Reconstruction and Development/The World Bank, Washington, D. C..

62. Jurgen von Hagen. 2007. Budgeting Institutions for Better Fiscal Performance. Anwar Shar (edited). *Budgeting and Budgetary Institutions*. The International Bank for Reconstruction and Development/The World Bank, Washington, D. C..

63. Jurgen von Hagen. 2005. Budgeting Institutions and Public Spending, Edited by Anwar Shah, Fiscal Management. The World Bank, Washington, D. C..

64. Kahn, Jonathan. 1997. *Budgeting Democracy*. Ithaca, NY: Cornell University Press.

65. Kopits, George and Joh Craig. 1998. Transparency in Government Operations, IMF Occasional Paper No. 158. Washington: International Monetary Fund.

66. Kristensen, Jens Kromann, Walter S. Groszyk, and Bernd Buhler. 2002. Outcome Focused Management and Budgeting. *OECD Journal of Budgeting* 1 (4): 7–34.

67. M. Peter Van Der Hoke. 2005. From Cash to Accrual Budgeting and Accounting in the Public Sector: the Dutch Experience. *Public Budgeting & Finance*. Vol. 25.

68. Matthew Andrews and Anwar Shah. 2005. Toward Citizen-Centered Local-Level Budget in Developing Countries. In *Public Expenditure Analysis*. ed. Anwar Shah. Washington, D. C.: World Bank. 183–216.

69. Matthew Andrews. 2005. Voice Mechanism and Local Government Fiscal Outcomes: How Civic Pressure and Participation Influence Public Accountability? In *Public Expenditure Analysis*. ed. Anwar Shah. Washington, D. C.: World Bank.

70. Matthew Andrews. 2005. Performance-Based Budgeting Reform: Progress, Problems, and Pionters. In *Fiscal Management*. ed. Anwar Shah. Washington, D. C.: World Bank.

71. McGill, Ronald. 2001. Performance Budgeting. *The International Journal of Public Sector Management* 14 (5): 376-390.

72. Michael C. Kristek. 2005. Auditing in the Terrorism Era, Journal of Government Finance Management. Spring, Vol. 54. No. 1.

73. Mitch Laine, CGFM, and Catherine A. Kreyche. 2005. Revisiting Federal Financial Management Reform. *Journal of Government Financial Management*. Winter, Vol. 54, No. 2.

74. OECD. 2001. Best Practices for Budget Transparency. Report JT00107731, OECD, Paris. http://www.olis.

75. Paul, Samuel. 1992. Accountability in Public Service: Exit, Voice and Control. *World Development* 20 (7): 1047-1060.

76. Perrin, Burt. 2002. Implementing the Vision. Addressing Challenges to Results-Focused Management and Budgeting. Organization for Economic Co-operation and Development Conference on Implementation Challenges in Results-Focused Management and Budgeting, Paris, February 11-12.

77. Persson, Torsten and Guido Tabellini. 2000. *Political Economics: Explaining Economic Policy*. Cambridge, MA: MIT Press.

78. Peterson, George E. 1997. Decentralization in Latin America. Learning through Experience. Viewpoint series working paper, Latin American and Caribbean Studies, World Bank, Washington, D. C..

79. Petrei, Humberto. 1998. *Budget and Control: Reforming the Public Sector in Latin America*. Washington: Johns Hopkins University Press for Inter-American Development Bank.

80. Polackova, Hanan. 1998. Government Contingent Liabilities: A Hidden Risk to Fiscal Stability. Washington: The World Bank.

81. Premchand. 1995. Effective Government Accounting. Washington. D. C.: International Monetary Fund.

82. Robert E. Gray, CGFM, CIA, CFE. 2005. Teaching Audited Entities How to Survive a Federal Audit. *Journal of Government Financial Management*. Winter, Vol. 54, No. 2.

83. Robert M. Mcnab and Francois Melese. 2003. The Implementation of The Government Performance and Results Act: The Perspective of Federal Government'

Performance Budget. *Public Budgeting & Finance*. Summer.

84. Roe Jenkins. 2007. The Role of Political Institutions in Promoting Accountability. Edited by Anwar Shar, Performance, *Accountability and Combating Corruption*. The World Bank, Washington, D. C..

85. Ronald Longo. 2005. Accelerated Financial Reporting in the Federal Government—How Did It Go? *Journal of Government Financial Management*. Spring, Vol. 54. No. 1.

86. Salvatore Schiavo-Campo. 2009. Potemkin Villages: The Medium-Term Expenditure Framework in Developing Countries. *Public Budgeting & Finance*. Vol. 29, No. 2.

87. Salvatore Schiavo-Campo. 2007. The Budget and Its Coverage. Edited by Anwar Shar, Budgeting and Budgetary Institutions, The International Bank for Reconstruction and Development/The World Bank, Washington, D. C..

88. Salvatore Schiavo-Campo. 2007. Budget Preparation and Approval, Edited by Anwar Shar, Budgeting and Budgetary Institutions. The International Bank for Reconstruction and Development/The World Bank, Washington, D. C..

89. Salvatore Schiavo-Campo and Daniel Tommasi. 1999. *Managing Government Expenditure*. Published by the Asian Development Bank.

90. Schedler, Andreas, Larry Diamond, and Marc F. Plattner, eds. 1999. The Self-Restraining State: Power and Accountability in New Democracies. Boulder, Co, and London: Lynne Rienner.

91. Schiavo-Campo, Salvatore. 1994. Institutional Change and the Public Sector in Transitional Economies. Discussion Paper No. 243. Washing: World Bank.

92. Shah. Anwar, Mark Schacter. 2004. Combating Corruption: Look before You Leap. *Finance and Development* 419 (4): 40 – 43.

93. Tendler, Judith. 1997. *Good Government in the Tropics*. Baltimore and London: Johns Hopkins University Press.

94. The World Bank. 2000. China: Managing Public Expenditures For Better Results, Report, No. 20342 – CHA.

95. Thurmaier, Kurt and James Gosling. 1997. The Shifting Roles of Budget Offices in the Midwest: Gosling Revisited. *Public Budgeting and Finance* 17 (4): 48 – 70.

96. UNECA (the United Nations Economic Commission for Africa). 2005. Committee on Human Development and Civil Society. Participation and Partnerships for Improving Development and Governance in Africa. Issues paper E/ECA/CHDCS. 3/2. Addis Ababa, Ethiopia. http://www. uneca. org/chdcs/chdcs3/Issues_Paper. pdf.

97. Vito Tanzi. 2000. The Role of the State and the Quality of the Public Sector. *Working Paper of International Monetary Fund.* WP/00/36.

98. Wagle, Swarnim, and Parmesh Shah. 2002. Participation in Public Expenditure Systems: An Issue Paper. World Bank, Participation and Civic Engagement Group, Washington, D. C. .

99. Wang, Xiao Hu. 2000. Performance Measurement in Budgeting: A Study of County Governments. *Public Budgeting and Finance* 24 (2): 21 – 39.

部分专业术语索引
（中英文对照）

B

拨款会计（appropriation accounting）：28，29，39，146，160，228

部门报告（departmental report）：137，268，277，278，280

部门预算（Sector budget/ministries' budget）：25，39，75，104，115，118，119，121，124，137，181，187，188，201，204，253，340，349，364，386，387，393，413

C

财务报告（financial reporting）：81，144，177，213，215～217，223～228，232，233，235，239～241，249，250，257，259，260，262～273，275～280，320，333，336，339，343，344，352，361，367，369，428，429

财务绩效（financial performance）：264，271，276，280，374

财政（约束）基准（fiscal target）：128，336～339，352～354

财政报告（fiscal reporting）：32，245，248，250，252，263，276，277，279，280，293，339，364，368，379，389

财政成果（fiscal results）：2，100，409

财政筹划（fiscal projection）：18，51

财政风险（fiscal risk）：1，16，20，23，24，26，28，42，46～48，50，61～63，104，114，248～250，252，256，329，334，335，356～375，377～380，384，408

财政绩效（fiscal performance）：109，111，125，245，247，277，294，329，330，332，336，349，350，354，381

财政纪律（fiscal discipline）：1，2，6，22～24，40，103，104，106，110，116，120，126，128～130，141，142，146，155，156，161，166，190，282，338，342，387，388，395，400，402，403，409，413

财政交易（fiscal transaction）：6，29～32，85，89，93，149，150，168，175～177，193，194，219，247，277

财政可持续性（fiscal sustainability）：47，62，63，102，105，123，124，255，256，329，361，378，379，403，407，413

财政透明度（fiscal transparency）：15，16，18，40，51，52，55~58，60，61，63，112，142，228，276，277，326，332，333，352，353，364，365，367，379，402，405，408

财政危机（fiscal crisis）：356，358，359，364，370，375，376，378，379，405

财政效应（fiscal effect）：105，106，365，383，405，408

财政营运（fiscal operation）：276

财政状况（fiscal position）：56，58，105，124，150，151，177，249，276，277，279，337，359，360，363，366，368，374，375，383

产出预算（output budgeting）：25，54，73~76，93，97，166，202，244，245，287，292，293，314，315，318，326，328，333，334，344，348~353，440

成本会计（cost accounting）：6，222，223，229，234，237~240，255~257，322，429，440

承诺会计（commitment accounting）：222，225，228，234，256

承诺控制系统（commitment controls system）：135，136

D

代表性（representation）：52，348，426~428，442~444，446~448

多年期展望（multi-year perspective）：31，34，382

F

法定承诺（legal commitment）：132~134，150~152，156，159，161，363

法定授权（legislative authorization）：2，42~44，62~64，66，67，96，97，127，230，264

非决策活动（non-decisions）：46

风险融资（risk financing）：24，358，369，379

G

概算（budget estimate）：48，119，319，382，383，405，411，412

公共悲剧（tragedy of the common）：27，108，110，197，198，221，329，330，336，353，403

公共产品（public goods）：9，14，15，19，260，284，419

公共治理（public governance）：1，17，18，38~40，129，228，252，266，318，330~332，352，353，422，426，444

公民参与（citizen participation）：51，142，240，301，316，416，417，420，421，423~431，433，435，436，438，442~448

供应面方法（supply-side approach）：420，447

共用池（common pool）：3，27，37

管理分类（administrative classification）：83，91，98

管理受托责任（managerial accountability）：98，164，192，291

规划评估（program evaluation）：34，104，203，205，207，209，212，213，215，220，238，244，283，439

规划审计（program audits）：33

规划预算（program budgeting）：12，71~73，82，92，98，240，287，307，312，314，318，319，321~328，351~353，411，436

国际会计师联合会（IFAC）：232，240，277，41，53，64，232，234，238，240，246，251，258，277，280~282，294，316，384，399，415，453，454

国库（treasury）：30，39，45，60，80，84，131，137，138，140~143，147，148，152，153，162~195，197，213，221，235，236，253，254，271，364，450，451

国库单一账户（treasury single account，TSA）：30，44，165~169，175，177~180，182~189，191，193，194，393，408，30，44，167，168，182，364，393

国民账户体系（SNA）：85，251，20，85，87，90，251，274

H

合规（compliance）：1，2，9，12，23~25，28，38，39，45，66，69，70，77，86，91，96~98，104，123，126~130，132，135，136，141，143，144，146，156，159~163，166，192，197，213~215，217，218，228，229，232，250~252，256，261，264，279，280，282，288，289，292，295，303，304，307，308，314，316，333，346，347，351，353，426，440

合规性审计（compliance audit）：33，196，213，216，217，220，221

合同外包（contracting out）：36，160，435

核实（verification）：6，29，44，131~134，136，144，147~152，156，159~161，173，225，228~232，234，236，253，254，265，273，278，432

核心部门（center of government）：6，7，24，27，44，104，114~116，123，130，136，137，139，141~143，146，155，170，190，220，235，260，292，319，325，339，341，342，345，347，350，385，386，395，397，400

后续承诺（forward commitment）：28，29，39，40，152，160，274，280

话语权表达（voice express）：416，417，426~431，433，435，445~447

话语权机制（voice mechanism）：301，416，431，444

回应性（responsiveness）：318，416，427~429，435，437~440，445~447

或有储备（contingency reserve）：154，365，369，370，378，379

或有负债（contingent liability）：24，33，42，46，47，58，60，61，63，102，174，249，250，253，256，262，273，274，277～279，361，363，365～368，374，378，379，382

J

基数法（base approach）：6，40，200，381，394，398，403～408，410，412～414

基线（baseline）：4～6，38，40，51，114，116，124，338，353，381，383，386～389，398～400，402～408，410～414

基线筹划：381

绩效标尺（指标）（performance indicator）：5，35，92，137，203，217，274，283，284，286-288，294～296，298，299，301～312，314～316，322，326，342，343

绩效导向（performance orientation）：5，6，9，16，23，25，34，36，42，52～54，62～64，69～71，73～77，82，92，96～98，223，238，241，244～248，252，254，256，257，282～287，289，293，301，308，309，313～316，321，328，335，343，347，353，391，433，435，437，446

绩效基准（performance target）：14，283，286，287，294，302，309，310，315，316

绩效评估（performance appraisal）：51，206～209，212，286，287，289，292，295，302，305，308～310，314～316，327，346，350，433

绩效预算（performance budgeting）：5，8，12，53，54，63，64，70～73，76，82，97，98，166，240，244，251，286，287，292，293，300，315，318，320～322，324，327，328，348～351，354，411

计划—规划—预算体制（planning-programming-budgeting system，PPBS）：53，72，73，83，92，98，238，318，319，322～328，351～353，411

技术效率（technical efficiency）：8，330，402

建设性支出（development expenditure）：90，118，130

结果导向预算（results-oriented budgeting）：437

经常性支出（current expenditure）：5，72，80，90，91，118，148，157，273，383，392，395，411，413

经济性（economy）：32，35，40，44，54，63，75，77，80，98，103，118，157，171，207，213，216，217，254，283，295，306，309，315，320，324，325，347

净值基础（net-basis）：57

K

会计基础（accounting basis）：6，31，32，40，66，71，102，116，223～225，227，231，232，234，235，245，246，248，249，251，253～257，266，269，272，273，275，277～280，294，296，335，344，345，352，367，386

L

零基预算（zero-based budgeting, ZBB）：5, 53, 71, 72, 73, 98, 318, 319, 321, 324, 325, 351~353, 411, 72, 73, 318, 321, 324, 411

N

内部审计（internal audit）：33, 149, 196, 213, 214, 220, 221
内部受托责任（internal accountability）：17, 18, 266
年度承诺（annual commitment）：69, 133, 151, 152, 161, 226

P

配置效率（allocative efficiency）：7, 8, 10, 14, 21, 22, 24, 25, 27~30, 34, 107, 108, 126, 146, 198, 201, 330, 340, 353, 402, 404

Q

亲善用户（user-friendly）：27, 105, 279

S

善治（good governance）：11, 16, 19, 43, 46, 62, 330~332, 420, 422, 443
审计（audit）：2, 20, 25, 31, 33, 34, 38-40, 48, 62, 77, 121, 122, 128, 129, 136, 140, 143, 144, 146, 149, 154, 156, 158, 160, 163, 164, 177-179, 192, 196, 202, 204, 205, 207, 212-221, 261, 263, 265, 266, 292-294, 320, 333, 345, 346, 351, 364, 374-378, 419, 426, 427, 431-434, 437, 440
适当程序（due process）：23, 24, 325
审计（audit）：2, 20, 25, 31, 33, 34, 38~40, 48, 62, 77, 121, 122, 128, 129, 136, 140, 143, 144, 146, 149, 154, 156, 158, 160, 163, 164, 177~179, 192, 196, 202, 204, 205, 207, 212~221, 261, 263, 265, 266, 292~294, 320, 333, 345, 346, 351, 364, 374~378, 419, 426, 427, 431~434, 437, 440
授权（authorization）：8, 10, 43~46, 50, 66~69, 77, 96~98, 117, 119, 121, 127, 128, 130, 131, 136~138, 141, 144, 146, 148, 154, 159, 161, 166, 168, 184, 185, 187, 188, 194, 215, 229, 230, 232~234, 236, 251, 261, 265, 267, 271, 279, 337, 377, 382, 419, 420, 443
授权法（authorizing legislations）：44, 45, 66

T

条目（line item/item）：5, 33, 70, 72, 74, 75, 82, 83, 86, 89~91, 94, 98, 117,

128, 133, 145, 146, 159, 297, 316, 327, 344~346, 353, 410, 428, 429, 433, 435, 437

条目预算（line-item budget）: 8, 70, 84, 96~98, 128, 145, 312, 321, 326, 327, 345, 346, 410, 411, 447, 448

条目增量预算体制（line-item incremental budget system）: 346, 353

投入导向（input-orientation）: 5, 69, 70, 96~98, 347

投入预算（input budgeting）: 5, 8, 25, 54, 76, 83, 89, 90, 155, 240, 244, 292, 318, 321, 328, 334, 344~353, 436

透明度（transparency）: 11, 17, 18, 33, 39, 42, 47, 51, 52, 54, 55, 59, 61~64, 76, 153, 157, 158, 161, 174, 204, 250, 254, 259, 261, 266, 279, 289, 331, 332, 336, 337, 352, 353, 357, 384, 402, 407, 408, 424, 425, 427, 435, 442

W

外部受托责任（external accountability）: 17, 18, 266

完全成本（full cost）: 32, 58, 68, 69, 71, 74, 97, 134, 227, 236, 239, 241~243, 249, 252, 254, 255, 295, 321, 343

完全应计制会计（full accrual accounting）: 32, 227, 236, 237, 241, 243, 276

未清偿拨款（standing appropriation）: 67, 98

委托代理范式（principal-agent paradigm）: 73

委托代理关系（principal-agent relationship）: 3, 37, 266, 290, 291

X

现金付款（cash payment）: 30, 69, 97, 134, 140, 147, 156, 167, 226, 232, 274, 278

现金会计（cash accounting）: 31, 40, 93, 224~228, 234, 236, 237, 241~243, 246~251, 255~257, 259, 269, 277, 279, 280, 293, 335, 344, 345, 360, 378

现金基础（cash basis）: 6, 31, 67~69, 97, 128, 140, 172, 173, 222, 224~226, 228, 229, 231, 232, 234~238, 241, 247, 250, 252, 255, 257, 269, 276, 280, 307, 344, 345, 360, 367

现金基础拨款（cash-based appropriation）: 98

现金配给（cash rationing）: 138, 140, 152, 160, 161, 172

现金收款（cash receipt）: 226, 232

现金余额的集中化（centralization of cash balance）: 143, 160, 166~169, 171, 182, 189, 193, 194

现金预算（cash budget）: 68~70, 96~98, 138, 140, 236, 237, 251, 252, 256, 269, 335

新公共管理（new public management, NPM）：71，244，245，252，283，328，331，71，252，283，328

修正现金会计（modified cash accounting）：31，226，228，237，255，256

修正应计会计（modified accrual accounting）：31，226~228，237，242，249，251，254~256，277，279

Y

一般政府（general government）：20，33，40，55，63，273~276，278~280

义务基础（obligation basis）：67~69，97，98，236，237

义务基础的拨款（obligation-based appropriation）：68，97

应计基础的拨款（accrual-based appropriation）：68，97

应计基础会计（accrual basis accounting）：6，225，229，234，235，257，331

应计基础预算（accrual-based budget）：69，98

应计支出（accrued expenditure）：134，151，161，225，230~234，253，256，257，294

硬预算约束（hard budgeting constraint）：109，388，394，398，399

有效性（effectiveness）：10，18，33~35，38，40，43，54，63，75，77，98，102，129，144，157，171，204，207，213，216，217，219，240，244，246，249，283，285~287，290，296，305，306，309，311，315，316，323，327，345~347，392，418，434

预见性（predictability）：11，17，19，27，39，40，105，124，173，331，339，353，362，363，370，378，395，400，406

预算（budget）：1~64，66~86，89~98，100~157，159~208，210，212，213，215，219~238，240，241，243~245，248，250，252，253，255~257，259~267，270~275，277~280，282，283，286~297，299~301，303，304，306，307，313~316，318~354，356，357，359~361，363~365，368~376，378，379，381~414，416，417，419，420，422~438，440~448，450，451

预算承诺（budgetary commitment）：131，161

预算程序（budget procedure）：2，3，7，10，13，21，25，37，43，44，46，62，102，114，119，121，123，139，144，197~199，217，220，229，293，294，324，325，335，339，340，350~352，354，384，385，387，390，393~395，398，400，402，403，411~414，422~424，442~446，448

预算过程（budget process）：1，2，6~9，13，14，19，21，23~25，27，29，30，34，36~39，48，51，54，55，62，100，102，103，107，108，110，116，127，146，153，190，192，196，199~202，207，208，212，219，223，229，231，240，245，289，292，319，321~323，329，333，334，338~340，345~347，350~352，361，379，381，383，386，390，395~397，400，403，404，410~412，416，417，420，422~433，435~438，

441~448

预算会计（budgetary accounting）：6，32，44，86，93，144，146~152，161，222，223，225，228~234，236，239，251~257，278，359，450，451

预算全面性（comprehensiveness of budget）：20，40，47，54，62~64，192

预算申请（budget request）：4，7，25，27，38，39，46，72，103，104，108，115~117，155，190，294，323，324，327，339，340，383~387，390，395，397，400，402，403，412，413，431，434，445，446

预算条目（budget item）：6，29，94

预算外资金（extra-budgetary funds，EBFs）：19~21，32，46，62，92，96，106，129，145，167，170，181，183，184，187~190，398，409，46

预算文件（budget document/budget report）：2~4，37，42，46~48，52，54，57~64，71，84，102，106，111，116，117，145，264，273，275，320~322，333，342，365，367，387，395，400，402，407，408，430，433~437，442，445，447，448

预算账户（budgetary account）：71，230，231，253，321，326

预算制度（budget institution）：1~3，22，37，40，42，46，48，53，83，86，107，319，320，391，393，407，416

运营决策（operational decision）：312，391

运营余额（operational balance）：223，224，226，256，270

Z

增量预算（incremental budgeting）：5，72

整笔拨款（block appropriation）：146，155

政策承诺（policy commitment）：20，26，45，96，138，151，337，340，352，361

政府报告（government reporting）：31~33，38，66，112，259~264，266，274，278~280，293，294，296，334

政府财务报告实体（government financial reporting entity）：272，280

政府财政管理信息系统（GFMIS）：95，185，188，95，185，194，396

政府财政统计（GFS）：78，84~86，89，98，250，273，276，277，60，78，85~90，96，250，273，276，277

政府功能分类（COFOG）：86，91，86~88，91~94

政府会计（government accounting）：6，17，29~32，37，38，40，90，134，146，148，176，197，222，223，225，228~232，234~239，241~244，249~257，259，260，266，267，278，280，293，315，320，322，323，328，332，333，335，343，344，346，350，352，360，374，378，391，450，451

支出会计（expenditure accounting）：147~149，161，222，225，234，253，256

支出授权（expending authorization）：3，43，66，131，138

支出周期（expenditure cycle）：6，28，29，32，39，40，44，126，130~135，141，147~150，152，159~163，172，223，225，228~234，236，253~257，278，450，451

知情权（right-to-know）：13，52，431

治理（governance）：1，8，17~19，43，51，62，129，142，150，212，244，252，286，298，314，330~332，402，416~418，420~423，425，426，433，435，438~440，442~444，446~448

中期预算框架（medium-term budget framework，MTBF）：100，101，104，108~110，114，115，123~125，152，318，334，335，337，338，352，353，361，381，385，389，398，401，406，413，6，100，101，104，106，108~112，114~117，123~125，318，338，339，352，361，381~385，387~395，397~400，406，407，411~414

中期展望（medium-term perspective）：100~102，123，125，334，409

中期支出框架（medium-term expenditure framework，MTEF）：4，27，31，34，38，40，48，100，105，382，383，388，399，412，413，4，5，27，48，100，105，107，382~385，391~393，395~397，399，407，411，412，414，53，72，73，83，92，98，238，318，319，322~328，411

准财政活动（quasi-fiscal activities）：42，46，47，54~59，62~64，253，357，374，378，379

综合财政目标（overall fiscal target）：120

总分类账系统（general ledger system，GLS）：169，170，175，177，193，194，169，175，194，235